C
P

9686

MACHIAVEL.

TOME PREMIER.

SE TROUVE AUSSI A PARIS :

CHEZ MICHAUD, RUE DE RICHELIEU, N° 67.
— ARTHUS-BERTRAND, RUE HAUTEFEUILLE, N° 23.
— REY ET GRAVIER, QUAI DES AUGUSTINS, N° 47.
— DELAUNAY, AU PALAIS-ROYAL.

TYPOGRAPHIE DE FIRMIN DIDOT FRÈRES,
IMPRIMEURS DE L'INSTITUT DE FRANCE,
rue Jacob, n° 24.

MACHIAVEL.

MACHIAVEL,

SON GÉNIE ET SES ERREURS.

PAR A. F. ARTAUD,

ANCIEN CHARGÉ D'AFFAIRES DE FRANCE A FLORENCE, A VIENNE ET A ROME, DE L'ACADÉMIE DES INSCRIPTIONS ET BELLES-LETTRES, DE L'ACADÉMIE DE GOTTINGUE, PRÉSIDENT DE LA SOCIÉTÉ DES BIBLIOPHILES FRANÇAIS.

Ure, seca partes aliquas ;
Reliquum collige, ama.

TOME PREMIER.

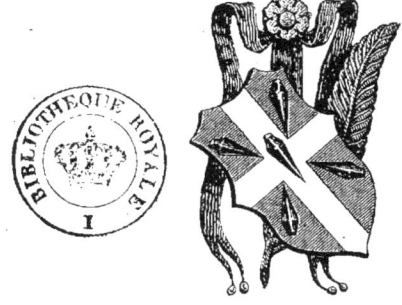

PARIS,
FIRMIN DIDOT FRÈRES, LIBRAIRES,
RUE JACOB, N° 24.

M DCCC XXXIII.

La Ville de Florence.

La plupart des dédicaces ressemblent quelquefois à l'arc triomphal qui fut érigé, en l'honneur de Constantin, avec les bas-reliefs et les statues représentant les victoires de Trajan. On loue, dans les nations, dans les cités, dans les hommes, on loue les vertus des ancêtres avec des témoignages d'admiration inspirés par d'autres illustrations et par d'autres talents.

Je pourrais féliciter Florence d'avoir compté au nombre de ses enfants, Dante, Pétrarque et Boccace, ces triumvirs del bel parlare, Michel-Ange qu'il suffit de nommer, Machiavel, il sovrano Pensatov, qu'elle lit, qu'elle défend, qu'elle admire,

Dédicace.

Galilée, le fondateur de la physique expérimentale : je pourrais même dire, en m'adressant directement à Florence moderne, que jalouse de toutes les gloires voisines, elle a séduit par la douceur de ses lois, de son langage et de son climat, les autres célébrités de l'Italie ; qu'elle a attiré dans son sein Algarotti, qui fut le premier à rendre claire pour les Italiens la langue des philosophes, Algarotti, le vengeur de Machiavel à la cour de Frédéric, et le grand Alfiéri qui vint sur les bords de l'Arno composer ses immortelles tragédies, loin des neiges et des frimas du Piémont. Mais ce n'est pas dans le bonheur d'une mère si féconde en héros de la politique, de l'harmonie, des arts et de la science, ni dans le succès de ses charmes et de son esprit, ni dans la pureté de l'air qui l'environne sous l'abri des montagnes de Fiésole, que je chercherai l'occasion de vanter Florence.

Dédicace.

Je ne lui dirai pas non plus:

Gentil città. . . . .
Qual stile è sì facondo e sì diserto,
   Che delle laudi tue corresse in tutto
   Un così lungo campo e così aperto?
A veder pien di tante ville i colli
   Par che'l terren ve le germogli, come
   Vermene germogliar suole e rampolli.
Se dentro un mur sotto un medesmo nome
   Fosser raccolti i tuoi palazzi sparsi,
   Non ti sarian da pareggiar due Rome.
Una sò ben che mal ti può agguagliarsi,
   E mal fors' anco avria potuto, prima
   Che gli edifizi suoi le fosser arsi,
Da quel furor ch' uscì dal freddo clima
   Or de'Vandali, or d'Eruli, or de'Goti,
   All italica ruggine aspra lima.
Dove son se non quì tanti devoti
   Dentro e di fuor, d'arte e d'ampiezza egregi
   Tempi, e di ricche oblazion non vuoti?
Chi potrà a pien lodar gli tetti regi
   De' tuoi primati, i portici, e le corti
   De' magistrati e pubblici collegi?
Non ha il verno poter che in te mai porti
   Di sua immondizia, sì ben questi monti
   T'han lastricata fino agli angiporti!
Piazze, mercati, vie marmoree, ponti,

Dédicace.

> Tante bell' opre di pittori industri,
>   Vive sculture, intagli, getti, impronti,
> Il popol grande, e di tant' anni e lustri
>   Le antiche e chiare stirpi, le ricchezze
> L' arti, gli studi, e gli costumi illustri,
>   Le leggiadre maniere, e le bellezze
>   Di donne e di donzelle, a cortesi atti
>   Senz' alcun danno d' onestade, avezze;
> E tanti altri ornamenti, che ritratti
>   Porto nel cuor, meglio a tacer, che al suono
>   Di tant' umile avena se ne tratti.

Je laisse à l'Arioste son enthousiasme, qui cependant dit si vrai et si juste : Ludovico, pour être fidèle à sa muse galante et voluptueuse, devait terminer ainsi ce glorieux tableau des délices de la ville des fleurs.

Que louerai-je enfin dans cette Florence, si je laisse en arrière et ses politiques, et ses poètes, et ses artistes, et ses savants!

Que louerai-je, si je ne parle pas, avec le chantre de Roland, des magnificences de la ville, de ses voies de marbre, de ses palais, de ses ponts, de ses médailles, de ses statues,

Dédicace.

du popol grande, et de ces beautés de femmes et de damoiselles habituées à des actes courtois, sans aucun dam pour l'honneur?

Je rendrai un hommage public à la ville où règnent avec tant d'éclat, les institutions si humaines et si généreuses de Léopold.

Ce prince, par son code immortel, avait aboli, dès 1784, la peine de mort. La victoire amène des maîtres qui introduisent les lois de leur pays. Les lois civiles nouvellement importées étaient sages, profondément raisonnées, et il faut le dire, elles feront, avec quelques modifications nécessaires, à peu près le tour du monde: mais ces lois civiles, substance exquise des meilleurs règlements des anciennes nations, étaient accompagnées d'un code pénal draconien, et trop cruel, surtout pour un pays formé à des idées de calme, d'indulgence et de pardon, par les conseils et les exemples du grand Léopold et de son fils. Cependant ce dernier code avait été suivi sous la domination étrangère : les armes ayant ensuite enlevé ce qu'elles avaient donné, ce qui arrive toujours quand on prend trop à la fois, les codes restaient en vigueur, moins le divorce, l'égalité absolue des partages, et quelques autres changements indispensables sous le gouvernement rétabli. On se félicitait du retour de l'ancienne autorité, quoique l'on fût régi par les lois de l'usurpation : tout à coup, hélas! un homicide est commis sur la frontière ; le code pénal n'avait pas été aboli, il faut appliquer la peine de mort !... Le matin de l'exécution, la moitié des habitants de Florence sort de la ville, pour se retirer dans les villa, et, à l'heure fatale, l'autre moitié va s'enfermer dans les églises ; il n'y a de présent au supplice, et autour du condamné, que l'exécuteur, ses valets, les gardes commandés pour y assister, et trois étrangers.

Dédicace.

Je me plais donc à dédier à Florence moderne, le fruit de mes méditations, comme je le dédierais à un seul homme, à un homme religieux, conservateur courageux des améliorations raisonnables, à un homme qui, au culte de ses princes, à l'amour de l'ordre, joindrait les plus salutaires pensées de respect pour la vie de son semblable, et la volonté forte de perfectionner la civilisation.

Si, par impossible, les villes de l'Europe, du consentement de leurs Souverains, étaient appelées à conférer sur les progrès que peut espérer l'art divin de gouverner, il ne faudrait pas oublier d'assigner une place honorable à Florence. J'ai lu attentivement l'histoire de mon pays pendant le moyen âge, et je me suis convaincu qu'en 1479, Louis XI, lui-même, rempli de respect pour des actes empreints d'une rare sagesse, et rendant à la Toscane l'hommage que Rome avait rendu à la Grèce, faisait demander le texte des lois de Florence, et qu'il envoyait consulter les institutions de cette ville, qui depuis, dans la plus haute question de politique intérieure, devait donner et donne encore le bel exemple d'horreur pour le sang même coupable, le bel exemple de mansuétude que je viens de rapporter.

INTRODUCTION.

Machiavel soutient depuis plus de trois cents ans, devant l'opinion des hommes, un grand procès qui n'est pas encore jugé. J'ai pensé qu'il pouvait être utile de mettre sous les yeux du public européen toutes les pièces de ce procès, et de les accompagner des détails et des discussions que demandait le sujet.

Tel est le but de cet ouvrage.

Français et m'honorant de l'être, mais ayant passé une grande partie de ma vie en Italie, initié depuis long-temps dans la connaissance de la langue de ce pays, de ses mœurs, et des compositions de ses écrivains, je ne me suis pas cru indigne de la périlleuse mission que je me suis imposée.

Cette mission est grave et sévère : personne n'attendra ici un ouvrage frivole. J'ai dû chercher à instruire, bien long-temps avant de chercher à plaire. C'est ainsi, par exemple, qu'obligé de commencer ce rapport par le récit des négociations de Machiavel, qui furent les premières opérations de sa carrière si diverse et si illustre, je n'ai pas

INTRODUCTION.

pu me dissimuler que ces négociations, roulant sur des intérêts d'un ordre secondaire, n'auraient pas, pour beaucoup de lecteurs, le charme qu'elles offriraient à ceux qui étudient la science de la diplomatie, et qui peuvent être curieux d'observer quelles sont les leçons, quels sont les exemples que donne un homme tel que Machiavel. Il n'y a rien de minime dans la vie politique d'un si rare génie. On peut voir, d'ailleurs, que le secrétaire Florentin agrandit ses fonctions par ses relations avec Louis XII, le cardinal d'Amboise, Jules II, Léon X, Clément VII, l'empereur Maximilien, et d'autres personnages remarquables, parmi lesquels il ne faut pas en oublier un qui n'excite pas moins l'attention que l'horreur, le célèbre César Borgia. Averti par ces motifs, on excusera, peut-être même approuvera-t-on l'analyse quelquefois minutieuse de ces négociations, qu'on sera libre de négliger, si l'on craint de s'arrêter trop long-temps avec Machiavel secrétaire, soumis à des règles de convenance rigoureuse, de gravité, de froideur, et si l'on veut arriver plus tôt à Machiavel sans emploi, dégagé des entraves de ces mille exigences imposées à un subordonné, et affranchi des égards dus à des magistrats souvent ignorants, vains, et périodiquement remplacés à peu près tous les deux mois.

Néanmoins, pour ceux qui auront suivi le négociateur, et qui auront attendu qu'il fût plus libre dans son travail, il y aura comme un *commencement de connaissance* qui leur permettra de percevoir sur-le-champ les doctrines du livre appelé vulgairement *le Prince,* et que Machiavel n'a jamais entendu appeler qu'*Opuscule sur les Principautés.*

Dans l'examen que je ferai de ce traité et des autres ouvrages, on rencontrera, et j'ai dû en prévenir bien souvent, on rencontrera le poëte, le politique, le moraliste, (le croirait-on?) l'homme amusant, l'auteur de comédies, le stratège, l'historien; une autre fois le négociateur, et presque le général employé dans les armées alliées de la République.

Dans cet homme universel qui a tant dit, il fallait bien tout juger. Mais je me trompe, je ne suis que le rapporteur du procès; c'est le public qui jugera.

Je me suis bien gardé, en examinant les doctrines d'un homme qui avait donné beaucoup de préceptes qu'on a souvent rétorqués contre lui, de commettre la faute d'en donner moi-même. Il faut une sagacité si fine pour appliquer le passé au présent et pour enseigner l'un par l'autre, que les exemples ne sont guère utiles qu'à ceux qui n'en ont pas besoin. Je me suis constamment tenu dans mon rôle de discrétion et de mesure, sans perdre de vue un seul instant l'importance de ma mission.

Aussi, s'il est vrai que pour les hommes qui recher-

a.

chent une instruction sérieuse, rien ne peut dispenser de lire Machiavel, à cet égard je crois pouvoir dire que jamais on ne s'est attaché, plus que je ne l'ai fait, à en offrir une analyse soignée et complète. J'ai rangé les ouvrages dans un ordre chronologique raisonné : ainsi que quelques-uns de mes devanciers, je ne confonds pas Machiavel âgé de 30 ans, avec Machiavel parvenu à 40, à 50, à 58 ans. Grâce à une exposition fidèle et progressive des faits, on le voit d'abord circonspect jusques à la faiblesse, et s'élevant ensuite au courage le plus fier; les suffrages de ses contemporains grandissent avec lui : précepteur politique de ses concitoyens, il soumet à ses pensées, à ses projets, non seulement les magistrats de Florence, mais encore, quelquefois, jusqu'à l'autorité exigeante de Rome, cette métropole de l'État Toscan, qui le gouvernait, sans savoir qu'elle en préparait la ruine, parce qu'elle ne suivait pas souvent assez docilement les conseils du publiciste Florentin. Toute cette partie de l'histoire du secrétaire est présentée sous un jour nouveau: je dois cet avantage aux correspondances récemment imprimées, et qui expliquent que ce grand homme a joui de toute sa renommée jusque dans les dernières années de sa vie.

J'ai parlé de *l'homme amusant,* de *l'auteur de comédies,* du poète. Il fut en effet tout cela. Alors, combien au milieu de considérations si graves, d'études si profondes, il m'a été doux de pouvoir plus d'une fois reposer le lecteur et moi sur des objets plus riants, par lesquels Machiavel a semblé vouloir prouver qu'il faut distraire les hommes de leurs chagrins et de leurs malheurs, avec les jeux de l'esprit et les illusions de la poésie !

Sans doute, dans une communication si intime, avec un génie tel que Machiavel, il serait permis, et l'on mériterait d'être excusé, d'avoir été quelquefois ébloui par tant d'éclat, et entraîné par tant de puissance. J'espère, pourtant, avoir tenu la balance égale. Ne voulant pas, ne devant pas juger moi-même, j'ai eu, je l'avoue, la présomption de désirer qu'on eût foi à mon rapport : aussi j'ai applaudi aux doctrines sages, j'ai repoussé les erreurs; j'ai loué les beautés, j'ai signalé les défauts. Mon épigraphe empruntée, pour les deux premiers mots seulement, de Juste-Lipse, qui lui-même en avait pris le sens dans un long passage de Cicéron[1], dit cependant au lecteur tout mon sentiment, s'il veut absolument le connaître.

J'ai appelé cet ouvrage *Machiavel*. Si on voit dans ce titre une tentative de réhabilitation de

---

[1] Voici ce passage de Cicéron : *In corpore si quid ejusmodi est, quod reliquo corpori noceat*, uri *et* secari *patimur, ut membrorum aliquod potius quam totum corpus intereat. Sic in reipublicæ corpore, ut totum salvum sit, quidquid est pestiferum amputetur : dura vox ! multo illa durior : salvi sint improbi, scelerati, impii; deleantur innocentes, honesti, boni, tota respublica !* in Marc. Anton. Philipp. VIII.

ce nom si constamment outragé, je n'y puis rien avec ceux qui persisteront dans leurs préjugés, qui ne liront pas mon livre, ou au moins toutes les œuvres du Florentin, bien distribuées dans l'ordre chronologique : mais peut-être j'obtiendrai quelqu'encouragement de tout autre qui, las d'injurier sur parole, accueillera ce rapport avec quelque faveur, ou prendra le plaisir de s'enquérir de la vérité auprès du Florentin lui-même.

J'ai maintenant à remplir une dette d'honneur et de gratitude.

Il était impossible d'amener à fin une telle entreprise sans avoir sous les yeux beaucoup de volumes, sans demander des conseils à des savants, à ces hommes spéciaux qui donnent sur-le-champ la solution de la difficulté qu'on a trouvée devant soi. Dans le cours de l'ouvrage, j'ai déja souvent, lorsque l'occasion s'en est présentée, exprimé ma sincère reconnaissance pour les services de tout genre que j'ai demandés et reçus au nom de Machiavel; mais il y a eu des bonnes graces, des marques d'affection, d'intérêt et d'amitié, des *prenez garde,* que je n'ai pas encore remerciés.

Je saluerai en première ligne M. Van-Praet, mon vrai mentor pour les éclaircissements bibliographiques qui m'ont été nécessaires; M. Magnin, conservateur des livres de la Bibliothèque; M. Naudet, le digne président de notre Académie des Inscriptions, M. Raoul-Rochette, M. Letronne, que j'ai consultés dans des conversations, et qui m'ont donné de sages avis; M. Thévenin, M. Mongez, M. Petit-Radel, M. Quatremère de Quincy.

J'ai abusé, j'en ai peur, de la complaisance de notre savant bibliothécaire de l'Institut, M. Feuillet, qui a laissé à ma disposition les livres les plus précieux du riche dépôt littéraire dont le soin lui est si heureusement remis.

Mon ancien ami, M. Ballanche, sans contredit l'un des hommes de France qui écrivent le mieux notre langue, m'a éclairé dans des entretiens pleins de bonne foi et de confiance.

Le spirituel voyage en Italie de M. Valery m'a fourni des informations utiles, et j'ai saisi des aperçus ingénieux dans divers jugements de M. Avenel sur le secrétaire Florentin.

M. le chevalier Maury, qui avec beaucoup de modestie, n'en est pas moins très-instruit des affaires d'Italie et de Rome, M. Maury neveu du célèbre cardinal, du défenseur de la monarchie à l'Assemblée constituante, m'a confié des notes pleines d'intérêt, dont j'ai eu occasion de me servir souvent.

M. Dugas-Montbel m'a complaisamment aidé à retrouver le sens précis d'une citation de Polybe. M. Hase ne m'a refusé aucun des renseignements que j'ai sollicités de son immense érudition.

J'ai consulté, sur plusieurs points importants, M. Roger de l'Académie française, ce digne ami de M. de Fontanes, et l'un des écrivains les plus corrects que nous puissions vanter aujourd'hui.

La bibliothèque de mon ami, le marquis de Château-Giron, aurait presque tout entière passé chez moi, si je l'avais désiré. Ces générosités si gracieuses allégent une partie des embarras qu'entraîne la composition des graves ouvrages.

Un autre ami, M. le comte d'Hauterive, en me communiquant obligeamment plusieurs passages des manuscrits de son oncle, qui a si long-temps dirigé une division politique aux affaires étrangères, de cet homme d'état distingué qui lutta si souvent et avec tant d'avantage contre M. Gentz, le célèbre publiciste allemand, de ce travailleur infatigable qui avait sur-le-champ le plus de *pensées* sur une affaire donnée, m'a mis à même d'insister plus fortement sur quelques opinions, et de les soutenir avec plus de hardiesse et de conviction.

M. de la Bouderie ne sera pas étonné de lire ici que je me souviens avec sensibilité de ses bonnes recherches et de ses explications amicales.

Sur l'avis de M. de Bois-le-Comte, mon ancien collègue à Vienne, et depuis directeur des travaux politiques du ministère, à Paris, j'ai modifié des assertions peut-être trop tranchées. Enfin il y a des amis excellents que je porte dans mon cœur, qui m'ont aidé avec constance, dans les soins que j'ai donnés à cette publication, mais qui ne veulent pas être nommés, et que leur modestie obstinée peut seule défendre de la poursuite de mes éloges et de l'expression de toute ma gratitude.

Je ne répéterai pas ici les noms des autres personnes que j'ai citées dans mon ouvrage, puisque, le plus souvent, à mesure que je recevais le bienfait, je témoignais la reconnaissance.

J'ai eu, d'ailleurs, beaucoup à payer dans ce genre. Il n'y a jamais eu de pasteur qui ait quêté pour son saint, autant que j'ai demandé pour mon démon, prenant tout, et la louange et l'injure, et les dons et les coups.

Le seul portrait authentique de Machiavel qui soit actuellement connu en France, orne le premier volume. J'ai inséré à la fin du deuxième, des détails historiques sur ce portrait qui a été gravé par M. Ruhierre, l'un de nos plus habiles artistes.

On verra sur les titres des deux volumes les armes des Machiavelli, dont je donne la description à la fin de l'ouvrage. Ces armes sont d'azur, à la croix d'argent anglée de quatre clous de sable (noir) avec un cinquième clou, en abîme (au milieu).

On trouvera, au commencement du deuxième volume, un *fac-simile* très-exact de l'écriture de Machiavel : c'est une lettre par laquelle il recommande à la Seigneurie de Florence, un gentilhomme Siennois, nommé Scipioni. On trouvera également, à la page 232 du même volume, un autre *fac-simile* d'une lettre de François Ier à Michel-Ange.

Indépendamment de ces deux pièces importantes, l'attention du lecteur pourra être attirée par douze autres pièces inédites, ou qui paraissent ici pour la première fois traduites en français : deux lettres d'Alexandre VI ; des sonnets de Machiavel ; une prière d'Anne de Bretagne ; une lettre de la Seigneurie de Florence à Sixte IV ; une lettre de Suleyman à François Ier (j'ai donné aussi le texte en turc) ; une autre lettre du même sultan au même monarque ; des jugements d'Alfiéri, qui sont jusqu'ici tout-à-fait inconnus ; l'extrait d'un manuscrit de la Bibliothèque du roi, intitulé *Apologie pour Machiauelle*, qui pourrait bien être l'ouvrage de Blaise Pascal ; une lettre sur le secrétaire Florentin, adressée par le célèbre Conring à M. de Lionne, ministre de Louis XIV ; la réponse de ce ministre ; et enfin une lettre par laquelle le colonel Gustafsson (Gustave IV) prie Louis XVIII de faire adoucir le sort de Napoléon captif. Chacune de ces pièces amenée par le sujet, figure dans la partie de l'ouvrage qu'elle doit occuper.

En ma qualité de bibliophile, je désirais que les citations tirées des anciens livres fussent imprimées en caractères de l'époque ; je dois donc prévenir le lecteur que c'est sous cette forme que je lui ai présenté Comines et d'autres auteurs de ce temps ou des temps antérieurs.

J'ai conservé religieusement l'orthographe de Brantôme et celle des manuscrits que j'ai pu consulter. Enfin, résolu, malgré quelques résistances, à placer mon nom en tête de cet ouvrage, j'ai senti la nécessité de prouver au public le respect que je porte à ses décisions : je n'ai rien négligé pour exciter son attention, pour mériter sa bienveillance, et pour remplir ma tâche en homme d'honneur, en homme scrupuleux observateur des règles prescrites en tous pays par les habitudes de la société choisie, en homme qui aspirait à être lu par les esprits justes et généreux. Je n'ai rien omis, rien laissé en arrière, ni temps, ni veilles, ni sollicitations, ni prières, ni sacrifices, pour achever convenablement une tâche difficile, que tout le monde ne pouvait pas entreprendre, et à laquelle je me suis dévoué, corps et biens, avec le plus entier abandon.

MACHIAVEL.

CHAPITRE PREMIER.

J'ai entrepris d'écrire l'histoire d'un des plus grands et des plus célèbres génies des temps modernes. La vie de cet illustre Florentin a cela de remarquable, qu'elle peut être composée d'après ses propres ouvrages : ils ont été si nombreux et si variés; il y a tant d'hommes à part, dans Machiavel seul, que les matériaux abondent, et ne peuvent être épuisés : le politique pratique, le politique consultant, trop asservi cependant à quelques idées barbares du seizième siècle; le commentateur profond d'Aristote, de Platon, de Tite-Live, de Tacite, de Salluste et de saint Thomas; le régénérateur des règles de la saine comédie; le conteur joyeux, le poète tour-à-tour érotique et satirique; le défenseur infatigable des droits raisonnables de son pays; l'observateur attentif et pénétrant des usages de l'Europe civilisée de son temps; l'historien sublime; le publiciste universel, l'un des modèles de notre Montesquieu; le stratège moderne qui a enseigné, le premier, les préceptes de l'art de la guerre, depuis la découverte de l'artillerie. Toutes ces différentes nuances d'érudition, de sagacité, d'invention, de patriotisme, de méditations d'esprit créateur, vont successivement passer sous nos yeux, dans l'ordre où elles se sont développées : année par année, nous accompagnerons le précepteur, quelquefois imprudent, du pouvoir, l'écrivain inimitable, le citoyen généreux, le judicieux conseiller des hommes de guerre.

Machiavel se distingua d'abord dans les affaires publiques, où l'on apprend à connaître les hommes, où on les étudie sur eux-mêmes, où on les observe livrés aux mouvements de leur orgueil, de leur modestie, de leur malice, de leur bonté, de leur audace, de leur indécision. Il n'aborda les sentiers difficiles des occupations littéraires et morales, qu'après avoir acquis une forte expérience du cœur humain, dans l'agitation des affaires qu'il traita directement avec plusieurs pontifes, un empereur d'Allemagne, un roi de France, et les principaux négociateurs de cette époque; bien différent de ceux qui martellent l'histoire, sans avoir apprécié et compris les passions humaines : ceux-ci sont nécessairement exposés à s'inspirer des impressions d'autrui; ils voient sous un jour incertain les événements de la vie; ils portent à faux un jugement tranchant, semblables à ces peintres qui, n'ayant jamais pris la nature sur le fait, ne nous offrent toujours que la copie d'un froid mannequin : ils se trouvent tout au plus en état de découvrir en eux-mêmes quelques-uns de ces secrets incomplets qu'un observateur, travaillant sur lui seul, peut à toute force quelquefois concevoir et deviner.

Machiavel n'ouvrit, pour ne les plus quitter, les livres des maîtres dans l'art de penser et de communiquer ses sensations, qu'après des travaux politiques longs et assidus. En cherchant une consolation à des malheurs, il trouva la gloire.

Le succès de ses ouvrages sérieux prouve assez que

le maniement des affaires est l'élément d'instruction le plus fécond, et que là seulement, par les leçons qu'on a reçues, on apprend à en donner aux autres. L'histoire, écrite sans ces préparations salutaires, n'a pas ce caractère saillant de fermeté, d'expérience, de franchise, de vérité que nous pouvons exiger de quiconque proclame qu'il va être assez hardi pour nous révéler les faits antiques ou nouveaux, et qui s'avance prononçant sur ces faits des jugements en quelque sorte solennels.

Lorsque, rempli d'une confiance courageuse, mais téméraire, on saisit trop tôt le burin, qu'a-t-on vu? qu'a-t-on entendu? qu'a-t-on fait soi-même pour la famille, pour l'amitié, pour l'honneur, pour le prince, pour la patrie? Entraîné par un attrait de circonstances, on rapporte tout ce qu'on rencontre à une passion politique du moment: comme il est arrivé à plusieurs des successeurs de Machiavel, on flatte l'opinion du jour; on lance, avec toute l'autorité imprévoyante de l'adulation et de la partialité, des décrets orgueilleux, et jusqu'à des lois de langage; on excuse peu : on se crée un type dont on suit la manière; on tend rarement la main au vaincu. Absorbé dans des intérêts de l'instant, on n'échappe pas aux détails de l'instant qui doit sitôt mourir. Cependant combien les inconstances subites des nations ne devraient-elles pas tenir en garde ceux qui débitent des doctrines absolues!

Ce fut après des voyages multipliés qu'Hérodote résolut d'écrire son histoire : Pline l'ancien assure que les Athéniens exilèrent Thucydide général, et rappelèrent Thucydide historien. Nous savons que Tite-Live, qui a été comparé à Hérodote par Quintilien, ne commença son grand ouvrage que long-temps après la bataille d'Actium, après avoir payé sa dette à l'État, dans plusieurs emplois difficiles, et qu'il avait le courage de rappeler les beaux temps de la république sous Auguste qui le nommait le *Pompéien*. Nous savons que Tacite avait été guerrier, avocat, *vigintivir*, questeur : de là, si l'on examine bien ses annales et ses histoires, cette exactitude et cette propriété dans les expressions relatives à la guerre, au barreau, et à l'administration civile. Il devint encore successivement préteur et consul ; c'est alors qu'il se donna lui-même la noble mission d'historien. Suétone avait été avocat, grammairien, tribun militaire, *magister epistolarum* de l'empereur Adrien.

On conçoit donc tout ce que des occupations diverses, des charges, des dignités de tout genre, et avec cela, des fautes personnelles (car on s'instruit profondément par ses fautes), parfois des succès, apportaient d'instruction, de calme et d'énergie dans un esprit destiné d'ailleurs à profiter de tant d'avantages. Et qui, mieux que Machiavel, après ces légations honorables, avait dû rassembler et coordonner dans sa mémoire une foule d'événements importants, se les expliquer et en extraire pour lui et les autres la substance nourricière; et qui, mieux que lui, avait pu porter surtout à l'étude grave de l'histoire une prédisposition efficace, et une maturité réfléchie?

Décidé à présenter à nos lecteurs le vaste et incroyable tableau des compositions de Machiavel, nous demandons avec insistance l'indulgence qui est nécessaire, et si nous succombons sous le poids d'une tâche si pénible, nous espérons au moins que cet essai pourra enhardir d'autres efforts, et faciliter à un lutteur plus heureux les moyens de reprendre et d'achever glorieusement la noble entreprise.

Du reste, les conseils de l'âge, les malheurs, quelques beaux jours, des fautes, l'amitié ou l'ingratitude de grands personnages, une longue suite de devoirs et d'affaires ne nous ont pas manqué. L'Italie et la France nous diront ensuite si nous avons trop présumé de nos forces et de nos épreuves.

On va retrouver dans le commencement et dans quelques autres parties de notre travail, plusieurs passages de l'article Machiavel, inséré dans la Biographie universelle : comme cet article nous appartient, et qu'en le rédigeant, à Rome, nous avons apporté beaucoup de soins à composer ce premier essai de la vie du Secrétaire Florentin, on nous pardonnera d'avoir consulté et reproduit quelquefois notre propre ouvrage.

Nicolas Machiavel naquit à Florence le 5 mai de l'année 1469, d'une famille dont l'origine remontait aux anciens marquis de Toscane, et particulièrement au marquis Hugues, qui vivait vers 850. 1469.

Les Machiavelli étaient seigneurs de Monte-Spertoli ; mais préférant le droit de bourgeoisie de Florence à l'inutile conservation de prérogatives que la république naissante leur contestait tous les jours, ils se soumirent à ses lois, à condition que des emplois dans ses premières magistratures seraient accordés à divers membres de la famille. Elle fut une des maisons du parti Guelfe qui abandonnèrent Florence en 1260, après la déroute de Monte-Aperto ; plus tard, rentrée dans sa patrie adoptive, elle compta jusqu'à treize gonfaloniers de justice, et cinquante-trois prieurs, dignitaires considérés comme les plus importants de la république.

Nicolas dut le jour à Bernard Machiavelli, jurisconsulte, et à Bartholomée, fille d'Étienne Nelli, et veuve de Nicolas Benizi. Celle-ci était issue d'une famille qui n'avait pas moins d'illustration que celle des Machiavelli. Bartholomée aimait la poésie et composait des vers avec facilité : probablement cet exemple décida l'une des différentes vocations de son fils.

1478. Il n'avait pas encore neuf ans, en 1478, lorsque la ville de Florence fut frappée d'un de ces événements dont la mémoire se grave même dans les souvenirs de l'enfance ; ce fut alors qu'éclata la conspiration des Pazzi contre les Médicis.

Le pape Sixte IV protégeait les Pazzi ; le comte Jérôme Riario, son neveu, était un des complices. Cette conspiration fut accompagnée de circonstances horribles, d'un assassinat sur les personnes de Julien et de Laurent de Médicis, commis dans une église au milieu des cérémonies de la messe, au moment où le prêtre communiait. Julien tomba frappé à mort ; Laurent put s'échapper. La ville demeura dans un tel état de désordre, que Machiavel peut être considéré comme ayant été élevé entre les récriminations des deux partis : les dépits de celui qui n'avait pas réussi, et les scènes de vengeance auxquelles s'abandonna le parti qui avait triomphé. Donnons à Machiavel le temps d'acquérir de l'âge et de l'expérience, et nous l'entendrons lui-même raconter, de sa voix mâle, ces événements terribles.

Cependant, il n'est pas hors de propos d'expliquer brièvement quel était alors le gouvernement de Florence. Tour-à-tour protégée par des rois, république aristocratique, république populaire, république mixte, elle avait vu l'un de ses plus illustres citoyens, Sylvestre de Médicis, acquérir une immense prépondérance par ses richesses et ses libéralités. Cosme, d'une autre branche de la famille de Sylvestre et né en 1389, avait été exilé, en 1433, par une faction ennemie ; rappelé, proclamé père de la patrie, et nommé gonfalonier en 1434 : il était mort en 1464, laissant héritier de sa fortune et de son influence, un fils nommé Pierre. Celui-ci avait conservé pendant huit ans le même genre d'autorité qu'on n'avait pas osé contester à Cosme, son père. Il est connu dans l'histoire sous le nom de Pierre l'ancien. Ce dernier, mort en 1472, avait laissé deux fils, Julien et Laurent, et deux filles, Bianca, mariée depuis à Guillaume de' Pazzi, et Nannina, mariée ensuite plus tard à Bernard Rucellai. C'est contre Julien et Laurent qu'avait éclaté la conspiration de la famille Pazzi; mais l'autorité avait été maintenue dans les mains de Laurent. Gouvernant honorablement l'état, il ne s'était livré qu'à des entreprises qui avaient été heureuses, et il avait glorieusement terminé sa vie, en 1492, après avoir en quelque sorte surpassé la gloire de Cosme son aïeul.

C'est Machiavel, comme je l'ai déjà annoncé, qui nous dira lui-même, quand nous analyserons ses *Istorie* de Florence, tout ce que cette ville dut alors de repos et de considération à l'administration sage et paternelle de Laurent, que l'histoire appelle Laurent le magnifique par excellence [1].

Machiavel, élevé sous cette sorte de règne prospère, 1478. et neveu de Paul Machiavelli, très-attaché à Laurent, et qui avait été nommé gonfalonier en 1478, a dû, dans ses premières années, aimer le nom et l'autorité des Médicis. Bernard, son père, vivait dans un état de fortune malaisé : il donna cependant à

---

[1] Le titre de *magnifique* appartenait de droit aux magistrats en activité, et aux nobles du pays. Comme noble de la ville, Laurent avait droit d'être appelé le magnifique Laurent. Mais la reconnaissance de ses contemporains voulut l'honorer davantage, et elle l'appela *Laurent le magnifique*, et quelquefois tout simplement, *le magnifique*.

son fils Nicolas une éducation assez distinguée. On pense que ce fut dans la verve de la première jeunesse, c'est-à-dire vers 1492, qu'il composa l'ouvrage intitulé : « *Allocution à un magistrat, au moment où il va entrer dans l'exercice de son ministère.* » Le rédacteur de la préface qui précède les œuvres de Machiavel, édition de 1826[1], croit que cette allocution ne peut être qu'une composition de la jeunesse de Nicolas. J'adopte tout-à-fait ce sentiment.

L'auteur déclare qu'ayant été élu pour parler *sur la justice* devant une assemblée respectable, il sera court, afin de ne pas fatiguer ses auditeurs. A ce ton de modestie on reconnaît un jeune homme qui n'est pas accoutumé à parler en public. Il est encore d'usage aujourd'hui, dans les cérémonies d'installation, en Italie, de confier ces sortes de mercuriales à des adolescents, qui cherchent ainsi à s'exercer dans l'art de la parole. L'auteur cite, à propos de *la justice*, le trait admirable de Trajan, rapporté par le Dante [2]. Il déclare, dans son enthousiasme, que ces vers sont dignes d'être écrits en or, parce qu'on y voit combien Dieu aime la piété et la justice. Voici un passage remarquable de cet opuscule :

« La justice a exalté l'état des Grecs et des Romains ; elle a donné le bonheur à des républiques et à des royaumes : elle a plusieurs fois habité notre patrie, l'a élevée et conservée, comme aujourd'hui elle la conserve et l'accroît. »

On saisit les premiers pas du génie puissant qui devait observer de si près, et avec tant de pénétra-

---

[1] *Italia* (Florence), 1826, 10 vol. in-8°. — [2] Purgat., chant X, vers 72 et suiv.

Quivi era storiata l'alta gloria
Del Roman Prence, lo cui gran valore
Mosse Gregorio...., ec., ec., ec.

tion, les institutions des anciens : peut-être cependant y a-t-il dans ce trait, « La justice a plusieurs « fois habité notre patrie » quelque chose d'un peu hardi pour un si jeune homme. Rarement il faut se montrer sévère dans cet âge où l'on ne sait pas, et où, quand on le sait, on ne doit pas dire encore si librement que les hommes ont de graves défauts.

Voici un prélude de la gaîté de celui qui sera un conteur si aimable :

« Vous devez, citoyens très-distingués, et vous autres qui êtes destinés à *juger*, vous devez fermer les yeux, boucher les oreilles, vous lier les mains, quand vous avez à voir, dans un jugement, des amis ou des parents, ou à entendre des prières et des persuasions non raisonnables, ou quand on veut vous faire recevoir quelque idée qui vous corrompe l'esprit, et vous fasse dévier des opérations justes et saines. Si vous agissez ainsi, quand la justice ne sera pas sur la terre, elle y reviendra pour habiter notre ville. Lorsqu'elle y sera, elle y demeurera volontiers, et il ne lui prendra plus fantaisie de retourner au ciel. »

Enfin des négligences de style, des répétitions de raisonnements, des redites sans excuse, me confirment dans le sentiment que je partage avec l'auteur de la préface répétée dans l'édition de 1826, que nous a donnée M. Leonardo Ciardetti.

Ce fut vers 1494 que Machiavel commença à entrer dans les affaires. Il est convenable de dire dans quelles circonstances se trouvait alors la république de Florence. Machiavel ne doit pas nous l'apprendre, puisque son histoire Florentine finit à l'année 1492. Ces faits doivent d'ailleurs être connus à l'avance : il sera, lui-même, acteur dans la suite de ces événements.

1494.

En 1493, Charles VIII, roi de France, Maximilien, nouvellement empereur d'Allemagne, et Philippe archiduc d'Autriche son fils, avaient signé un traité appelé la paix de Senlis. Avant ce traité le roi avait renoncé à la main de la fille de Maximilien, Marguerite de Bourgogne, qui était trop jeune, et il avait épousé, à la fin de 1491, Anne, fille et héritière de François duc de Bretagne. Se voyant assuré de la paix, il se prépara à une expédition contre le royaume de Naples, sur lequel il croyait avoir des droits que Philippe de Comines explique ainsi [1] :

1494. Se trouvèrent quelques clercs de Provence qui vindrent mettre en avant certains testamens du roy Charles le premier, frère de S. Louys, et d'autres roys de Cécile qui estoient de la maison de France, et entr'autres raisons, disoient que non point seulement le comté de Provence appartenoit audit roy, mais le royaume de Cécile et autres choses possédées par la maison d'Anjou.

Il s'agissait de savoir si le royaume de Naples, qui était déjà joint à la Sicile, appartiendrait au duc de Lorraine, représentant une fille de René, roi de Sicile, duc d'Anjou et comte de Provence, ou si l'on suivrait le testament du roi René qui avait attribué son héritage au roi Charles d'Anjou, dont Charles VIII représentait les droits en ce moment.

Quoi qu'il en soit des droits de l'un et de l'autre, Charles VIII voulut appuyer les siens par une armée.

1494. Il partit de Vienne en Dauphiné le 23 août 1494, et marcha sur les villes de Suze et de Turin. Ludovic, oncle du duc de Milan, homme sans foi, s'il voyoit son profit pour la rompre, avait fait sentir à ce jeune roi

---

[1] J'ai consulté les anciennes éditions de Comines : mais j'ai tiré mes citations de l'édition de Paris, 1747, in-4°, qui a été très-soigneusement collationnée sur les manuscrits de l'auteur. Voyez donc (pour les citations du présent chapitre) tom. I de cette édition, pag. 422 et pages suivantes.

des fumées et gloires d'Italie, lui montrant le droit qu'il avait au royaume de Naples qu'il lui savoit bien blasonner et louer; en même temps Ferdinand d'Arragon, roi de fait à Naples, commençait ses préparatifs de défense.

Je vais laisser encore parler Comines. Il donne ici, à sa manière, sur les Médicis, des détails qui sont en beaucoup de points conformes à ceux qu'on lit dans des auteurs Florentins.

Il faut dire quelque chose des Florentins qui avoient envoyé vers le roy, avant qu'il partist de France, deux fois, pour dissimuler avec lui. L'une fois me trouvai-je à besongner avec ceux qui vindrent, en la compagnie du sénéchal de Beaucaire[1], et du général[2], et y estoient l'évêque d'Arese[3], et un nommé Pierre Sonderin[4]. On leur demanda seulement qu'ils baillassent passage à cent hommes d'armes à la soulde d'Italie [qui n'estoit que de dix mille ducats pour un an]. Eux parlant par le commandement de Pierre de Médicis homme jeune et peu sage, fils de Laurent de Médicis qui estoit mort, et qui avoit esté un des plus sages hommes de son temps, et conduisant cette cité, presque comme seigneur, et aussi faisoit le fils, car jà leur maison avoit ainsi vescu, la vie de deux hommes paravant, qui estoient Laurent père dudit Pierre, et Cosme de Médicis, qui fut le chef de cette maison et la commença; homme digne d'être nommé entre les très-grands, et en son cas, qui étoit de marchandise, estoit la plus grande maison que je crois jamais ait esté au monde. Car leurs serviteurs et facteurs ont eu tant de crédit sous couleur

[1] Etienne de Vers, Sénéchal de Beaucaire, favori du roi, créé duc de Nola, à Naples. — [2] Le général Brissonnet appelé ainsi parce qu'il était directeur général des finances, depuis évêque de Saint-Malo et cardinal. — [3] Arezzo. — [4] Soderini, nommé gonfalonier à vie, en 1502.

de ce nom Médicis, que ce seroit merveille à croire, à ce que j'en ai vu en Flandres et en Angleterre. J'en ai vu un appelé Guérard Quanvese presque estre occasion de soutenir le roy Edouard le Quart en son estat, estant en grande guerre en son royaume d'Angleterre, et fournir parfois audit Roy plus de six vingt mille escus, où il fit peu de profit pour son maître; toutesfois il recouvra ses pièces à la longue; un aultre ay veu nommé et appelé Thomas Portunay (Portinari [1]) estre pleige entre ledit roy Edouard et le duc Charles de Bourgogne, pour cinquante mille escus, et une aultre fois, en un lieu pour quatre-vingt mille. Je ne loue pas des marchands d'ainsi le faire, mais je loue bien un prince de tenir bons termes aux marchands et leur tenir vérité. Car ils ne savent à quelle heure ils en pourront avoir besoin, car quelquefois peu d'argent fait grand service.

Je n'interromps pas ici Comines, parce que les faits historiques sont complètement éclaircis par lui.

Il semble que cette lignée vinst à faillir comme on fait aux royaumes et empires, et l'authorité des prédécesseurs nuisoit à ce Pierre de Médicis combien que celle de Cosme qui avoit été le premier, fut douce et amiable, et telle qu'estoit nécessaire à une ville de liberté. Laurent père de Pierre, dont nous parlons à cette heure pour le différend dont a esté parlé en aucun endroit de ce livre qu'il eut contre ceux de Pise et aultres [2] dont plusieurs furent pendus en ce tems-là, avoit pris vingt hommes pour sa garde, par commandement et congé de la seigneurie, laquelle commandoit ce qu'il vouloit; toutefois, modéré-

---

[1] La famille de la célèbre Béatrix Portinari, l'amante du Dante. — [2] L'archevêque de Pise, Salviati, et les Pazzi.

ment se gouvernoit en cette autorité; car comme j'ai dit, il estoit des plus sages de son tems; mais le fils cuidoit que cela lui fut deu par raison et se faisoit craindre moyennant cette garde, et faisoit des violences de nuit, et des bateries lourdement, abusant de leurs deniers communs, si avoit fait le père, mais si sagement qu'ils en estoient presque contens.

A la seconde fois, envoya ledit Pierre à Lyon, un appelé Pierre Cappon et aultres; et disoit pour excuse, comme ja avoit fait, que le roy Louis onzième leur avoit commandé à Florence se mettre en ligue avec le roy Ferrand, du tems du duc Jehan d'Anjou, et laisser son alliance. Disans que puisque par commandemens du roy, avoient pris ladite alliance qui duroit encores par aucunes années, ils ne pouvoient laisser l'alliance de la maison d'Arragon, mais si le roy venoit jusques là qu'ils lui feroient des services, et ne cuidoient point qu'il y allast, non plus que les Vénitiens. En tous les deux ambassades, y avoit toujours quelqu'un ennemy dudit de Médicis et par especial cette fois, ledit Pierre Cappon qui soubs main avertissoit ce qu'on devoit faire, pour tourner la cité de Florence contre ledit Pierre, et faisoit sa charge plus aigre qu'elle n'estoit; et aussi conseilloit qu'on bannist tous les Florentins du royaume, et ainsi fut faict. Ceci je dis pour mieux vous faire entendre ce qui advint après, car le roy demeura en grande inimitié contre ledit Pierre, et lesdits sénéchal et général avoient grande intelligence avec ses ennemis en ladite cité, et par especial avec ce Cappon et avec deux cousins germains dudit Pierre, et de son nom propre.

Les historiens Florentins sont à peu près du même

avis que Comines sur tous ces faits, sans cependant parler de cette intelligence de Pierre Capponi. Mais, comme il s'agit, sur ce dernier point, de faits qui ont eu lieu en France, Comines doit avoir été mieux instruit que les Italiens.

1494. Cependant Charles VIII, toujours excité par Ludovic Sforze, continuait de s'avancer en Italie. Une avant-garde commandée par le seigneur d'Aubigny, marchait sur la Romagne et faisait reculer l'armée de don Ferdinand, qui venait au secours de Galéas duc de Milan, son gendre, opprimé par Ludovic.

De tous côtés, dit Comines, le peuple d'Italie commença à prendre cueur, desirant nouvelletés; car ils voyoient autre chose qu'ils n'avoient pas veue de leur tems, et ils n'entendoient pas le faict de l'artillerie, et en France n'avoit esté jamais si bien entendu. Et se tira ledit dom Ferrand vers Susanne (Césène) approchant du royaume, une bonne cité qui est au pape, en la marque d'Ancône : mais le peuple les détroussoit leurs sommiers et bagues, quand ils les trouvoient à part; car par toute Italie ne desiroient qu'à se rebeller, si du côté du roy les affaires se fussent bien conduits et en ordre et sans pillerie. Mais tout se faisoit au contraire, dont j'ai eu grand deuil pour l'honneur et bonne renommée que pouvoit acquérir en ce voyage la nation françoise, car le peuple nous advouoit comme saincts, estimans en nous toute foy et bonté, mais ce propos ne leur dura guères, tant pour notre désordre et pillerie; et qu'aussi les ennemis preschoient le peuple en tous quartiers nous chargeant de prendre femmes à force, et l'argent et autres biens où nous les pouvions trouver. De plus grands cas ne nous pouvoient-ils charger en Italie : car ils sont jaloux et avaricieux, plus qu'autres. Quant aux femmes, ils mentoient; au demeurant il en estoit quelque chose.

Ne trouvant pas d'obstacles, Charles VIII avait occupé Plaisance. Il y a tant de sagesse et de vérité dans le récit de Comines, que je le laisse continuer.

Le roy eut quelque sentiment de Florence pour les inimitiés que je vous ai dites, qui estoient contre Pierre de Médicis qui vivoit comme s'il eût été seigneur, dont estoient, ses plus prochains parens et beaucoup d'autres gens de bien, comme tous les Cappons, ceux de Fodormy, (Soderini) ceux de Nerly, et presque toute la cité, envieux. Pour laquelle cause ledit seigneur (le Roi) partit et tira aux terres des Florentins, pour les faire déclarer pour luy ou pour prendre leurs villes qui estoient foibles, pour s'y pouvoir loger pour l'hyver qui estoit ja commencé, et se tournerent plusieurs petites places, et aussi la cité de Luques, ennemie des Florentins, et firent tous plaisirs et services au Roy, et avoit toujours esté le conseil du duc de Milan (Ludovic, devenu duc de Milan) à ces deux fins, afin qu'on ne passast pas plus avant de la saison et aussi qu'il espéroit avoir Pise [qui est bonne et grande cité], Sezane et Pietra-Sancta. Les deux avoient été aux Genevois (Génois) n'y avoit guères de temps, et conquis sur eux par les Florentins, du temps de Laurens de Médicis.

Le roy prit son chemin par Pontreme (Pontrémoli) qui est au duc de Milan, très fort chasteau, et le meilleur qu'eussent les Florentins, mal pourveu par leur grande division, et aussi à la vérité dire, les Florentins mal volontiers estoient contre la maison de France, de laquelle ils ont esté de tout temps vrays serviteurs et partisans tant pour les affaires qu'ils ont en France, pour la marchandise, que pour estre de la part Guelfe, et si la place eut été bien pourveue, l'armée du roy estoit rompue; car c'est un pays stérile et entre montagnes, et n'y avoit nuls vivres, et aussi les neiges estoient grandes..... Pratique se meut à Florence, et députèrent gens pour envoyer devers le roy jusque à quinze ou seize, disant en la cité qu'ils ne vouloient demeurer en ce grand péril d'estre en la haine du roy, et du duc de Milan, qui toujours avoit son ambassade à Florence, et consentit Pierre de Médicis cette allée. Aussi n'y eut il sceu remédier, aux termes en quoy les affaires estoient; car ils eussent été détruits, veu la petite provision qu'ils avoient, et si ne sçavoient ce que c'estoit de guerre. Après qu'ils furent arrivés, offrirent de recueillir le roy à Florence et aultres parties, et ne leur chaloit à la plus part sinon qu'on allast là pour occasion de chasser Pierre de Médicis et se sentoient avoir bonne intelligence avec ceux qui conduisoient lors les affaires du roy, que plusieurs fois ay nommés.

1494. Dans cet intervalle, Pierre lui-même se rendit au camp du roi. Celui-ci se voyant craint et vainqueur, demanda d'abord Sarzane. Pierre redoutant et le roi et les ennemis qu'il avait laissés à Florence, profita du désordre et d'un reste d'autorité, et il ordonna de livrer Sarzane. Les seigneurs qui agissaient au nom de Charles, demandèrent encore à Pierre qu'il **fist prester au Roy**, Pise, Livourne, Piétra-Santa et Librafatta. Pierre accorda ces villes, sans en prévenir les magistrats de la seigneurie. Elle pensait bien que le roi entrerait dans Pise, mais elle n'imaginait pas qu'il voulût demander cette place. Le roi entra donc à Pise, et

Pierre retourna à Florence, où il devait faire disposer magnifiquement son palais pour recevoir le roi à son passage.

Sur ces entrefaites, les Pisans, qui avaient, depuis long-temps, de justes sujets de plaintes contre les Florentins, vinrent un jour en grand nombre, hommes et femmes, se présenter au roi, au moment où il allait à la messe, en criant: *Liberté! Liberté!*

Lui suppliant, les larmes aux yeux, qu'il leur donnast 1494. la liberté; et un maitre des requêtes, allant devant lui, ou faisant l'office, qui estoit un conseiller au Parlement du Dauphiné, appellé Rabot, ou pour promesse ou pour n'entendre ce qu'ils demandoient, dit au roy que c'estoit chose piteuse et qu'il leur devoit octroyer, et que jamais gens ne furent si durement traités: et le roy qui n'entendoit pas bien ce que ce mot valoit, et qui par raison ne leur pouvoit donner liberté [car la cité n'estoit pas sienne, mais seulement y estoit receu par amitié, et à son grand besoing], et qui commençoit de nouveau à cognoistre les pitiés d'Italie, et le traitement que les princes et communautez font à leurs subjets, répondit qu'il estoit content; et ce conseiller dont j'ai parlé le leur dit, et le peuple commença incontinent à crier noël, et vont au bout de leur pont de la rivière d'Arne [qui est un beau pont], et jettent à terre un grand lion qui estoit sur un grand pilier de marbre qu'ils appeloient Major, représentant la seigneurie de Florence, et l'emportèrent à la rivière, et firent faire dessus le pilier un roy de France, une espée au poing, qui tenoit sous le pied de son cheval ce Major qui est un lion. Depuis le roy des Romains y est entré; ils ont fait du roy comme ils ont fait du lion. Et est la nature de ce peuple d'Italie d'ainsi complaire aux plus forts. Mais ceux là estoient et sont si mal traités qu'on les doit excuser.

Pierre, reparaissant à Florence, fut reçu avec les démonstrations les plus vives d'indignation et de fureur. Il voulut se présenter au palais de la seigneurie, on lui en refusa l'entrée. La populace ayant commencé à crier *plus de Médicis!* il fut obligé de quitter la ville, et il se réfugia à Venise.

1494. Le roy entra le lendemain en la cité de Florence, et luy avoit ledit Pierre fait bailler sa maison et ja estoit le seigneur de Ballassat[1] pour faire ledit logis, lequel quand il sceut la fuite dudit Pierre de Médicis se prit à piller tout ce qu'il trouva en ladite maison, disant que leur banque à Lyon luy devoit grande somme d'argent, et entr'aultres il prit une licorne entière, [qui valoit six ou sept mille ducats] et deux grandes pièces d'une aultre et plusieurs aultres biens : d'aultres firent comme luy. En une aultre maison de la ville avoit retiré tout ce qu'il avoit vaillant, le peuple pilla tout. La seigneurie eut partie des plus riches bagues et vingt mille ducats comptant qu'il avoit à son banc, en la ville, et plusieurs beaux pots d'agatte, et tant de beaux camayeux bien taillés que merveilles, qu'aultrefois j'avois veus, et bien trois mille médailles d'or et d'argent bien la pesanteur de quarante livres, et croy qu'il n'y avoit pas autant de belles médailles en Italie. Ce qu'il perdit le jour en la cité, valoit cent mille écus et plus.

Charles VIII étant arrivé à Florence, on lui demanda

---

[1] L'éditeur de Comines s'est trompé ici : au lieu de Ballassat, il faut lire Balsac. Ce seigneur était Roffec de Balsac, seigneur d'Entragues et de Dunes. Il sera plus d'une fois fait mention de lui, à propos de la ville de Pise.

CHAPITRE PREMIER.

pourquoi il avait accordé l'indépendance aux Pisans; il répondit qu'il ne l'entendait pas ainsi, et il fit avec les Florentins un traité solennel. Dans cette circonstance, le même Pierre Capponi, dont Comines parle comme d'un ennemi de Pierre de Médicis, manifesta le plus grand dévouement pour les intérêts de la république. Le roi exigeait des sommes considérables de Florence, et voulait presque la souveraineté de son état. Voici comment s'exprime Guichardin [1]:

« Ces difficultés, qui semblaient ne pouvoir plus être décidées que par les armes, furent surmontées par le courage de Pierre Capponi, un des quatre citoyens députés pour traiter avec le roi; homme de génie, d'une âme forte, et très-estimé à Florence pour ces qualités; né d'une famille honorée, et descendant de personnes qui avaient eu une grande influence dans la république. Il était un jour avec ses compagnons en la présence du roi. Un secrétaire royal commença à lire des articles d'une exigence tout-à-fait immodérée, qu'on proposait pour la dernière fois de la part de ce souverain; Capponi arracha l'écrit des mains du secrétaire, avec un geste impétueux, le déchira sous les yeux du prince, en disant d'une voix animée: «Puisqu'on demande des choses si déshonnêtes, vous sonnerez vos trompettes, et nous sonnerons nos cloches. » Ensuite il entraîna ses collègues, et il quitta l'appartement. »

Les Français ne purent pas croire que tant de courage ne fût bientôt soutenu par les armes, et l'on convint des conditions suivantes qui furent encore bien onéreuses, mais plus douces que les premières.

Le traité portait qu'il devait être donné au roi 120,000 ducats, dont 50,000 comptant et le reste en deux paiements à courte échéance; lesdites places de Pise, Livourne, Sarzane et Librafatta étaient *prêtées* à

---

[1] Édition de Fribourg, 1775, in-4°, tom. I, pag. 98.

Charles VIII; les Florentins changeaient leurs armes, et au lieu du lys rouge, prenaient le lys blanc du roi; enfin il jura sur l'autel Saint-Jean de rendre les places quatre mois après son entrée à Naples, et plus tôt s'il retournait en France.

1494. Le roi poursuivait sa course triomphale sur Rome et Naples: à Rome, où il entra le 31 décembre 1494, il fit un traité avec le pape Alexandre VI qui lui donna en otage un de ses fils, le cardinal de Valence, que nous verrons plus tard figurer dans cette histoire sous le nom de César Borgia; il continua sa marche, et il entra à Naples le 21 février 1495.

1495. « Il y fut reçu, dit Guichardin[1], avec tant d'applaudissements et de témoignages publics d'allégresse, que l'on tenterait en vain de les exprimer. C'était avec une exaltation qu'on ne peut croire, que l'on voyait concourir à la fois, tout sexe, tout âge, toute condition, toute qualité, toute faction, comme s'il eût été le père et le fondateur de cette ville. Il n'obtint pas un accueil moins bienveillant de ceux qui par eux-mêmes, ou par leurs ancêtres, avaient reçu des bienfaits de la maison d'Arragon.... Ce prince, avec un cours merveilleux de bonheur inouï, avait, bien au-delà de l'exemple de César, vaincu avant d'avoir vu, et avec tant de facilité, que dans cette expédition il n'avait pas fallu déployer une tente, ni rompre une lance. Ainsi, par l'effet des discordes domestiques qui avaient ébloui la sagesse si fameuse de nos princes, à la honte et à la dérision de la milice italienne, avec un grand danger et une grande ignominie pour tous, une portion distinguée et puissante de l'Italie se détacha de l'empire italien, au profit des ultramontains: car le vieux Ferdinand, quoique né en Espagne, néanmoins avait été dès sa jeunesse ou fils de roi, ou roi en Italie, puisqu'il n'avait pas d'autre principauté, et que ses fils et petit-fils, nés en Italie, étaient à bon droit réputés Italiens. »

---

[1] Tom. I de l'édit. ci-dessus citée, pag. 116 et 117.

Comines fait à son tour ses réflexions particulières sur cette conquête si prompte [1].

Ains, je le dis, pour continuer mes mémoires, où se peut voir dès le commencement de l'entreprise de ce voyage, que c'étoit chose impossible aux gens qui le guidoient, s'il ne fût venu de Dieu seul, qui vouloit faire son commissaire de ce jeune roy, bon, si pauvrement pourveu et conduit, pour châtier roys si sages, si riches et si expérimentés et qui avoient tant de personnages sages à qui la deffense du royaume touchoit, et qui estoient tant alliés et soutenus, et même voyoient ce fait venir sur eux de si loing, que jamais n'y sceurent pourvoir, ni résister en nul lieu : car vers le chasteau de Naples, n'y eut aucun qui empêchast le roy Charles VIII un jour naturel, et comme a dit le pape Alexandre qui règne, les François y sont venus avec des éperons de bois, et de la croye (la craie) en la main des fourriers pour marquer leur logis sans aultre peine,.... et ne mit le roy depuis Ast (Asti) que quatre mois dix-neuf jours. Un ambassadeur y en eût mis une partie.

Cependant Charles VIII, après avoir été couronné à Naples, jugea à propos de retourner en France. Il partit de cette ville pour Rome à la tête de neuf mille hommes, et rentra en Toscane, sans se diriger sur Florence. Il avait l'intention de passer à Pise.

A cette époque, Machiavel venait d'être placé près 1495. du savant Marcel di Virgilio, ancien professeur de littérature grecque et latine, traducteur de Dioscoride, et alors seul secrétaire de la république. Nicolas rem-

---

[1] Je cite Comines d'autant plus volontiers, que Guichardin lui-même le prend souvent pour guide dans ses récits.

plissait auprès de lui des fonctions subalternes, mais où il était à portée de montrer les dispositions qu'il avait pour l'étude de la politique. Il est à croire (quelles qu'aient été les opinions favorables aux Médicis, qu'il eût pu concevoir dans son jeune âge en 1478, à l'époque de l'assassinat de Julien), que la révolution causée par l'impéritie de Pierre avait entraîné Machiavel dans le sentiment qui était alors à peu près celui de toute la ville; l'horreur pour un homme inepte et imprévoyant, qui avait livré bassement les principales villes sujettes à Florence. Il dut aussi prendre à cette époque ces sentiments d'humeur et de partialité qu'il manifesta plusieurs fois contre les Français, et qui ont dû naître dans des circonstances où un de nos souverains ne montra pas, comme on va le voir, un grand empressement à tenir ses engagements et à garder sa foi.

Comines, qui ne nous est pas suspect, donne presque toujours raison aux Florentins, surtout dans ce qui va suivre. Il était témoin oculaire, puisque de Venise où il avait été remplir une mission pour le roi, il eut ordre de revenir joindre l'armée française qui retournait en France.

1495. Comme j'ai dit, le roy estoit entré à Pise, et alors les Pisans hommes et femmes, prièrent à leurs hostes que pour Dieu, ils tinssent la main envers le roy qu'ils ne fussent remis soubz la tyrannie des Florentins qui à la vérité les traitoient fort mal: mais ainsi sont maintes aultres cités en Italie qui sont subjettes à aultres. Et puis Pise et Florence avoient été trois cents ans ennemyes, avant que les Florentins la conquissent. Ces paroles en larmes faisoient pitié à nos gens, et oublièrent les promesses et sermens que le roy avoit faicts sur l'autel Saint-

Jehan à Florence, et toute sorte de gens s'en mesloient, jusques aux archers et aux Suisses, et menaçoient ceux qu'ils pensoient que le roy tinst sa promesse, comme le cardinal Saint-Malo[1], lequel ailleurs j'ai appelé général de Languedoc. J'ouys un archer qui le menaça. Aussi y en avoit qui dirent de grosses paroles au maréchal de Gié[2]. Le président de Gannay[3] fut plus de trois jours qu'il n'osoit coucher à son logis, et surtout tenoit la main à ceci le comte de Ligny[4], et venoient lesdits Pisans à grandes pleurs devant le roy, et faisoient pitié à chacun qui par raison les eust pu aider.

Tous ces détails me paraissent indispensables, parce qu'ils se rattachent à quelques-unes des missions que remplit Machiavel. Je puise avec confiance ces informations, dans un historien français qui s'exprime sur toute cette affaire avec une impartialité qu'on ne retrouve pas dans les autres historiens du pays.

Un jour après disné, s'assemblèrent quarante ou cinquante gentils hommes de sa maison, portant leur hache au col, et vindrent trouver le roy en une chambre jouant aux tables avec monseigneur de Pienne[5], et un valet de

---

[1] Brissonnet, général des finances, venait d'être créé cardinal à Rome. — [2] Pierre de Rohan, duc de Nemours, comte de Guise et de Soissons, seigneur de Gié, chef du conseil du roi. Louis XI l'avait nommé maréchal de France en 1475. C'était l'un des quatre seigneurs qui avaient gouverné l'état pendant 12 jours, lorsque Louis XI était tombé malade à Chinon, en 1480 : il mourut en 1513. Comines, édit. de 1747, tom. I, pag. 231. — [3] Jean de Gannay, seigneur de Persan, premier président au parlement de Paris, chancelier de France sous Louis XII : il avait été précédemment nommé chancelier de Naples par Charles VIII. Il mourut en 1512. Comines, tom. I, pag. 461. — [4] Louis de Luxembourg, comte de Ligny, fils de Louis, connétable de France, et de sa seconde femme Marie de Savoie, sœur de la reine Charlotte de Savoie, épouse de Louis XI, et mère de Charles VIII. Comines, tom. I, p. 460. — [5] Louis de Hallewin, seigneur de Piennes, ou, pour parler plus régulièrement, de Peene,

chambre ou deux, et plus n'estoient, et porta la parole un des enfans de Sallezard¹, l'aisné, en faveur des Pisans, chargeant aucun de ceux que je nommois nagueres, et tous disoient qu'ils le trahiroient. Mais bien vertueusement les renvoya le roy et aultre chose n'en fut oncques depuis. Bien six jours perdit le roy son tems à la ville de Pise et puis mua la garnison, et mit en la citadelle un appellé Entragues², homme bien mal conditioné, serviteur du duc d'Orléans³, et le lui adressa monseigneur de Ligny, et y fut laissé des gens de pied de Berry. Ledit seigneur d'Entragues fit tant qu'il eut encore entre ses mains Pietre-Sancte, et croy qu'il en bailla argent, et une aultre place appellé Mostron; il en eut une aultre aussi appellée Librefacta près de la ville de Luques : ce chasteau de la ville de Sarzane qui est très fort fut mis par le moyen dudit comte monseigneur de Ligny entre les mains d'un bastard de Roussy, serviteur dudit comte; un aultre appelé Serzanelle entre les propres mains d'un de ses aultres serviteurs : et laissa le roy de France beaucoup de gens auxdites places, et si n'en aura jamais tant à faire, et refusa

en Flandre, d'abord chambellan, et capitaine de cinquante lances au service du duc de Bourgogne en 1474, puis chambellan de Louis XI, et de Charles VIII, et gouverneur de Picardie. Com. I, p. 451. Il avait espéré que le roi lui accorderait la souveraineté de Pise. La facilité avec laquelle plusieurs tyrans italiens, sans talent, et souvent sans naissance, parvenaient à la souveraineté de quelques villes, avait enflammé l'ambition de beaucoup de généraux français.

¹ Jean de Sallazar, gentilhomme espagnol, de la Biscaye, avait servi contre le duc de Bourgogne sous Louis XI, et contre les Anglais sous Charles VIII. Il fut l'un des plus intrépides défenseurs de Beauvais en 1472. Il avait épousé Marguerite de la Trémouille dont il avait eu quatre fils. L'aîné dont il est ici question, était Hector de Sallazar, depuis seigneur de Saint-Just en Champagne. Com. I, pag. 39. — ² Le même Balsac d'Entragues dont il est question plus haut, pag. 18, et qui, suivant Comines, pilla, le premier, les meubles et les effets de Pierre de Médicis. — ³ Le duc d'Orléans, depuis Louis XII.

l'aide des Florentins et l'offre dont j'ai parlé, et demeurèrent ces Florentins comme gens désespérés.

Le roi s'avançant vers la France, et bravant la confédération de la maison d'Arragon, du pape, des Vénitiens, et même celle de Ludovic Sforze qui le trahissait après l'avoir appelé en Italie, gagna sur leur armée la bataille de Fornoue, avant de rentrer en Savoie. Mais ce prompt retour, ce peu de respect gardé pour des serments, nuisirent à ses affaires en Italie. M. de Montpensier, laissé à Naples, bientôt investi, fut obligé de se retirer dans les forts qui capitulèrent successivement. Peu de temps après, le commandant d'Entragues, que le roi avait laissé pour occuper Pise et son château, livra la ville aux Pisans, en ne se réservant que la possession de la citadelle. Les Florentins avaient commencé à acquitter les contributions exigées par le roi; ils avaient déjà payé 90,000 ducats, ils n'en devaient plus que 30,000. Néanmoins d'Entragues, sans égard pour les traités, vendit à différentes principautés les villes que Florence avait *prêtées* au roi. Les Génois achetèrent de ce perfide gouverneur Sarzane et Sarzanelle; les Lucquois achetèrent de lui Pietrasanta; enfin il vendit Librafatta aux Vénitiens.

Il faut cependant rendre ici une justice éclatante à un des commandants français nommés pour recevoir en dépôt ces villes de la Toscane. Livourne avait été remise au sire de Beaumont, général, pour le roi, des Suisses qui servaient alors dans son armée, et Beaumont sommé par la seigneurie de lui rendre cette ville *prêtée*, n'avait pas fait difficulté d'ordonner à son lieutenant, d'y recevoir des soldats Florentins. Mais il avait seul donné un si bel exemple, et d'Entragues avait consommé impunément sa trahison.

1495.

1496.

1497. La ville de Florence ne pouvait ressentir que des redoublements de haine contre Pierre de Médicis dont la faiblesse avait ainsi livré les principaux boulevarts de la Toscane, du côté de la mer, et sur l'une des routes que la France pouvait suivre alors pour venir en Italie. En même temps, la république était livrée à de cruelles dissensions, à l'occasion du frère Jérôme Savonarola; Comines se montre très-formellement instruit de tous les détails qui concernent cet inspiré, et le tableau qu'il présente à ce sujet, explique les mœurs du temps et les circonstances dans lesquelles Machiavel, déjà attaché au gouvernement, va devenir un des instruments les plus dévoués de l'état de choses qui a succédé à l'autorité de Pierre de Médicis.

1498. Charles VIII, de retour en France, commençait à éprouver les fatigues du voyage : sa santé s'altéra insensiblement, et bientôt il mourut à Amboise. A la même époque les Florentins firent périr cruellement sur un bûcher le frère Jérôme, accusé surtout de prédilection pour la France. Le pape Alexandre VI et le duc de Milan avaient écrit aux Florentins qu'ils leur feraient rendre Pise et les autres places, s'ils renonçaient à l'alliance avec le roi très-chrétien, et ils avaient engagé la seigneurie de la république à s'emparer de Savonarola, qui se donnait pour prophète et qui annonçait constamment le retour prochain des Français. Comines semble prendre le parti de Savonarola, et il fait entendre que ce moine lui paraît un homme extraordinaire, et qu'il a vu des lettres de ce religieux au roi Charles VIII, qui le confirment dans cette opinion.

Ces détails devaient être recueillis, parce que nous verrons que les écrits de Machiavel sont semés de jugements relatifs aux mêmes faits. Cependant les Florentins ne pouvant pas encore obtenir de secours de Louis XII qui venait de monter sur le trône, et sachant d'ailleurs que d'Entragues qui avait livré depuis la citadelle de Pise, était affidé de ce prince quand il n'était que duc d'Orléans, cherchèrent en Italie un arbitre en état de prononcer sur le différend qu'ils avaient avec les Vénitiens qui avaient donné des secours aux Pisans. Alors les Vénitiens et les Florentins firent un compromis par lequel ils déclaraient qu'ils reconnaîtraient pour arbitre Hercule d'Est, duc de Ferrare.

Après beaucoup de discussions, il prononça le 6 avril 1499. le jugement suivant. Dans huit jours, les hostilités devaient cesser entre les parties soumises à l'arbitrage; le jour de Saint-Marc, les troupes de l'occupation et leurs adhérents devaient retourner dans leurs propres états; le même jour, les Vénitiens devaient quitter Pise et les environs. Les indemnités des dépenses faites par les Vénitiens étaient estimées à 800,000 ducats. Les Florentins devaient les rembourser à raison de 12 ou 15,000 ducats par an; les Florentins étaient tenus d'accorder aux Pisans le pardon de tous leurs délits, et la faculté d'exercer par terre ou par mer toute espèce de commerce. Les premiers reprenaient possession de Pise, mais avec des soldats choisis parmi les Pisans; seulement ces soldats étaient agréés par les Florentins.

Ce traité, où tous les scrupules d'un arbitre timide et indécis se trouvent réunis, déplut aux Vénitiens, aux Pisans et à beaucoup de Florentins, et ne fut exécuté qu'en partie. Les Pisans se révoltèrent contre les Vénitiens, et renouvelèrent les hostilités contre les Florentins. Ceux-ci parvinrent enfin à obtenir l'appui du roi Louis qui promit de les aider à reprendre Pise.

Par suite d'un traité conclu avec les Florentins, Louis XII descendit à Milan; il y reçut bientôt des félicitations de presque tous les princes de l'Italie. Les

Florentins se déterminèrent alors à pousser plus vivement le siége de Pise; mais, après des succès entremêlés de défaites, ils ne purent parvenir à forcer la ville, dont ils continuèrent le blocus.

Nous avons atteint maintenant l'époque précise où Machiavel commença à jouer un rôle dans les affaires de son pays; c'est dans ses négociations que nous trouvons la suite des faits auxquels il a pris part. A peine âgé de 29 ans, il avait été préféré entre quatre concurrents pour l'emploi de chancelier de la seconde chancellerie des *Signori*, et bientôt il avait été nommé, par les *Signori* et les colléges, secrétaire de l'office des *dix* magistrats de *liberté et paix,* office qui constituait le gouvernement de la république. Il se trouva ainsi collègue de *Marcello*, et demeura revêtu de ces emplois pendant quatorze ans et cinq mois. De là lui est venu le nom de secrétaire Florentin. Ses occupations ordinaires, quand il résidait à Florence, comprenaient la correspondance pour la politique intérieure et extérieure, l'enregistrement des délibérations, la rédaction des traités avec les étrangers. La république étendit ensuite ses attributions, en lui donnant des missions au dehors.

CHAPITRE II.

Comme il est entré dans notre plan de laisser Machiavel parler lui-même, on va voir, en lisant fréquemment ses propres paroles, qu'il n'est pas étonnant que la république ait reconnu, dans un Florentin de 29 ans, le talent nécessaire pour remplir une place honorable et difficile.

Il paraît aussi qu'il avait pris de bonne heure le soin de l'administration des biens de sa famille. Le 4 des Nones de décembre, le 2 décembre 1497, il avait écrit à un prélat romain une lettre très-singulière; elle n'est cependant qu'une réclamation d'une emphitéose. Cette lettre offre ce début vraiment majestueux.

« L'expérience nous enseigne que toutes les choses possédées par les hommes en ce monde, le plus souvent, et même toujours, dépendent de deux donateurs, de Dieu d'abord qui est un juste rétributeur de tous biens, secondement, ou d'un droit héréditaire, comme tout droit provenant de parents, ou d'un présent de nos amis, ou d'un prêt à nous fait pour assurer un gain, ainsi que de fidèles agents en usent avec un marchand. La chose qu'on possède doit être ensuite estimée d'autant plus qu'elle est due à un plus digne donateur.

« Votre seigneurie révérendissime nous ayant, par dérogation pontificale, privés des *raisons* pour lesquelles nous reconnaissions de nos ancêtres la possession de *Fagna*, voilà donc, à la fois, une occasion pour V. S. R. de démontrer son obligeance, sa libéralité, et même sa piété envers des enfants si dévoués, et pour nous une occasion de reconnaître cette possession, d'un donateur plus digne que celui qui a favorisé nos ancêtres. Vraiment il n'y a pas de plus digne action que celle de donner, lorsque l'on peut ôter; de donner libéralement, surtout à ceux qui ne cherchent pas moins l'honneur et l'avantage de V. S. R. que leur propre salut; à ceux qui ne se jugent pas les inférieurs, ni en noblesse, ni en honneurs, ni en richesses, des personnes qui espèrent que V. S. R. leur a accordé cette possession.

« Celui qui voudrait peser dans une juste balance notre famille et celle des Pazzi, s'il nous trouvait égaux en toute autre valeur, nous jugerait supérieurs en libéralité et en courage de cœur. »

A la fin de la lettre écrite en italien, il y a un postscriptum en latin, où on lit que Machiavel était malade quand on a commencé l'affaire, qu'il la continue actuellement qu'il a recouvré sa santé, et qu'il ne va pas cesser de conjurer qu'on lui accorde ce qu'il demande. « Donec hic conatus felicem *habet* exitum. »

Le ton de la lettre est tout-à-fait remarquable. C'est un mélange de flatterie, de dignité, même de vanité chevaleresque : les Pazzi qui disputaient à sa famille le fief de *Fagna,* sont ses égaux en beaucoup de points, mais non en libéralité et en courage de cœur. Il y a peut-être ici une allusion au crime vil et abominable qu'ils commirent dans l'église en 1478, crime qui avait nécessairement excité l'indignation du jeune Florentin, et laissé des traces d'horreur dans son esprit malgré son aversion présente pour Pierre de Médicis. La petite incorrection latine prouve qu'il avait encore quelques progrès à faire dans la connaissance exacte des règles de cette langue. Et que signifie une faute de langue dans les premiers travaux d'un homme qui s'est élevé aussi haut que Machiavel?

CHAPITRE II.

Mais les intérêts de la république ne permettent pas à Nicolas de penser si vivement à ceux de sa famille. Quatre mois après sa nomination, il avait été envoyé auprès de Jacques V d'Arragon, d'Appiano, seigneur de Piombino. Les Vénitiens ayant fait attaquer les Florentins dans la province du Casentino, ceux-ci dépêchèrent au secours de cette province Paul Vitelli qu'ils tenaient à leur solde, et ils priaient le seigneur de Piombino qui avait pris l'engagement de les servir, de se rendre à la portion d'armée qui restait devant Pise, pour assiéger cette ville remise aux Pisans par le commandant français.

Le gouvernement écrivait à ce seigneur : « Nicolas Machiavel, notre cher concitoyen, est chargé de vous accompagner et de vous conduire par la route la plus commode. » Il paraît que le secrétaire accomplit honorablement sa commission. Il n'existe jusqu'ici aucune lettre où il ait rendu compte de sa conduite dans cette circonstance. La lettre officielle au seigneur de Piombino est en date du 20 novembre 1498.

Il reçut une autre mission du gouvernement auprès du même seigneur, en date du 24 mars 1498. Celle-ci paraît au premier aspect antérieure à celle dont nous venons de parler, mais dans le fait elle est plus récente. Chez les Florentins, l'année commençait le 25 mars; aussi le 24 mars 1498, suivant le style moderne, est effectivement le 24 mars 1499: ce système 1499. fut réformé en 1750, et le premier jour de l'année fut reporté au premier jour de janvier, comme le pratiquaient alors toutes les nations excepté les Russes.

Machiavel parti pour Pontadera où se trouvait Jacques d'Appiano, avait ordre de lui dire que la république venait d'apprendre que sa seigneurie désirait voir augmenter d'une somme assez considérable les frais de son engagement (*Condotta*). L'envoyé devait adresser à ce seigneur des assurances du dévouement de la république, lui témoigner tout le cas qu'elle faisait de son engagement, s'étendre beaucoup sur ces témoignages, mais en termes larges et généraux, pour n'obliger en rien la ville de Florence.

« Quant à l'argent, tu lui diras qu'aussitôt que nous avons connu sa demande, nous avons fait rechercher les registres des *condotte*; que nous avons trouvé dans le second chapitre qu'il avait été convenu entre sa seigneurie, l'excellentissime duc de Milan et notre magistrat, que la provision du traité serait de 2400 ducats, et de plus, ce qui semblerait convenable à notre magistrat; et qu'en ce cas, nous prions S. S. de vouloir bien se contenter de ce qui lui avait plu alors.

« Tu offriras, pour un autre temps, tout ce que méritent les vertus et les bons procédés de S. S., et notre amour pour elle, et tu t'en tiendras à ces termes d'attachement (*amorevoli*), etc. »

Il paraît que Machiavel s'acquitta avec habileté de cette mission délicate. Elle consistait définitivement à payer en phrases un général qui demandait, avec une sorte de raison, une gratification indirectement promise, outre le subside convenu.

1499. Cette commission fut remplie en peu de temps; car une lettre particulière de Nicolas, datée de Florence, le 29 avril, et adressée à François Tosinghi, commence à nous révéler l'homme d'état qui va étudier si habilement la politique de toute l'Europe. Cette lettre est un résumé des projets, des prétentions, des craintes de plusieurs pays. On peut la prendre pour un extrait raisonné de la correspondance de la république avec ses agents à l'étranger, même en Turquie. On doit croire aussi, aux formes de respect qu'emploie Machiavel, que François Tosinghi, commissaire général dans cette campagne de Pise, est un de ses protecteurs les plus déclarés.

Le 15 juin, le secrétaire avertit son bienfaiteur Tosinghi de la crainte où l'on vit encore, dans l'attente des Turcs qui vont peut-être débarquer en Sicile. « *Ciascun, sta in sù l'ale.* » Chacun se tient les ailes soulevées. »   1499.

Le 6 juillet, il l'entretient de quelques nouvelles, mais moins importantes, et il le prie de l'excuser, si la multiplicité et la gravité des affaires ne lui ont pas permis de donner plus de détails.

Toujours plus satisfait du zèle de son secrétaire, le gouvernement de Florence pense à lui confier une mission plus compliquée auprès de la comtesse Catherine Sforza.

Cette dame, fille naturelle du comte François Sforza, depuis duc de Milan, avait été mariée en premières noces au comte Jérôme Riario, seigneur de Forli et d'Imola, neveu du pape Sixte IV, et qui avait trempé avec lui dans la conjuration des Pazzi contre les Médicis. Elle avait de Jérôme un fils nommé Ottaviano, dont il sera question dans cette mission. La même dame avait été ensuite mariée avec Jacques Féo de Savone, et enfin en troisièmes noces, mais secrètement, avec Jean, fils de Pierre-François de Médicis, né en 1467 et mort à Forli le 14 septembre 1498. Jean descendait de Jean de Médicis, père du grand Cosme, par Laurent, frère de ce dernier, né en 1395, et par Pierre-François ci-dessus cité, né en 1431.

La comtesse avait eu de Jean son dernier époux un fils appelé Jean et dit aussi Louis, connu depuis sous le nom de Jean *delle bande nere,* qui fut père du grand-duc Cosme Ier.

Machiavel était chargé de refuser certains arrangements proposés par Ottaviano Riario, fils du premier lit de la comtesse Catherine Sforza, et de substituer de nouvelles mesures qu'il fallait faire agréer, « *con efficacia di parole, e con i migliori termini che occorressero.* »

1499. Le négociateur s'occupa d'abord d'une commission fort indifférente, à Castrocaro, et il signa sa lettre italienne, datée du 16 juillet, de ces mots latins : « *minimus servitor.* » Le même jour, il arrive à Forli, et il écrit le 17. Ottaviano est absent; le secrétaire a vu la comtesse, et il lui a expliqué les motifs de sa visite. Catherine réplique que les paroles de leurs seigneuries (du gouvernement supérieur de Florence) l'ont toujours satisfaite, mais que les faits n'ont pas répondu aux paroles. Il paraît que la comtesse *aux trois époux* n'avait pas à se louer de ses relations avec la république actuelle : cela s'expliquait naturellement, puisque le dernier de ses maris était un Médicis. La république interprétait dans un sens un traité que la comtesse interprétait dans un autre sens. Cependant, à travers ces difficultés, l'envoyé trouve moyen de faire une remarque qui sera utile au bien du service. Il découvre qu'un certain *Giovanni da Casale,* chargé des intérêts de la cour de Milan, se trouve à Forli depuis deux mois, et qu'il gouverne toutes les affaires. La lettre, où Machiavel rend ce compte, est écrite en italien et signée ainsi : *humilis servitor Nicolaus Machiavellus.* Une autre lettre, datée du 18 juillet, rapporte que le négociateur a demandé à la comtesse de la poudre, du salpêtre et un corps d'infanterie. Son excellence a répondu qu'elle n'avait pas à sa disposition du salpêtre, qu'il ne lui restait que peu de poudre, cependant qu'elle voulait bien céder à la république dix mille livres de salpêtre, sur vingt mille qu'elle avait achetées à Pesaro.

CHAPITRE II. 35

Quant à des fantassins, son excellence consent à envoyer un corps au service de la république; mais aucun des hommes ne peut avancer d'un pas, si on ne donne point d'argent. Si on en accorde, il sera fait un choix d'hommes bien armés et fidèles qui partiront sur-le-champ; et alors, Machiavel demande cinq cents ducats, à raison d'un ducat par homme : il faudrait ensuite quinze jours pour que ces fantassins pussent arriver au camp de Pise.

Nous ne négligeons pas, en commençant, ces détails minutieux, parce qu'ils familiarisent le lecteur avec une foule d'usages qu'il doit connaître pour bien comprendre l'histoire Florentine de ce temps.

Cependant la comtesse, tout en se montrant si exigeante pour ce qui concerne la solde de son infanterie, consentait à en fournir à la république. Les paroles flatteuses de l'envoyé avaient produit un effet avantageux.

Le secrétaire de *madonna* vient trouver Nicolas et lui adresse des propositions raisonnables qu'il est de son devoir de transmettre à Florence.

Plus tard, Machiavel annonce qu'il lui est bien difficile de juger si la comtesse est plus affectionnée à Milan qu'à la république. Le raisonnement du politique est plein de sagesse.

« D'abord je vois sa cour remplie de Florentins, et l'on peut dire qu'ils ont son état dans les mains. Je lui trouve une inclination naturelle pour notre Ville : elle en donne des preuves manifestes et paraît désirer notre affection. Ayant un fils de Jean de Médicis, elle espère l'usufruit de ses biens, et se dispose tous les jours à en prendre la tutelle. Ensuite, ce qui importe le plus, elle voit le duc de Milan (Ludovic, frère de son père, le même qui a appelé Charles VIII et qui l'a trahi,) assailli par le roi de France, et ne peut savoir le

3.

degré de sûreté qu'il y a à s'attacher à ce duc, dans les exigences de ce temps, que son excellence connaît très-bien. Ces considérations font croire qu'elle est prête à souscrire même (*eziam*) à nos conditions restreintes. »

« D'un autre côté, je vois près de sa seigneurie messer Jean de Casal, agent pour le duc de Milan, être en haute estime et tout gouverner; ce qui est d'un grand poids : il peut donc faire fléchir du côté où il veut, un esprit incertain. »

« Véritablement, si la peur qu'elle a du roi de France n'intervenait pas, je croirais que sa seigneurie est prête à vous abandonner, surtout parce qu'elle ne croirait pas se détacher de votre amitié, puisque vous êtes en bonne intelligence avec le duc de Milan. »

Il finit en observant qu'il fait ce raisonnement pour que la république connaisse ce qui chagrine S. S., et qu'elle puisse prendre des résolutions plus fermes; ce que S. S. attend avec impatience, molestée comme elle l'est tous les jours par le duc de Milan.

Il n'est pas possible d'expliquer mieux la position inquiète de la comtesse de Forli entre la cour de Ludovic et la république. L'homme habile devine vite ce qui est, quelque soin qu'on prenne de le lui cacher.

1499. La sagacité de Machiavel commence à porter ses fruits. La comtesse est sur le point d'être livrée à des chagrins de famille et d'ambition. Son jeune fils Jean (Louis) de Médicis vient de tomber malade; aussi croit-elle, dans le premier moment, devoir se confier plus que jamais à la protection de la république, quoiqu'elle puisse attendre aussi des reproches de son oncle Ludovic, dont il a été question : la lettre porte l'expression de *Barba* dont s'est servie la comtesse; ce mot signifie oncle en lombard. Il semble que les affaires vont s'arranger selon les désirs du gouvernement

Florentin. Ottaviano doit revenir, et l'on enverra des troupes presque à l'instant à Pise.

Mais il survient des obstacles, et à l'honneur de Machiavel, il peut les avouer puisqu'il les avait prévus. Jean de Casal vient le trouver, et lui dit que la comtesse lui donnera audience, et expliquera mieux ses intentions. Il n'y a pas de doute que Jean de Casal n'ait fait *fléchir du côté où il a voulu, un esprit incertain.* Celui qui a tout pouvoir au nom du duc de Milan, a exigé que la comtesse elle-même se rétractât, et elle fait un singulier raisonnement que Machiavel rapporte en ces termes :

« Je vous ai dit le contraire de ce que je vais vous signifier, mais ne vous émerveillez pas : plus les choses se discutent, et mieux elles s'entendent. »

L'envoyé Florentin témoigne son mécontentement : il dit qu'il a informé son gouvernement des propositions qu'on rétracte ; mais il ne peut tirer aucune autre réponse de la comtesse, et la négociation est rompue. Il est aisé de voir que le fils de la comtesse et de Jean de Médicis étant tombé malade, Jean de Casal a dit à la mère, que dans le cas où elle perdrait ce fils, elle n'avait aucun intérêt à se livrer à la politique de Florence pour le moment, que si elle en avait pensé autrement, il fallait revenir sur ses pas ; que dans le cas où l'enfant se rétablirait, il serait toujours temps de rentrer dans cette voie, pour s'assurer, pendant la tutelle, la possession des biens du père de son fils, et l'influence déjà attachée au grand nom de Médicis.

Machiavel retourne à Florence : il n'avait pas mal servi la seigneurie (c'était la république qui s'était trompée,) et il reprend ses travaux de secrétaire du gouvernement.

1499.

Là, il eut la satisfaction de voir arriver un agent de la comtesse, chargé de bien parler des rapports qu'elle avait eus avec le député Florentin, et de confirmer tout ce que celui-ci avait dû écrire de la part de la cour de Forli à la seigneurie de la république.

CHAPITRE III.

Vers les premiers jours de juin de l'année 1500, Machiavel avait accompagné au camp, sous Pise, les commissaires de la république, Jean-Baptiste Ridolfi, et Luc degli Albizi: les fonctions de secrétaire à Florence étaient remplies par Marcello di Virgilio, collègue de Nicolas, et qui avait été quelque temps son chef, comme on l'a vu plus haut.

Pendant qu'il résidait ainsi dans les environs de Pise, un corps de huit mille Français s'y rendit, à la demande du gouvernement Florentin, pour appuyer les opérations du siége. Les Français étaient ainsi contraints de faire le siége d'une ville qu'on leur avait *prêtée*, et qu'ils avaient livrée à ses propres habitants de qui ils ne l'avaient pas reçue. Les opérations des assiégeants n'avaient aucun résultat favorable : alors les bataillons des Gascons se révoltèrent, sous prétexte que la solde n'était pas payée par la république. Un corps de Suisses qui faisait partie de la petite armée française insulta et arrêta le commissaire Florentin, Luc degli Albizi, par qui il se fit donner, sous différents prétextes, une somme de treize cents ducats.

Luc degli Albizi écrit en son nom. Les lettres sont de la main de Machiavel.

« On découvre à tout instant de nouveaux desseins et de nouvelles avanies contre nous; quand une cesse, quatre autres paraissent, à faire croire en vérité qu'elles n'auront plus de fin. Beaumont (le général) en est tout étourdi[1]. Il montre que les choses lui font de la peine, et il ne remédie à rien..... Le capitaine des Suisses a bonne intention ; mais il ne finit rien..... Et la chose paraît réduite à ces termes, qu'on ne pense qu'à la justification du roi, en laissant tout à notre charge. Examinez bien ceci, en vous en tenant aux résolutions seules que nécessitent les circonstances. Croyez à celui qui vous rappelle avec fidélité que l'œil dit la vérité mieux que l'oreille.... Pour Dieu, n'abandonnez pas les provisions ! Pensez à Beaumont qui a commencé à m'en importuner, et qui ne me voit pas de fois qu'il ne m'en assiége.... »

Le 9 juillet, Machiavel écrit à son tour, que les Suisses ont mis en arrestation le commissaire degli Albizi ; il supplie les magnifiques seigneurs de ne pas souffrir qu'un de leurs concitoyens avec ses serviteurs et les leurs soit obligé de garder le silence... Il ajoute : « Et dans les mains de qui...? »

Une lettre d'un autre commissaire général, Bartolini, demande du secours *presto, presto, presto*. Il était aisé de reconnaître ici que l'habitude souvent parcimonieuse des chefs de la république avait occasionné ce scandale. Comment ignoraient-ils que les Suisses surtout, ces aventuriers, sans patriotisme à l'étranger, sans zèle, qui se battaient pour une solde convenue, se révoltaient chaque fois qu'on ne les

---

[1] Les Florentins s'étaient souvenus de la fidélité avec laquelle Beaumont leur avait fait rendre la ville de Livourne, et en stipulant le traité par lequel la France leur promettait d'assiéger Pise en leur nom, ils avaient demandé que le même Beaumont reçût le commandement de l'armée qui devait agir contre les Pisans.

Beaumont était un bon militaire de second ordre, mais malheureusement d'un caractère faible, ne sachant pas se faire respecter, et il faut le dire, d'une probité encore mal affermie. On va voir les inconvénients qui résultèrent de ce choix dicté par une reconnaissance trop précipitée.

payait pas? Certes l'économie est une grande vertu dans les hommes de gouvernement, mais elle a ses bornes, et elle devient coupable lorsqu'elle est la cause d'excès odieux, et de désastres pour l'état; car les Pisans profitèrent de ces désordres pour repousser les assiégeants.

Ces réflexions n'ont pas été puisées par nous dans les auteurs du temps qui ont écrit en Italie: ils traitent assez légèrement cette révolte, et ils attribuent toutes ces scènes au peu de patience des troupes confédérées; mais il est aisé de voir dans la lettre suivante du commissaire degli Albizi, qu'il y avait à prendre des mesures de prudence qui avaient été négligées.

« Je ne sais si lorsque je serai arrivé à la dernière heure de ma vie (que Dieu daigne m'envoyer bientôt), je ressentirai la quatrième partie de l'affliction et de la douleur que j'éprouve présentement, non-seulement du danger que j'ai couru, de celui que je cours encore, et de la détention que je subis, mais aussi du désespoir d'apprendre par les lettres de vos seigneuries, et surtout par celles du 8 juillet, qu'on n'a pas ajouté foi à ce que j'ai annoncé, (ce que je ne devais pas croire), et que je suis absolument abandonné comme une personne répudiée et perdue.

« Mes péchés et ma mauvaise fortune le veulent ainsi. Dieu peut-être secourra celui qui est sacrifié déraisonnablement. Je vous ai largement démontré les périls; je vous ai fait connaître tout ce que cette engeance a fait, on peut dire il y a deux heures, au roi de France et au duc de Milan: et l'on ne devait pas penser que mes expédients eussent tempéré la malhonnête demande des Suisses. Il a plu à vos seigneuries de le décider ainsi, et moi, qui pour le moment suis bien hors de prison, je me vois cependant dans le cas de disputer ma vie à tout instant; à chaque heure renaissent de nouvelles menaces, de nouvelles exigences, de nouveaux dangers, et tout cela pour les comptes qu'a faits la Ville, qu'ils soient justes ou faux! c'est à moi seul à souffrir, sans être en rien l'objet de quelque compassion! Que Dieu me réconforte au moins par la mort, si ce n'est par un autre secours!

1500. « Nicolas Machiavel vous a écrit ma captivité : depuis j'ai été mené, pendant l'espace d'un demi-mille, vers Pise; on m'a conduit au capitaine des Suisses. Là, après une longue dispute, au milieu des hallebardes, il m'a été signifié qu'ils entendaient que quatre ou cinq cents de leurs compagnons, ou peut-être davantage, venus de Rome, et que vos seigneuries avaient tenus dans l'espoir du paiement, devaient avoir leur paye de moi, et que si je refusais, ils ne se contenteraient pas de me retenir prisonnier. Je leur rappelai l'honneur du roi, les bons traitements qu'ils avaient reçus... (énumérations familières à Machiavel). Après une longue querelle, toute entremêlée de menaces, il me fut répondu que si je n'accordais pas cette satisfaction, non-seulement ma personne, mais toute la Ville en souffrirait, et que s'ils le voulaient, ils avaient aussi un moyen de se payer sur l'artillerie. »

Il est facile de se faire une idée juste du système de guerre de ce temps-là. N'avait-on pas plus à craindre des siens, que de l'ennemi lui-même? que pouvaient les talents du général, ses prévisions, contre de tels attentats? Il était bien certain qu'il ne fallait entreprendre aucune attaque, sans avoir assuré la solde, et que du moment où elle était arriérée, il y avait lieu à suspendre toute opération, jusqu'à ce que la troupe fût au moins payée de quelques à-comptes.

La lettre de Luc degli Albizi ne pouvait pas cependant ne pas produire une vive impression. La république répond par des protestations d'intérêt et de condoléance. Elle prend enfin les mesures nécessaires. On prépare l'argent; on ordonne que l'artillerie, qu'il est important de sauver de la rapacité des Suisses, se replie sur un point plus voisin de Florence. On envoie des secours à Pescia, ville sur laquelle quatre mille Gascons allaient marcher. On dépêche comme nouveau commissaire, Pierre Vespucci. On flatte Albizi; on lui recommande de rester près du camp, tant qu'y seront les Français. S'ils partent, Albizi n'aura qu'à l'écrire, et en peu d'heures il obtiendra la réponse et le consentement que le gouvernement donne à son retour. Enfin l'opinion des magnifiques seigneurs est que ce qui concerne Albizi sera examiné diligemment sous tous les rapports, et avec toutes les circonstances.

Au commencement d'avril, la république reçut du roi Louis XII une lettre qui contenait entre autres les passages suivants : 1500.

« Nous avons été avertis, il y a peu de jours, des graves désordres survenus dans le camp du siége de Pise, par suite de la mutinerie et de la discorde des gens de pied mal conditionnés, qui étaient dans l'armée. Sans cause, ils se sont soulevés; ils ont quitté le camp et abandonné le siége sans la volonté et le consentement de M. de Beaumont notre lieutenant, de leurs capitaines et des honnêtes personnes qui étaient dans ledit camp. »

Le roi annonce qu'il envoie son maître de l'hôtel, Corcou, qui doit s'informer de la vérité. Il engage la république à délibérer sur ce qui est arrivé, pour terminer cette affaire d'une manière conforme à l'honneur de la France, et au profit et à l'avantage de Florence. Le roi finit par faire espérer la réduction de Pise.

Cette lettre pleine d'encouragements, de consolations, et en même temps de prudence et de fermeté, était contre-signée par Florimond Robertet, qui avait été secrétaire d'état sous Charles VIII, et qui continua de l'être sous Louis XII et François Ier [1].

Nous avons attaché quelque importance à tous ces faits, parce que Machiavel, ami de Luc degli Albizi, Machiavel, qui même déjà n'écrivait plus sous la dictée de personne, est évidemment auteur des lettres signées par Luc, et ensuite parce que cet événement parut nécessiter l'envoi du secrétaire en France, où il accompagna François della Casa.

---

[1] Florimond Robertet, seigneur de Fresnes, originaire de Montbrison, créature de Pierre de Beaujeu, duc de Bourbon, fut secrétaire d'état, sous trois règnes : les services importants qu'il rendit à trois de nos rois, et les hauts talents qu'il déploya dans son administration, donnèrent beaucoup de lustre et de crédit à son emploi. Les historiens s'accordent à dire que ce fut sous lui que la charge de secrétaire d'état reçut l'éclat et l'autorité qui depuis y furent attachés. Il est le premier de ces fonctionnaires à qui le titre de *Monseigneur* ait été conféré. Il avait épousé la fille de Cosme Clausse, seigneur de Marchaumont. Il mourut en 1567. Son petit-fils Florimond Robertet, seigneur d'Alluye, dirigea le département des affaires étrangères pour l'Italie, le Piémont et le Levant, de 1559 à 1569. A cette époque, il n'y avait pas de ministre des affaires étrangères, dans l'acception du terme tel que nous l'entendons aujourd'hui.

CHAPITRE IV.

MACHIAVEL aurait eu à donner des raisons de douleur, 1500. de convenance, d'intérêt et de famille, pour n'être pas obligé de quitter si vite la ville de Florence. Il venait d'y perdre son père Bernard, qui laissait une modique fortune, et des affaires en mauvais ordre; mais ces considérations ne retinrent pas le secrétaire, et au premier signe de Marcel di Virgilio, il se disposa à se mettre en route.

Della Casa et Nicolas étaient tous deux chargés d'aller porter au roi des explications de l'événement de Pise, et les raisons qui pouvaient prouver que la république ne devait pas être inculpée à cause de ces désordres. Tous deux parleraient en témoins de ce fait : ils avaient tout vu de leurs propres yeux, puisque Della Casa s'était trouvé aussi employé sous Luc degli Albizi. Ils avaient ordre de faire diligence, de parcourir même la distance à cheval, aussi vite que le leur permettraient leurs forces. C'était à Lyon qu'ils devaient trouver le roi très-chrétien, après s'être abouchés auparavant avec les ambassadeurs actuels de la république à la cour de ce monarque, François Gualterotti, et Lorenzo Lenzi. La commission était d'abord directement confiée à ces ambassadeurs : les deux autres envoyés n'en devaient pas moins les accompagner à cette occasion.

Il était prescrit de bien faire connaître l'avanie faite

au commissaire, sa captivité, les *vilainies*, les opprobres auxquels il avait été exposé.

A la fin des instructions, il était dit que, bien qu'on eût recommandé de ne pas parler de Beaumont, de peur de s'attirer son inimitié, si cependant on en trouvait l'occasion favorable, devant le roi ou d'autres, il fallait l'accuser nettement de lâcheté et de corruption, lui reprocher d'avoir continuellement reçu dans sa tente et à sa table, ou un ambassadeur Lucquois, ou les deux ambassadeurs de cet état, d'avoir permis que par eux les Pisans connussent tous les projets. Les négociateurs, jusqu'au moment jugé par eux favorable, devaient ne pas accuser ce commandant, bien au contraire, en parler honorablement, rejeter la faute sur d'autres, particulièrement en présence du cardinal de Rouen (George d'Amboise, premier ministre du roi, et archevêque de Rouen)[1].

Il était assez difficile d'exécuter ces instructions ; mais Machiavel faisait partie de la mission, ce qui rassurait Marcello di Virgilio, qui les avait rédigées comme premier secrétaire de la république, et l'on pouvait permettre à une légation à laquelle Machiavel était attaché, d'employer tous les moyens propres à assurer la prompte et honorable justification du gouvernement Florentin.

1500. Della Casa et Nicolas étant arrivés à Lyon le 26 juillet, n'y trouvèrent plus le roi. L'ambassadeur Lo-

---

[1] Machiavel, dans le cours de ses correspondances et de ses lettres familières, l'appelle souvent du nom de *Roano*, Rouen. La seigneurie de Florence ne le désigne aussi quelquefois dans ses instructions que de la même manière. Cette dénomination, purement italienne, a induit en erreur quelques écrivains français qui ont vu dans *il cardinal di Roano* le cardinal de Rohan. Le cardinal d'Amboise n'était pas parent de Pierre de Rohan, maréchal de Gié. George d'Amboise était né au château de Chaumont-sur-Loire en 1460, d'une maison illustre. Il avait été nommé évêque de Montauban, n'étant encore que dans sa 14e année.

renzo Lenzi resté dans cette ville, ne pouvait pas et ne devait plus les présenter à S. M. : il avait reçu, depuis peu, l'ordre de revenir à Florence. La république en le rappelant, ainsi que Gualterotti, avait suivi un calcul de dignité assez noble : il ne paraissait pas qu'il lui convînt de faire résider ses ambassadeurs à la cour d'un prince dont l'armée avait si gravement insulté un commissaire de la république, et en accréditant deux envoyés subalternes, mais hommes habiles, elle se réservait de bien connaître l'état des choses dans cette cour, sans pouvoir être trop vivement accusée d'avoir voulu rompre désormais toute communication avec l'offenseur.

Lenzi donna à ses successeurs de sages recommandations; il leur conseilla de ne pas parler en termes désagréables de M. de Beaumont : ils pourraient le taxer au plus de quelque timidité de caractère, d'une sorte d'inaptitude à se faire craindre; ses intentions auraient été bonnes; il avait montré un grand déplaisir de voir les choses en mauvais état; quand son caractère et ses actions ont pu produire quelque bien, il y a apporté du zèle et de la diligence; c'est la malignité des autres qui a été la cause des désastres. On peut en accuser ces Italiens qui ont été dans le camp (apparemment les Lucquois); on peut aggraver les torts de ceux-là, sans un grand danger, parce qu'on parlera en la présence de Rouen, de monseigneur d'Alby[1] et du maréchal de Gié, tous trois Français.

Lorsqu'on n'aura devant soi que monseigneur de Rouen, seul, alors dans un *changement de ton*, dans un *contre-temps de langue*, on pourra dire de plus que les procédés de ces Italiens ont été d'une nature si mal-

---

[1] Louis d'Amboise, évêque d'Alby, frère du cardinal d'Amboise.

faisante, (Voilà quels étaient les maîtres de Machiavel, s'il en avait eu besoin!) qu'on a douté si le mal venait plutôt de ces Italiens que du camp français. Ici on pourra mentionner quelques-uns des faits à charge que portent les instructions; cependant, si monseigneur de Rouen disait aux envoyés seuls, ou en présence du roi, que Beaumont a été demandé, en qualité de commandant, par Pierre Sodérini, ambassadeur de la république, et qu'ainsi elle ne doit s'en prendre qu'à elle-même du choix qu'on a fait de Beaumont, il faut répondre qu'on ne l'ignore pas; que cela a été bien, quelque mal qui soit arrivé, parce qu'il est important de se réserver l'appui du prélat, pour une circonstance où il sera plus nécessaire.

Les personnes qu'il faut ménager sont tout ce qui appartient à la maison d'Amboise, M. Robertet qui donnera aide et conseil, le maréchal de Gié; parmi les Italiens, il faut cultiver le comte Opizino de Novare et le marquis de Cotrone que les malheurs des temps ont jetés en France : ils savent, et peuvent instruire.

Quand on parlera à monseigneur de Trivulze [1], il faut avoir soin de lui demander ses avis, et lui recommander la république.

Telles furent, avec d'autres instructions moins saillantes, les informations que reçurent les deux en-

---

[1] Jean-Jacques Trivulze était passé du service du roi Ferdinand de Naples au service de Charles VIII, en 1495. Il était excellent homme de guerre, d'une famille de Milan très-distinguée, et ennemi déclaré du duc Sforze. Trivulze se battit vaillamment à la bataille de Fornoue. Il avait eu quelque intention, comme nous l'avons dit du seigneur de Piennes, de se faire déclarer seigneur de Pise. Les Florentins ne l'aimaient pas, mais ils le ménageaient; et il se montra assez constamment disposé à servir leurs intérêts de son crédit à la cour de Louis XII. Guichardin ne balance pas à le proclamer le premier capitaine de l'Italie. Il fut un des quatre maréchaux de France de ce temps-là, et mourut en disgrâce à Chartres. Il ordonna qu'on gravât sur son tombeau ces paroles : « Ici repose Jean-Jacques Trivulze, qui auparavant ne s'était jamais reposé. »

voyés : ils ne tardent pas à montrer qu'ils ont su les apprécier, et ils vont rendre compte de leurs opérations dans des dépêches signées de tous deux.

Nous nous félicitons de rencontrer Machiavel sur un terrain digne de lui. Il allait déployer le caractère d'envoyé de la république près d'un grand souverain, aussi célèbre par sa puissance, par la hardiesse de sa politique, que par la bonté et la magnanimité de son cœur; aidé dans le terrible *métier* de roi par un ministre honnête homme, sage, prudent, habile à saisir les circonstances qui peuvent étendre la gloire de son maître qu'il aime sans le craindre, qu'il reprend quelquefois sans l'humilier, avec qui enfin il doit partager plus tard le titre si rare de *père du peuple*, titre qui, au rapport de l'histoire, a été accordé à tous deux, sans qu'aucun sentiment de basse jalousie ait blessé le maître et déshonoré le ministre.

Dès les premiers moments, le ton des lettres des envoyés Florentins paraît ferme, assuré, et libre de toute complaisance devant les magnifiques seigneurs. La circonstance de la présence de Marcello di Virgilio dans les séances du gouvernement de Florence, la certitude d'être lu, d'être jugé par son maître, par son ami, par le premier auteur de sa fortune, par un honnête homme expérimenté dans les affaires, devait enhardir Machiavel, et lui donner cette confiance nécessaire pour bien servir son pays. 1500

Une première dépêche annonce que les négociateurs, après une grande célérité dans leur marche, sont à Lyon, mais qu'ils n'y ont pas trouvé le roi. Lenzi leur a remis de nouvelles instructions; ils vont monter à cheval, pour aller remplir la mission du gouvernement. Ce n'est plus à la fin de la lettre, le *minimus servitor*, ni même *humilis servitor*, c'est le mot *servitor*, tout simplement. Il ne faut pas croire que ces distinctions soient indifférentes : certainement Machiavel avait, dès ce moment, une place plus élevée. Ce ne sont pas les chefs et les agents des républiques qui se sont montrés les moins scrupuleux sur les règles de l'étiquette. Ils ne l'offensent jamais dans les autres, et ils exigent très-sévèrement et prennent très-hardiment les titres qu'ils croient leur être dus.

D'ailleurs, dans la langue gouvernementale, si on permet cette locution, ces distinctions avertissent l'agent qui écrit du degré d'importance qu'on lui reconnaît, et par suite, de la nuance de liberté qu'il peut prendre dans sa dépêche; elles avertissent en même temps le gouvernement lui-même, soit qu'il loue, soit qu'il critique, de la mesure dans laquelle il doit se tenir vis-à-vis de celui qu'il a honoré d'une plus insigne confiance.

Les envoyés n'ont pu quitter Lyon que le trente. Ils ont été obligés de se procurer dans cette ville, des habits, des serviteurs, des chevaux, parce que dans la rapidité de leur voyage, ils n'ont pensé qu'à obéir et à se rendre auprès du roi.

Nous trouvons ici une lettre de Nicolas, signée cette fois *humilissimus servitor*. Elle est tout-à-fait relative à ses intérêts pécuniaires. Le traitement de Della Casa avait été fixé à une somme plus forte que celui de Machiavel; il réclame contre cette différence. Il refuse les 20 ducats qu'on lui donne par mois, et si, au *mépris* de toute *raison divine ou humaine*, on ne veut pas le traiter comme Della Casa, il sollicite son rappel; il finit ainsi :

« Je vous prie de faire en sorte qu'un de vos serviteurs, là où les autres, dans l'administration, acquièrent l'utile et l'honorable, que moi enfin, sans ma faute, je n'en retire pas autre chose que vergogne et préjudice. »

Il est piquant de voir que des négociateurs, envoyés pour excuser le mieux possible l'avarice, disons vrai, de leur gouvernement, et pour repousser ce reproche sans doute par de bonnes raisons de conviction intime, qui les ont bien persuadés qu'on ne doit pas imputer à ce gouvernement un vice si condamnable, il est piquant de voir que ces négociateurs commencent eux-mêmes, avant de le servir, par lui prouver que son administration est injuste, qu'elle induit ses agents dans des dépenses inconvenables, et que sciemment elle les entraîne dans des désordres de fortune.

Mais le gouvernement ne se corrigera pas, et nous aurons souvent occasion d'interrompre Machiavel politique, pour laisser cours aux plaintes de Nicolas, citoyen pauvre, demandant avec amertume le paiement ou l'augmentation du traitement qui lui est attribué.

Les deux Florentins sont arrivés à Nevers, où ils trouvent le roi. Ils se font présenter chez monseigneur de Rouen, ils exposent la cause de leur venue, et ils se recommandent à monseigneur, comme au protecteur le plus zélé de la république.

Le cardinal a répondu brièvement : il a laissé entendre par sa réponse que les justifications du camp n'étaient pas bien nécessaires ; qu'il s'agissait d'événements anciens, mais qu'il fallait penser, du côté du roi et dans les intérêts de la république, à ce que l'un et l'autre avaient perdu d'honneur et d'avantages. Après ce préliminaire il a demandé vivement ce que les seigneuries croyaient devoir proposer pour recommencer l'entreprise.

En discourant ainsi, le cardinal et les envoyés arrivèrent au logement du roi : il venait de dîner, et il continuait de s'entretenir à table. Quelque temps après, s'étant levé, il fit entrer les envoyés, reçut leurs lettres de créance, et les mena dans une chambre à part, où il leur donna audience, en présence du cardinal, de Robertet, de messer Jean-Jacques de Trivulze, de l'évêque de Novare et de deux seigneurs Pallavicini. La lettre ne dit pas si Machiavel porta la parole, mais il est probable que ce fut lui qui en fut chargé plus spécialement par son collègue. Le roi entendit le récit de tous les événements, le départ des Gascons, les insultes des Suisses, la détention du commissaire, les intrigues continuelles avec l'ennemi : sur ce point, les envoyés se mirent à l'aise. Il ne leur parut pas à propos de parler des Italiens, à cause des seigneurs de cette nation, qui étaient présents à ce récit; il eût pu en résulter plus de mal que de bien. Le roi répondit, et le cardinal parla après le roi. Tous deux dirent que le manquement, en cette chose, provenait de la faute des seigneuries, et de celle de l'armée française. Les envoyés ayant répliqué qu'ils ne savaient en quoi la république avait manqué, il fut convenu qu'il ne fallait plus en parler, parce que de part et d'autre on pouvait longuement disputer sur ce sujet. Quant aux Gascons, le roi montra plusieurs fois qu'il connaissait leur fraude et leur trahison, et dit qu'il les ferait punir. Les envoyés parlèrent *diffusément* sur la détention du commissaire, dirent que l'acte était *laid*, et que la cause était déshonnête. Le roi et son ministre répondirent que les Suisses étaient accoutumés à faire ainsi, et à commettre de semblables extorsions. Le roi, comme pour se résumer, ajouta que de son côté on avait failli au devoir, et que de celui de Florence il y avait eu manquement; que Beaumont aussi n'avait pas été un *homme d'obéissance*, comme il le fallait, et que, si un autre homme *de plus d'obéissance* avait été là, la chose n'aurait pas été perdue.

Les envoyés, prévenus par Lenzi de l'amitié du cardinal pour Beaumont, se contentèrent de répliquer qu'en effet il y avait eu désobéissance, comme disait S. M., et que cette désobéissance avait occasioné le scandale ; mais ils s'empressèrent de dire aussi qu'ils avaient connu en Beaumont un homme jaloux de l'honneur du roi, attaché à leur patrie, et que si les autres eussent montré les mêmes dispositions et la même volonté, on eût remporté la victoire. Les envoyés avaient pu, en même temps, reconnaître que ces paroles étaient agréables au cardinal, et qu'elles adoucissaient l'impression de peine qu'il avait pu éprouver de la réflexion du roi sur la désobéissance.

Je laisse les envoyés continuer eux-mêmes. 1500.

« Sa majesté paraissant croire qu'on avait assez parlé de ces choses, se tourna vers nous, et dit : « Mais si cette en-
« treprise a eu une fin si funeste pour vous, et si peu hono-
« rable pour moi, car jamais mes armées n'ont dû renoncer
« dans de pareilles entreprises, il faut délibérer sur ce qu'il
« y a à faire en réparation de mon honneur et de vos préjudices.
« Il y a quelques jours que je l'ai fait entendre à vos seigneurs,
« et par leurs ambassadeurs, et par mon courrier qui a été
« expédié en Toscane : à cet égard, j'ai fait de mon côté,
« jusqu'à cette heure, ce qui est possible ; je continuerai
« ainsi à l'avenir, et je vous demande quelle réponse vous
« me donnez. » Nous répondîmes que nous n'avions de vos seigneuries aucune commission à ce sujet, que nous n'en avions que pour les affaires du camp, où nous étions présents ; que néanmoins, notre opinion était que le peuple de Florence, affligé depuis tant d'années d'une guerre si continuelle et si insupportable, voyant l'issue fatale de cette dernière entreprise, était disposé à croire que par suite de son mauvais sort, ou des intrigues de ses nombreux ennemis en Italie et au dehors, il n'avait plus rien d'heureux à espérer ; qu'alors il manquait de confiance, et par conséquent

de courage et de force pour renouveler une autre attaque ; que si S. M. voulait nous rendre Pise, et que si l'on voyait ainsi un fruit certain des dépenses qu'on allait consentir encore, nous croyions que vos seigneuries seraient ainsi justement dédommagées. A ces paroles, le roi, le cardinal, et les autres qui les environnaient, commencèrent à se récrier, en disant qu'il était inconvenant que le roi fît à ses dépens la guerre pour nous. »

« Nous répliquâmes que nous ne l'entendions pas ainsi, mais avec la condition de rembourser à S. M. toutes ses dépenses, une fois Pise entre nos mains. Ils répondirent que le roi ferait toujours son devoir suivant les *Capitoli*. »

Ces *Capitoli* ou traités avaient été stipulés à Milan, le 12 octobre 1499, et il n'est pas inutile d'en rappeler ici la teneur. Ils avaient été signés au nom de la république par monseigneur Cosimo de' Pazzi, évêque d'Arezzo, et Pierre Soderini, et au nom du monarque, par le cardinal archevêque de Rouen. Dans ces traités, la république Florentine s'obligeait positivement à défendre les états de la France en Italie, avec 400 hommes d'armes et quatre mille fantassins, et d'assister le roi dans la conquête de Naples avec cinq cents hommes d'armes, et cinquante mille florins.

De l'autre côté, le roi Louis XII s'obligeait à défendre les Florentins contre leurs ennemis quelconques, avec six cents lances et quatre mille fantassins, et de les remettre en possession de Pise, et de tous les autres lieux perdus à l'époque du passage de Charles VIII, à l'exception de ceux qui étaient occupés par les Génois.

On voit que le roi ne balançait pas à répéter qu'il respecterait les traités signés en son nom. Il dit ensuite aux envoyés que, sans la réponse au courrier expédié à Florence, il n'y avait rien à faire ; qu'en attendant, ils pouvaient se rendre à Montargis, où il serait de sa propre personne dans trois jours.

En lisant les détails de cette conférence, que devons-nous le plus admirer, de la netteté des réponses de Louis XII, ou de la circonspection des deux Florentins ? Le roi incapable de dissimulation, et guidé par son esprit juste et vrai, ne pouvait que désapprouver la désobéissance de Beaumont, sauf à lui pardonner, dans la bonté de son caractère, à la première sollicitation du cardinal : cependant les envoyés se gardent bien de se fourvoyer ; ils applaudissent à ces paroles du roi ; il a nommé du seul nom qui convienne le délit du commandant français, mais ce commandant n'a pas eu des intentions coupables. Il faut chercher ailleurs, non pas cependant chez des Italiens, les causes de ces désordres : et alors d'Amboise, protecteur de Beaumont, et Trivulze, et surtout les Pallavicini qui peuvent être animés de passions nationales, et à qui il arrive sans doute d'écrire des rapports en Italie, n'ont qu'à se louer du ton de réserve des envoyés qui auraient pu, dans cette circonstance, pour ne pas contredire le roi, commettre de graves imprudences, et paraître aussi s'excuser aux dépens de quelques hommes de leur pays. Il est aussi à remarquer que les négociateurs ne récriminaient pas vivement, ne rappelaient pas la conduite de Charles VIII et la perfidie de d'Entragues, qui étaient la première cause de cette guerre, dans laquelle les Florentins avaient toute raison de redemander ce qu'ils avaient *prêté* à la France.

Les seigneuries ne répondaient pas à la demande particulière de Machiavel, relative à ses traitements ; il recommence ses plaintes. Nous avouerons plus tard,

1500.

et lorsque ce système de *reproches* se sera trop de fois répété, qu'il y a eu souvent, dans ces accumulations de plaintes, quelque chose d'inopportun, du moins pour notre manière de juger aujourd'hui. Voici du reste les griefs de Machiavel:

« Quand nous sommes partis, vous avez attribué à François della Casa huit livres par jour, et à moi quatre livres. Actuellement, je suis la cour à mes frais. J'ai dépensé et je dépense autant que François. Je vous prie de permettre que je tire le même salaire, ou rappelez-moi. Sans cela je serais exposé à m'appauvrir, et je sais que vous en seriez affligés. J'ai déja dépensé du mien quarante ducats, et j'ai chargé Totto, mon frère, d'en emprunter pour moi soixante, de nouveau; je me recommande tant que je le puis. *Servitor humillimus Nicolaus Machiavellus.* » (*Montargis*, 12 *août*.)

Les envoyés n'ayant pas eu de réponse, pour traiter de la question posée si clairement par le roi, s'occupent à rechercher ce qui peut intéresser le service de leur pays.

« Quoique ce soit une présomption à nous qui sommes si nouveaux, de vous parler des choses d'ici, cependant nous vous écrivons ce que nous entendons, et vos seigneuries nous excuseront, s'il vous est écrit quelque chose qui ne soit pas convenable. »

« Cette majesté n'a auprès d'elle qu'une très-petite cour, si on la compare à celle de l'autre roi (Charles VIII), et le tiers de cette petite cour se compose d'Italiens. On dit qu'il en est ainsi, parce qu'on ne distribue pas les traitements avec cette abondance que désireraient les Français. Les Italiens, les uns par une raison, les autres par une autre, sont tous mal contents, en commençant par messer Gianjacopo (Trivulze [1]) qui ne trouve pas qu'on fasse assez pour sa

---

[1] Le même dont il a été parlé, pag. 48.

réputation. Nous nous sommes assurés de ce fait. Connaissant son opinion sur le passé, et parlant par hasard, dans l'église, des événements de Pise, toujours, même avec des paroles affectueuses, il donna le tort aux Français, en ajoutant ces paroles précises : « Ils voudraient, en disant que « de tout côté on a failli, rendre commune aux autres la « faute qui est à eux seuls. » Nous ne parlons pas du reste des Milanais, ils ressemblent tous à leur chef (Trivulze). Parmi les Napolitains il y en a une grande quantité qui veulent, en désespérés, que l'entreprise sur Naples se commence ; mais ils sont tous mécontents, parce qu'ils ont contre eux tout le conseil de la reine (Anne de Bretagne). Il est vrai que le roi est prêt, mais ce n'est pas pour partir sitôt. Il comptait, Pise rendue, avec l'argent qu'il tirait de vous, avec les secours que lui offraient le pape et les Orsini, et sous la protection de sa réputation, lancer son armée sur Naples : mais les choses ayant eu une issue différente, il prêtera plutôt l'oreille à quelque accord, qu'il n'ordonnera l'attaque, et déjà on parle d'ambassadeurs napolitains, qui se rendraient ici à cet effet. »

« L'ambassadeur de Venise sollicite l'appui du roi contre le Turc ; il expose dans quel péril se trouve la république ; il exagère ses pertes ; il montre enfin plus de peur, et dit plus de mal qu'il n'y en a. Il n'a encore rien pu obtenir. »

« Le pontife veut l'appui du roi pour l'occupation de Faenza, afin de la joindre à Forli et à Imola pour son Valentinois (César Borgia, dont il sera question plus tard) ; on ne dit pas le roi prêt à donner cet appui. Il lui paraît qu'il lui a accordé assez de bienfaits ; cependant, il ne le désespère pas, e''il va l'entretenant, comme il a toujours fait. Les Vénitiens et quelques personnes de la cour favorisent le seigneur de Faenza. Outre cela, il y a ici un envoyé de Vitellozzo[1] ; il va semant partout l'offense, vantant le mal que son maître, en peu de temps, ferait à vos seigneuries, si le

---

[1] Dont le frère Paul Vitelli (Condottiere) avait été décapité à Florence, le premier octobre 1499, pour avoir trahi la république.

pontife ou tout autre vous déclarait la guerre; il s'attache à découvrir si, entre cette majesté et vos seigneuries, il ne naîtrait pas quelque dissension propre à aider cette intrigue. Il dit que le pape serait plus enclin à cette entreprise qu'à celle de Faenza, s'il croyait qu'ici on n'y mît pas d'obstacle. »

« On assure que sa majesté ira, pendant quelques jours, avec une suite peu considérable, jouir des plaisirs de la chasse. On n'attend plus cet ambassadeur de l'empereur que le roi devait trouver à Troyes; en outre, on répand comme chose positive, que l'archiduc a été fait prince d'Espagne (l'archiduc Philippe, fils de l'empereur Maximilien, et père de Charles d'Autriche, depuis Charles - Quint empereur). Cette nouvelle accroît le soupçon que l'empereur ne s'accordera pas si facilement, et qu'en conséquence le roi poussera moins à l'expédition de Naples. »

« Dans la maison de l'ambassadeur du pape, il y a un messer Astorre, Siénois; c'est un homme tenu ici par Pandolphe Petrucci (seigneur de Sienne). Il montre la ferme espérance d'arranger les choses de Sienne, et à de meilleures conditions qu'on ne l'avait fait dans les temps passés. Il ajoute que Montepulciano et ses dépendances seront libres. Nous mettrons notre diligence à nous instruire de cette *pratique*, et dans le cas, nous ne manquerions pas de rappeler au cardinal nos *capitoli* et l'honneur du roi. »

« Ici il n'y a aucun négociant de notre nation dont nous puissions nous servir, ni pour l'argent qui nous serait nécessaire, ni pour des courriers à expédier, ni pour des dépêches à vous transmettre. Si vos seigneuries n'ont pas nos lettres aussi tôt et aussi souvent qu'elles le désireraient, il conviendrait que tant que vos seigneuries nous gardent ici, elles prissent les mesures qui leur sembleraient convenables : car, en effet, avant de sortir de Lyon, nous avons dépensé tout l'argent reçu de vous; à présent nous vivons à nos dépens, et avec ce que nos amis nous ont donné à Lyon. Nous nous recommandons aux bonnes graces de vos seigneuries. »

« Nous n'avions pas fermé la lettre, lorsque est arrivée la nouvelle, que ce matin le roi courant à cheval est tombé;

il s'est blessé à l'épaule : tous ses équipages sont arrivés ici, et demain on l'y attend lui-même. »

Quel est l'homme un peu instruit dans les affaires et dans la science de la haute observation politique, qui n'avouera pas ici, que pour des hommes nouveaux, comme ils s'appellent, les envoyés ne sont pas si mal informés ? Sentant tous les deux l'importance qu'on attacherait à une dépêche aussi substantielle, ils se hasardent à y insérer quelques justes réclamations. Mais comment est-il possible qu'un gouvernement veuille être activement servi, et ne pense pas plus sérieusement aux besoins de ses agents, quand son choix est tombé sur des hommes peu riches ? Est-il possible qu'il ne pense pas à l'obligation où ils sont de contracter des dettes, s'ils sont ainsi abandonnés à la charité des amis, et peut-être au danger d'être forcés d'accepter des bienfaits absolument nécessaires, et cependant avilissants pour un honnête homme ?

Les envoyés continuent d'adresser à Florence des nouvelles de la chute du roi. Ils ont remarqué que des rapports venus de la Toscane ont irrité le prince et le cardinal, et ils s'abstiennent de se présenter à la cour, ou d'entretenir de leurs affaires, pour que l'esprit du roi et de son ministre ait le temps de s'apaiser. Cependant ayant cru pouvoir parler à Robertet, ils furent mal accueillis : celui-ci jeta des paroles qui *n'étaient pas bonnes*, et dit que parmi les Florentins, il y avait désunion, et qu'on en connaissait qui *voulaient Pierre de Médicis, et qui ne demandaient pas Pise*. En continuant de répondre, Robertet leur montra un Pisan qui était à la cour depuis long-temps, et qui sans doute y tramait des menées contre Florence.

Sur ces entrefaites Corcou, expédié par le roi en

Toscane, était arrivé à Melun, où le roi s'était fait transporter.

Les envoyés croient utile d'aller le visiter. Dans cet entretien, nouvelles accusations, de part et d'autre, contre les Suisses; la conférence se termine par ce reproche de Corcou, qui est bien à remarquer dans la bouche d'un homme que Louis XII affectionnait.

« Allez, dit-il aux envoyés, ce qui vous a ôté Pise, c'est que vous n'avez pas dépensé avec tous ces seigneurs, ou capitaines, huit ou dix mille ducats. Dans de semblables circonstances, il faut avoir le sac ouvert. En faisant ainsi, on dépense *un*; en faisant autrement, on dépense *six*. »

Della Casa et Machiavel cherchent ensuite à exciter en leur faveur l'intérêt du cardinal; mais il leur parle avec amertume de la nécessité où s'est trouvé le roi de payer les Suisses que les Florentins devaient payer. Effrayés de ces dispositions si hostiles dans un homme sur l'appui duquel ils n'avaient cessé de compter, ils prirent sur eux fort courageusement de répondre que ce différend pourrait s'arranger avec la protection et le conseil du ministre. Quel dut être leur effroi, quand il reprit ainsi: « Par ce moyen, et par tout autre, vous ne pourrez raccommoder vos embarras, d'une manière satisfaisante! » Ils repartirent qu'ils le suppliaient de ne pas abandonner ainsi les seigneuries qu'il avait si long-temps protégées, et de ne pas accabler par de pareilles paroles le peuple Florentin, qui était né et s'était toujours maintenu *français*, un peuple qui avait tant souffert pour la France, et de si terrible manière, qu'il méritait d'être recommandé et secouru, au lieu de se voir ainsi abattu et repoussé; circonstance, en elle-même, tournant au profit des ennemis de Florence et dommageable pour le roi.

Ici, rien n'est plus franc et plus décidé que le style des envoyés.

« Nous lui disions que les autres peuples de l'Italie auraient peu à espérer d'une alliance avec le roi, quand les Florentins, ses partisans, qui avaient tant souffert et tant dépensé, en seraient à de si mauvais termes avec S. M.; que vos seigneuries étaient de meilleure volonté que jamais, et mieux disposées à rendre tout bon service, et à se montrer agréables à cette couronne. Il répondit que tout cela n'était que des paroles. Il parut que le cardinal ajoutait peu de foi à nos suppositions, et qu'il était très-mécontent de vos seigneuries, parlant à si haute voix, que tous les assistants l'entendaient, et il monta tout de suite à cheval pour aller à ses plaisirs. »

Les magnifiques seigneurs avaient fait passer aux envoyés une lettre qu'ils adressaient au roi lui-même. Mais les circonstances de la chute les avaient empêchés de voir le roi à leur *commodité* : cependant, ils promettent de s'ingénier avec toute opportunité pour lui parler, et tâcher, de la manière qui semblera la plus efficace, d'imprimer dans son ame les bonnes dispositions du gouvernement, et de détruire toute opinion sinistre de désunion, que l'on voyait germer dans les paroles de tous, et dont les seigneuries auront pu avoir connaissance par mille autres canaux.

La dépêche de Melun du 26 avril, où nous avons trouvé ces détails, est terminée ainsi, et il n'est pas difficile d'y reconnaître la hardiesse, la sagacité du plus habile des deux envoyés, en même temps qu'on y démêlera, surtout vers la fin, l'expression d'un mécontentement qui se plaît à frapper fort, et dans une occasion bien saisie, sur l'avarice du gouvernement Florentin.

« Que vos seigneuries ne s'imaginent pas que de bonnes

lettres, ou de bonnes convictions servent à quelque chose ! elles ne sont pas entendues. Rappeler la fidélité de notre Ville envers cette couronne, ce que l'on fit au temps de l'autre roi, l'argent que l'on dépensa, les périls que l'on courut, combien de fois nous avons été nourris de vaines espérances, ce que nous avons éprouvé dernièrement, le dommage que l'événement de Pise vient d'apporter à votre capitale, ce que S. M. pourrait se promettre de vous, si vous étiez forts, et quelle sécurité notre grandeur donne à la puissance du roi en Italie, quelle est la foi des autres Italiens, tout est superflu, parce que ces choses sont autrement examinées par ceux-ci, et vues d'un autre œil que ne peuvent les voir ceux qui ne sont pas venus en France. Ces gens-ci sont aveuglés par leur puissance et leur intérêt; ils n'estiment que quiconque *est armé*, ou *prêt à donner*. »

« Voilà ce qui nuit tant à vos seigneuries : il leur semble à ceux-ci que ces deux qualités vous manquent; la première (des armes), pour l'ordinaire; la seconde, de l'*utile*, ils n'en espèrent plus de vous : ils croient qu'à cause de ce dernier désastre de Pise, vous vous regardez comme mal servis, et abandonnés; ils vous réputent *Ser nichilo* (Monsieur rien); ils baptisent votre impossibilité, désunion, et la déshonnêteté de leur armée n'est autre que le mauvais gouvernement de Florence. Cette opinion s'accroît, selon nous, et beaucoup, parce que vos ambassadeurs sont partis d'ici, et qu'on n'entend pas dire qu'il en vienne de nouveaux. Ils jugent qu'il en est ainsi, ou parce que vous êtes désunis, ou parce que vous voulez vous séparer de la politique de la France. Nous supplions avec toute la révérence qui vous est due, nous supplions vos seigneuries de penser à cela, d'y remédier promptement: notre grade et nos qualités, sans aucune commission qui flatte ces gens-ci, ne sont pas suffisants pour repêcher une chose qui se submerge; et si vous voulez conserver les relations que vous désirez, nous jugeons qu'il est nécessaire que de toute manière vous envoyiez ces ambassadeurs. Cependant, nous devons vous faire entendre que leur négociation sera peu avantageuse, s'ils n'arrivent pas avec quelque détermination nouvelle, avec l'ordre de payer les Suisses, avec des moyens de se faire des amis. Il n'y a personne ici qui ne se soit créé un protecteur sur lequel il puisse compter, un protecteur qui sache *manéger* dans les embarras du client ; vous seuls en êtes privés. L'amitié du roi et de *Rouen*, il faut qu'elle soit soutenue de manière qu'elle se maintienne, puisque cette amitié a été altérée par le triste sort de notre Ville, et par tant d'intrigues de nos adversaires ; enfin, nous estimons que l'arrivée de nouveaux ambassadeurs est à présent nécessaire : avec quelques instructions qu'ils viennent, cela pourra aider, en partie. En même temps, vos seigneuries daigneront nous instruire de ce que nous avons à faire, et nous dire comment nous avons à nous régler dans cet état de choses qui nous paraît dangereux, et qui a besoin d'un prompt remède. »

Écrivain français, je n'ai pas cependant balancé à reproduire cette accusation de deux politiques italiens. Il m'a semblé que la franchise de l'histoire ne devait pas se laisser arrêter par de petites considérations de vanité nationale. Le roi et son ministre sont *mis hors de cour* ; mais les autres qui les environnent, sont traités avec bien peu de ménagement. Je gagnerai d'ailleurs, à cet amour du vrai, que les Italiens, lorsque je trouverai sous ma plume des récriminations contre eux et des reproches de la part des Français, devront permettre qu'un sentiment bien établi d'impartialité continue de me guider dans mes travaux.

Je doute que de nos jours il y ait un gouvernement qui autorise ses ministres à tenir un langage tel que celui que nous venons de trouver dans la dépêche de Melun. Les gouvernements qui se montrent si chatouilleux, en sont-ils mieux servis ? Une autre lettre de Melun, du 29 août, nous fait connaître que les seigneuries avaient attribué à Machiavel la

1500.

même somme de huit livres par jour que l'on avait accordée d'abord à Della Casa : cependant les deux envoyés écrivent encore collectivement pour déclarer que cette somme de huit livres par jour [1] ne suffit pas à leurs besoins. Nous trouvons là des détails d'habitudes du temps qu'il n'est pas mal de reproduire ici.

« Quand nous sommes arrivés, croyant trouver à Lyon le roi qui était parti, nous nous vîmes dans cette ville, privés de tout, forcés de dépenser, pour nous munir, en deux jours, des premiers chevaux que nous pûmes rencontrer, nous habiller, arrêter des serviteurs ; et sans l'adoucissement de nous être adjoints à la compagnie de vos ambassadeurs, nous commençâmes à suivre la cour. Actuellement nous la suivons encore avec une dépense double de celle que nous ferions, si la cour était à Lyon. Certainement, nous épargnerions beaucoup, si nous étions dans la compagnie des ambassadeurs, parce qu'il nous faut deux domestiques de plus. Nous ne logeons pas dans des hôtelleries, mais dans des maisons où se trouvent et la cuisine et les autres choses et les provisions que nous devons faire nous-mêmes. En outre, il y a toujours quelques dépenses extraordinaires de fourriers, de portiers, de courriers, dépenses qui font une somme ; et cette somme aggrave nos charges à raison de notre qualité. Comme il nous a paru nécessaire de demander aide et subvention à vos seigneuries, nous devons leur dire à part, comment nous nous trouvons. Ainsi, avec révérence et confiance, nous les prions de considérer, 1° qu'avec le salaire de huit livres par jour, nous ne pouvons pas éviter d'y mettre du nôtre ; 2° que nous avons eu, chacun, quatre-vingts florins à notre départ de Florence ; mais que nous en avons dépensé chacun trente, pour les postes jusqu'à Lyon ; qu'à Lyon, nous avons acheté des chevaux, des habits et d'autres

[1] Six francs quarante centimes ; la livre de Florence valait 80 centimes.

choses; qu'il a fallu emprunter de l'argent à des amis pour nous mettre en chemin ; que cet argent étant dépensé, nous sommes contraints de recourir à Paris, d'emprunter à d'autres. Si ces secours nous manquaient, avant que vos seigneuries eussent eu le temps d'y pourvoir, nous resterions donc à la fois sans argent et sans crédit. Cela étant, vos seigneuries peuvent imaginer à quelle extrémité nous serions réduits. Ainsi, nous les prions très-humblement de ne pas tarder à nous envoyer la portion d'argent nécessaire à nos besoins, et au temps qu'elles ont déterminé de tenir ici à leur service, ou tous deux, ou l'un de nous. Que vos seigneuries veuillent bien observer que nous ne sommes ni en fonds ni en crédit suffisants pour que nous puissions, ainsi que beaucoup d'ambassadeurs, nous entretenir dans ce pays, pendant des mois, même pendant des semaines, sans la rétribution de vos seigneuries auxquelles nous nous recommandons.

« De Melun, le 29 août. »

Comme il eût été malheureux pour le gouvernement Florentin qu'une semblable lettre eût été perdue, et que le gouvernement Français l'eût trouvée ! quels arguments n'y eût-on pas rencontrés, pour prouver à leurs seigneuries, qu'on pouvait accuser ceux qui payaient si mal leurs envoyés, de n'avoir pas payé les subsides dus aux termes du traité!

1500.

La lettre suivante commence par les mêmes plaintes.

Les envoyés dépensent chacun par jour un écu et demi; ils ont dépensé d'ailleurs, pour habits et équipages, chacun plus de cent écus. Ils sont sans un sol (*senza un soldo*); on leur a refusé du crédit dans les choses publiques, et dans les affaires particulières. Ils déclarent (ce sont des espèces de Suisses avec un peu plus de manières), ils déclarent que si la provision ne vient pas, ils seront obligés de retourner à Florence, pour se trouver à la discrétion de la fortune plutôt en Italie qu'en France, et ils continuent ainsi :

« Magnifiques seigneurs, depuis les dernières lettres, il est venu à nos oreilles, que le roi continue d'être mécontent ; son mécontentement est fondé sur ces deux chefs principaux : Il est, par votre faute, déshonoré en Italie ; il ne peut, par suite de la réponse que vous avez faite à Corcou, recouvrer son honneur avec votre argent, et il a eu depuis à payer trente-huit mille francs en Suisses, en artillerie et en autres choses, tandis que vos seigneuries devaient payer ces sommes conformément aux *Capitoli*, et au traité signé à Milan par le cardinal et Pierre Soderini......

« Si vos seigneuries n'y remédient pas, vous vous trouverez bientôt dans une telle situation avec ce roi, que vous aurez plus à penser aux moyens de garder et de défendre ce que vous possédez, qu'à l'espoir de recouvrer ce que vous avez perdu. C'est ainsi que nous l'a fait entendre Robertet qui, seul, est resté notre ami : mais bientôt, vous le perdrez, si vous ne l'entretenez avec autre chose que des mots. Il en est de même de quelques autres protecteurs, ainsi que de messer Jean-Jacques Trivulze. Un matin, nous étions à la cour, il nous appelle et nous dit : « Je suis fâché de
« voir votre Ville dans un danger très-grand, et tel, que si
« vous n'êtes pas prêts à y porter remède, il faudra penser
« à vous défendre de la colère de ceux-ci, parce que leur
« nature est de s'enflammer subitement : une fois qu'ils ont
« offensé quelqu'un, ils ne pardonnent plus ; au contraire,
« ils continuent d'offenser. Ainsi, pensez à ce qu'il est néces-
« saire que vous fassiez, et vite. » Il nous dit cela avec de tels accents et une telle vivacité, que, d'après les choses que nous avons vues et entendues, nous pouvons juger que sa seigneurie nous a parlé *de tout cœur*..... Nous avons cru devoir demander une audience à Rouen (*Roano*) ; nous nous sommes plaints d'abord de la malignité de vos ennemis qui n'avaient pas eu honte, contre tout discours raisonnable, de diffamer vos seigneuries, au point d'assurer qu'elles avaient envoyé des ambassadeurs à l'empereur et au

roi Frédéric[1], pour offrir de l'argent et se liguer contre sa majesté. Nous avons dit que la chose n'était pas *croyable;* que nous ne *croyions* pas qu'elle pût être *crue*[2] ni par le roi, ni par sa seigneurie, parce que la longue fidélité de Florence à la couronne de France, et l'expérience faite, il y avait peu de temps, de cette fidélité, ne permettaient pas que l'on pensât de vous un tel mal.

« Nous avons dit que nous avions entendu ces allégations, et que nous avions imaginé devoir lui en parler, plutôt pour remplir un devoir que pour offrir des excuses.

« Nous ajoutâmes ensuite qu'il nous semblait, d'après des conversations avec S. S. et d'autres informations, que sa majesté était mécontente de nous; qu'elle pratiquait des choses qui n'étaient pas selon notre foi et l'amitié que nous avions gardée à cette couronne; que d'ailleurs elle ne se plaignait à nous d'aucun grief, ce qui excitait notre surprise, parce que nous pensions que S. M. devait reprendre amicalement (amorevolmente) vos seigneuries de leurs erreurs, leur ouvrir sans réserve son cœur, et entendre avec bonté ce qu'elles auraient à répondre; qu'enfin, si de notre côté il y avait eu offense, alors on pouvait chercher les moyens de s'en venger. Nous priâmes ensuite S. S. de nous répondre par quelques mots, et de nous éclairer sur les renseignements que nous pouvions avoir à vous donner.

« Sa seigneurie révérendissime, sur le grief portant qu'il avait été envoyé des ambassadeurs à l'empereur, etc., ne répondit rien, mais ensuite, dans un long discours, se plaignit de s'être beaucoup fatiguée à soutenir vos seigneuries, tandis que vous aviez tout fait, afin qu'il ne lui restât plus aucun prétexte pour vous aider.

« Vous n'avez voulu, dit-il, ni reprendre l'attaque, ni recevoir les troupes dans des garnisons, ni *payer les Suisses,*

---

[1] Frédéric III, oncle et successeur de Ferdinand d'Arragon, et proclamé roi de Naples, en 1496, après la déroute des Français.

[2] Formule de phrase bizarre imitée du Dante, qui dit :

Io credo, ch'ei credette, ch'io credesse.
Inf. c. XIII.

et sa majesté a reçu un préjudice dans son honneur et dans son intérêt.

« Nous voulions répliquer, il reprit ainsi : « Nous avons « entendu, et nous savons ce que vous voulez alléguer; nous « avons vu ce que vous avez répondu à Corcou. » Nous pressions le cardinal de nous dire ce qu'il était nécessaire de vous écrire : « Eh bien, parlez à Corcou (par hasard il « était présent), et il vous apprendra ce qu'il y a à faire. » Nous étant approchés de lui, il nous dit cette conclusion : « Les 38,000 francs que le roi a déboursés à cause de vous, « ou il faut les payer, ou il faut rester son ennemi. » Quoique nous dissions beaucoup que cela n'était pas raisonnable, et qu'en vain nous l'écririons, il ne se désista pas de ce sentiment. Voyant ensuite combien l'affaire pressait, à cause surtout des renseignements que nous avions recueillis auparavant, nous répondîmes que nous en informerions vos seigneuries : il dit alors qu'il travaillerait avec Rouen à ce qu'on voulût bien attendre vos réponses.

« Ainsi, ô mes magnifiques seigneurs, vous voyez en quels termes les choses se trouvent ici, et vraiment, nous jugeons que dans votre réponse, sera l'amitié ou l'inimitié du roi : ne pensez pas que des raisons et des arguments y puissent quelque chose; cela n'est pas compris, comme il vous est dit dans une lettre précédente. Il nous a tellement paru que les faits compromettent l'amitié de ce roi, que si moi, François, je ne me sentais pas malade, et dans un état où je puis être forcé à quitter la cour pour me soigner, un de nous serait accouru près de vous, avec diligence, pour vous instruire de bouche, et vous faire toucher de la main ce qu'on ne peut exprimer par écrit. Nous ne manquerons pas encore de vous dire, et nous le tirons de bon lieu, que l'on intrigue afin que S. M. prenne Pise pour elle, en faisant restituer le comté : on arrangerait là, au roi, un état auquel on adjoindrait Pietra Santa, Livourne, Piombino et Lucques, avec le temps; puis, le roi y tiendrait un gouvernement. Ils croient que cela est facile à faire et à garder, parce que partie de la matière est disposée, et que cet état

CHAPITRE IV.

serait contigu à celui de Milan. Ils y voient un profit, parce que Pise leur offre cent mille francs pour le présent ; parce qu'ils sont aidés de vos ennemis, et qu'ensuite ils retireraient un cens particulier. Ils jugent encore cette disposition un degré pour arriver à l'entreprise de Naples, quand on aura à la faire.

« Ce projet, nous croyons qu'on le met en avant, vu le grand nombre de vos ennemis. On le fonde sur l'indignation du roi, sur l'avantage actuel qu'il en tirerait, et de plus, comme vous êtes haïs d'un chacun, on dit que sa majesté paraîtra gagner, en vous causant un déplaisir.

« Ainsi que vos seigneuries le désirent, nous écrivons sans égard, et largement, comme il nous paraît voir et entendre les affaires d'ici. Si quelque supposition a été faite téméraimrement, c'est que nous aimons mieux, en écrivant, quoiqu'en nous trompant, plutôt faire tort à nous-mêmes, que de manquer à la Ville en nous trompant et en n'écrivant pas. Nous croyons pouvoir faire ainsi, parce que nous nous confions dans la prudence de vos seigneuries : elles peuvent examiner ce que nous écrivons, et ensuite en tirer un vrai jugement et une bonne résolution. Nous rappelons respectueusement qu'il faut envoyer les ambassadeurs, et vite, de manière que par la première lettre on sache qu'ils viennent, et qu'on puisse en recueillir quelque fruit. Quant à nous, nous ne pouvons pas plus faire dans cette situation que nous n'avons fait, et il ne nous reste plus rien à mettre au jeu. Nous ne voudrions pas assister à la dissolution d'une amitié que l'on a mendiée, que l'on a nourrie avec tant de sacrifices, et conservée avec tant d'espérances. Jusqu'à ce que de chez vous il vienne quelqu'un qui nous permette de nous présenter devant ceux-ci, nous n'avons pas à leur parler davantage, parce que comme nous n'avons rien à leur dire, ils penseraient que nous nous moquons d'eux. Nous nous ferons voir seulement, afin qu'ils sachent que nous sommes là, et qu'au besoin ils puissent nous appeler. »

Avec quelle force de logique, de raison et de cou- 1500.

rage, les négociateurs renvoient ici toute l'affaire à leur gouvernement ! Comme ils lui disent hardiment que c'est lui qui a tout compromis, qui leur a fermé la bouche ! Nous ne nous repentons pas d'avoir cité presque toute cette dépêche où se développe le talent du secrétaire Florentin. Della Casa avoue qu'il est malade ; il approuve généreusement ce que dit son collègue : mais évidemment, c'est Machiavel qui a tenu la plume.

D'ailleurs, nous ne tarderons pas à le voir seul en scène, et l'on remarquera combien ce talent se fortifie, à quel degré d'habileté il s'élève, et combien ces raisonnements serrés, ces argumentations de bonne foi, ces exposés simples et sincères, et jusqu'à ces expressions familières, et l'on peut dire de *comédie*, semées çà et là pour faire entrer plus vivement la conviction dans l'esprit, viennent justifier la confiance que le gouvernement continue d'accorder surtout à Machiavel.

1500. Une lettre de Melun, encore datée du mois de septembre, rappelle positivement l'envoi nécessaire des ambassadeurs, et des trente-huit mille francs. Bientôt une dépêche du gouvernement Florentin annonce que Luc degli Albizi a été nommé ambassadeur en France. Cette nouvelle paraît être agréable au roi, qui s'entretient amiablement avec les envoyés. Ils profitent ensuite d'une circonstance favorable, pour dire à monseigneur d'Alby qu'il vient des hommes de qualité qui résideront comme ambassadeurs près du roi. Une information imprévue doit cependant inquiéter vivement leurs seigneuries ; c'est que Pierre de Médicis va arriver à Paris. Les adversaires verront leurs menées fortifiées par ce nouvel ennemi : on continue d'accuser les Florentins ; tantôt c'est à l'empereur qu'ils ont dépêché des ambassadeurs, tantôt c'est au Turc. La cour va partir pour Blois où Della Casa et Machiavel la suivront. Cette lettre est la dernière qu'ils écrivent en commun, et elle renferme une recommandation secrète qui a déjà été présentée à leurs seigneuries.

« Nous ne voulons pas oublier de rappeler avec tout le respect qui vous est dû, qu'elles doivent se faire ici quelque ami qui, mû par d'autres motifs que par une affection naturelle, connaisse les affaires de vos seigneuries, puisse *manéger* de manière que celui qui est ici pour vous s'en serve pour notre utilité. Nous ne dirons pas autrement ce qu'il faut et pourquoi, parce que vous avez auprès de vous tant de sages citoyens qui ont été ambassadeurs en France, et qui sauraient vous en rendre meilleure raison que nous : nous vous dirons seulement, que c'est avec ces armes que les Pisans se défendent, que les Lucquois vous offensent, et que les Vénitiens, le roi Frédéric, et quiconque a quelque affaire à traiter, se soutiennent ici. »

Le 26 septembre, la cour est à Blois. Della Casa, 1500. malade, n'a pas pu s'y rendre; il a été se faire soigner à Paris; Machiavel seul va écrire au gouvernement. Le ton de sa première lettre est le même que celui des précédentes : il veut les ambassadeurs et les trente-huit mille francs. Plus actif que Della Casa, et plus maître de ses actions, puisqu'il est seul, il apprend que le cardinal d'Amboise est attendu, il monte à cheval pour aller à sa rencontre, et il arrive, presqu'en même temps que lui, dans un village à huit lieues de Blois.

Il était tard, il n'ose pas se présenter ; mais le matin il se trouve, comme par hasard, sur son passage au moment où le cardinal partait. Le secrétaire lui fait ses compliments et l'entretient tout d'abord des affaires de Florence ; il détaille à quelles extrémités sont réduites les seigneuries : quand elles commençaient à reprendre leurs forces, à recouvrer leur réputation, elles sont abattues et accablées sous le poids de mille calomnies. Leur réputation est insultée, on trame des desseins contre elles, tellement que chaque Italien peut avoir la hardiesse de les attaquer. Il raconte comment Vitellozzo, Baglioni et Orsini avaient pris les armes (nous retrouverons plus tard ces noms dont quelques-uns sont de déplorable mémoire), et on croyait qu'ils allaient s'en prendre aux Florentins. Il conjure sa seigneurie révérendissime de ne pas abandonner la protection du gouvernement de Florence, de persuader au roi qu'il doit traiter les Florentins comme ses enfants, et faire en sorte que chacun le sache pour qu'ils retrouvent leur honneur. Le cardinal répond avec quelque vivacité, peut-être aussi un peu contrarié d'avoir à parler d'affaires sur la grande route avec un jeune politique qui se lève de bonne heure, et veut, la première fois qu'il est seul en face d'une grande puissance, gagner un peu trop rapidement ses éperons diplomatiques. Il est toujours question dans les réponses du cardinal, et des ambassadeurs attendus, et des trente-huit mille francs.

Les lettres de Florence annonçant d'une manière plus positive la venue des ambassadeurs que le roi desirait si impatiemment, Machiavel prend courage et se présente, cette fois, à la maison du cardinal. Celui-ci, entendant de la bouche de l'envoyé Florentin que les ambassadeurs peuvent être auprès du roi vers le mois d'octobre, le traite avec bienveillance; cependant, après quelque réflexion, prenant par le bras monseigneur d'Alby qui était présent, il lui dit: « Les Florentins commencent à ne pas se laisser comprendre. Nous avons voulu envoyer à leur défense 500 hommes d'armes et 1500 hommes de pied, et ils ne les ont pas acceptés; nous leur en avons proposé 200, et tout autant qu'il serait nécessaire, ils les ont refusés, et actuellement ils vont mendiant les secours d'autrui;» et puis, se tournant vers Machiavel, il ajouta: «Secrétaire, je ne sais que t'en dire. »

Machiavel voulut répliquer, le cardinal l'interrompit au premier mot : « Ils font très-bonnes leurs raisons, mais le roi a été forcé de débourser l'argent qu'ils devaient payer; » puis il demanda encore si les ambassadeurs arrivaient.

On est tenté de croire, à la manière dont Nicolas insiste sur les secours demandés à d'autres qu'à la France par les Florentins, qu'il pense que son gouvernement a commis cette faute, et qu'il saisit toutes les occasions de la lui rappeler, pour le ramener à une politique différente qu'il juge plus franche et plus convenable.

Une circonstance que nous allons rapporter prouve que le secrétaire avait gagné l'amitié de Robertet : celui-ci l'appela un jour et lui dit qu'il avait toujours eu à cœur les affaires de Florence ; qu'il s'était attaché à lui faire du bien, et qu'il voyait avec douleur que ce gouvernement s'abandonnait lui-même; que cela devait provenir de désunion, ou de mécontentement des procédés de la France, ou d'informations incomplètes, et que des ambassadeurs auraient dû être envoyés en poste, afin qu'ils pussent empêcher de mauvaises déterminations.

Machiavel n'oublie pas de rendre compte de cet incident à leurs seigneuries. Il annonce aussi qu'on parle beaucoup en France de l'armée que le pape est sur le point d'envoyer en Romagne.

Les Vénitiens demandent au roi des secours contre les Turcs, depuis que la république a perdu Coron et Modon. Le secrétaire annonce encore qu'on va lever en France une dîme sur les prêtres. On en a levé une qui a été absorbée par l'avidité des receveurs; le roi pense à en établir une plus forte. L'envoyé a aussi appris d'une manière sûre que le pape désire obtenir des Vénitiens qu'ils donnent le titre de capitaine à *son Valentin* (César Borgia), qu'ils le créent noble de Venise, et lui assignent un palais dans la ville.

On ne peut pas dire que Machiavel n'ait pas été plus que consentant à tout ce qui a été écrit jusqu'ici par les deux envoyés, relativement aux réclamations d'argent; il dit à la fin de sa lettre du 8 octobre datée de Blois :

« Quant à ce qui concerne mes besoins, je ne vous écrirai pas longuement. Je sais que vos seigneuries connaissent que je reçus quatre-vingts ducats à mon départ, que j'en ai dépensé trente en frais de poste, que j'ai eu à me pourvoir de tout à Lyon, et qu'actuellement je suis à l'auberge, toujours avec trois chevaux, et qu'on ne vit pas sans argent. »

Dans une conférence avec le cardinal d'Amboise, Machiavel parlait de la prochaine arrivée des ambassadeurs; il eut à essuyer cette terrible réponse du cardinal : « Tu l'as dit, cela est donc vrai, mais nous se-
« rons morts, avant que ces ambassadeurs arrivent.
« Nous tâcherons que les autres meurent auparavant. »
A une audience donnée le même jour, le cardinal conclut ainsi, en s'adressant à Machiavel :

« Écris aux Florentins, qu'amis ou ennemis, suivant ce
« qu'ils veulent être, ils aient à payer l'argent que le roi a
« donné aux Suisses. S'ils se maintiennent amis, et ils seront
« sages d'agir ainsi, le roi ira, vers Noël, à Lyon, et sera,
« pour Pâques, à Milan. Il a envoyé jusqu'à deux mille
« lances en Italie, et plus de six mille des fantassins qui y
« ont déjà été : on verra si Pise lui résiste, et si ses adver-

« saires sont plus forts que lui. Ainsi, ses amis connaîtront
« qu'il est roi, et que ses promesses sont franches. »

Le cardinal se tourna alors vers Robertet, lui commanda de faire préparer les comptes, et de les donner à Machiavel, afin qu'il pût les transmettre à Florence.

« Vos seigneuries excellentissimes voient s'il y avait à répliquer à cette proposition, et même quand mes forces auraient pu donner à la nature de ceux-ci la patience de m'écouter. »

Il fallut obéir : après une telle signification d'une volonté si fortement arrêtée, Nicolas n'avait plus qu'à adresser des informations relatives aux affaires générales; c'est ce qu'il continue de faire avec le même zèle : cependant par sa lettre du 25 octobre, il demande la permission de retourner à Florence ; il représente qu'il avait perdu son père un mois avant de partir, que depuis il a perdu une sœur, que ses affaires souffrent, et qu'après l'arrivée des ambassadeurs, il croit pouvoir solliciter un congé pour aller régler ses intérêts en Toscane.

Il n'y restera qu'un mois, si leurs seigneuries le veulent ainsi, et après ce mois, il ira, ou en France, ou ailleurs, comme il plaira au gouvernement. Il continue toutefois de voir le cardinal, en attendant la réponse de Florence; il lui parle d'une nouvelle intrigue de Pise contre LL. SS. et il rend compte ainsi de cet incident : « *Il cardinale rispose che non era* rien. » C'est la première fois que l'envoyé place un mot français dans sa correspondance ; cependant il ne faut pas douter qu'il ne parlât notre langue avec facilité.

On remarque, dans la suite de la correspondance, 1500. que Machiavel commence à se fatiguer des réponses du roi, qui roulent toujours sur les plaintes accoutumées, l'argent payé, et l'armée française déshonorée devant Pise par la faute de Florence.

Dans la dépêche datée de Tours, le 21 novembre, nous voyons Machiavel concevoir et développer avec quelques détails une de ces doctrines qui, plus tard, lui furent si familières. Il entretenait le cardinal d'Amboise du désir que les Vénitiens et le pape avaient de mettre mal ensemble le roi et Florence; alors il représente que S. M. devait bien se garder de ceux qui cherchaient la destruction de ses amis, seulement pour se faire plus puissants eux-mêmes, et pour arracher plus facilement l'Italie de ses mains; que S. M. devait y pourvoir, en imitant ceux qui autrefois ont voulu posséder en paix une province étrangère. Ils avaient pour règle d'abaisser les puissants, de caresser les sujets, de maintenir les amis, et de se délivrer des camarades, c'est-à-dire de ceux qui veulent, dans ce lieu, avoir une égale autorité: que, quand S. M. voudrait regarder qui, en Italie, voudrait être son camarade, il trouverait que ce ne seraient ni les seigneuries, ni Ferrare, ni Bologne, mais ceux qui, auparavant, ont cherché à la dominer. La réponse du cardinal fut singulière, et quelque peu dure et décourageante. Il écouta très-patiemment, et dit que la majesté du roi était très-prudente, qu'elle avait les *oreilles longues* et le *croire court;* qu'elle écoutait tout, et qu'elle ne prêtait foi qu'à ce qu'elle jugeait être vrai en le touchant de la main. Le secrétaire Florentin était un homme trop grave, en cette circonstance, pour relever dans sa dépêche cette prétention à des *oreilles longues.*

Certainement, le ton qu'employait Machiavel pour disculper son gouvernement avait un caractère de vérité qu'on ne pouvait s'empêcher de reconnaître. Rien n'annonce dans sa correspondance, qu'il dît ce qu'il ne pensait pas; tout prouve aussi qu'il disait ce qu'il souhaitait. Il était partisan sincère d'une alliance avec la France, sans l'aimer beaucoup. Mais n'arrivait-il pas à Nicolas ce qui arrive à tant d'ambassadeurs? Tandis qu'il s'essoufflait à bien développer l'intérêt de sa république, c'est-à-dire un système d'affection pour la France qui était une source de puissance et de respect, cette même république, sans en avoir prévenu son envoyé, ne suivait-elle pas un autre système? n'était-elle pas bien véritablement entrée dans la confidence de toutes ces menées contre la France? ou au moins, en s'abandonnant trop à cette répugnance pour payer ses dettes, ne donnait-elle pas lieu de croire qu'on pouvait l'accuser de ces intrigues? On ne sait expliquer que par de pareilles suppositions, la réponse du cardinal d'Amboise, de ce prélat si pieux, si vrai, qui ne mentait pas, et qui dans le fond de son cœur avait aimé et aimait encore Florence. Les traités avec la république étaient le propre ouvrage du cardinal, et ne fût-ce que pour ne pas paraître s'être trompé, l'esprit le plus vif et le caractère le plus honorable excusent tant qu'ils peuvent, ceux auxquels ils ont accordé de la confiance et supposé des vertus. Ce qu'on a dit de la désunion des Florentins était exact: ils ne s'entendaient pas entre eux, et plus que jamais ils avaient besoin d'un habile homme, afin d'expliquer ce qui était à peu près inexplicable pour un agent de leur pays parlant à une puissance alliée.

Quoi qu'il en soit, nous voyons ici Nicolas sur le terrain qu'il aimait de prédilection, sur celui où il va combattre pendant 27 ans, dans ses dépêches, dans ses *discorsi* et ses *historie*. Le politique écrit dans toute sa liberté: un esprit d'une trempe plus molle, un caractère plus faible, un corps malade, une association peut-être mal assortie, ne le contiennent plus. Mais les exigences du rang, les illustrations de familles demandent que la république soit représentée par un autre qui ait des titres et des richesses. Luc degli Albizi ne doit plus venir. Pierre-François Tosinghi, nouvel ambassadeur, est déjà à Lyon, et sa Magnificence doit partir le 15 novembre pour se rendre à Tours. Heureusement il est ancien ami de Machiavel, qui prendra plaisir à l'instruire de l'état actuel de la France, aussi bien qu'a pu le faire Lenzi à l'arrivée des deux envoyés destinés à le remplacer.

Le 24, le Secrétaire a l'occasion de voir le roi qui *entrò nelle sue querimonie usitate*. L'envoyé ayant répondu qu'avant deux jours l'ambassadeur serait à Tours, le roi répliqua : « Il sera peut-être venu tard. » Nous n'appuierons pas davantage sur cette vivacité de Louis XII : les raisons que nous avons données de l'impatience du cardinal, sont les mêmes qui peuvent faire comprendre à quel point le roi croyait avoir raison de se montrer indigné de la conduite des Florentins.

L'amour des intérêts de la république perce, jusqu'au dernier moment, dans les dépêches de l'envoyé.

« J'attends avec désir la venue de l'ambassadeur, afin qu'on voie quel pli vont prendre vos affaires et qu'on puisse en porter un jugement plus solide. Je répéterai à VV. SS. ce que dans le courant de la mission on leur a déjà annoncé; et ce qu'on n'a pas dit une seconde fois, ou pour ne pas paraître présomptueux, ou parce que vous avez auprès de vous des citoyens très-prudents qui ont plus d'expérience que nous des affaires de cette cour, c'est que vous ferez bien d'ordonner qu'il vous soit acquis quelque ami qui vous défende, et qui protége vos démarches : c'est ainsi qu'en agis-

CHAPITRE IV.

sent tous ceux qui ont ici des affaires. Je ne puis pas croire que votre ambassadeur ne vienne, à cet égard, bien en ordre : je dois certifier à vos seigneuries que s'il ne peut pas montrer quelque gratitude au moins à Robertet, votre ambassadeur restera ici tout à sec, et ne pourra pas même vous expédier une missive ordinaire. »

La dernière lettre politique de Machiavel se termine ainsi : 1500.

« L'ambassade d'Allemagne qui vient d'arriver est composée de messer Philippe de Nanso (Nassau), et de deux simples gentilshommes; elle a eu hier sa première audience du roi. A cette audience, sont intervenus, le cardinal, le sire de la Trémouille[1], M. d'Aubigny[2], le grand chancelier[3], le maréchal de Gié, le prince d'Orange[4], le marquis de Rothelin[5], monseigneur de Clari[6], et puis les ministres du pape, d'Espagne et de Venise, et trois ou quatre gentilshommes italiens. La proposition de l'ambassade fut ordinaire et générale. Elle déclara que l'empire jugeait nécessaire de s'opposer à la rage

---

[1] Louis II du nom, sire de la Trémouille, né en 1460, commandait sous Charles VIII, à l'âge de 27 ans, l'armée qui vainquit celle du duc de Bretagne, et fit prisonnier le duc d'Orléans, depuis Louis XII. Après la mort de Charles VIII, on voulut engager le roi, son successeur, à disgracier la Trémouille; ce fut alors que Louis XII répondit : « Un roi de France ne venge pas les injures d'un duc d'Orléans. » Le sire de la Trémouille fut successivement capitaine général des troupes de France en Italie, et lieutenant pour le roi à Milan. Il avait pour devise une roue avec ces mots : « Sans sortir de l'ornière. » Ce fut lui qui négocia, avec le parlement de Paris, l'affaire du concordat signé entre Léon X et François Ier.

[2] D'Aubigny, de la maison de Stuart, bon chevalier, et sage, bon et honorable, qui fut grand connétable du royaume de Naples. (Comines, tom. I, pag. 495.)

[3] Guy de Rochefort, seigneur de Pluvot.

[4] Jean de Châlons, prince d'Orange. « Il avoit à Fornoue la principale charge de l'Ost. (Comines, tom. I, pag. 544.)

[5] Philippe de Rothelin, marquis de Hochberg, comte souverain de Neufchâtel en Suisse.

[6] Monseigneur de Clari, fils d'un ancien gouverneur de Péronne.

des infidèles; qu'il fallait que toute la chrétienté s'armât, parce que, autrement, il serait difficile de maintenir la république chrétienne, qui tous les jours était démembrée par le Turc; et comme il ne pouvait pas arriver que la chrétienté s'armât, s'il n'y avait paix entre l'empire et le roi très-chrétien, qui étaient les chefs de la chrétienté, les ambassadeurs annonçaient qu'ils n'étaient envoyés qu'à l'effet de conclure cette paix : c'est ce point qu'avait pour objet leur discours, dans lequel ils se conformèrent au langage et aux usages reçus en pareille cérémonie. Après que le roi les eut licenciés de l'audience, il nomma quatre députés avec lesquels ces ambassadeurs auraient à traiter; ces députés sont le cardinal d'Amboise, le grand chancelier, monseigneur de Bourbon[1], et le maréchal de Gié : ils devront avoir tout expédié pour cette semaine. On dit qu'ensuite S. M. ira à Blois : on ne parle pas de Lyon. Je me recommande à la bonne grâce de vos seigneuries. »

Après la présentation au roi du nouvel ambassadeur Florentin qui termina tous les différends par une double satisfaction (sa présence et le paiement des trente-huit mille francs), le secrétaire prit le chemin de sa patrie, où il arriva le 14 janvier 1500 (style de Florence), c'est-à-dire le 14 janvier 1501.

---

[1] Pierre II de Bourbon, seigneur de Beaujeu, qui avait épousé Anne fille de Louis XI, régente sous Charles VIII et sœur de Jeanne, première femme de Louis XII. C'était lui qui avait conseillé de confier à Robertet la direction des affaires étrangères.

CHAPITRE V.

Après avoir réglé les affaires de la succession de son père Bernard, Machiavel continuait ses fonctions de secrétaire de la république, lorsqu'elle jugea à propos, dans le mois d'octobre de la même année, de 1501. l'envoyer à Pistoie.

Il y avait dans cette ville deux factions puissantes, les Panciatichi et les Cancellieri. Le 25 février 1500 (1501), les derniers avaient chassé les Panciatichi, après avoir exercé sur eux de grandes violences : Florence qui avait soumis à ses lois Pistoie et ses dépendances, voulait y ramener l'ordre, et elle y avait expédié des commissaires chargés des intérêts de la république : cependant, il paraît que les commissaires ne donnaient pas les informations, et ne conseillaient pas les mesures propres à bien instruire le gouvernement, et à ramener la tranquillité; alors le Magistrat des dix envoya Machiavel dans ce pays; il lui ordonna de se concerter avec les commissaires, et d'indiquer la cause du mal, et le prompt remède qu'on pouvait y apporter. Nous ne connaissons pas les rapports directs de Nicolas; l'histoire ne nous a conservé que deux lettres adressées par les dix, aux commissaires à Pistoie, l'une le 26 octobre, et l'autre le 17 novembre 1501. Ces deux pièces ne présentent pas un grand intérêt : elles annoncent seulement que Machiavel a été consulté, et qu'il paraît que ses conseils ont été adoptés par la république, comme utiles et sagement raisonnés.

1501. Nous avons, dans cette négociation, remarqué un fait d'une nature assez singulière. Il importait à la république qu'un évêque, qui n'est pas autrement qualifié, peut-être l'évêque de Florence, d'une famille de Pistoie, et qui s'était rendu dans cette dernière ville, revînt à Florence : le Magistrat des dix envoie aux commissaires deux lettres qu'il leur est enjoint de remettre à cet évêque. L'une de ces lettres l'invite à venir; l'autre lettre le lui ordonne. Celle qui l'invite est marquée d'une †; l'autre lettre n'a pas de marque.

« La lettre qui invite et qui est marquée d'une croix sera
« remise sur-le-champ : si, une heure après, l'évêque n'est
« pas monté à cheval, vous lui remettrez celle qui ordonne,
« et nous croyons qu'il obéira. »

Cette affaire de Pistoie est bientôt terminée : Machiavel prend un nouveau repos à Florence, ou pour dire plus vrai, retourne à ses fonctions de secrétaire. Nous ne savons pas si elles n'étaient pas plus pénibles que ces commissions qui l'envoyaient tantôt sur un point de la république, tantôt sur un autre; mais enfin, au milieu de ces travaux de la Ville qui embrassaient toutes les affaires de l'état, il n'était pas exposé à cette responsabilité sévère qui pesait sur lui, lorsqu'il était forcé d'agir seul dans des lieux où il pouvait y avoir danger pour sa vie, et où il fallait, avec sa propre sagacité, deviner et bien servir la volonté si souvent mystérieuse et changeante des magistrats de la république.

Ce genre de repos dans la ville, auquel cependant beaucoup de fatigues étaient attachées, ne dura que
1502. jusqu'au 5 mai 1502.

CHAPITRE V.

A cette époque, Vitellozzo Vitelli, à la solde du pape Alexandre VI, et de son fils le duc de Valentinois, chercha à faire révolter contre Florence tout le pays d'Arezzo. La conjuration déjà pressentie par le Magistrat des dix, excita toute leur attention : mais, malgré leur surveillance, elle éclata au mois de juin. Machiavel fut envoyé vers les commissaires chargés de faire respecter dans la *Valdichiana* (province d'Arezzo) l'autorité de Florence. Il fallut d'abord rappeler du siége de Pise une partie des troupes, pour les diriger sur Arezzo. En même temps, on portait des réclamations au pape, que l'on croyait le vrai instigateur de cette révolte, fomentée pour augmenter la puissance du duc de Valentinois : mais elles furent éludées par les tergiversations d'Alexandre VI. D'un autre côté, le roi de France, Louis XII, par un traité nouveau du 16 avril 1502, avait garanti aux Florentins toutes leurs possessions. Le roi envoya donc des troupes à Arezzo, fit reprendre la ville, et promit de la rendre à Florence. Cependant le chef qui y commandait pour le roi, était soupçonné de complicité avec Valentinois et Vitellozzo : Nicolas fut chargé d'aider les commissaires à obtenir la restitution, qui fut faite le 26 août de la même année.

Pour l'exécution de cette mission, le secrétaire se trouva quelque temps sous les ordres d'un André Pazzi; mais nous ne voyons pas que leurs rapports aient été altérés par ce sentiment de mépris que plus haut nous avons vu Machiavel manifester pour cette famille. Il ne nous reste de cette mission, excepté l'ouvrage dont nous parlerons plus bas, et qui est relatif à la manière de traiter les rebelles d'Arezzo, que des lettres aux commissaires, à Machiavel, et au commandant Français. Probablement le secrétaire allait à

1502.

Florence faire des communications verbales. On sait, toutefois, par une note de sa main, jointe à l'ensemble des pièces de cette affaire, et trouvée aux archives de Florence, que le roi de France, précisément à cause de cette révolte, et sur les sollicitations de la république, résolut de quitter la France, et de venir, de sa personne, dans son duché de Milan.

C'est à cette époque qu'il faut rapporter un petit ouvrage de Machiavel, intitulé : « *Del modo di trattare i popoli della Valdichiana, ribellati.* » Je présume que ce titre n'a pas été donné à cet ouvrage par Nicolas, et qu'il a été ajouté en tête de quelque rapport qu'il aura envoyé aux dix.

L'auteur commence à chercher des exemples de conduite dans l'histoire, qui est la *maîtresse de nos actions, et particulièrement de celles des princes.*

« Il y a toujours eu des hommes qui servent, d'autres qui commandent; il y en a qui servent mal volontiers, d'autres de leur gré; il y en a qui se révoltent, et qui sont réprimés... Celui qui a observé César Borgia (il n'avait pas encore commis les crimes de Sinigaglia), voit que, pour maintenir ses états, il ne fait pas fondement sur des amitiés italiennes, ayant toujours peu estimé les Vénitiens, et vous encore moins. »

Le secrétaire a l'air de conclure qu'il faut punir les Arétins. Nous avons porté cet ouvrage, d'ailleurs incomplet, à la date de 1502, parce qu'il y est question du peu de durée du pontificat d'Alexandre VI, mort en 1503.

CHAPITRE VI.

Le 10 septembre 1502, Pierre Soderini fut nommé gonfalonier à vie. La ville de Florence crut que ces gonfaloniers qu'elle nommait pour deux mois seulement, ne donnaient pas aux affaires, aux négociations, aux traités, la consistance nécessaire; et après avoir blâmé le système de pouvoir livré à une seule famille, elle tomba dans un excès à peu près semblable, en accordant l'autorité à un seul homme d'une famille également puissante : toutefois on se croyait plus rassuré, parce que Pierre Soderini n'avait pas d'enfants. Nous allons voir comment il gouverna sa patrie. D'abord il continua de donner toute confiance à Marcel di Virgilio, homme d'un grand mérite universellement reconnu, qui avait suivi le fil des affaires, qui les traitait avec calme, avec dévouement. Cette préférence de Soderini ne pouvait qu'élever encore la fortune de Machiavel tendrement aimé de Marcel di Virgilio.

Il est probable que le zèle ordinaire déployé par le secrétaire, dans les circonstances de la révolte d'Arezzo, et le soin qu'il prit d'informer la république des menées de ses ennemis, déterminèrent le gonfalonier à l'envoyer à Imola, le 5 octobre de la même année, presque immédiatement après la pacification, pour résider auprès du duc de Valentinois.

La commission est en date de ce jour; elle donne

1502.

une instruction pour une première audience; elle prescrit de s'en tenir à ce simple exposé qui n'est à peu près qu'un prétexte, pour pouvoir se rendre dans les états du prince, y écouter ce que dira son excellence, en rendre compte avant de lui faire aucune réponse, et recommander quelques intérêts de commerce.

Cette légation est très-célèbre dans l'histoire, parce que le fameux morceau de Machiavel, intitulé « *Descrizione del modo tenuto dal duca Valentino, nello Ammazzare Vitellozzo Vitelli, Oliverotto da Fermo, il signor Pagolo, e il duca di Gravina Orsini*, est une des dépêches de cette mission. Quelques personnes se sont obstinées à regarder cette dépêche comme un morceau historique, composé par Machiavel après coup, et où sont racontés tant de crimes, sans la plus petite marque d'horreur, ni même de désapprobation quelconque; mais dans le fait, cette pièce est une dépêche, la dernière qu'il ait écrite après l'événement. Il est inutile d'accumuler ici les raisons pour lesquelles il importe de ne voir dans cette pièce que ce qu'elle est, c'est-à-dire, une dépêche résumant des faits déjà, depuis quelque temps, transmis au Magistrat des dix. La meilleure manière de comprendre Machiavel, et d'arriver à penser comme je pense moi-même sur ce point, ainsi que beaucoup de publicistes italiens, est de lire avec attention l'ensemble du récit de la mission auprès de Borgia, duc de Valentinois.

On vient de voir que par l'entremise d'un de ses capitaines, Vitellozzo, il a tâché de faire révolter et d'occuper la ville d'Arezzo, appartenant à la république. Si un pareil événement eût obtenu tout le succès qu'il pouvait avoir, l'autorité de la république, aux termes où elle en était avec les Médicis qui lui cherchaient partout des ennemis, pouvait périr : elle avait demandé des secours à Louis XII avec tant d'instance, que, comme on l'a vu, elle avait réussi à déterminer le passage du roi lui-même en Italie. Arezzo occupé par les troupes françaises n'avait pas été rendu aussitôt que repris, comme on sait déjà : on pouvait donc soupçonner Valentinois de chercher à renouer ses anciennes intelligences avec la France.

Le fils naturel du pape Alexandre VI, après avoir obtenu de son père une bulle de sécularisation, en vertu de laquelle il avait remis le chapeau qu'il en avait reçu le 20 septembre 1493, sous le nom de cardinal archevêque nommé de Valence, continuait de jouir de la faveur la plus étendue auprès de la cour romaine. Cette bulle de sécularisation porte la date de 1498. Il avait été déclaré dans le consistoire du 17 août, que le cardinal de Valence étant naturellement enclin à un autre exercice qu'à celui du sacerdoce, il demandait la grâce de pouvoir rentrer dans le *siècle*, et de pratiquer l'exercice auquel il était attiré par ses destins (c'est Machiavel lui-même qui nous donne ces détails dans ses *Frammenti storici*). Une si indigne comédie avait été jouée comme à l'insu du pape. Il eut l'air de n'accorder la sécularisation qu'avec peine. Dans le même moment, on traitait à Rome la dissolution du mariage de Louis XII, qui répudiait la reine Jeanne, fille de Louis XI et de Charlotte de Savoie, et sœur du dernier roi Charles VIII, et qui voulait épouser Anne de Bretagne, veuve de Charles VIII, qu'il avait beaucoup aimée, n'étant que duc d'Orléans. L'ancien cardinal de Valence avait appuyé la dissolution de ce mariage de tout son crédit, et il avait demandé à son père la permission de porter la bulle en France, et de remettre en même temps le chapeau de cardinal à George d'Amboise, premier ministre du roi. M. de

Serenon était venu de Marseille à Ostie avec les galères royales, pour recevoir à son bord le fils du pape. Ils étaient partis pour la France, le 1er octobre 1498, et le 12 ils avaient débarqué à Marseille. César était porteur d'un bref d'Alexandre VI, ainsi conçu :

IHS. Marie.

« Alexandre VI, Pape, de sa propre main.

« Notre très-cher fils en J.-C. salut et bénédiction apostolique ! Désirant satisfaire à la fois à ta volonté et à la nôtre, nous adressons à ta Majesté, notre cœur, c'est-à-dire notre fils chéri le duc de Valentinois, ce que nous avons de plus cher, afin que ce soit un signe très-certain et très-précieux de notre affection pour ta Celsitude, à qui nous ne le recommandons pas autrement. Nous te prions seulement de vouloir bien traiter celui qui est ainsi confié à ta foi royale, de manière que tous, même pour notre satisfaction, comprennent qu'il a été accueilli comme sien par ta Majesté. Donné à Rome, à Saint-Pierre, le 28 septembre.

« L'adresse portait : A notre cher fils en J.-C., le roi des François très-chrétien [1]. »

---

[1] Voici le texte original fidèlement copié.

IHS. Maria.

Alexander Papa VI, manu propria.

« Carissime in Christo fili noster, salutem et apostolicam benedictionem. Desiderantes omnino tue et nostre satisfacere voluntati, destinamus Majestati tue cor nostrum, videlicet dilectum filium ducem Valentinensem, quo nihil carius habemus, ut sit certissimum et carissimum signum nostre in Celsitudinem tuam caritatis, cui ipsum non aliter commendamus : per eum tantum rogamus velit eum fidei regie tue commissum eo modo tractare, ut omnes, etiam pro consolatione nostra, intelligant illum a Majestate tua in suum omnino acceptum fuisse. Datum Rome, apud Sanctum Petrum, die xxviij septembris. »

Adresse. Dilectissimo in X° filio nostro Francorum regi christianissimo.

L'original de cette pièce très-précieuse, peut-être le seul document qui nous reste entièrement écrit de la main d'Alexandre VI, se conserve dans la bibliothèque du roi, volume 8465 des manuscrits, page 13. Cette pièce a été publiée dans l'isographie des hommes célèbres 1828—1830, in 4°, tom. I. L'artiste s'est trompé, en gravant, au bas de la planche, que ce document est adressé à Louis XI, au lieu d'indiquer qu'il est adressé à Louis XII.

CHAPITRE VI.

Indépendamment de ce bref, César était porteur d'une lettre pour M. du Bouchaige, grand chambellan, ainsi conçue :

« Alexandre VI, Pape.

« Cher fils, salut et bénédiction apostolique! Notre cher fils, le noble homme César Borgia, duc de Valentinois, se rendant auprès du roi très-chrétien, nous avons jugé à propos de le recommander à ta noblesse; nous la prions et nous la conjurons de toutes nos forces de le regarder comme sien, de l'aider des conseils et des faveurs dont il aura besoin : nous ne pourrions jamais te recommander rien avec plus d'insistance, et il n'y a aucune chose dans laquelle tu puisses plus nous être agréable. Donné à Rome, à Saint-Pierre, sous l'anneau du Pêcheur, le 28 septembre 1498, l'an sept de notre pontificat, signé L. Podocatharus[1]. »

En récompense de la bulle et du chapeau, et surtout de la bulle de la dissolution du mariage, qui était un événement politique fort utile aux intérêts de la France, et qui nous a assuré la possession d'une de nos plus belles provinces, le roi devait chercher à donner une épouse à Borgia. Frédéric de Naples n'avait pas voulu lui accorder sa fille Charlotte.

---

[1] Voici l'original en latin.

Alexander PP. VI.

« Dilecte fili, salutem et apostolicam benedictionem. Venientem istuc ad christianissimum regem dilectum filium nobilem virum, Cesarem Borgiam, ducem Valentinensem, nobilitati tue duximus commendandum : quam hortamur et rogamus enixe ut in suum suscipiat, consilio et favore quibus poterit adjuvet. Nos enim neque tibi quicquam accuratius commendare possemus, neque tu ulla in re alia magis nobis gratificari. Datum Rome, apud Sanctum Petrum, sub annulo Piscatoris, die xxviiij septembris mccccLxxxxviij. Pontificatus nostri anno septimo. »

L. Podocatharus.

Adresse. Dilecto filio nobili viro domino de Bouchaige, cambellano regio.

Cette pièce se trouve à la bibliothèque, page 14, manuscrits de Béthune, dans le même volume que le bref d'Alexandre VI : elle est écrite sur parchemin.

« Les temps le servirent bien, dit Machiavel; il trouva un roi qui, pour se séparer de sa femme vieille, lui promettait et lui donnait plus qu'aucun autre. »

Il est singulier que Nicolas, qui avait étudié si bien nos intérêts, ait méconnu ici les avantages que l'amour du roi pour la reine Anne de Bretagne promettait à la France.

Valence remit les bulles de cardinal à d'Amboise le 18 octobre, et s'assura de son appui. Par suite de la protection du roi, le 4 mai 1499, il épousa une des filles du sire d'Albret[1]. Voici ce qu'on lit à ce sujet, page 7 verso et suivantes, dans un manuscrit qui appartient aux affaires étrangères et qui est intitulé :

Histoire des choses mémorables aduenues du règne des rois Louis Douzième, et François Premier, jusques en l'an 1521, par messire Robert de la Mark, seigneur de Fleuranges et de Sédan, maréchal de France, mort en 1537.

« *J'auois oublié à mettre comment le fils du pape Alexandre vint en France avec la plus grande pompe, tant en mullets que aultres choses. Car il auoit tous ses housseaux tout couuerts de perles, et ses mullets tout accoutrés de velours cramoisy, en la plus grande richesse que vit homme, et lui fit le roi bon accueil, et fort gros pour autant que M. le légat d'Amboise pour venir à ses fins; et quand il fut venu vers, etc.... il fit le mariage d'une des filles d'Albret, sœur de la princesse de Chimay, et le fit duc de Valentinois.* »

---

[1] Le sire d'Albret était père de Jean d'Albret qui avait épousé Catherine de Foix, reine de Navarre.

Une autre fille du même sire d'Albret avait épousé le prince de Chimay, comme nous le voyons dans le manuscrit de Fleuranges.

CHAPITRE VI.

Le maréchal ajoute ici à sa chronique, dans des termes que je ne puis pas répéter, que le duc de Valentinois, la veille de son mariage, demanda les conseils d'un pharmacien, mais que celui-ci se trompa, et donna au duc, au lieu de ce qu'il désirait, une composition qui le rendit malade toute la nuit.

Comme en firent les dames le rapport au matin de ses vertus et vices : je n'en dirai aultre chose, car on en a assez parlé. Trop bien veux je dire qu'à la guerre, il étoit compagnon et gentilhomme.

Voilà comme un maréchal de France s'exprime sur César Borgia, mais, il est vrai, avant les événements que nous allons rapporter ; il ne dit pas, apparemment parce qu'il l'ignorait, que ce gentilhomme était presque convaincu d'avoir fait assassiner son frère aîné, le duc de Gandie : mais on ne voyait dans César Borgia que le fils de celui qui avait donné au roi pour épouse une femme qu'il chérissait depuis long-temps, celui qui avait apporté le chapeau au premier ministre, et que l'on croyait pouvoir être le protecteur le plus déclaré des affaires de France en Italie.

C'est vers un tel homme, connu des Florentins sous mille autres rapports, que Machiavel est député.

Nous apprendrons par le secrétaire tout ce que ce prince scélérat avait ensuite d'habileté pour traiter les affaires ; nous verrons comme il savait à propos employer, pour faire réussir ses desseins, les caresses, les formes conciliantes, l'hypocrisie, jusqu'à des sentiments de justice.

Machiavel, comme on l'a déjà lu, ne devait d'abord remplir auprès de ce duc qu'une simple commission à peu près indifférente, tout en se montrant attentif à écouter ce que le duc lui dirait sur les circonstances du temps, et cette recommandation n'était qu'un prétexte pour cacher des vues plus étendues. L'instruction finissait ainsi :

> « Quand tu en auras bonne occasion, tu demanderas en notre nom à son excellence, sûreté et sauf-conduit dans ses états, pour nos négociants qui iraient au Levant, ou qui en viendraient. Cette chose nous importe beaucoup; elle est pour ainsi dire, l'estomac (lo stomaco) de cette Ville[1] : il faut t'ingénier et employer tout ton zèle, pour que cela tourne au gré de nos désirs. »

1502. La manière dont Machiavel comprit et exécuta cette mission auprès d'un des plus grands ennemis de Florence, va s'expliquer d'elle-même dans les dépêches de l'envoyé. Ici le secrétaire agit seul, il ne dépend d'aucun collègue; la mission est moins honorable que celle qu'il avait remplie en France, mais elle est hérissée de difficultés. Il y va de la sûreté immédiate de la république, si Borgia n'est pas deviné, et si ses projets ne sont pas livrés au gouvernement de Florence, et à Soderini qui combat ici *pro aris et focis*.

Au moment du départ, le cheval incommode l'envoyé; il prend sur-le-champ la poste, parce qu'il pense devoir obéir au gouvernement avec la plus grande célérité. Le 7 octobre, il est arrivé à Imola, et il a vu le duc qui l'a accueilli *amorevolmente*. Il lui fait entendre habilement que rien n'égale l'affection que les seigneuries portent au roi de France et au Saint-Père, les deux protecteurs les plus puissants de son excellence. Il *amplifie* avec toutes les paroles convenables, les explications qui prouvent la nécessité où

---

[1] Le chevalier Lustrini, secrétaire des affaires étrangères du royaume d'Étrurie en 1807, employait, en parlant de Livourne, une expression qui avait quelque affinité avec celle de la seigneurie, quand il me disait : « *La città di Livorno è la sposa di Firenze.* »

se trouve Florence de rechercher l'amitié de ces deux souverains; il finit par assurer qu'en Toscane, on aura pour son excellence les sentiments de dévouement naturellement indiqués par la position où la république veut se placer vis-à-vis de la France et de Rome. Le duc, non moins *couvert* que Machiavel, dit qu'il veut lui raconter toute sa conduite avec Florence. Il convient que, lors d'une expédition qu'il avait faite à Faenza, et d'une surprise qu'il avait tentée sur Bologne, les Orsini [1] et Vitellozzo [2], les uns ses alliés, et l'autre son soldat, l'avaient prié de permettre qu'ils retournassent à Rome par Florence; qu'il n'y avait consenti qu'à regret; que dans ce passage, il n'avait pas agi pour les Médicis, afin de s'assurer l'amitié du gouvernement de Florence, qui est encore le même en ce moment : qu'au surplus, dans les derniers événements d'Arezzo, c'était lui qui avait ordonné à Vitellozzo de se retirer. Il ajouta une foule d'autres faits à sa louange.

« J'écoutai attentivement tout cela, continue Machiavel : il dit non-seulement ce que je rapporte, mais il se servit des expressions que j'ai employées. Je ne vous répéterai pas ce que je lui ai répondu. Je m'attachai à ne pas sortir des termes de la mission; je l'assurai que j'écrivais à vos seigneuries sur la perfection de ses dispositions, et j'ajoutai que sans doute vous y prendriez un plaisir singulier. Cependant,

---

[1] Les Orsini appartenaient à cette célèbre famille des Ursins, rivale de la famille Colonna. Ces deux maisons étaient les premières de celles qu'on appelait alors les Barons de l'Etat Romain. Il s'agit ici de Paul Orsini, et d'Orsini duc de Gravina.

[2] Vitellozzo Vitelli. Il était célèbre par une victoire qu'il avait remportée à Soriano en 1497 sur les troupes du Pape, dans lesquelles servait le fameux Fabrice Colonne. Vitellozzo était alors *condottiere* du roi de France : depuis, il était passé à la solde des Florentins qu'il n'avait pas servis avec fidélité au camp sous Pise, et enfin de Valentinois qui ne lui accordait plus de confiance.

quoique son excellence montrât un grand désir de faire un prompt accord avec vous, et que je cherchasse à l'amener au point d'avancer quelque proposition particulière, toujours il se tint au large, et je ne pus en obtenir que ce que j'ai écrit.

« A mon arrivée, j'avais entendu dire qu'il y avait eu un mouvement dans le duché d'Urbin, et son excellence ayant jeté dans le discours, qu'il lui était indifférent qu'on aliénât de lui ce duché, il me parut que je devais lui demander comment les choses s'y passaient; il me répondit : « Avoir été clément, et avoir négligé ces choses, m'a beaucoup nui. J'ai pris, comme tu sais, ce duché en trois jours, et je n'ai ôté un cheveu à personne, excepté à messer Dolce, et à deux autres qui avaient tramé contre sa sainteté, et encore, ce qui est plus fort, j'avais confié des offices à plusieurs des premiers de ces états; un entre autres avait été député pour surveiller la construction d'une muraille dans la forteresse de Saint-Léo : eh bien, il y a deux jours, celui-ci, sous prétexte d'élever une poutre avec des paysans, a forcé la forteresse qui est perdue pour moi. »

Le duc finit par recommander à Machiavel d'engager Florence à faire au plus tôt un traité avec lui.

1502. Il s'établit en ce moment une assez grande intimité apparente entre le duc et Machiavel. Son excellence le fait appeler le 9 octobre, et lui montre avec affectation une lettre de monseigneur d'Arles, ambassadeur du pape en France, dans laquelle il lui écrivait que le roi et *Rouen* étaient prêts à faire ce qui était agréable au duc, et qu'à cet effet ils lui enverraient des troupes. Après avoir fait toucher la lettre elle-même à Machiavel qui la reconnut, comme étant provenue directement de France, le duc ajouta ces mots que Nicolas rapporte fidèlement :

« Secrétaire, voilà la réponse que j'ai eue, quand j'ai demandé dernièrement à attaquer Bologne; tu vois comme elle est forte! Pense donc à l'appui que j'aurai quand il me faudra seulement me défendre : mes ennemis ne pouvaient pas m'attaquer dans un temps plus opportun pour moi. Actuellement je saurai de qui j'ai à me garder, et je connaîtrai mes amis. Je te confie cela : je te confierai tous les jours ce qui arrivera, afin que tu puisses écrire à tes seigneurs et qu'ils voient que je ne suis pas homme à m'abandonner, ni à manquer d'amis. Parmi ces amis, je veux compter tes seigneurs s'ils se font connaître pour tels, bien vite; s'ils ne le font pas sur-le-champ, je les mettrai de côté, et eussé-je de l'eau jusqu'à la gorge, je ne leur parlerai plus d'amitié, toujours cependant en me plaignant d'avoir un voisin à qui je ne puis pas faire du bien, et de qui je ne puis pas en recevoir. »

« Je lui demandai alors un sauf-conduit pour les marchands de la nation; il me dit qu'il le ferait très-volontiers, et que comme il ne s'entendait guère à ces sortes de choses-là, j'en parlasse à messer Alexandre Spannocchi : je le ferai.... Cependant aussi, il serait bien d'avertir nos marchands de considérer comment ils s'engouffrent ici, dans un pays qui au milieu de ces mouvements est aujourd'hui à l'un, demain à l'autre. »

Suit une énumération des forces du duc; il a autant d'artillerie et bien en ordre, que peut en avoir le reste de l'Italie. Il est bien en France et à Rome, et il écrit fréquemment à Ferrare.

Machiavel s'entretient souvent avec messer Agapito, secrétaire du duc, et avec un secrétaire de Ferrare. C'est ainsi qu'il en rend compte :

« Nous parlions de cela, comme entre nous autres secrétaires, et chacun disait ce qu'il croyait utile à l'intérêt commun. »

Il y a là un sentiment de modestie bien remarquable : et depuis, combien il y a eu loin du secrétaire de Florence, à celui de Valentinois et à celui de Ferrare dont l'histoire a conservé à peine les noms!

1502. Les seigneuries ordonnent à Machiavel de temporiser, de ne les obliger en rien, et de tâcher de pénétrer les vues du duc, surtout relativement à Vitellozzo, qui a été son compagnon dans l'attaque d'Arezzo, et qui depuis s'est révolté avec ses troupes contre Borgia. Machiavel ne cesse de le visiter, et celui-ci ne fait aucune difficulté de s'entretenir amicalement avec lui, et de lui ouvrir une partie de son cœur sur quelques-uns de ses projets. Le duc lui parle enfin, comme le désirait Machiavel, de ce fameux Vitellozzo, sur lequel le Florentin aimait à ramener l'entretien, parce que tout prouvait chaque jour que cet ancien général de Valentinois, aujourd'hui si acharné contre lui, était celui de tous les ennemis du duc qui semblait le plus animé, en même temps, contre Florence. Machiavel rapporte les propres expressions de César Borgia.

« Je connais, dit le duc, mes ennemis, et Vitellozzo en particulier. On lui a donné trop de réputation, et je puis dire que je ne lui ai jamais vu faire une chose digne d'un homme de cœur, *scusandosi del mal francioso* : il est bon à gâter les pays qui n'ont pas de défense, à voler celui qui ne le regarde pas en face, et à faire de semblables trahisons. Actuellement, il a expliqué ce qui a été fait devant Pise, puisqu'il m'a trahi, moi, étant mon soldat, et recevant mon argent. »

Valentinois fait ici allusion à la mauvaise conduite que Vitellozzo avait tenue précédemment au siége de Pise, où, quoique soldat des Florentins, il avait trahi leurs intérêts.

Nous choisissons dans la correspondance, les traits qui annoncent les dispositions de Borgia. Cependant l'affaire du sauf-conduit pour les marchands Florentins n'avait pas encore été expédiée par celui à qui le duc en avait confié le soin. Le secrétaire sollicite de nouveau cette faveur; le duc réplique : « Mais moi, pour que mes sujets soient protégés dans vos états, ne dois-je pas en avoir quelque assurance ? »

A cette marque de défiance, l'envoyé de Toscane répond qu'une semblable faveur ne sera pas refusée au duc, aussitôt qu'il la demandera.

Le duc et Machiavel ne cessent de se voir et de s'entretenir de leurs affaires respectives avec une confiance qui paraît, et qui cependant ne peut pas être sans réserve. Le premier ne disait que ce qu'il voulait de ses intimes secrets, au second qui cherchait à les pénétrer tout-à-fait.

Un jour le duc montre au Florentin les lettres qu'il a reçues de France, et où on lui parle des offres de service faites au roi par leurs seigneuries, en faveur du duc, et de la satisfaction que le roi en a éprouvée.

« Écris donc à tes seigneurs qu'ils m'envoient dix escoua-
« des de cavalerie ; tu leur diras aussi que je suis prêt à
« contracter avec eux une amitié ferme, indissoluble, de la-
« quelle ils auront à tirer autant d'avantages qu'on doit en
« espérer de mon secours et de ma fortune. »

Enfin le sauf-conduit est rédigé : il sera expédié, quand un pareil acte aura été délivré par la ville de Florence en faveur des sujets du duc. La copie qu'Agapito remet à Machiavel, pour que la république voie dans quels termes d'affection et de recommandation il est conçu, porte cette titulature bien extraordinaire :

« César Borgia, *de France*, par la grâce de Dieu, duc de Romagne et de Valentinois, prince d'Adria et de Venafro, seigneur de Piombino, gonfalonier et capitaine général de la Sainte Église Romaine, à tous nos capitaines, *condottieri*, chefs d'escouades, *contestabili*, soldats et stipendiés de notre armée, et au révérend président, aux auditeurs des colléges de notre conseil, lieutenants, commissaires, *Potestà*, officiers communs et particuliers, personnes médiates ou immédiates nos sujets, etc. »

Il finit ainsi :

« Et qu'ils ne présument pas pouvoir faire le contraire, s'il leur est cher de ne pas encourir notre indignation, laquelle ils éprouveraient très-pesante, etc.

Voilà, à propos d'un ordre de protéger les Toscans, une espèce de Monitoire, où sont employés assez ridiculement, à la fin, jusqu'aux termes des bulles d'excommunication catholique. César était bien imprudent encore de s'intituler *Borgia* de *France*. Mais apparemment, quand il usurpait, à cause de la faiblesse d'Alexandre VI, le premier privilége, il pouvait bien se croire autorisé à ne pas se refuser l'autre prétention, suivant l'usage qu'ont eu de tout temps les Espagnols de joindre à leurs titres ceux de leurs épouses [1].

Un passage d'une lettre du 27 octobre va commencer à faire pressentir la catastrophe qui doit terminer les différends du duc avec ses ennemis, Vitellozzo, Paul Orsini, le duc de Gravina, et Oliverotto, qui s'étaient unis contre lui.

« Celui qui examine les qualités d'un parti et celles de l'autre, conçoit que ce seigneur (le duc) est courageux, heureux et

---

[1] Il y avait des degrés intimes de parenté entre la maison de France et la maison d'Albret, par Catherine de Foix, reine de Navarre, qui avait épousé en 1484, Jean d'Albret, frère de la duchesse de Valentinois, femme de Borgia.

Catherine de Foix était née de Gaston Phœbus, roi de Navarre, et de Madeleine de France, fille de Charles VII, et sœur de Louis XI : de plus, Jean de Foix, oncle de la même Catherine, avait épousé Marie d'Orléans, sœur de Louis XII.

Voyez l'histoire de Louis XII par Jacques Tailhé, Paris, 1775, in-12; il donne les détails les plus étendus sur la famille d'Albret.

CHAPITRE VI.

plein d'espérance, favorisé par un pape, par un roi, et injurié par ses ennemis, non-seulement dans un état qu'il voulait acquérir, mais encore dans un autre qu'il avait acquis. Ceux-ci sont attachés à leur possession, et timides de la grandeur de l'autre, avant de l'avoir injurié, et actuellement, devenus encore plus timides, depuis qu'ils l'ont injurié. Comment celui-ci pourra-t-il renoncer à la vengeance, et ces autres à la peur? »

« De nouveau, je prie vos seigneuries de me rappeler, puisque devant le public il n'est plus nécessaire de temporiser, et que pour conclure un traité, il faut un homme d'une plus grande autorité que moi. Quant à mes intérêts privés, mes affaires sont dans le plus grand désordre, et l'on ne peut pas rester ici, sans avoir de l'argent. »

Les troupes françaises que le duc attendait sont arrivées à *Faenza* : elles consistent d'abord en cinq compagnies de lances, dont une était commandée par messire Clermont de Montoison [1]. Nicolas, au nom des seigneuries de Florence, va visiter ce commandant; celui-ci le reçoit avec affabilité, lui dit qu'il est prêt à servir la république, en tout ce qu'elle désirera, et que son envoyé n'a qu'à indiquer ce qui serait agréable à LL. SS. Les lieutenants de ce petit corps d'armée reconnaissent Machiavel, pour l'avoir vu en France. Il en témoigne de la satisfaction dans sa lettre, et paraît se féliciter de l'accueil que lui ont fait tous ces seigneurs français. Le tableau que Nicolas trace de cette visite rappelle bien, d'un côté, toute la franchise militaire de ces guerriers expédiés spécialement, disent-ils, pour être aux ordres des Florentins, et parlant avec effusion à leur *ministre* du dévouement qu'ils montreront pour exécuter les or-

---

[1] De la famille de Clermont qui se divisait en branches de Clermont Tonnerre, Clermont Montoison et Clermont Mont-Saint-Jean.

dres de leur roi ami de la république, et de l'autre côté, il manifeste la joie que témoigne l'envoyé, de se trouver au milieu de ces Français qu'il avait vus de plus près chez eux, et avec lesquels il pouvait s'entretenir de plusieurs circonstances de son voyage. Le Français, naturellement d'un caractère bienveillant, éprouve, encore plus qu'un autre peuple, de l'attrait pour ceux qui ont visité son pays, et avec lesquels il peut en parler, comme s'il s'y retrouvait pour quelques instants. Peu de jours après arrivent les Gascons et les Suisses : Machiavel qui se souvenait de tout l'embarras qu'eux-mêmes ou leurs camarades lui avaient donné, se contente d'annoncer leur entrée à Imola.

1502. Beaucoup d'autres troupes françaises devaient s'avancer; mais un secrétaire du duc dit à Nicolas qu'elles ont ordre de s'arrêter à Parme : à ce sujet, le Florentin fait une question fort remarquable au secrétaire, question qui, probablement, avait des rapports avec quelques unes de ses instructions secrètes. « Mais le duc ne voudra donc pas s'assurer de ses ennemis ? » Le secrétaire répondit : « C'est vous qui en êtes la cause, vous Florentins, qui n'avez pas su connaître le temps où il fallait fortifier le duc et vous-mêmes. »

Machiavel reprit que jamais on n'en avait montré le moyen à leurs seigneuries, et qu'elles n'avaient pas cessé de faire tout ce qui était possible en faveur des amis.

Il est permis de conjecturer de ce passage, que Florence faisait des vœux pour que dans ce différend la victoire restât à Borgia : mais il y a loin de la victoire, et de l'humiliation de l'ennemi, à l'assassinat par trahison.

Nous trouvons ici une révélation secrète faite à

Machiavel, par un affidé de Borgia. Il la rapporte dans le plus grand détail. Cet émissaire du duc lui dit en propres termes:

« Secrétaire, je t'ai plusieurs fois fait entendre que cette manie de traiter vaguement et généralement, suivie par tes seigneurs avec le duc, est de peu de profit pour lui, et moins encore pour eux, par la raison que le duc restant sur ce pied avec tes seigneuries, s'entendra avec d'autres. Je veux donc ce soir m'ouvrir entièrement à toi. Je te parle ainsi *de moi-même :* ce n'est pas cependant sans fondement. Le duc connaît très-bien que le pape peut mourir tous les jours, et qu'il faut qu'il pense avant cette mort, s'il veut garder les états qu'il possède, à en fonder la possession sur d'autres que sur l'appui du pape. Le premier appui qu'il reconnaît, est le roi de France ; le second, ses propres armes, et tu vois que déjà il s'est procuré 500 hommes à cheval, et autant de *cavalligeri,* qui dans peu de jours seront ici en effectif : mais comme il juge qu'avec le temps ces deux appuis pourraient ne pas suffire, il pense à se faire amis ses voisins, et ceux qui de nécessité, doivent le défendre pour se défendre soi-même. Ces voisins sont les Florentins, les Bolonais, Mantoue et Ferrare. »

L'agent explique les intelligences du duc avec Bologne, Mantoue et Ferrare; il en vient à Florence.

« Quant à vous, s'en tenir avec le duc à des termes généraux, cela est plus désavantageux à leurs seigneuries qu'à ce duc. Celui-ci a pour lui le roi, Bologne, Mantoue et Ferrare, et vous, vous n'avez que le roi. Or, tes seigneurs peuvent être dans le cas d'avoir plus besoin du duc, que le duc ne sera dans le cas d'avoir besoin de tes seigneurs. Pour votre part, vous avez deux plaies ; l'une est Pise, et l'autre Vitellozzo[1] : si vous ne les guérissez pas, elles vous feront

---

[1] Vitellozzo est indiqué ici comme travaillant à ramener Pierre de Médicis. Il y a une grande malignité à faire une pareille confidence à l'envoyé de la république, et à l'homme de confiance du gonfalonier Soderini.

tomber malades, et peut-être mourir. Si vous aviez en votre pouvoir celle-là (Pise) et qu'on se défît de l'autre (Vitellozzo), ne serait-ce pas pour vous un grand bénéfice? Pour la partie du duc, je te dis qu'à son excellence suffirait d'avoir son *honneur sauf* avec vous, relativement à l'ancienne *condotta*, son *honneur* qu'il estime plus qu'argent et autres choses; et si vous trouviez moyen de le sauver, tout serait arrangé. Tu me diras : Mais pour Vitellozzo, le duc a fait un traité avec lui et avec les Orsini. Je te réponds que ce traité n'est pas ratifié, et que le duc donnerait la meilleure terre qu'il a, pour que la ratification ne vînt jamais, ou pour qu'on n'eût jamais *parlé* de cet accord. Si la confirmation venait, là, où *il y a les hommes* et *la manière*, il est mieux de s'en *entendre*, d'en *parler*, que d'en *écrire*. Afin donc que tu *entendes*, ce duc est forcé à sauver une partie des Orsini, parce que le pape mourant, le duc a besoin d'avoir quelques amis à Rome; mais de Vitellozzo, il ne peut en laisser parler, parce que Vitellozzo est un serpent empoisonné, la *torche* de la Toscane et de l'Italie, et dans cette confirmation que devaient donner les Orsini, lui Vitellozzo, il a tout fait pour la troubler. Je veux donc que tu écrives au gonfalonier (Soderini) et aux dix ce que je t'ai dit, et quoique tout cela ne vienne *que de moi*, rappelle-leur aussi une autre chose qui pourrait arriver facilement : c'est qu'il serait possible que le roi de France commandât à tes seigneurs d'être bien attentifs à la conduite du duc, avec injonction de le servir de toutes leurs troupes. Ils seraient donc obligés de le faire, et alors on leur en saurait peu de gré. »

« Dis-leur enfin qu'un service qu'on doit rendre, il vaut mieux le rendre de bonne grâce que forcé. » Je répondis que le duc faisait bien de s'armer, et de se chercher des amis; je lui avouai qu'il était dans nos désirs et beaucoup, de recouvrer Pise, et de nous assurer de Vitellozzo, quoique nous attachassions peu d'importance à sa personne; quant à la *condotta*, je lui dis (comme parlant moi, aussi, de moi-même), qu'on ne mesurait pas son excellence avec les autres seigneurs qui n'ont qu'un carrosse, en comparaison des états qu'il possède :

CHAPITRE VI.

qu'il fallait parler de lui comme d'un potentat nouveau en Italie, avec lequel on devait plutôt faire une ligue, une amitié, qu'une *condotta*. Je dis que, comme les amitiés entre puissances se maintiennent par les armes, et que les armes seules font observer les traités, vos seigneuries ne verraient pas quelle assurance elles auraient pour elles, si les trois quarts, ou les trois cinquièmes de leurs armes étaient entre les mains du duc ; je fis remarquer que je ne disais pas cela pour faire entendre que le duc pût n'être pas un homme de foi, mais parce que je connaissais la prudence de vos seigneuries, et que je savais que les puissances doivent être circonspectes, et ne pas faire une chose dans laquelle elles puissent être trompées. Quant à ce que le roi de France aurait pu ordonner à ces seigneuries, je dis qu'il n'y avait pas de doute que S. M. ne pût disposer de votre Ville, comme de chose sienne, mais que cette situation ne pouvait pas permettre que vous fissiez pour cette couronne, ou pour d'autres, ce qui était impossible. Il répliqua sur la *condotta*; il dit que j'avais parlé libéralement et selon la vérité, et qu'il m'en savait gré. Il reprit la partie des 300 hommes d'armes, déclarant qu'on pouvait la réduire à 200, et laisser courir le bruit qu'il y en aurait 300; que pour arranger mieux cela, on ferait accorder une dîme aux seigneuries, et deux dîmes aux prêtres. Enfin, comme il ne pouvait pas, à cause de ses occupations, rester plus long-temps avec moi, il s'en alla, en m'invitant à envoyer ces informations où je croirais convenable, pourvu que ce fût secrètement. Je ne puis pas dire précisément à présent si cette ouverture vient du duc, ou de celui qui me l'a faite; je puis dire que celui-ci est un des premiers hommes qui sont au service de cette cour, et que si ce projet part de son imagination, il a bien pu se tromper, car c'est un homme d'une excellente nature, et *amorevolissimo*. »

Ici Machiavel oublie que cet homme lui a dit que si la ratification du traité arrivait là, où il y *a les hommes* et *la manière,* il est mieux de *parler* que d'é-

crire. Il est évident qu'il ne s'agit pas ici de faire périr Vitellozzo; mais il est permis de penser qu'il s'agit, au moins, de faire disparaître cette ratification par ruse ou par violence.

1502. Je n'ai pas abrégé le récit d'une semblable conférence entre ces deux politiques italiens. Les raisonnements de l'ami inconnu, si on en sépare tout ce qui tient à la supposition d'un acte de violence contre Vitellozzo, sont sages, vigoureux, serrés, pris fortement dans la nature du sol et des choses : je ne m'arrête pas sur cette audace d'oser disposer des forces morales de l'Église, en proposant de nouvelles dîmes! En même temps, on doit convenir que dans la réponse de Machiavel, il y a à la fois, calme, humanité, logique rigoureuse, un sentiment très-élevé de dignité sur tout ce qui concerne les ordres qu'on pourrait recevoir de la France, et enfin la plus ingénieuse habileté dans ce respect presque moqueur, mais dont on ne peut s'offenser, qui ne veut pas considérer le duc comme un aventurier qu'on *engage*, mais comme un potentat qu'on *vénère*. Et quelle manière sévère et vraie de juger les *amitiés* des puissances, et de rabattre ce ton de sensibilité d'homme à homme, qui n'est pas applicable à des états! On aura remarqué aussi qu'en répondant au seigneur de la cour d'Imola, qui a bien soin de faire observer qu'il n'a parlé que de lui-même, le secrétaire entend aussi ne parler que comme lui, Machiavel, comme homme privé, et causant avec un ami, il dirait presque, comme un voyageur, comme un passant, et non pas comme l'envoyé de leurs seigneuries : en même temps la réplique à une telle attaque n'est-elle pas un véritable modèle de circonspection politique, qui laisse Florence maîtresse des secrets du duc, sans qu'elle puisse recevoir le reproche d'avoir ap-

CHAPITRE VI.

prouvé de semblables projets? Nous ne doutons pas, quoique Machiavel ait évité de le dire, que le seigneur de la cour d'Imola n'ait parlé positivement et bien expressément de la part de son maître. Qui, dans une pareille cour, se serait permis de telles imprudences, avec un homme aussi emporté, aussi impérieux, et aussi sanguinaire que Borgia? Plus bas nous verrons la preuve de la vérité de cette supposition. Cette lettre est datée d'Imola, le 8 novembre. Dans une autre du 13, Nicolas confirme le départ de celle du 8. Il dit même qu'il sait par le courrier qui vient d'arriver, qu'au moment de sa sortie de Florence, il avait vu entrer le porteur de cette lettre du 8, de cette lettre la plus importante qui eût été écrite depuis le commencement de la mission à Imola. Aux plaintes du gouvernement qui exigeait avidement des nouvelles, l'envoyé répond :

« Excusez-moi, pensez donc que les choses ne se devinent pas. Entendez donc que l'on a affaire à un prince qui se gouverne de lui-même, et quiconque ne veut écrire ni songes, ni choses d'imagination (*ghiribizzi*), doit confronter les faits. Pour les confronter, il faut le temps, et je tâche de le dépenser, et non pas de le perdre. Je ne m'amuserai pas à répéter ce que contient ma dépêche du 8. Vous aurez connu l'ame de ce seigneur, et d'après les paroles qu'il m'a dites, et d'après celles de cet ami, qui tous les jours me pique (*pugne*) en me disant que quiconque attend le temps qu'il a en main, cherche du pain meilleur que celui de froment, et que souvent on ne retrouve plus l'occasion qui s'est offerte. »

Si l'homme est revenu à la charge, c'est qu'il n'est pas si *amorevolissimo* et qu'il a eu ordre de solliciter une prompte réponse. Machiavel dit, en attendant, qu'il faut pressentir la volonté du roi, envoyer à Rome pour connaître le sentiment du pape : on lui réplique que les seigneuries *n'en font pas d'autre*, et on lui fait remarquer, qu'en 1499, les seigneurs, pour n'avoir été ni *français*, ni *duquois* (*ducheschi*), ont été mal servis par le duc de Milan, et puis assassinés par le roi. L'envoyé défend l'honneur de sa Ville : cependant il a toujours voulu écrire ces circonstances à leurs seigneuries. On lui demande des informations sur des faits auxquels il a répondu ; il dit qu'on a dû être suffisamment instruit, si ses lettres ont été lues : il remarque que les seigneuries n'ont répondu que d'une manière générale à sa lettre du 8, mais qu'il suffit qu'elles lui aient recommandé de gouverner cette affaire de l'ami avec la modération qui convient. Il continue de recevoir les confidences de cet ami. Le duc y a joint les siennes, et accuse Vitellozzo de mille crimes divers ; il déclare que les Florentins qui ont fait décapiter son frère convaincu de les avoir trahis à Pise, sont aujourd'hui complètement excusés. Nicolas, à ce rapport, ajoute que le duc paraît vivre, du reste, en sécurité.

1502.

« De vos seigneuries celui-ci ne craint rien, *armé de* « *Français*[1], comme il l'est. On ne croit pas non plus que « les Français vous nuisent. »

Le 6 décembre, Machiavel déclare qu'il est malade, et, soit qu'effectivement il fût accablé par tant de fatigues, que lui donnaient ses correspondances et les embarras de cette mission, soit qu'il prévît ce qui se préparait, il sollicite un congé avec insistance. Le 10, il écrit :

« Ce matin, à la grâce de Dieu, le duc est parti pour Forli, avec toute son armée. Moi, je partirai demain pour la cour,

---

[1] *Armato di Francesi;* édit. de Ciardetti, tom. VIII, pag. 229. Je me suis toujours servi spécialement de cette édition pour mon travail.

mais non pas de bonne grâce, car je ne suis pas bien. Outre mes autres incommodités, je n'ai eu de vos seigneuries que 55 ducats, j'en ai dépensé jusqu'ici 62 ; j'en ai à moi, dans ma bourse, sept, mais il faudra obéir à la nécessité. »

Le 14 décembre, il écrit de Césène, après plusieurs détails d'affaires : 1502.

« Magnifiques seigneurs, nous verrons ce qui arrivera, et je ferai mon devoir qui m'ordonne d'avertir vos seigneuries, tant que je serai à cette cour. Je ne crois pas que ce puisse être pour long-temps, d'abord, parce que je n'ai plus que quatre ducats d'or dans ma bourse, comme le sait le garçon qui apportera cette lettre ; (Il instruira vos seigneuries de ma situation, et de mes dépenses), et secondement, parce que ma présence ici n'est pas à propos. Je parle à vos seigneuries avec cette fidélité et cette confiance que j'ai toujours apportées à les servir. Il était beaucoup plus convenable pour la conclusion du traité qu'on avait à signer avec ce duc, qu'on envoyât ici un homme de réputation, plutôt qu'à Rome. La raison est que l'accord qu'on doit faire doit plaire à celui-ci, et non au pape, et pour ce motif, les choses terminées par le pape pourraient n'être pas ratifiées par le duc, tandis que celles que terminera le duc, ne seront jamais cassées par le pape. Il est dangereux de régler une même chose dans deux lieux différents, et puisqu'il n'y avait à traiter que dans un lieu, il valait mieux traiter ici qu'à Rome. Or comme pour traiter, je ne conviens pas, parce qu'il faut un homme de plus de paroles, de plus de réputation, et qui s'entende mieux aux choses du monde que moi, j'ai toujours jugé qu'il eût été bien d'envoyer ici un ambassadeur qui aurait pu, en traitant avec ce duc, gagner en avantages, autant qu'on eût pu gagner en moyens. Tout le monde ici juge cela comme moi. Il est vrai qu'il n'eût pas fallu venir dans *de pareils lieux*, sans *des partis pris*, et ainsi les choses se seraient accommodées et promptement. Je vous ai déjà payé cette dette une autre fois, et je ne veux pas encore y manquer aujourd'hui : quoiqu'on ait perdu beaucoup de temps, cependant on n'en a pas perdu en tout. Vos seigneuries ne verront dans ces paroles, que le sens dans lequel je les écris, et de nouveau, je les conjure très-humblement de me pourvoir d'argent et d'un congé. »

« P. S. Vos seigneuries feront payer un florin d'or au porteur pour sa peine. »

1502. Dans une dépêche du 18 décembre, on voit clairement, par une confidence du duc qui demande l'amitié des seigneuries, et qui prétend assurer sa puissance sur un appui solide, sur Florence, Ferrare, Mantoue et Bologne, que ce principe politique est celui dont le seigneur de la cour, ami de Machiavel, lui a parlé, comme de lui-même, et qui bien évidemment paraît n'être que celui de Borgia. Le duc se plaît à déclarer qu'il entre de toute son ame dans une telle alliance, qu'elle lui paraît son fait, et qu'il s'y abandonne, *net*, et avec toute la sincérité qu'on peut demander *à un royal seigneur* : il se rappelle avoir dit à l'envoyé que lorsqu'il possédait un peu de puissance, il n'avait rien désiré, ni rien promis; qu'il s'était réservé de le faire dans un état plus prospère, et qu'alors il s'était offert tout entier à leurs seigneuries; qu'actuellement qu'il venait de recouvrer Urbin, et que sans les Orsini et les Vitelli, il se trouvait à la tête de dix mille chevaux, il mettait tout son État à la disposition de la république.

« J'ai peur, magnifiques seigneurs, que vous ne croyiez que j'ajoute du mien : moi qui l'ai entendu parler, qui ai entendu de quelles expressions il se servait, de quels gestes il les accompagnait, je ne le crois pas moi-même [1]. Mon dé-

---

[1] Ce passage est imité de ces vers du Dante.

Se tu se' or, lettor, a creder lento
Ciò ch' io dirò, non sarà maraviglia,
Che io che 'l vidi appena il mi consento.
Enfer, chant XXV, strophe 16.

voir est de l'écrire ; le vôtre est de le juger, et de penser que s'il est bien que je le dise, il sera mieux de n'avoir pas à en demander la preuve. »

« Je me recommande à vos seigneuries. Je les prie de m'envoyer de quoi manger. J'ai trois serviteurs et trois bêtes sur les épaules, et je ne puis vivre de promesses. J'ai commencé à faire des dettes : demandez encore au *Cavallaro*, le garçon qui a été avec moi. Jusqu'ici j'ai dépensé 70 ducats. J'aurais pu obtenir mes dépenses de cette cour, je ne le veux pas ; et par le passé, je me suis peu prévalu de ce droit. Il me paraît de la dignité de vos seigneuries, que j'agisse ainsi, et quand je vais demander l'aumône de quatre ducats, de trois ducats, pensez si je le fais de bon cœur. »

« P. S. Vos seigneuries savent que lorsqu'il y a quelques semaines, j'obtins le sauf-conduit de ce duc, je promis de donner à la chancellerie ce que messer Alexandre Spannocchi jugerait convenable, et qu'en vain j'alléguai des raisons contre cette prétention ; aujourd'hui cette chancellerie me persécute tous les jours, et enfin j'ai été condamné à payer seize bras de damas. »

Il prie les seigneuries de les lui envoyer, pour le tirer d'embarras.

Cependant, tout à coup, les troupes françaises ont ordre de quitter le camp du duc de Valentinois. Un Français communique cette nouvelle à Machiavel qui en instruit les magistrats. Cet évènement paraît faire une grande impression sur l'esprit du duc.

Le 23 décembre, le secrétaire Florentin s'adresse à messire de Montoison, pour lui demander la cause du départ des Français. Le commandant lui répond que ces troupes se retirent par intérêt pour le pays, et pour le duc, parce qu'il n'avait plus besoin de l'armée française, et parce que le séjour de tant d'hommes armés accablait ces provinces de charges qu'elles ne pouvaient pas supporter : d'autres Français, plus in-

1502.

discrets que messire de Montoison, dirent à Machiavel qu'ils s'en allaient, parce que le duc ne pouvait plus les supporter, et qu'il paraissait que les armes de ses amis lui donnaient plus d'embarras que les armes de ses ennemis.

« Aussitôt que le départ des Français fut rendu public, j'allai trouver cet ami que j'ai cité plusieurs fois (l'ami aux confidences sur Vitellozzo, *les hommes* et *la manière*), et je lui dis qu'ayant entendu publier que les Français se retiraient, cela me paraissait une chose imprévue; que j'ignorais si ce départ avait lieu par l'ordre du duc, ou contre son gré, et que mon devoir m'ordonnait de faire demander à son excellence, s'il lui convenait que j'écrivisse à vos seigneuries une chose plutôt qu'une autre, et que j'étais prêt à le servir. L'ami me répondit qu'il ferait volontiers la commission. Je le rencontrai ensuite, et il m'annonça qu'il l'avait faite, que le duc l'avait trouvée agréable, qu'il s'était recueilli un moment, et qu'il avait dit ensuite : « Quant à présent, cela n'est pas nécessaire, remercie le secrétaire, et dis-lui que, s'il y a lieu, je le ferai appeler. » Et ainsi je n'eus pas la facilité que je désirais de pouvoir parler au duc, et de tirer de lui quelque chose sur cette matière. Je ne puis donc pas vous dire autre chose. Je crois que vos seigneuries par leur discernement, et par les avis qu'elles auront reçus d'ailleurs, et qui me manquent, pourront juger ce qui en est. Ceux qui en parlent ici, disent qu'il faut que ce soit pour une des raisons suivantes, ou parce que le roi a besoin de ses troupes en Lombardie, ou parce que sa majesté se répute mal servie par le pape, et qu'il s'est élevé entre eux quelque nuage. Du reste, les troupes (les Français) sont parties peu édifiées de la conduite du duc, et mal disposées pour lui; et encore, sur ce point, il ne faut pas faire un grand fond à cause de leur caractère : on ne sait actuellement ce que ce seigneur veut ou peut faire. »

1502. Cette lettre est datée de Césène, le 23 décembre; elle finit ainsi :

CHAPITRE VI.

« Messer Rimino, un des principaux confidents de ce seigneur, est revenu hier de Pesaro, et il a été confiné dans une tour, par ordre du duc : on croit qu'il le sacrifiera à ces peuples, qui ont un grand désir de sa mort. »

« Je prie vos seigneuries, de tout cœur, de vouloir bien m'envoyer de quoi vivre, parce que si le duc part d'ici, je ne saurais comment m'en aller sans argent. Je resterai ici, ou je resterai à Castro Caro, jusqu'à ce que vos seigneuries aient délibéré sur mon sort. »

« P. S. On dit que ce seigneur part d'ici lundi, et va à Rimini ; j'attendrai à Césène les réponses de vos seigneuries, et je n'en partirai pas, sans les moyens d'en pouvoir sortir. Je prie vos seigneuries de m'excuser, parce que je n'en puis plus. »

Le 26 décembre, Machiavel est encore à Césène ; il avait reçu de l'argent de LL. SS. Elles demandaient ensuite des informations nouvelles.

« Comme je vous l'ai écrit, plusieurs fois, ce seigneur-ci est très-secret, et je ne crois pas qu'un autre que lui sache ce qu'il a à faire. Ses premiers secrétaires m'ont souvent certifié qu'il ne communique jamais une chose, que quand il en ordonne l'exécution ; il ne l'ordonne que quand la nécessité l'y force, sur le moment et non autrement : ainsi je supplie vos seigneuries de m'excuser, et de ne pas imputer à négligence, si je ne vous instruis pas par des avis, puisque le plus souvent, je ne satisfais pas *etiam* à moi-même. »

« Ce matin, messer Rimino a été trouvé sur la place, taillé en deux morceaux ; il y est encore, et alors le peuple a pu le voir. On ne sait pas bien la cause de sa mort, sinon qu'il en a plu ainsi au prince, lequel montre qu'il sait *faire et défaire* les hommes à son gré selon leurs mérites. »

« Le courrier m'a apporté 25 ducats d'or, et seize bras de damas noir ; je remercie beaucoup vos seigneuries de l'un et de l'autre envoi. »

Ces bras de damas, comme on l'a vu, avaient été

demandés pour être remis à Spannocchi, qui avait fait expédier le sauf-conduit destiné aux marchands Florentins.

Dans un P. S. d'une lettre originale de Blaise Bonacorsi, ami de Machiavel, et employé à Florence, en date du 22 décembre 1502, on lit ces mots :

« Vous en dénicherez bien un coupon, de ce drap, petit méchant (*tristaccio*) que vous êtes ! »

Cette plaisanterie d'un ami ne pouvait offenser Machiavel, mais elle prouve qu'à Florence, on riait de ses plaintes : il les multipliait trop sans doute, quelque fondées qu'elles pussent être. N'aurait-il pas pu les consigner dans d'autres lettres, que dans les lettres officielles ? Il faut donc bien avouer que ces lamentations avaient souvent quelque chose d'inopportun. On ne voit pas d'ailleurs que ces avances aient formé une somme considérable : aujourd'hui, par exemple, 25 ducats d'or suffisaient pour apaiser sur-le-champ tant de douleurs, et faire cesser un découragement si exagéré. Cependant, pour cette circonstance, je présenterai une explication qui excusera peut-être Machiavel. Il est possible qu'il n'ait demandé si souvent à se retirer que pour quitter une cour perfide, où il ne croyait pas qu'il fût de la dignité de son gouvernement de conserver un agent politique.

1503.   Le premier janvier 1502, c'est-à-dire 1503, Machiavel écrit de Corinaldo.

Le duc est arrivé à Sinigaglia, il s'est emparé, contre le droit des gens, de Paul Orsini, du duc de Gravina Orsini, de Vitellozzo et d'Oliverotto de Fermo, qu'il avait appelés à une conférence. Machiavel continue de donner toutes les informations qui peuvent intéresser la république, et il rapporte les propres paroles du duc. Il vient de lui dire qu'il a rendu service à Florence, en s'emparant de ses plus terribles ennemis, Vitellozzo, frère d'un général qui a trahi les Florentins, et qui a dernièrement conspiré contre eux, Oliverotto da Fermo, Pagolo Orsini, et Orsini duc de Gravina, autres ennemis de leurs seigneuries, et qui ne respiraient que le désir de voir Florence en ruines. Cela était vrai, mais ces quatre généraux étaient devenus bien plus les ennemis du duc, qu'ils n'avaient pu être ceux de Florence.

Cependant le gouvernement de la république, sans doute pour se dispenser d'émettre une opinion, ou approbative ou désapprobative de ces faits, feint de n'avoir pas reçu les lettres. Ce système commence à nous faire connaître la politique faible et incertaine de Soderini; alors Machiavel écrit la dépêche que l'on a intitulée depuis : « *Descrizione del modo tenuto dal duca Valentino*, etc. » Mais ce titre n'a pas été donné à cette pièce par le secrétaire Florentin : il a écrit cette lettre qui renferme une récapitulation des événements, et il ne l'accompagne que de peu de réflexions. Comment peut-on donc croire que Machiavel a voulu ici présenter une doctrine sur l'art de s'emparer de ses ennemis, même par trahison? Il n'en a pas été ainsi. Il a rapporté les circonstances qu'il avait annoncées précédemment. Le récit effectivement n'est pas fait à la première personne, et il a la forme historique, comme un chapitre des *Istorie* : cependant il n'en est pas moins un résumé de toutes les dépêches précédentes. On reproche à Machiavel de n'avoir pris aucune couleur précise, dans ce récit; mais cela est-il vrai, quand on y lit :

« Le duc était un grand dissimulateur, etc. Il fit la paix

« avec ses ennemis, leur confirma les anciennes *condotte*,
« leur donna quatre mille ducats de présent, et promit de
« ne pas les forcer à venir à sa cour, et qu'ils n'y vien-
« draient que si cela leur convenait..... et puis il les a fait
« mourir. »

Machiavel raconte comment on s'empara d'eux par perfidie; qu'Oliverotto et Vitellozzo furent tués les premiers; que Paul Orsini et le duc Orsini de Gravina furent gardés vivants, jusqu'au moment où l'on apprit que le pape avait fait arrêter le cardinal Orsini, l'archevêque de Florence, et messer Jacques de Santa Croce; qu'à cette nouvelle, le 18 janvier 1502 (1503), les deux Orsini furent étranglés, comme l'avaient été Vitellozzo et Oliverotto.

1503.

Nous croyons donc avoir bien prouvé que Machiavel, en ceci, n'a fait que son devoir, et rien que son devoir. Il a témoigné un vif désir de quitter la cour du duc; il a sollicité l'envoi d'un ambassadeur, homme de rang; pour obtenir son remplacement, il a déprimé jusqu'à lui-même : il a écrit qu'il fallait un *homme de plus de paroles, de plus de réputation, et qui s'entendît mieux que lui aux choses du monde*. Il a peut-être exagéré l'état de détresse où il s'est vu dans cette mission; il a *pleuré misère*, comme un véritable enfant : il a manifesté le plus opiniâtre empressement de sortir de cet enfer.

Le crime appartient tout entier à César Borgia. Ce seigneur, le plus rusé des princes de son temps, avait su inspirer de l'intérêt au roi de France, dont il venait d'obtenir des troupes : il avait su réduire presqu'au silence les magistrats de Florence, en se montrant près d'eux, armé de Français (*armato di Francesi*), suivant l'admirable expression de Machiavel. De peur que le spectacle révoltant de telles horreurs

CHAPITRE VI.

n'offensât les Français, ou parce que le cardinal avait rappelé les troupes du roi, le duc avait congédié Montoison, en ne gardant que cent lances, commandées par le sire de Candaules, frère de la duchesse; enfin maître du sort de ses prisonniers, il avait fait périr d'abord ceux qu'il redoutait le plus, et ensuite, au signal venu de Rome, que le pape donnait son consentement à de tels excès, il avait consommé le crime, en faisant étrangler les deux autres prisonniers.

Aurait-il été possible d'abréger ce récit? J'ai cru qu'on pouvait disculper le roi de France et son ministre. Ils avaient assez fait pour Borgia, et certes, malgré la présence de Montoison, ils n'avaient pas été mis dans la confidence de telles résolutions. Il faut aussi peut-être penser qu'avertis à temps, ils ont retiré leurs troupes, pour qu'elles ne fussent pas les témoins de semblables scènes de trahison et de sang.

Nous devions aussi disculper Machiavel; il avait été instruit d'une partie du projet par l'ami inconnu, mais il n'avait reçu de ses seigneuries que l'ordre de gouverner cette affaire avec la modération qui convenait. Là où il y a modération, il ne peut y avoir crime; et sa correspondance si franche, sans cependant heurter, à ce sujet, les vues cachées et les désirs souterrains de sa république, si elle a pu en avoir, ce que je ne pense pas, prouve qu'il s'était fait un devoir de ne pas s'écarter de cette modération si naturelle, d'ailleurs, dans un homme aussi réfléchi que lui, et si probable dans un politique de 33 ans, qui avait sa fortune à faire par son talent et par l'honneur.

1503.

Je devais aussi disculper, jusqu'à un certain point, les seigneuries : elles avaient peut-être laissé aller les choses, sans montrer ni complicité avec le duc, ni intérêt pour les victimes, dans lesquelles elles pouvaient voir d'irréconciliables ennemis de la république et des partisans des Médicis.

Toute l'infamie reste à ce Borgia, à ce génie du mal, à cet homme impénétrable, et qui ne conspirant jamais que seul, ne redoutait ni indiscrétion, ni *prodition*; à ce tyran qui, bien plus que Vitellozzo, était la *torche* de l'Italie, le fléau de cette belle contrée; il savait trop bien profiter de l'appui que lui donnait à Rome une autorité qui oubliait les maximes de l'Évangile, et qui, ainsi, suscitait tant d'ennemis à l'Église, et préparait tous les maux que bientôt elle allait souffrir.

C'est à César Borgia qu'il faut attribuer tous ces crimes : ce monstre, né en Espagne, élevé en Italie, titré en France, n'appartient ni à l'Espagne, ni à l'Italie, ni à la France. Ces trois pays l'ont répudié.

Ce misérable sans patrie, espèce de brigand sur le trône, et dont on pouvait dire qu'il était sans père, puisqu'il ne pouvait nommer le sien, ne manquait pas d'une sorte de talent, d'éloquence, et d'habileté en affaires; même il savait punir justement, ce qu'il prouva par le supplice de Ramiro, qui sans son ordre avait commis d'abominables scélératesses : mais toutes ces considérations ne servent qu'à l'accuser encore plus de n'avoir pas cherché à fonder une autorité que protégeaient tant de puissances, sur la fidélité à sa foi, et sur ces vertus dont quelques princes de ces temps-là lui donnaient l'exemple. Respirons un moment après le récit de tant de viles horreurs.

CHAPITRE VII.

Nous allons rencontrer actuellement des affaires d'une nature politique moins sombre.

Le 26 avril de la même année, le secrétaire, à peine remis de ses travaux, de ses dégoûts de la mission d'Imola, est député à Sienne, vers le seigneur Pandolfo Petrucci, qui gouvernait cette ville. Il doit lui proposer de resserrer l'alliance qui l'unit à la république : celle-ci est vivement pressée de signer un traité avec le pape et la maison Borgia, traité dans lequel interviendra la France. Il n'existe pas de lettres de cette mission; elle dura peu de temps, et tout se borna à des compliments qui n'eurent aucun résultat esséntiel.

Il n'en fut pas ainsi de la mission que Machiavel reçut pour Rome, le 24 octobre 1503. Le pape Alexandre VI était mort le 18 août, et le 22 septembre suivant, le conclave avait élu François Piccolomini qui avait pris le nom de Pie III. Le 18 octobre, Pie III étant mort après 26 jours de pontificat, le conclave dut s'assembler de nouveau, pour procéder à un autre choix. Machiavel ayant été envoyé le 24 octobre, on ne savait pas naturellement qui serait pape, et les lettres de créance du secrétaire devaient être remises au cardinal florentin Soderini, frère du gonfalonier.

1503.

« Nicolas, tu iras à Rome avec promptitude, tu porteras nos lettres à beaucoup de cardinaux, auxquels on doit un sincère respect, comme à Rouen (cardinal d'Amboise), Saint Georges (Raphael Riario de Savone), San Severino (Milanais), San Pietro *in Vincula* (Jules de la Rovère); tu les visiteras, en notre nom, et tu leur feras connaître que ces jours derniers, ayant nommé des ambassadeurs qui allaient partir, on apprit la mort du pape : que toute la ville en a éprouvé un grand déplaisir : qu'en conséquence, nos ambassadeurs ont eu ordre de ne pas partir : que néanmoins, nous n'avons pas voulu manquer de faire entendre à ces cardinaux quel est notre chagrin, et combien nous désirons qu'on élise un nouveau pontife qui réponde aux besoins de la chrétienté et de l'Italie. »

« Que, sachant leur disposition à cet objet, nous leur offrons toutes nos forces pour cet effet. »

« Tu régleras ton langage avec chacun d'eux, comme tu le croiras convenable, et suivant les informations que tu recevras de notre révérendissime cardinal Soderini, avec lequel tu t'entretiendras, avant de remplir ta mission. »

La première lettre de Machiavel ne se trouve pas. Par la seconde datée de Rome, le 28 octobre, il annonce qu'il a eu une conférence avec le cardinal d'Amboise, qui a agréé les témoignages d'affection de la république. Le duc de Valentinois est accouru de la Romagne et il occupe le château Saint-Ange; il a l'espérance de pouvoir encore augmenter son crédit, parce que ce seront ses amis qui décideront l'élection. On croit jusqu'ici que le cardinal la Rovère aura 32 voix, et le cardinal Pallavicini, Génois, 22..... *Saint Pierre in Vincula* continue d'avoir tant de voix pour la papauté, que si on en croit l'opinion universelle, il sera élu. Valentinois aura beaucoup d'influence par ses cardinaux espagnols : on ne sait pas si *Rouen* favorise *Vincula*; s'il en est ainsi, ce dernier réussira.

Le maréchal de Fleuranges raconte dans sa chronique un fait très-honorable pour le cardinal d'Amboise; il dit que ce cardinal qui avait de plus le titre de légat du pape en France, se rendit à Rome en 1503 avec le duc de Valentinois : qu'à leur arrivée ils trouvèrent le pape Alexandre mort.

Et y étoit allé monsieur le légat, avec cinq cents hommes d'armes; et quand furent arrivés, le duc de Valentinois lui demanda s'il vouloit être pape puisqu'il estoit venu là pour estre cause qu'il le seroit, et que s'il vouloit aller par élection et par voye du saint esprit, il ne le seroit jamais : à quoi mon dit sieur légat fit réponse qu'il aimeroit mieux ne le point estre, que l'estre par force, et en fut esleu un aultre qui porta grand dommage à la chrétienté : car ledit légat ne vouloit que la paix, et ainsi, retourna en France, sans rien faire[1].

Ceci prouve combien l'impunité avait rendu Borgia incorrigible, et qu'il était prêt à commettre, si on l'avait permis, la plus dangereuse violence qu'on puisse imaginer en Italie, et qui n'a pas encore eu d'exemple jusqu'à nos jours.

Il paraît que sur le refus du cardinal d'Amboise, 1503. Valentinois fit porter les suffrages dont il disposait, mais sans voies de fait, sur Jules de la Rovère. Le 1er novembre, Machiavel écrit :

« Magnifiques seigneurs, je vous apprends avec la grâce de Dieu, que ce matin le cardinal de Saint Pierre *in Vincula* a été proclamé pape. Que Dieu le fasse un pasteur utile à la chrétienté! »

Plus tard, il écrit que cette création et cette publication ont été extraordinaires.

« On a fait ce pape à conclave ouvert : celui qui consi-

---

[1] Manuscrit de Fleuranges, ci-dessus cité. Voy. plus haut, pag. 90.

dérera les faveurs qu'a eues ce cardinal, les jugera miraculeuses; toutes les factions du conclave se sont portées vers lui : le roi d'Espagne, le roi de France, ont écrit pour lui au sacré collége; les barons de partis différents lui ont prêté leur appui. Saint Georges (Riario de Savone) l'a favorisé; le duc de Valentinois l'a favorisé.... On voit qu'il a eu de grands amis, et l'on dit que la cause en est, qu'il a toujours été bon ami; conséquemment, au besoin, il a trouvé ces bons amis. »

1503. Le 2 novembre, les dix envoient à Machiavel de nouvelles lettres de créance pour le pape Jules, et le 8, Machiavel obtient une audience du pape. Il le félicite sur son avénement, au nom de la république; il a l'occasion de lui parler des attaques que les Vénitiens méditent du côté de la Romagne; il fait à ce sujet une réflexion assez satirique.

Si les Vénitiens obtiennent des succès de ce côté, il ne s'agit plus de la liberté de Florence, mais de celle de l'État de l'Église, et alors le pape deviendra le *chapelain* des Vénitiens.

Le duc de Valentinois était aussi attaqué dans le cœur de ses états; Machiavel rapporte qu'en ayant entretenu le cardinal d'Amboise, celui-ci répondit : « Dieu, jusqu'ici, n'a laissé aucun crime impuni; il veut punir ceux de ce duc. »

Nicolas continue de chercher à pénétrer les dispositions du pape et des cardinaux influents, relativement à Valentinois; il a remarqué que le pape ne l'aime pas, mais craint de lui manquer de parole. On est assez d'accord pour chercher à le renvoyer de Rome : on désirerait qu'il s'embarquât à Ostie, et que sa petite armée se rendît dans la Romagne, en passant par la Toscane. Le secrétaire instruit son gouvernement de ce projet, pour qu'il donne ses ordres re-

CHAPITRE VII.

lativement à ce passage en Toscane, et qu'il déclare s'il veut accorder un sauf-conduit. Une lettre du 14 novembre contient quelques détails sur la peste qui règne à Rome. Le séjour dans cette ville est devenu dangereux, parce que le défaut de police et la négligence du gouvernement permettent à ce fléau d'y répandre ses ravages. Cependant le secrétaire ne témoigne aucun désir d'être rappelé à Florence; dans une autre lettre, il en parle sur un ton comme indifférent et presque gai, en ces propres termes:

« La peste fait très-bien son devoir : elle n'épargne pas les maisons des cardinaux, ni aucune autre où elle trouve ses avantages, et avec cela, il n'y a personne qui en fasse grand compte. »

Le gouvernement de la Toscane avait répondu au secrétaire qu'il ne voulait pas donner de sauf-conduit pour les troupes de Valentinois; Machiavel en instruit le pape, qui peu porté aussi pour les intérêts de ce duc, approuve la conduite de leurs seigneuries.

Le sauf-conduit dont nous venons de parler était toujours refusé. Le duc en fait des reproches à Machiavel, et va jusqu'à lui dire qu'il s'accordera avec les Vénitiens, ses ennemis, et *même avec le diable*, et qu'il ira à Pise, avec tout l'argent, les troupes et les amitiés qui lui restent, et qu'il les emploiera à faire du mal à la république. Tout-à-coup Machiavel cesse d'écrire en clair, et continue en chiffres de cette manière:

« Vos seigneuries verront un homme qui leur est envoyé par le duc (pour négocier le sauf-conduit); elles pourront ne pas faire attention à lui, et se conduire comme il leur paraîtra convenable. »

La dépêche suivante annonce que le duc est parti

pour Ostie, à la satisfaction de tout le pays. Son armée composée de 700 chevaux a pris la route de la Toscane. Le secrétaire fait entendre que si la république veut enlever les armes à cette troupe, cela ne fera décidément aucun déplaisir au pape et *à Rouen;* que si on veut être plus facile, on peut lui permettre le passage, mais que le pape aimerait mieux qu'on lui donnât le dernier coup (la pinta). Les affaires du duc paraissent si désespérées que son confident Agapito l'a abandonné, et n'est pas parti de Rome. La république ayant demandé souvent des nouvelles de l'armée française qui se battait sur le Garigliano[1] contre l'armée espagnole, Machiavel répond :

« Du côté des Français, il y a l'argent et de meilleures troupes; du côté des Espagnols il y a la fortune. »

1503. Nous n'avions pas encore vu de réclamations de salaire dans les dépêches datées de Rome; elles vont commencer. Le 22 novembre le secrétaire écrit :

« J'adresse ce peu de mots à vos seigneuries pour me recommander, sachant avec quelle confiance je puis les intéresser en ma faveur. J'ai reçu en partant 33 ducats, j'en ai dépensé 13 pour les postes, comme j'en ai envoyé le compte à Nicolas Machiavel (son parent), votre collègue. J'ai dépensé pour une mule, dix-huit ducats, pour un habit de velours 18 ducats, pour un manteau 11, pour un Gaban (manteau contre la pluie) dix, ce qui fait en tout 70 ducats ; je suis à l'auberge, avec deux domestiques et la mule : j'ai dépensé et je dépense chaque jour dix carlins. J'ai eu de vos seigneuries, de salaire, ce que j'ai demandé, et j'ai demandé ce que j'ai cru nécessaire, ne connaissant pas la cherté de tout dans cette ville; je dois donc remercier vos

---

[1] Les Français avaient perdu Naples et ses châteaux, mais retirés derrière le Garigliano, ils y continuaient la guerre.

seigneuries, et ne me plaindre que de moi : mais maintenant que cette dépense est mieux connue, s'il y avait remède, je prie, dans le cas où le salaire ne pourrait pas être augmenté, qu'au moins les postes me soient remboursées, comme elles l'ont été à chacun. Nicolas, d'Alexandre Machiavel, connaît ma situation, et sait si je puis supporter un pareil désordre, et quand je le pourrais, les hommes de ce temps-ci se fatiguent pour aller en avant, et non pas pour reculer. »

Il est singulier qu'en réponse à ces demandes assez justes, les seigneuries reprochent au secrétaire de ne pas écrire assez souvent. Il s'excuse avec raison sur les mauvais chemins, et prouve au gouvernement qu'il n'a pas mérité ce reproche. Dans une lettre du 28 novembre, il déclare qu'il est parvenu à pénétrer les vues des rois de France et d'Espagne, et de l'empereur sur l'Italie : *Rouen* s'est laissé aller à dire que ces trois Monarques se la partageaient entre eux. Cependant le duc de Valentinois commence à recevoir le châtiment de ses crimes. Le pape le fait arrêter à Ostie, et ordonne qu'on l'amène à Rome. Ses troupes sont désarmées en Toscane, où on avait suivi le conseil de Machiavel lui-même. Si on rapproche ce fait de ce que le cardinal d'Amboise avait dit, en appelant sur le duc la vengeance du ciel, on aura raison de soutenir que la France et Florence avaient détesté l'affreuse conduite de Valentinois : quant à Machiavel, il est plus évident que jamais, qu'il avait vu cette conduite avec un sentiment d'indignation.

Il paraît que tous les traités proposés entre le pape et le cardinal d'Amboise, avaient été conclus et signés. Ce cardinal déclare qu'il va retourner en France. 1503.

« Rouen part demain 7 décembre : il a été aujourd'hui visité par tous les cardinaux de cette cour, et vraiment, il est en bonne grâce auprès de chacun, parce qu'il a été trouvé plus facile et plus humain qu'on ne l'espérait de lui qui est grand seigneur et *Français*. »

Il y a une sorte d'ingratitude à Machiavel de parler ainsi du cardinal d'Amboise qui le traitait avec bienveillance. D'ailleurs toutes ces manières d'injurier sous des dénominations nationales, sont souvent injustes; car tout homme doit être jugé pour ce qu'il vaut lui-même, et si les Français ont la mauvaise habitude d'en agir ainsi avec les autres peuples, il faudra dire qu'en cela, ils ne sont pas excusés même par l'exemple de Machiavel.

1503. La dernière dépêche de cette mission est du cardinal Soderini, frère du chef de la république. Il regrette beaucoup Machiavel : ce qui doit disposer le gonfalonier à accorder encore plus de confiance à l'ami de Marcel di Virgilio; le cardinal n'a laissé partir le secrétaire que pour obéir aux seigneuries, et il s'exprime ainsi à son égard :

« Que vos seigneuries le tiennent à cœur; car pour la fidélité, l'activité et la prudence, il n'y a rien à désirer en lui. »

Ici, il se présente une observation à faire sur tout ce qui concerne cette mission : nous y voyons qu'à Rome, les habitudes, les cérémonies, les usages sont absolument les mêmes que ceux que cette ville nous offre encore aujourd'hui. Dans cette capitale, on fait toujours tout, à peu près de la même manière, et ce respect pour les anciennes coutumes est un des caractères particuliers de la cour romaine, et contribue à maintenir ce sentiment de vénération que lui accordent les étrangers, même ceux qui ne professent pas la religion catholique.

CHAPITRE VIII.

Le bon témoignage rendu par le cardinal, frère du gonfalonier perpétuel, et qui jouissait nécessairement d'un grand crédit auprès de la république, ne pouvait que faire valoir encore plus les hauts talents de Machiavel : aussi le gouvernement pensait-il, sur-le-champ, à l'expédier partout où il s'élevait d'importantes affaires.

Nicolas Valori représentait, en France, le gouvernement de Florence, cependant la seigneurie crut convenable d'y envoyer Machiavel : et elle lui donna une mission pour la France le 14 janvier 1503 (1504).   1504.

« Nicolas, tu iras en poste à Lyon, ou bien, là où tu sauras que se trouve sa majesté très-chrétienne, et tu porteras avec toi des lettres de créance, une pour le roi, une pour le cardinal de Rouen, et deux autres sans suscription, pour que tu t'en serves, s'il est nécessaire, et une autre encore à Nicolas Valori, notre ambassadeur. »

Machiavel était envoyé parce qu'on craignait à Florence que Gonsalve de Cordoue, après avoir battu les Français sur le Garigliano, assiégé Gaète, et ainsi assuré la possession de Naples, ne pût ensuite venir changer le gouvernement de Florence, rétablir les Sforzes à Milan, et éteindre ainsi en Italie la puissance française : et dans le cas d'une trêve ou d'une paix entre l'Espagne et la France, la république désirait s'y trouver comprise, comme amie de la France. La commission est signée de Marcel di Virgilio, ami de Machiavel.

A Milan, il voit M. de Chaumont, lieutenant de sa majesté, neveu du cardinal de Rouen, et il lui explique les désirs de la république. Ce Français, persuadé par les arguments du secrétaire, lui promet son appui, et lui dit en le congédiant : « *Ne doutez de rien.* » Machiavel cite ces mots français dans sa dépêche.

On remarque ici que la plus grande partie des lettres de cette mission est écrite de la main de l'ambassadeur Valori; mais les dépêches étaient concertées avec Nicolas, et son style s'y reconnaît à chaque phrase. On remarque aussi la bonne intelligence qui régnait entre le secrétaire et l'ambassadeur : Valori insère dans sa lettre des détails éminemment flatteurs pour Machiavel, tels que ceux-ci par exemple :

« Nicolas, pour bien déterminer le cardinal de Rouen à nous assurer son appui, dit avec la présence d'esprit qui fut nécessaire, que la France voulant sauver la Toscane, devait sauver ses murailles, et que ses murailles, du côté de Gonsalve, sont le pape, Sienne et Pérouse. »

Valori emploie le plus qu'il peut le talent de Machiavel. Il lui recommande d'aller voir Robertet, dont les paroles ne peuvent que satisfaire les ministres de la république.

« Ne me parlez de rien, répond celui-ci, parce que le légat m'a dit tout ce que vous pourriez me dire, et je vous répète, de la part du légat, que si la trêve se ratifie, et dans quelque accord que ce soit, vous serez saufs; et si la trêve n'est pas ratifiée, ce dont nous serons instruits bientôt, je vous dis que le roi défendra la Toscane comme la Lombardie, parce qu'il n'a pas à cœur l'une moins que l'autre. »

CHAPITRE VIII.

Le légat fit ensuite appeler l'ambassadeur et Nicolas, et leur adressa les mêmes assurances. Elles furent encore confirmées par le roi qui ajouta que ces promesses seraient soutenues par 1400 hommes d'armes[1] et 20,000 fantassins. S'il était possible qu'on pût méconnaître le style de Machiavel dans les lettres de cette mission, il faudrait qu'on n'y trouvât pas de proposition comme celle-ci :

« Les grands princes qui portent des paroles, sans être armés, ne font que compromettre leur dignité. »

La dernière lettre est de Machiavel; il annonce à 1504. leurs seigneuries, qu'il va retourner à Florence : la générosité du roi et la probité de son ministre avaient accordé à la république tout ce qu'elle pouvait désirer. Il avait été signé entre l'Espagne et la France une trêve de trois ans, et chaque puissance avait demandé 3 mois, pour désigner ses amis et adhérents, qui jouiraient aussi du bienfait de la trêve. La France n'avait pas balancé à nommer les Florentins, comme ses principaux amis en Italie.

---

[1] Un homme d'armes, ou gendarme, était un gentilhomme qui combattait à cheval (*Cataphractus eques*). Chaque homme d'armes avait avec lui cinq personnes, savoir : trois archers, un *coutillier* ou un écuyer, enfin un page ou varlet. Charles VII ayant commencé à disposer la noblesse française en corps réglé de cavalerie, il en forma quinze compagnies appelées *compagnies d'ordonnance*, et comme chaque homme d'armes avait cinq autres hommes à sa suite, chaque compagnie se trouvait de six cents hommes. Il y avait outre cela une grande quantité de volontaires qui suivaient les compagnies à leurs dépens, dans l'espérance d'y avoir, avec le temps, une place de gendarme. Au reste, le nombre d'hommes qui était attaché à l'homme d'armes, ou qui composait *la lance fournie*, comme on disait alors, n'a pas été toujours le même. Louis XII, dans une ordonnance du 7 juillet 1498, mit sept hommes pour une *lance fournie*; François Ier, huit, selon une ordonnance du 28 juin 1506. On appelait *lance brisée* ceux qui survivaient à une *lance fournie*, ou les volontaires qui servaient à recruter une *lance fournie* détruite en partie à la guerre. Voyez Encyclopédie, article *Homme d'armes*. Voyez aussi Guichardin, tom. I, pag. 170.

1504.   C'est à peine si Machiavel, à son retour, peut rester à Florence un mois et demi. Déjà le 24 avril de la même année, il est envoyé à Piombino, et chargé de voir le seigneur de cette ville, Jacques V d'Arragon d'Appiano, auprès duquel il avait déjà été accrédité, et de le rattacher davantage à l'alliance de Florence. Nous ne trouvons dans les œuvres de Machiavel aucune lettre relative à cette mission.

Malgré les promesses de la France, et la ratification de la trêve, les Espagnols continuaient à menacer Florence, au moins par des bruits que l'on répandait à cet effet. C'est ce que nous voyons dans une lettre que Machiavel écrit à Jean Ridolfi, commissaire de Florence

1504. en Romagne, le 1er juin 1504. On publiait que Barthélemy d'Alviano [1] venait en Toscane, pour en renverser le gouvernement, et qu'il était parti de Naples, à la tête de 250 hommes d'armes et de trois mille fantassins : mais le bon esprit de Machiavel lui fait ajouter en même temps qu'il croit que ces épouvantails ne sont peut-être pas beaucoup à redouter, et ce ton de fermeté lui convenait à lui qui arrivait de France, et qui savait combien il y avait de raisons pour être rassuré par les promesses du roi et de ses ministres, à lui dont le talent avait réussi complètement dans la mission qui avait pour but de mettre la république sous la protection immédiate de la France.

[1] De la famille des Orsini ; dans nos histoires, nous l'appelons l'Alviane : nous aurons l'occasion d'en reparler plus tard.

CHAPITRE IX.

Nous avons promis de montrer dans Machiavel plusieurs hommes en un seul : nous voici arrivés à l'époque où nous allons saluer, pour la première fois, le poète qui s'illustra ensuite par tant de travaux si ingénieux dans ce genre, et si dignes d'assurer encore sa réputation sous ce nouvel aspect.

Apparemment que les affaires lui laissaient quelques loisirs, au milieu du mois d'octobre 1504. Ce mois est un mois de vacances en Italie; les chaleurs étouffantes ont cessé; la fraîcheur des campagnes, les plaisirs de la vendange appellent tous les Florentins dans leurs *villas* : c'est un mois de joies, d'amusements et de fêtes. Les joies, les amusements et les fêtes de Machiavel, de ce génie si actif, n'étaient nécessairement qu'une autre série de travaux.

Le grave défenseur des intérêts de la république va, pendant quelques instants, offrir un culte aux Muses. Cette diversion ne le distraira pas trop long-temps du soin des obligations que lui impose son emploi de secrétaire; il ne donnera que quinze jours seulement à ce délassement : mais en même temps, comme s'il ne voulait pas trop perdre de vue ses austères occupations, cette composition portera sur des faits entièrement politiques. Il décrira les événements qui ont affligé ou consolé Florence, pendant les deux derniers lustres.

Nous constatons avec précision l'époque de ce travail, parce que nous aimons à remarquer qu'il a précédé tout ce que l'Arioste a publié souvent sur le même ton.

Nous possédons la dédicace de cette première poésie de Machiavel, intitulée : *Decennale primo*. Il l'adresse à Alamanno Salviati [1].

« Lisez, Alamanno, puisque vous le désirez, les travaux de l'Italie depuis dix ans, et mon ouvrage de quinze jours. Peut-être plaindrez-vous l'Italie et moi, en voyant de combien d'infortunes elle a été opprimée, et le peu de paroles dans lesquelles j'ai dû réduire ce récit. Vous excuserez la patrie et moi ; elle, par la nécessité du destin, dont la violence ne peut se rompre ; moi, par la brièveté du temps qui m'a été accordé pour ce genre de loisirs. »

« Je vous supplie de ne pas m'abandonner moi-même, comme vous n'avez pas abandonné l'Italie et la patrie en pleurs : daignez ne pas mépriser ces vers que j'ai composés sur votre demande. »

« 5 des ides de novembre (9 décembre) 1504. »

L'auteur commence ainsi :

« Je chanterai les travaux que l'Italie a soufferts, pendant les deux lustres passés, sous des étoiles ennemies de son bonheur. Je raconterai combien de sentiers âpres et sauvages se remplirent de sang et de morts, dans ces révolutions d'états et de royaumes illustres. O Muse, soutiens ma lyre, et toi, Apollon, viens m'aider, accompagné de tes sœurs. »

« Le soleil, dans sa vélocité, avait mille, et quatre cent, et quatre-vingt, et quatorze fois terminé sa course, le long de la voûte de ce monde, depuis le temps où Jésus visita nos campagnes, et par le sang qu'il avait répandu, éteignit

---

[1] D'une des familles les plus anciennes de Florence. Il fut l'un des commissaires qui se distinguèrent lors de la reprise de la ville de Pise en 1509.

les flammes diaboliques, quand l'Italie, en discorde avec elle-même, ouvrit ses routes aux Français, et souffrit que les nations barbares vinssent la dévaster. Comme on ne fut pas prompt à s'unir à l'Italie, dans cette Ville, celui qui en tenait les rênes éprouva les coups de cette tempête. »

« Ainsi toute la Toscane se décompose; ainsi vous avez perdu Pise, et les états que vous avait donnés la famille Médicis. Il n'a servi à rien d'avoir secoué, comme vous le deviez, ce bât pesant qui vous avait écrasés pendant soixante années. Vous n'en avez pas moins vu le ravage de votre pays, le danger de la Ville, l'orgueil et le faste des Français. Pour échapper aux serres d'un si puissant roi, et n'être pas vassaux, il ne fallut pas montrer peu de cœur et moins de prudence. Le fracas des armes et des coursiers ne put pas faire enfin qu'au milieu de cent coqs on n'entendît pas la voix d'un chapon. Alors le roi superbe décida son départ, parce qu'il sut que la Ville était unie pour défendre sa liberté[1]. »

[1] Io canterò l' italiche fatiche,
Seguite già ne' duo passati lustri,
Sotto stelle al suo bene inimiche.
Quanti alpestri sentier, quanti palustri,
Narrerò io, di sangue e morti pieni,
Pel variar de' regni, e stati illustri!
O Musa, questa mia cetra sostieni,
E tu Apollo, per darmi soccorso,
Dalle tue suore accompagnato vieni!
Aveva il Sol veloce sopra 'l dorso
Di questo mondo ben termini mille
E quattro cennovanta quattro corso,
Dal tempo, che Gesù la nostre ville
Visitò prima, e col sangue che perse,
Estinse le diaboliche faville;
Quando in se discordante Italia aperse
La via a' Galli, e quando esser calpesta
Dalle genti barbariche sofferse.
E perchè a seguitarla non fu presta
Vostra città, chi ne tenea la briglia,
Assaggiò i colpi della lor tempesta.
Così tutta Toscana si scompiglia;
Così perdeste Pisa, e quelli stati
Che dette lor la Medica famiglia:

Le poète continue de décrire tout ce que nous avons vu dans Comines, la marche des Français sur Naples, leur retour, la bataille de Fornoue.

« Mais ces guerriers robustes et courageux heurtèrent avec tant de force les cohortes italiennes, qu'elles leur passèrent sur le ventre [1]. »

Le poète rapporte avec la rapidité du trait, les intrigues de Saint-Marc, les prédications de Savonarola.

« .... Celui-ci inspiré d'une vertu divine vous tint enveloppés dans sa parole [2]. »

La mort du roi Charles VIII.

« .... La mort du roi Charles, laquelle fit le duc d'Orléans content du trône [3]. »

> Nè poteste gioir sendo cavati,
>   Come dovevi, di sotto a quel basto
>   Che sessant' anni vi aveva gravati;
> Perchè vedeste il vostro stato guasto,
>   Vedeste la cittade in gran periglio,
>   E de' Francesi la superbia e il fasto.
> Nè mestier fu per uscir dello artiglio
>   D'un tanto re, e non esser vassalli,
>   Di mostrar poco cuore e men consiglio.
> Lo strepito dell' armi, e de' cavalli
>   Non potè far, che non fosse sentita
>   La voce d'un Cappon fra cento Galli.
> Tanto che il re superbo fe' partita,
>   Poscia che la cittade esser intese
>   Per mantener sua libertate unita.

[1] Ma quei robusti et furiosi urtaro
  Con tal virtù l'Italico drappello,
  Che sopra al ventre suo oltrepassaro.

[2] Il quale afflatto da virtù divina
  Vi tenne involti con la sua parola.

[3] La morte del Re Carlo, la qual fe'
  Del Regno 'l duca d'Orliens contento.

CHAPITRE IX.

Les diversions du Turc, le siége de Pise.

« Il serait long de raconter combien on souffrit de dommages, combien on employa de ruses dans ce siége, combien de citoyens périrent des accès de la fièvre [1]. »

L'accord du pape et des Français, pour l'élévation du duc de Valentinois.

« Pour garder sa foi, le Français dut accorder au pape que le Valentin se servît des troupes de France [2]. »

La révolte de Milan, en faveur de Louis-le-More : la réapparition de l'armée française à Milan.

« Mais le Français, avec plus de vélocité que je ne le dis, en moins de temps que vous ne diriez *voilà*, devint formidable à son ennemi. Les coqs de la Romagne tournent le bec vers Milan pour secourir leurs compagnons, laissant à sec le pape et Valentin [3]. »

La nouvelle attaque contre Pise, où les Florentins eux-mêmes commirent des fautes.

« Et vous aussi vous n'êtes pas exempts de blâme, et le Français voulait couvrir sa honte, de vos torts [4]. »

[1] Lungo sarebbe narrar tutti i torti,
Tutti gl' inganni corsi in questo assedio,
E tutti i cittadin per febbre morti.

[2] E per servare, il Gallo, le promesse,
Al papa, fù bisogno consentirgli,
Che il Valentin delle sue genti avesse.

[3] Ma il Gallo più veloce, ch' io non dico,
In men tempo che voi non direste Ecco,
Si fece forte contro al suo nemico.
Volsono, i Galli di Romagna, il becco
Verso Milan per soccorrere i suoi,
Lasciando il papa e 'l Valentin in secco.

[4] Nè voi di colpa rimaneste netti
Però che il Gallo ricoprir volea
La sua vergogna co' vostri difetti.

Le traité avec le cardinal d'Amboise : la peur qu'inspiraient Vitellozzo et les Orsini.

« Tu étais sans armes, tu vivais dans une grande peur de cette *corne* qui était restée au *veau*, et tu doutais de *l'ours*, et du pape[1]. »

Le poète raconte les trames des deux Orsini, et celles de Vitellozzo et d'Oliverotto[2], contre Valentinois; et la ruse ignoble qu'employa ce dernier pour s'emparer de leur personne. Ces faits ne sont pas retracés en style de complice. L'auteur déverse un profond mépris sur les perfides qui ont trahi Borgia, et sur Borgia qui a tendu des piéges aux perfides.

« Après que le Valentin se fut guéri de ses blessures, à peine fut-il revenu en Romagne, qu'il voulut commencer son entreprise contre messer Giovanni (Bentivoglio, tyran de Bologne). Quand on sut cette nouvelle, il parut que l'Ours et le Veau ne voulurent pas le suivre à cette offense. Alors ces reptiles repus de poison se révoltèrent entre eux, et commencèrent à se déchirer avec les griffes et avec les dents. Valentin ne pouvant s'en délivrer, il fallut qu'il se recouvrît de l'écu de France. Pour prendre ses ennemis à la glu, il siffla doucement, ce *basilic*, et les attira dans sa tanière : il ne tarda pas à s'en emparer. Le traître de Fermo (Oliverotto), le Veau et les Oursins qui furent tant ses amis, tombèrent dans ses embûches. L'Ours y laissa plus d'une patte, et le Veau perdit son autre corne[3]. »

[1] Eri senz' arme, e 'n gran timore stavi,
Pel corno che al Vitello era rimaso
E dell' orso e del papa dubitavi.

[2] Oliverotto. Machiavel nous dira lui-même dans ses *discorsi* l'histoire entière de cet infâme qui avait commis, à Fermo, des crimes horribles, avant de tomber dans les embûches de César Borgia.

[3] Poscia che 'l Valentin purgato s' ebbe,
E ritornato in Romagna, la impresa
Contro a messer Giovanni far vorrebbe.

CHAPITRE IX.

On ne peut pas ne pas reconnaître dans ce style quelques formes et quelques expressions du Dante. Nous avons remarqué déjà que la prose même de Machiavel porte des empreintes et des souvenirs de la manière de ce grand poète.

Nous voyons que pour ramener l'expression d'*armato di Francesi*, l'auteur nous offre Valentinois se cachant sous l'écu de France.

Voici actuellement des vers qui respirent encore plus tout l'esprit satirique d'Aristophane.

« Pendant que la Trémouille arrivait, et qu'entre la France et le pape commençaient à bouillir une humeur cachée et une colère maligne, Valentin tomba malade, et l'esprit glorieux d'Alexandre fut porté parmi les âmes bienheureuses pour avoir du repos : ses saintes traces furent suivies par ses trois servantes si fidèles et si chères, la luxure, la simonie et la cruauté. Quand on eut cette nouvelle en France, Ascagne Sforza, ce renard rusé, avec des paroles suaves ornées et pompeuses, persuada à *Rouen* de venir en Italie,

> Ma come fu questa novella intesa,
>   Par che l' Orso e il Vitel non si contenti
>   Di voler esser seco a tale offesa,
> E rivolti fra lor questi serpenti,
>   Di velen pien, cominciaro a ghermirsi,
>   E con gli ugnioni a stracciarsi e co' denti.
> E mal potendo il Valentin fuggirsi,
>   Gli bisognò per ischifare il rischio,
>   Con lo scudo di Francia ricoprirsi,
> E per pigliare i suoi nemici al vischio,
>   Fischiò soavemente, e per ridurli,
>   Nella sua tana, questo *basalischio*.
> Nè molto tempo perse nel condurli,
>   Che il traditor di Fermo, e Vitellozzo
>   E quelli Orsin, che tanto amici furli,
> Nelle sue insidie presto dier di cozzo,
>   Dove l' Orso lasciò più d' una zampa,
>   E al Vitel fu l' altro corno mozzo.

en lui promettant le manteau qui aide les chrétiens à monter au ciel. »

. . . .

« Par l'effet d'un grand accord, Jules second fut créé portier du paradis pour rétablir le monde de ses désastres. »

. . . .

« Le soleil a parcouru deux fois la cinquième année, et il a vu le monde teint de sang, depuis ces événements cruels et terribles [1]. »

Voici enfin la situation dans laquelle le poète assure que se trouve l'Italie, au moment où il parle.

« La fortune n'est pas encore assez satisfaite, elle n'a pas mis une fin aux querelles italiques; la source de tant de maux n'est pas épuisée. Les puissances, les royaumes ne sont pas unis et ne peuvent pas l'être, parce que le pape veut guérir l'Église de ses blessures : l'empereur, avec son unique rejeton, veut

---

[1] Mentre che la Tremoglia ne veniva
E che fra il papa e Francia umor ascoso
E collera maligna ribolliva,
Malò Valenza, e per aver riposo,
    Portato fu fra l' anime beate,
    Lo spirto di Alessandro glorioso.
Del qual seguirno le sante pedate
    Tre sue famigliari e care ancelle,
    Lussuria, simonia e crudeltate.
Ma come furno in Francia le novelle,
    Ascanio Sforza, quella volpe astuta,
    Con parole soavi, ornate e belle
A Roan persuase la venuta
    D' Italia, promettendogli l'ammanto
    Che salir a cristiani in cielo ajuta.

. . . .

Con gran concordia, poi Giulio Secondo
    Fu fatto portinar di Paradiso,
    Per ristorar da' suoi disagi il mondo.

. . . .

Ha volto il sol due volte l' anno quinto,
    Sopra questi accidenti crudi e fieri,
    E di sangue ha veduto il mondo tinto.

se présenter au Saint-Père : le Français ressent la souffrance des coups qu'il a reçus. L'Espagne qui tient le sceptre de la Pouille, va tendant à ses voisins des filets et des lacs, pour ne pas reculer dans ses entreprises. Marc plein de peur et de soif, est tout suspendu entre la paix et la guerre ; et vous, vous avez un juste désir de recouvrer Pise : on comprend donc que la flamme s'élèvera jusqu'au ciel, si un nouveau feu s'allume entre ceux-ci. Tout mon esprit s'anime d'espérance, ou s'abat sous la crainte et se consume dragme à dragme : il voudrait savoir où et dans quel port notre barque ainsi chargée peut aborder. Il se fie cependant dans le nocher qui connaît si bien les rames, les voiles et les cordages : le chemin serait court et facile, si vous rouvriez le temple de Mars [1]. »

[1] Non è ben la fortuna ancor contenta,
Nè posto ha fine all' italiche lite,
Nè la cagion di tanti mali è spenta.
Non sono i regni e le potenze unite,
Nè posson esser ; perchè il papa vuole
Guarir la chiesa delle sue ferite.
L' imperator con l' unica sua prole
Vuol presentarsi al successor di Pietro ;
Al Gallo il colpo ricevuto duole.
E Spagna che di Puglia tien lo scetro
Va tendendo a vicin lacciuoli e rete,
Per non tornar con le sue imprese a retro.
Marco pien di paura, e pien di sete,
Fra la pace e la guerra tutto pende :
E voi di Pisa giusta voglia avete.
Pertanto facilmente si comprende,
Che alfin al cielo aggiungerà la fiamma,
Se nuovo fuoco fra costor s' accende.
Onde l' animo mio tutto s' infiamma,
Or di speranza, or di timor s' incarca,
Tanto che si consuma a dramma a dramma.
Perchè saper vorrebbe, dove carca
Di tanti incarchi debbe, o in qual porto,
Con questi venti, andar la vostra barca,
Pur si confida nel nocchier accorto
Ne' remi, nelle vele e nelle sarte ;
Ma sarebbe il cammin facile e corto
Se voi il tempio riapriste a Marte.

Ce petit morceau de 260 vers, composé avec tant de rapidité, est un chef-d'œuvre de concision, de pétulance poétique, et présente un exposé fidèle de tous les événements, en style passionné.

L'envoyé Florentin après avoir raconté quelques faits généraux de 1494 à 1498, qu'il a pu observer lui-même, prend pour le reste, ses propres dépêches politiques, qu'il orne, qu'il embellit d'images brillantes, et dont la conclusion courageuse est qu'il faut que la république se décide encore une fois à la guerre.

Il est probable que c'est dans l'hiver de 1504 à 1505 que Machiavel épousa Mariette, fille de Louis Corsini, native de Florence. La date du mariage n'est pas exactement connue; mais d'après quelques faits historiques relatifs à leurs enfants, il y a lieu de penser que ce mariage fut célébré vers 1505. Une inclination réciproque a dû déterminer cette union: rien n'annonce que la dot de Mariette ait été considérable. Si, désormais, Nicolas n'est pas payé par la république, mieux qu'il ne l'a été jusqu'ici, il n'y aura pas lieu de s'étonner qu'il continue les mêmes plaintes.

CHAPITRE X.

Mais les affaires n'avaient accordé au poète et à l'époux que plusieurs jours de loisirs. Il fallait rétourner aux méditations de la politique.

1505.

Le gouvernement montrait l'intention de presser le siége de Pise. La république voulait y envoyer Jean-Paul Baglioni, seigneur de Pérugia, qui avait contracté avec elle pour lui et son fils un engagement de cent trente-cinq hommes d'armes, et qui refusait de partir sous prétexte de dangers qu'il courait dans sa principauté. La seigneurie pensa donc à charger Machiavel de hâter le départ de Jean-Paul, et de s'informer bien nettement des motifs de son refus.

La commission est datée du 8 avril 1505.

« Nicolas, tu iras avec toute célérité trouver Jean-Paul Baglioni, dans le lieu où tu apprendras qu'il peut se trouver; tu lui diras que nous sommes étonnés de ne pas pouvoir nous servir de son engagement. Sa seigneurie ne nous a jamais rien fait entendre des périls qu'elle peut courir.... Immédiatement après que tu te seras abouché avec ledit Jean-Paul, tu nous apprendras ce que tu auras pu connaître.»

Machiavel arrive près de Baglioni; celui-ci parle des dangers qu'il court dans Pérugia. Il dit qu'avant peu de jours, il doit y faire exécuter quatre de ses ennemis. Nicolas lui fait observer que personne n'ap-

1505. prouvera le refus qu'il fait pour son fils Malatesta, de remplir l'engagement contracté avec la république. Personne ne l'excusera jamais; au contraire, tout le monde l'accusera d'ingratitude, d'infidélité : on le regardera comme un cheval qui bronche, comme un cheval qui ne trouve pas de cavalier, parce qu'on a peur de se rompre le col, en le montant. Ces choses ne doivent pas être jugées par des docteurs, mais par des princes. Tout homme qui fait cas de la cuirasse, et veut s'honorer en la portant, ne subit pas de perte plus regrettable que celle de sa foi, et cette foi, ajoute Machiavel « vous vous en jouez ». Jean-Paul voulant encore se justifier, Nicolas lui dit que les hommes doivent tout faire pour n'avoir pas à se justifier, parce que la justification suppose l'erreur, ou l'opinion qu'on a pu tomber dans l'erreur.

1505. Deux Florentins qui sont au service de Baglioni, expliquent sa résistance, et l'accusent d'entretenir des menées avec les ennemis de Florence.

« Vos seigneuries jugeront de cela, avec leur prudence ordinaire. Je viens d'être long dans mon rapport, quoique ce ne soit pas mon habitude : mais il me paraît que tout ceci est d'une grande importance. »

Machiavel ne peut obtenir davantage : il s'informe du nombre de troupes que peut avoir Baglioni, et il retourne à Florence.

Le 4 mai suivant, la république l'envoya à Mantoue. Par suite du manque de foi de Jean-Paul, elle avait contracté un engagement avec le marquis de Mantoue, Jean-François II de Gonzague, qui promettait de donner à la république 300 hommes d'armes, qu'il conduirait lui-même sous le titre de capitaine-général; mais le marquis n'ayant pas voulu ratifier l'engagement, Machiavel revint sans avoir rien obtenu.

CHAPITRE X.

Le 16 juillet, le secrétaire est député à Sienne, vers Pandolphe Petrucci, seigneur de cette ville.

« Nicolas, tu partiras pour Sienne, et tu disposeras ton voyage, de manière que tu t'y trouves demain pour l'heure des affaires. Tu parleras avec le magnifique Pandolphe, pour qui tu auras nos lettres de créance; tu le remercieras de ce qu'il nous a envoyé un des siens, pour nous avertir du prochain mouvement de Barthélemy d'Alviano (condottiere au service d'Espagne), qui va venir à Piombino; tu remercieras Pandolphe des offres qu'il nous a faites; tu ajouteras que nous t'avons expédié là exprès, pour apprendre de lui ce qu'il y aurait lieu de faire, afin qu'il ne survînt pas d'autres désordres; tu t'étendras sur ce fait autant que tu croiras nécessaire, pour mieux découvrir la vérité; tu le retourneras dans tous les sens : tu ne prendras conseil que de toi-même, et tu gouverneras cette négociation prudemment, comme tu es accoutumé à faire. »

Le 17 juillet, Machiavel écrit qu'il a parlé à Pandolphe, à son lever, parce qu'il est arrivé avant l'ouverture des portes de la ville : il paraît que Pandolphe cherche à embarrasser le secrétaire dans une foule de confidences, auxquelles il n'ajoute pas foi.

1505.

Dans la seconde lettre, on lit qu'un certain Paolo di Piero, di Paolo, qui a été autrefois banni de Sienne, et qui a trouvé un asile bienveillant à Florence, donne à Machiavel des informations utiles à la république. Il lui demande pourquoi elle ne s'allie pas avec Pandolphe pour certaines affaires de Montepulciano; qu'ainsi Florence lui vendrait le soleil de juillet (proverbe florentin qui veut dire qu'on lui donnerait ce qui est à tout le monde), et qu'après avoir recouvré Pise, elle trouverait que Pandolphe serait, malgré lui, à la disposition de la république.

Après de longs entretiens dans lesquels Pandolphe

dit à Machiavel que les circonstances du temps *sont supérieures aux cervelles*, le secrétaire vit bien qu'on ne pouvait rien conclure avec Pandolphe, qui inquiétait la république, pour obtenir d'elle une *condotta*, et qui n'avait montré dans tout ceci qu'un caractère faux et pervers.

1505. Le secrétaire revint à Florence, vers la fin de juillet. Il avait prévenu les magistrats des dispositions hostiles d'Alviano, qui effectivement s'étant montré en armes à la Torre di San Vicenzo dans les Maremmes, fut défait par l'armée Florentine que commandait Antoine Giacomini, général Florentin dont Machiavel parlera toujours avec la plus grande estime.

Après cette victoire, la république crut que le moment était favorable pour presser plus vivement le siége de Pise, et elle fit marcher Giacomini dans cette direction; en même temps, Machiavel fut envoyé vers lui, pour lui porter différents ordres secrets de la république. Dans une lettre de la magistrature à Giacomini, on remarque ces recommandations d'un style tout-à-fait militaire : Il sera fait un mouvement sur Pise; s'il ne réussit pas, on se rabattra sur Lucques. Il faut que les Lucquois, occupés à guérir leurs propres blessures, ne puissent penser à soigner celles des autres, et connaissent par eux-mêmes quels sont les fruits de la guerre, puisqu'ils ont rompu la paix. Il faut opérer avec célérité, avant que l'armée ait oublié de vaincre, que les ennemis aient oublié d'être battus, et avant qu'il puisse naître quelque raison qui prescrive à la république de rester plus calme. L'instruction finit par ces mots qui donnent à penser.

« Si parmi les prisonniers il se trouvait quelque *secrétaire*, quelque homme de Lucques, de Pandolphe, de l'Alviano, ou d'autres de la faction Orsini, tu nous les enverras; tu feras de même s'il se trouvait un Pisan, ou quelqu'un qui fût notre notable ennemi. »

Nicolas alla plusieurs fois de Florence au camp de Pise, pour porter des ordres : mais il revint bientôt reprendre son emploi à Florence, parce que l'expédition manqua, que l'armée Florentine n'attaqua pas assez vivement, et qu'elle fut repoussée. 1505.

Précisément à cette époque, Machiavel commença à rédiger ses premières idées sur un nouveau mode de recrutement de l'armée; il conseilla à la république de renoncer, en partie, à ce système de *condotta* par lequel on livrait les destinées de l'état à une foule d'aventuriers, souvent sans courage, et plus souvent sans foi. Il pensa que la république devait substituer à cette troupe de mercenaires, ses propres sujets qu'elle ferait enrôler directement, pour avoir toujours à sa disposition des troupes nationales. Ce projet ayant été approuvé, Machiavel fut envoyé lui-même dans plusieurs provinces, pour organiser ces enrôlements: en conséquence, il commença ses opérations à Ponte a Sieve; dans plusieurs districts, il a pu d'abord faire inscrire deux cents hommes, qu'il compte, dit-il, réduire à 150. Il a eu des peines infinies à réussir, par deux raisons : la première est l'ancienne désobéissance des hommes de ce pays; la seconde est la haine que se portent ces différents districts. Plusieurs hommes refusent tout engagement. Machiavel leur fait une réponse extraordinaire, et très-adroite : les seigneuries ne voulaient contraindre personne, mais bien être priées d'accepter. Par d'autres moyens aussi habiles, il obtient ce qu'il désire de cette population. Les seigneuries remercient Machiavel, tout en remarquant qu'il a employé quelque temps à sa mission; 1505. 1506.

toutefois elles le consolent, en ajoutant : « Il fait toujours vite celui qui fait bien. »

1506. Cette mission commencée le 3 janvier 1505 (1506), finit vers le mois d'avril de la même année. Les Toscans rendent encore grâces à Machiavel d'avoir pensé à introduire ce système si commode, si facile, si juste, pour obtenir une armée du pays. Il est probable qu'ayant trouvé dans ses voyages, et surtout en France, un système semblable, cet esprit profondément observateur
1506. aura vu tout l'avantage de ce mode de recrutement, qui est si préférable au système de défense par des *condotte* d'aventuriers.

Une lettre de Nicolas à Jean Ridolfi, le même dont nous avons déja parlé, et qui était commissaire sous Pise, lettre datée du 12 juin 1506, contient une récapitulation fort importante de l'état des affaires dans presque toute l'Europe. Le secrétaire instruit son ami des dispositions politiques de toutes les puissances : ce résumé, semblable à celui qu'il avait déja adressé à son bienfaiteur Tosinghi [1], et nourri de faits remplis d'intérêt, est un véritable miroir où se reproduisent tous les événements du jour.

Nicolas nous dispense ici complètement du soin de dire dans quelles circonstances positives toutes les cours se trouvaient alors.

L'empereur d'Allemagne a fait un traité de paix avec le roi de Hongrie ; ce traité permet à l'empereur de se rendre prochainement en Italie. Il a déja expédié des secours à Gonsalve de Cordoue qui commande l'armée espagnole à Naples.

Le roi d'Arragon Ferdinand et l'archiduc, fils de l'empereur, ont souscrit un accord nouveau en Galice.

---

[1] Voyez chap. II, pag. 32.

CHAPITRE X.

Le roi d'Angleterre, Henri VII, soutient l'archiduc.

Les barons de Naples réfugiés en Espagne demandent à la France les possessions dont on les a privés.

Borgia, retenu prisonnier en Espagne, prie le roi Louis XII de lui faire accorder sa liberté[1].

Le pape veut enrôler des Suisses. Il demande des troupes à la France pour occuper Pérouse et Bologne.

Le roi de France envoie aux Suisses un ambassadeur, qui se rendra ensuite à Venise et en Hongrie. Il doit inviter les Suisses à ne s'engager désormais qu'avec le roi, recommander aux Vénitiens de rester attachés à la France, et troubler la paix qui existe entre le roi de Hongrie et l'empereur.

Mgr d'Argenson[2] est chargé d'empêcher l'Allemagne de donner à l'empereur des hommes et de l'argent.

1506.

Le roi de France a fait épouser sa fille à monseigneur d'Angoulême (depuis François Ier); il a fait prêter par tous les seigneurs serment de fidélité audit monseigneur d'Angoulême, qui régnera, si le roi actuel meurt sans enfants mâles. Il lui donne en dot 100,000 ducats, et le comté de Blois. La reine lui a

---

[1] N'obtenant pas de réponse, Borgia eut le courage de se sauver de la citadelle de Medina del Campo, en se laissant glisser le long d'une corde, et s'enfuit auprès de Jean d'Albret, frère de sa femme Charlotte d'Albret, et roi de Navarre. Louis XII avait retiré à Borgia ses pensions, et le titre de duc de Valentinois. Ce malheureux, en horreur à toute la nature, condamné à mourir sans états et sans titre, on dirait presque sans nom, montra cependant de la valeur au siége de Viane, entrepris par les troupes de son beau-frère, et il y fut tué d'un coup de feu le 12 mars 1507. On l'enterra sans honneurs, devant le château.

[2] Au lieu d'Argenson, il faut peut-être lire d'Argenton: alors, ce serait le fameux Comines, qu'on appelait monseigneur d'Argenton, et qui, né en 1445, ne mourut que le 16 août 1509. S'il en est ainsi, beaucoup d'historiens ont eu tort de prétendre que Louis XII n'a jamais employé Comines à son service. Du reste, la commission dont il s'agit ici, n'était pas fort honorable.

assuré cent mille ducats, et le duché de Bretagne si ladite reine meurt sans enfants mâles.

Il n'y a pas d'accord entre les Vénitiens et le roi, mais ils se font bon visage, et vivent sur l'ancien (*stanno sul vecchio*).

Le roi de France a commandé à un ancien ambassadeur du pape qui revient en Italie, de visiter Ferrare, Mantoue, Bologne et Florence, et de leur promettre de sa part mers et montagnes (*maria et montes*) : il tâchera de tenir ces villes bien disposées pour *France*, dans le cas du passage de l'*empereur*.

Nicolas parle ensuite de quelques autres princes minimes qu'il appelle des *rognures*.

Certainement, voilà bien un détail circonstancié des affaires de l'époque. Les faits sont vrais, et racontés dans un style mordant et familier qui leur donne une physionomie plus piquante. Il finit ainsi :

« Je sais que je vous ai pris votre temps; excusez-moi, et si vous en voulez plus qu'il n'y en a dans cette bible, avertissez-moi. »

Il est malheureux que Ridolfi n'ait pas excité un correspondant si exact et si ingénieux à lui envoyer des informations régulières : ou nous n'en trouverons plus beaucoup de semblables, ou, s'il y en a eu un plus grand nombre, toutes ne sont pas encore parvenues jusqu'à nous.

CHAPITRE XI.

On doit se souvenir des regrets que le cardinal 1506. Soderini avait témoignés, lorsqu'en 1503, on lui redemanda Machiavel qui était si utilement employé auprès de la cour romaine. Le souvenir des services du secrétaire dans une ville où la politique a une marche en général si habile et si compliquée, était sans doute toujours resté présent à l'esprit de LL. SS., et elles arrêtèrent, le 25 août 1506, qu'il retournerait à Rome.

« Nicolas, tu te transporteras en poste jusqu'à Rome, pour y trouver le pape[1]. S'il n'y est pas, tu te rendras dans tout autre endroit où il peut se trouver, pour faire une réponse relativement à l'expédition de Bologne, et à la demande que nous a adressée S. S. de se servir de Marc-Antoine Colonna, notre *condottiere*. Voici ce que tu as à dire, tu loueras cette bonne et sainte délibération, tu montreras combien elle nous est agréable, et tu diras quel est le bien que nous en espérons. Si tu le juges convenable, tu excuseras, par les causes qui te sont connues, le retard qu'on a mis à faire cette réponse; quant à ce qui concerne la demande d'un de nos *condottieri*, tu diras que cette demande nous a paru nouvelle et inattendue, et nous a laissés quelque temps en suspens, parce que nous avons congédié à peu près 200 hommes d'armes, et que nous n'avons gardé que ce qui était nécessaire à notre besoin. »

[1] Jules II, né en 1442, dans un bourg près Savone, appartenait à la famille de la Rovère, dont la maison du Roure, du Gévaudan, est une branche collatérale. Son oncle Sixte IV l'avait nommé cardinal du titre de Saint Pierre in Vincula: il avait l'esprit ardent, vaste, impétueux, et des inclinations guerrières.

L'instruction, après quelques détours dont les expressions sont assez sévères, porte cependant qu'on accordera des troupes pour cette sainte œuvre du pontife, mais qu'il est à propos, comme elles sont voisines, qu'elles ne marchent qu'au moment où l'entreprise sera commencée. Le secrétaire devait ensuite déclarer qu'il était envoyé pour demeurer auprès de S. S. pendant l'expédition, jusqu'à l'arrivée prochaine d'un ambassadeur.

« Et toi, pendant que tu suivras la cour, tu nous tiendras diligemment au courant de ce qu'il sera utile de nous apprendre. »

Le pape Jules II avait résolu de chasser de Perugia les Baglioni qui s'en étaient rendus maîtres, et de Bologne, les Bentivoglio qui s'y étaient déclarés indépendants. Il avait demandé pour cette expédition l'appui du roi de France, qui occupait la Lombardie, celui des Vénitiens et de plusieurs autres petits princes de l'Italie; il sollicitait des Florentins l'envoi de Marc-Antoine Colonne qui commandait sous Pise.

1506. Le pape, après s'être assuré du consentement de la France et de Venise, s'était mis en route sur-le-champ. Machiavel le trouva à Città Castellana, le 28 août. Jules lui donna audience devant le cardinal Soderini. Le secrétaire adressa d'abord à sa sainteté un discours où il expliquait les bases de ses instructions. Il les élargit un peu, en ajoutant que la république verrait avec plaisir la confirmation de l'appui de la France; qu'elle applaudirait à l'esprit de suite et de détermination dont sa sainteté se trouverait animée dans cette circonstance. Il crut ensuite utile de lire les instructions elles-mêmes *de verbo ad verbum*. Le pape écouta le discours et les instructions avec une grande

CHAPITRE XI.

attention, et répondit qu'il lui paraissait que LL. SS. craignaient trois choses : 1° que l'appui de la France ne fût pas assuré ; 2° que le saint-siége n'agît froidement dans cette affaire ; 3° qu'on ne finît par s'accorder avec Bentivoglio, et qu'on ne le laissât à Bologne, ou que si on le chassait, on ne l'y laissât rentrer.

A la première crainte, le pape répondit qu'il ne saurait mieux faire connaître la volonté du roi Louis XII que par la main propre du roi ; qu'à lui suffisait la signature de ce prince. Il appela alors monseigneur d'Aix, à qui il demanda la commission qu'il avait rapportée de France. Il montra au secrétaire la propre signature du roi, et lut deux articles qui concernaient Bologne. S. M. engageait le pape à faire cette expédition *presto, presto*[1], et lui promettait quatre cents, jusqu'à cinq cents lances avec monseigneur d'Alègre[2], et le marquis de Mantoue.

Relativement à la seconde crainte, il répondit qu'on ne pouvait l'accuser de froideur, qu'il était en chemin, qu'il s'y rendait, de sa personne, et qu'il ne croyait pas pouvoir mener la chose plus chaudement, puisqu'il y allait lui-même.

A la troisième crainte, il répondit qu'il ne laisserait pas Giovanni Bentivoglio à Bologne ; que lui, Bentivoglio, ne serait pas assez fou pour y demeurer comme un homme privé ; que les choses seraient arrangées par le gouvernement pontifical, de manière que messer Giovanni ne rentrât pas dans cette ville pendant

---

[1] On a déjà vu employer cette expression par le Commissaire Bartolini. Voyez page 40.
[2] Yves, baron d'Alègre, d'une maison très-distinguée d'Auvergne. A la bataille de Ravenne ayant vu son fils tomber auprès de lui, il ne voulut pas survivre à sa douleur, et se précipita dans les rangs ennemis où il trouva la mort, après des prodiges de valeur.

la vie du pape actuel, et que Jules II ne savait pas ce qu'un autre pape ferait après lui.

Le soir, Machiavel s'étant trouvé sur le chemin de sa sainteté qui allait voir la forteresse de Cività Castellana, comme chose rare, sa sainteté lui répéta mot à mot ce qu'elle lui avait dit le matin.

Il était important pour Machiavel de savoir auprès de l'ambassadeur de France, qui accompagnait le pape, jusqu'à quel point on pouvait croire aux promesses dont il se flattait. Cet ambassadeur dit au secrétaire qu'il était vrai que cinq cents lances commandées par monseigneur d'Alègre avaient été mises à la disposition de S. S.

1506.

Le treize septembre, le pape entre comme en triomphe à Perugia; mais les troupes de Baglioni sont plus fortes que celles du pape qui se trouve ainsi à la discrétion du seigneur auquel il vient d'enlever ses possessions. Si Baglioni ne lui fait pas de mal, c'est parce qu'il est d'une bonne nature.

Il paraît en même temps que le roi de France craignant l'arrivée de l'empereur en Italie, se rétracte et invite le pape à se désister de son entreprise.

Il est impossible de détailler avec plus de précision que ne le fait Machiavel, les chances qui restent au pape dans cette circonstance. Le roi de France ne peut aider le pape, ou ne le veut pas : il est raisonnable qu'il permette aux Vénitiens d'obtenir pour leur compte le degré d'intimité où il veut être avec le pape, et que le pape mal content du roi s'attache aux Vénitiens. Si le roi ne peut pas aider S. S. et que l'empereur en soit la cause, dans ce cas, les Vénitiens doivent avoir la même crainte que le roi de France, et le même motif qui tient en arrière le roi, retient les Vénitiens.

CHAPITRE XI.

« Quelques-uns disent que les Français ne voient pas cette affaire si subtilement, et qu'il leur importe peu qu'un autre fasse ce qu'ils ne veulent pas faire, et qu'en général ils considèrent toutes ces choses sous un autre aspect. On connaîtra avec le temps, qui est le père des événements, ce qui doit arriver, et je pense ne pas errer, en vous envoyant, outre les informations sur ce qui se passe, les opinions des hommes de cette cour, et de quelques personnes sages et expérimentées [1]. »

Machiavel adresse plusieurs lettres qu'il confie au sculpteur Sansovino [2]; il annonce ensuite que le pape l'a fait appeler, et lui a dit en présence du cardinal Soderini, qu'il n'était définitivement parti de Rome, et qu'il ne s'était exposé à tant d'embarras que pour purger la terre de l'Église des tyrans qui l'opprimaient, et pour la défendre des ennemis du dehors et de ceux du dedans.

Le pape continue sa route; il va à Saint-Marin [3], de là à Césène : on annonce dans cette ville que l'empe-

---

[1] Dans ses instructions à Raphael Girolami, le secrétaire nous apprendra plus tard quelles sont ces personnes sages et expérimentées : il nous dira là un secret de son travail.

[2] Jacques Tatti, dit Sansovino, sculpteur et architecte, né à Florence en 1479, dix ans après Machiavel, mort à Venise en 1470, âgé de 91 ans.

[3] Cette république, dont l'administration est si sage, a eu constamment le bonheur et l'habileté de faire respecter son indépendance, même de nos jours. Quand l'armée autrichienne qui marchait sur Naples en 1820, dut traverser une partie de son territoire, le général fit officiellement demander la *permission* du passage. En 1824, quelques intrigues subalternes, masquées sous le voile de la religion, firent craindre, sans doute à tort, qu'une puissance voisine ne portât atteinte à cette indépendance jusque-là si honorée. Cette circonstance nous ayant mis à même de rendre quelques services à cette république, elle nous a adressé une patente qui nous déclare inscrit sur son *livre d'or*, et nous avons reçu ce témoignage de bienveillance avec beaucoup de satisfaction, et avec une sincère reconnaissance. Le même témoignage de gratitude fut accordé dans le temps, et pour les mêmes causes, à M. le chev. d'Italinsky, ministre plénipotentiaire de Russie près le Saint-Siège.

reur envoie au pape deux ambassadeurs, le Cardinal, évêque de Brixen[1], et le marquis de Brandebourg[2], qui ont ordre de prévenir de l'arrivée de l'empereur, et de se borner à cette notification.

Des ambassadeurs bolonais arrivés dans cet intervalle sont admis à l'audience du pape. Ils lui baisent les pieds, et se retirent sans lui adresser une parole. Le lendemain, dans un long discours, ils cherchèrent à le toucher par le tableau de leur ancienne dépendance absolue du saint-siége : ils citèrent les traités faits par la ville avec plusieurs pontifes, traités confirmés par Jules lui-même ; ils vantèrent la conduite politique de leurs citoyens, leurs sentiments religieux et leur soumission aux lois. Le pape répondit que si ce peuple était soumis à l'état de l'Église, il ne faisait que son devoir, parce que telle était son obligation, et parce que le saint-siége était aussi bon maître, que le peuple pouvait être fidèle sujet. S. S. venait elle-même pour le délivrer des tyrans ; qu'à l'égard des traités, le pape n'examinerait pas ce qu'avaient fait d'autres papes, et ce qu'il avait fait lui-même, parce que les autres papes et lui n'avaient pu faire autrement ; que la nécessité et non la volonté avait décidé les confirmations obtenues ; que le temps était venu où il pouvait revoir les traités ; qu'il lui paraissait qu'une négligence à les revoir ne lui laisserait aucune excuse devant Dieu ; que pour cela, il était parti : qu'il avait le désir que Bologne fût heureuse ; qu'en conséquence, de sa personne, il entrerait dans la ville ; que si les lois actuelles lui plaisaient, il les confirmerait ; que

---

[1] Melchior Cops, créé cardinal par Alexandre VI, en 1503, et mort à Rome, en 1509.

[2] Casimir, de Brandebourg ; cette famille, devenue depuis si puissante, ne dédaignait pas alors d'accepter des missions de l'empereur.

si elles ne lui plaisaient pas, il les changerait, et que pour y parvenir, même par les armes, quand les autres moyens ne réussiraient pas, il avait fait préparer des forces telles qu'elles pouvaient faire trembler non-seulement Bologne, mais l'Italie.

Les ambassadeurs demeurèrent interdits, et se retirèrent sans proférer une parole. La lettre où je trouve ces informations se termine en ces termes :

« Magnifiques seigneurs, il y a long-temps que je suis dans une grande nécessité d'argent; je n'en ai pas demandé parce que je crois, tous les jours, devoir m'en aller, mais voyant la chose tourner en longueur, je supplie vos seigneuries d'avoir l'humanité de pourvoir à mes besoins. »

Machiavel pensant que le gouvernement des magistrats doit aimer à savoir ce qui se passe à Perugia, depuis que le pape a conquis cette ville, écrit que le légat que S. S. y a laissé annonce le retour d'une paix générale : selon lui, l'Église étend tous les jours ses racines, et celles de l'autre pouvoir se dessèchent; Nicolas ajoute :

« Ce sont des choses à laisser approuver au temps. »

Le pape a passé en revue son armée, d'abord six 1506. cents hommes d'armes en comptant deux chevau-légers par homme d'armes, mille fantassins du duc d'Urbin, six cents autres hommes de pied, levés à Forli, et trois cents Suisses de sa garde.

« Je ne veux pas omettre de dire que si vos seigneuries voyaient ces fantassins du duc d'Urbin, et les autres, elles n'auraient pas honte de ceux qu'elles tiennent à leur service, et n'en feraient pas peu de cas. »

« Le matin, on a assemblé un consistoire. On y a décidé de procéder contre Bologne par les censures, indépendamment des forces qu'on a déployées, et il me semble déjà que messer Bentivoglio commence à céder en quelques points, et à quitter ce ton d'assurance qu'on attendait de lui il y a peu de jours. »

« Les Français viennent à marches forcées ; Chaumont[1] s'avance avec 600 lances, trois mille fantassins, et 24 pièces d'artillerie. »

On annonce au pape la mort du roi de Castille, don Philippe, et l'on pense que cette circonstance rappellera en Espagne le roi Ferdinand. On croit auprès du pape qu'il résultera de cette mort, que le roi de France sera plus libre de protéger l'église et de rassurer l'Italie contre les entreprises de ceux qui voulaient la *manger*.

On a publié une interdiction contre Bologne et les environs de la ville : si le pape était plein de détermination pour achever cette entreprise, il l'est devenu bien davantage. Enfin, on lance une bulle qui déclare messer Giovanni et les siens rebelles à la sainte église : leurs biens et leurs effets sont abandonnés à qui pourra les prendre. Ce tyran et ses partisans sont déclarés les prisonniers de ceux qui les arrêteront, et on accorde l'indulgence plénière à quiconque marchera contre eux, et les tuera. Le pape ayant rencontré les ambassadeurs Bolonais, s'est approché d'eux ; en présence de beaucoup d'assistants, il a invectivé contre la tyrannie de messer Giovanni et il a proféré à cette occasion des paroles pleines d'animosité et de venin.

1506. Le 12 octobre, Jules fait appeler Nicolas et lui dit :

« Je crois que les seigneuries voyant combien je suis avancé dans mon entreprise contre messer Giovanni Bentivoglio, et se rappelant que je leur ai demandé depuis long-temps

---

[1] Neveu du cardinal d'Amboise et de monseigneur d'Alby. Guichardin dit à tort, que Chaumont était frère de monseigneur d'Alby. Voy. Guich., tom. II, pag. 108.

l'assistance de Marc-Antoine Colonna, et de ses hommes d'armes, qu'elles m'ont d'ailleurs offerte, comme tu le sais toi-même, s'étonnent beaucoup que je ne les somme pas de faire venir ces troupes : apprends, et tu pourras le leur écrire, que j'ai différé, pour satisfaire en plein leur désir qu'elles m'ont manifesté par ton organe ; j'ai voulu d'ailleurs ne faire cette demande, que dans un temps où elles verraient l'entreprise certaine, et les appuis assurés, tels que je me les promettais. Aujourd'hui les Français arrivent, et au nombre que j'ai demandé, et même en plus grand nombre. Je les ai satisfaits en argent, et dans tout ce qu'ils ont voulu. Ainsi, outre mes 400 hommes d'armes, j'ai les soldats de Jean Paolo Baglioni, qui forment 150 hommes d'armes ; j'ai cent stradiots [1] que j'attendais de Naples : tu dois les avoir vus. Le marquis de Mantoue est venu me trouver avec cent chevau-légers, et il vient d'en envoyer chercher autant. J'attends à Imola le duc de Ferrare, qui arrivera à la tête de plus de 100 hommes d'armes ; tout le reste de son monde sera aussi à ma disposition. J'ai payé l'argent nécessaire pour les hommes de pied qui viennent avec les Français, et pour ceux que je veux ici avec moi ; et en dernier lieu, pour que chacun sache que je ne veux pas d'accommodement avec messer Giovanni, j'ai publié comme une croisade contre lui. Actuellement, si tes seigneurs ne veulent pas être les derniers, tu connais leurs promesses, il faut qu'ils pensent à leurs troupes. Je désire en conséquence que tu leur expédies un courrier en poste qui leur manifeste mon désir de voir arriver à Imola messer Marc-Antoine Colonna, avec les cent hommes d'armes de sa *condotta*. Tu diras à tes seigneurs, que, comme ils le voient bien, je pourrais me passer de ces troupes ; que je les désire cependant, non pour l'avantage que je dois en retirer ni pour avoir beaucoup d'hommes, mais pour trouver en cela

---

[1] Les stradiots étaient des soldats levés par la république de Venise, pour la plupart, dans les environs de l'Albanie ; ils combattaient à cheval et faisaient le service d'éclaireurs. On les redoutait, parce qu'ils étaient pillards, et presque toujours sans pitié pour ceux qu'ils faisaient prisonniers.

une juste raison d'accorder à tes seigneurs des bienfaits et des faveurs dans tout ce qu'ils peuvent souhaiter, quand l'occasion en sera venue; et cette occasion se présentera aussitôt que l'Église se verra dans l'état de puissance ou de crédit où j'espère l'amener. »

« Je répondis à sa sainteté que j'allais instruire de tout ceci leurs seigneuries, avec le plus de diligence qu'il serait possible, et sa béatitude me demandant combien je croyais qu'il faudrait de jours pour que ces troupes entrassent à Imola, je répliquai que mon courrier ne pouvait être à Florence que dans deux jours; qu'il faudrait deux jours pour que les ordres parvinssent à Cascina, et sept au moins pour que les soldats arrivassent de Cascina à Imola. Il parut au pape que cela faisait trop de jours, et de nouveau il m'engagea à vous écrire sur-le-champ, en ajoutant qu'il fallait que je le prévinsse, quand j'aurais une réponse. »

« Hier matin on a expédié en consistoire un bref, en vertu duquel le pape concède au roi de France le droit de disposer des bénéfices du duché de Milan, comme l'a fait précédemment le comte François (Sforza). Telle est la dernière demande que le roi a faite au pape dans cette circonstance. »

1506. Nicolas reçoit une réponse à la demande du pape. Marc-Antoine a l'ordre de monter à cheval; le secrétaire en informe le pape. Il s'en montre fort joyeux; il appelle sur-le-champ le Dataire, et messer Carlo degli ingrati, et il leur dit : « Je veux que vous entendiez quels amis a messer Giovanni, et ce que les voisins estiment le plus de lui, ou de l'Église. » Il appela ensuite d'autres personnes qui étaient à table. Il voulut qu'elles entendissent la lecture de la lettre, et ensuite parla fort honorablement et *amorevolmente* de vos seigneuries.

« Je dis alors à S. S., qu'ayant appris qu'elle avait dessein de traverser une partie du territoire de la république sur la

CHAPITRE XI.

frontière, j'allais monter à cheval, pour ordonner les provisions nécessaires dans des lieux pauvres, et où les logements étaient rares, et qu'il fallait que je me considérasse désormais comme au camp, ou dans des endroits plus incommodes. »

« Le pape me répondit que rien ne lui serait désagréable, qu'il se montrerait content de toute manière. Actuellement je suis à Castrocaro; ce soir je vais à Modigliana, *ut parem viam domino* (pour préparer la voie au seigneur). »

Le secrétaire écrit de Palazzuolo.   1506.

« Il est arrivé ce soir à Marradi un envoyé de vos seigneuries, chargé de six barils de vin, en barils, et de deux en bouteilles, avec une charge de poires. »

Nous citons ce détail pour faire comprendre les mœurs du temps. Que l'on compare de tels présents avec ceux que l'on fait aujourd'hui, dans la même circonstance!

« Tout cela fut offert au pape de la manière la plus civile qu'on put, à cause de la qualité du présent : S. S. agréa tout bien volontiers et fit des remercîments. »

« Ce matin, votre commissaire, Pierre-François Tosinghi (il en a déjà été question), crut ne pas devoir nous accompagner davantage, et prit congé du pape : je ne pourrais dire à vos seigneuries, avec quelle bienveillance, avec quelles démonstrations d'affection pour vos seigneuries, le pape lui a parlé ; il l'a tenu embrassé une demi-heure, en présence de toute la cour. On croit que si l'entreprise de Bologne réussit au pape, il ne perdra pas de temps à aucune autre plus grande entreprise, et l'on juge que cette fois l'Italie sera délivrée de celui qui a dessein de l'*avaler*, ou que cela n'arrivera jamais. »

Jules continue son voyage; il entre à Imola, content de la réception qui lui a été faite dans l'état de Florence : aucune provision n'a manqué; on a tout donné en abondance. Il est arrivé un courrier des Français. On apprend qu'ils sont à Modène, au nombre de 810 lances, cinq mille fantassins, deux mille Suisses; le reste est composé de Gascons, et autres *rognures* (Machiavel affectionne cette expression dont il s'est déjà servi). On répand qu'à la veille de sa défaite, messer Giovanni a fait saccager des couvents de moines qui avaient commencé à obéir à la bulle de malédiction. Il paraît qu'ensuite il prit le parti de la faire publier lui-même, en avertissant les religieux qu'ils pouvaient, à leur volonté, rester ou partir.

1506. Le 26 octobre, l'ambassadeur Pepi, que la république envoie au pape pour le complimenter, arrive à Imola. Peu de jours après, le pape est entré en triomphateur à Bologne, sous la protection spéciale des troupes commandées par messire de Chaumont, qui n'avait donné aux Bolonais que deux jours pour se décider à recevoir S. S.

Depuis cette époque, Bologne a appartenu au saint-siége, excepté dans le court intervalle de la domination cisalpine, et du royaume d'Italie, depuis le traité de Tolentino jusqu'aux traités de Vienne.

CHAPITRE XII.

Il est à peu près certain que Machiavel reprit ses 1506. fonctions de secrétaire à Florence, dans le commencement de novembre 1506. On a vu déjà, que dans les premiers jours de cette année, il avait donné à son gouvernement l'idée d'organiser une armée nationale, et qu'il avait complètement réussi à lever des troupes, d'après ce système, dans plusieurs districts de la Toscane. Ce fut probablement à cause de ce succès qu'il fut chargé de composer une instruction intitulée : « *Provvisione, per istituire milizie nazionali, nella repubblica Fiorentina.* »

Il s'acquitta de cette commission avec beaucoup de zèle, et le gouvernement donna force de loi à son travail que nous allons analyser.

Il est prouvé par l'histoire, que dans les temps passés où des républiques ont maintenu et étendu leur puissance, elles ont considéré comme fondement de ces avantages deux points principaux, la justice et les armes, l'une pour pouvoir contenir et punir les sujets, les autres pour se défendre des ennemis.

La république de Florence possède de bonnes lois qui assurent l'indépendance de la justice. Il lui manque d'avoir pensé à l'organisation des armes. Elle sait combien peu il faut compter sur les mercenaires; car s'ils sont en grand nombre et en réputation, ils deviennent insupportables et suspects ; s'ils sont en petit nombre et sans réputation, ils ne sont d'aucune utilité.

Il faut donc s'armer de ses propres armes, de ses propres soldats : le pays les offre en abondance. On en pourra réunir tel nombre que l'on jugera convenable.

« Ces hommes étant sujets du domaine de la république seront plus obéissants : s'ils viennent à faillir, on pourra plus facilement les punir ; s'ils se comportent bien, on pourra plus facilement les récompenser : et se tenant ensuite armés dans votre pays, ils le mettront à l'abri de toute insulte imprévue ; les provinces ne seront plus parcourues par des bandes étrangères : on ne les y voyait qu'à la honte de la république, et au préjudice de ses citoyens et de ses paysans. En conséquence, au nom du tout puissant seigneur, et de sa glorieuse mère, Sainte Marie toujours vierge, et du glorieux précurseur du Christ, Jean-Baptiste, avocat, protecteur et maître de cette république, il est prescrit et ordonné ce qui suit, etc. . . . . »

Voici quelques-unes des dispositions de cet édit : Il sera établi une magistrature qui sera appelée *les neuf officiers de la milice Florentine*. Ces officiers auront droit de faire des levées d'hommes qui seront appelés les *inscrits*; d'y comprendre qui leur paraîtra et plaira; de punir, s'il y a lieu, les *inscrits*, même de la peine de mort. Ceux-ci seront exercés à la manière des troupes allemandes ; leur tambour même battra des marches empruntées des ultramontains : il sera passé au moins une revue par mois.

On sera exempt, à l'âge de 50 ans, excepté en cas de nécessité. Les remplacements ne seront pas permis.

Il est à présumer, comme nous l'avons déjà dit,

CHAPITRE XII.

que dans ses voyages, Machiavel avait pu remarquer des lois semblables : mais il est sûr en même temps qu'il en a singulièrement étendu les dispositions. Quant à la pénalité sévère qu'il y a introduite, elle est en harmonie avec les mœurs du temps, et, comme il s'agissait de mesures nouvelles, on peut croire qu'il s'est cru obligé de les faire respecter par la crainte, et que ce droit de condamner à mort n'était pas souvent exercé par le conseil des neuf.

Probablement le succès de cette loi, qui fut appelée *provvisione*, détermina dans Machiavel ce goût pour les institutions militaires, et par suite pour l'étude des règles de stratégie qu'il développa plus en détail dans son Art de la guerre. Après cette excursion dans des méditations qui n'avaient pas été les siennes jusqu'à ce moment, Machiavel retourne à ses fonctions de secrétaire, qu'il suspend un instant pour aller remplir une mission auprès du seigneur de Piombino. 1506.

Il partit le 18 mai 1507, et ne resta que peu de temps auprès de ce seigneur, qu'il alla raffermir dans des idées d'attachement au service de la république. 1507.

Le 10 août de la même année, le gouvernement le chargea d'une autre mission, au moins singulière. Il devait aller à Sienne prendre des informations sur l'arrivée présumée d'un légat envoyé par le pape à l'empereur; il devait, aussi, bien considérer quel était le nombre des serviteurs qui accompagnaient le légat, et quel genre de réception lui ferait la ville de Sienne, alors rivale de Florence.

Nicolas arrive à Sienne avant le légat, le cardinal Carvajal (*Santa-Croce*), et ne peut pas sur-le-champ satisfaire la curiosité des magistrats des dix.

« Je pourrai dire demain à vos seigneuries combien de chevaux il a à sa suite; les uns disent cent, et pas davantage, les autres, plus de deux cents : enfin, avant qu'il s'écoule quarante heures, vos seigneuries sauront combien il a de chevaux, comment les Siennois se comportent avec lui, et quand le légat se trouvera sur votre territoire.

« On attend, ainsi que je m'en aperçois dans toute la ville, l'arrivée de l'empereur, comme une fête désirée de tous. Je donne ce détail à VV. SS., parce que dans de semblables événements les volontés des peuples ont coutume d'être toujours en opposition avec celles de leurs chefs.... Le cardinal a avec lui 110 chevaux, 32 mules. Ses domestiques sont au nombre de 50. Ses courtisans, pour la plupart, paraissent des échappés des *Stinche* [1]. »

1507. Machiavel a découvert le vrai but de ce voyage. Ce cardinal dissuadera l'empereur du projet de venir en Italie; dans le cas où l'empereur y viendrait pour se faire couronner, le légat a les pouvoirs pour procéder à ce couronnement sur place, au nom du pape. Si le légat trouve l'empereur obstiné à venir, il doit l'engager à partir sans armée, et dans ce cas, lui garantir l'amitié de la France. Si cela ne réussit pas, si le légat trouve l'empereur disposé à venir et à passer avec ses forces (*gagliardo*), il a ordre d'examiner ses ressources.

---

[1] Prisons de Florence, appelées les *Stinche* du nom d'un château de *Valdigreve*, en Toscane, dont les habitants s'étaient révoltés. Les Florentins avaient entouré ce château de palissades, et en avaient fait une prison où ils avaient renfermé tous ces habitants. Ces prisons étaient donc nommées les *Stinche* par assimilation. *Varchi, Storia fiorentina*; Cologne, 1721, in-fol., pag. 261.

CHAPITRE XIII.

La mission à Sienne finit le 14 août. On voit que 1507.
l'arrivée de l'empereur occupait beaucoup les Florentins. Ils avaient envoyé auprès de lui François Vettori comme ambassadeur, à l'effet de s'informer de plusieurs circonstances importantes; alors le gonfalonier Soderini croyant remarquer que les dépêches de Vettori paraissaient contenir des contradictions, on jugea à propos de lui adjoindre Machiavel. Cette dernière preuve de confiance de la république manquait au secrétaire : on n'a pas trouvé les instructions qu'il reçut à cette occasion.

Sa première lettre est datée de Genève, le 25 décembre 1507. Le lendemain, il partait pour Constance. Le 17 janvier 1507 (1508), il écrit de Bolzano; 1508.
il n'a pu arriver dans cette ville que le 11, retenu par les mauvais temps, les chevaux fatigués, et le manque d'argent. A son arrivée, il a trouvé François Vettori qui jouit d'une existence honorable, que l'on voit avec plaisir dans cette résidence, et auquel il a exposé verbalement les ordres des seigneuries. C'est Vettori qui écrira ce qui a été fait auprès du ministre de l'empereur depuis l'arrivée du secrétaire, et celui-ci se bornera à donner quelques détails qu'il a recueillis pendant son voyage. Il entre dans plusieurs explications sur l'organisation des cantons de la Suisse.

A Constance il a vu un ambassadeur du duc de Savoie. Il paraît qu'il l'a interrogé vivement, et avec un peu d'obstination. L'ambassadeur lui répond :

« Tu veux savoir en deux heures ce que je n'ai pas pu apprendre en beaucoup de mois ; et la raison en est qu'il faut ou connaître les conclusions des résolutions, ou voir les effets des préparatifs. La première chose est très-difficile, parce que cette nation est très-discrète. L'empereur porte cet amour du secret dans une quantité de circonstances. S'il change de logement, il n'envoie le cuisinier qu'une heure après qu'il est parti, pour qu'on ne sache pas où il va. A l'égard des préparatifs, l'apparence est grande.... ils viennent de divers endroits..... il faudrait un espion dans chaque lieu pour entendre la vérité. Quant à moi, afin de me tromper moins, je ne te dirai rien autre, sinon que César fera trois fêtes (entrées), l'une à Trente, par la voie de Vérone, l'autre à Besançon, par la voie de Bourgogne, l'autre à Carabassa, par la voie du Frioul..... Ce mouvement est immense ; il doit enfanter un grand résultat de paix ou de guerre entre ces deux souverains. »

1508. Nous négligeons une nouvelle demande d'argent.
Ici, les lettres de la mission sont de la main de Machiavel, mais signées par Vettori. Une d'elles renferme une particularité remarquable : l'empereur demande qui est ce secrétaire Florentin qui vient d'arriver, et veut savoir quelle route il a prise. Mais cet incident n'a aucune suite dont, au moins, Vettori ait connaissance. Il est chargé d'offrir à l'empereur, s'il vient en Italie, et s'il veut garantir l'indépendance de la Toscane, une somme de trente mille ducats ; en cas d'insuffisance, quarante mille, et enfin d'aller jusqu'à cinquante mille, mais pas au-delà. Il offre donc à l'empereur trente mille ducats : mais le ministre de sa majesté se récrie. Vettori promet 40,000 ducats, en s'en

CHAPITRE XIII.

tenant à cette somme. Il n'obtient aucune réponse définitive. Plus tard, Vettori est appelé à l'audience de l'empereur, et là, le ministre Lang [1] lui dit que sa majesté a fait examiner cette offre de quarante mille ducats; que Florence voulant la conservation de son état et la garantie de son autorité, cet argent était un faible don, si on considérait la qualité de la Ville, et d'autres circonstances; qu'en conséquence, on n'en était pas content, et qu'on ne l'acceptait pas; qu'on avait pensé à faire une demande qui serait acceptable par LL. SS. : qu'on désirait qu'elles donnassent actuellement vingt-cinq mille ducats payables sur-le-champ, et qu'aussitôt après le paiement de cette somme, l'empereur ferait écrire une lettre adressée à Florence, qu'elle serait signée par lui, munie de ses sceaux, et des signes ordinaires ; que par cette lettre, il s'obligerait à la conservation de l'autorité et du domaine des Florentins; que cependant, même après le paiement de ladite somme de vingt-cinq mille ducats, cette lettre ainsi écrite, ainsi préparée, ne serait pas encore consignée, avant qu'on eût rempli d'autres conditions. Vettori, ou plutôt Machiavel ne craint pas de dire dans cette dépêche :

« Le roi [2] parti, je dis à Lang que j'étais certain que vous n'accepteriez pas cette proposition, parce que là où il est parlé de payer, quand d'un autre côté il n'y a pas compensation, on parle de choses auxquelles ne consentirait pas notre peuple, et qu'on savait à Florence comment on prêtait de l'argent à l'empereur, et comment il le rendait. »

[1] Matthieu Lang, secrétaire, ministre et favori de l'empereur Maximilien. Lang devint successivement évêque de Gurck (ville de la Carinthie entre Villach et Gratz, à quelques lieues au nord de Klagenfurt), ensuite cardinal, et il joua un grand rôle dans toutes les affaires de l'empereur.

[2] Le roi veut dire ici le roi des Romains : Maximilien portait ce titre et celui d'empereur.

1508. Il arrive un courrier nommé Coriolan; mais il a caché ses dépêches dans sa chaussure, et elles ne sont pas lisibles. Vettori supplie le gouvernement de ne pas rappeler Machiavel qui lui est trop nécessaire, et il sollicite pour lui l'envoi de quelque argent. Rien n'honore plus le caractère de Nicolas que la conduite qu'il tient dans cette circonstance, relativement à François Vettori. Soderini était prévenu contre ce dernier, et on lui reprochait le tort le plus grave que puisse avoir un ambassadeur, celui de n'être pas conséquent dans ses rapports. Machiavel avait découvert que l'imputation était fausse, et l'on verra dans le cours de cette histoire, combien la reconnaissance de Vettori fut généreuse et durable.

La correspondance rappelle ici une foule de noms allemands dans lesquels il est difficile de reconnaître les noms véritables : on écrit Brongivic pour Brunswick, Litestan pour Lichtenstein; il paraît aussi que Vettori aimait à écrire de très-longues dépêches, et que Machiavel a dû condescendre à ce désir. Elles sont ici plus diffuses que celles que Nicolas a signées lui-même dans d'autres missions : d'ailleurs les instructions qu'envoyaient les seigneuries arrivaient toujours trop tard. Après avoir refusé des arrangements à peu près raisonnables, vu l'état de danger où elles se trouvaient, ou plutôt où elles croyaient se trouver, elles consentaient à des sacrifices qu'il n'était plus possible de faire accepter, parce que les prétentions étaient devenues plus exigeantes : les refus et les consentements se croisaient; la parcimonie se retrouvait toujours dans l'envoi de la correspondance; aussi Vettori, d'un caractère très-prudent, n'exécutait pas les commissions tout entières, et prenait sur lui, probablement à cause de sa qualité d'ambassadeur, de demander itérativement de nouveaux ordres, en cessant d'agir dans un pays qui n'avait que des relations très-difficiles avec l'Italie.

Nous voyons dans une lettre du 30 mai 1508, que Machiavel vient de tomber malade : les médecins ne savent pas si cette grave incommodité doit être attribuée à la pierre, ou à un amas d'humeurs, qui lui causent de vives souffrances. Il serait même parti sur-le-champ pour Florence, si les chemins eussent été ouverts. L'empereur commence à laisser croire qu'il renonce à son expédition d'Italie ; il est à Cologne ; enfin il se conclut une trève entre l'empereur d'une part et les Vénitiens de l'autre, et suivant l'usage du temps, chaque puissance a trois mois pour désigner les adhérents qu'elle veut faire jouir de ce bienfait.

La dernière lettre de cette mission est signée de Machiavel, et datée de Bologne le 14 juin. Il confirme la nouvelle de la trève signée le 6 juin entre l'empereur et Venise : dans le contrat, l'empereur a indiqué sur-le-champ comme ses adhérents, le roi d'Arragon et le pape. Les Vénitiens ont déclaré avoir stipulé pour la France et le roi d'Arragon. Ce dernier ne pouvait pas manquer de jouir de la paix. Le ministre de l'empereur, Lang, demande aux Florentins s'ils veulent être indiqués comme adhérents de son maître, et il dit que les Pisans s'étant adressés aux Français pour avoir des secours, il ne croyait pas qu'il fût bien que les Français envoyassent de nouveau des troupes en Toscane. Vettori répond qu'il n'a pas d'ordre de LL. SS., mais qu'elles attacheront toujours du prix à toutes les faveurs que l'empereur voudra bien leur accorder.

Il y a lieu de croire que la maladie de Machiavel fut guérie promptement, car nous voyons qu'il arrive à Florence le 17 juin, et que du même jour il date son *Rapporto delle cose della Magna*.

Dans ce rapport, qu'on lui demanda peut-être, parce qu'on avait encore conservé quelques-unes des anciennes préventions contre François Vettori, Machiavel commence par détailler les opérations que l'empereur a faites à la diète de Constance, et les efforts de S. M. pour obtenir des troupes et de l'argent de tous les princes de l'empire. Il dit qu'il a su que les revenus de ce souverain montent à six cent mille florins, et que son *office d'empereur* lui rapporte de plus cent mille florins (ou ducats d'or).

Un des confidents du prince a dit au secrétaire :

« L'empereur ne demande conseil à personne, et il est conseillé par tout le monde. Il veut faire tout par lui-même, et il ne fait rien à son gré ; il ne dévoile jamais spontanément ses secrets, mais la matière le découvre, et il est retourné par ceux qui l'entourent, et éloigné du but qu'il a lui-même : ces deux choses, qui le font louer par tout le monde, la libéralité et la facilité, le ruinent tout-à-fait. Si les feuilles des arbres de l'Italie devenaient des ducats pour lui, ce nombre ne lui suffirait pas. Notez que de ses désordres fréquents naissent des besoins fréquents, des besoins naissent les demandes fréquentes, des demandes les diètes fréquentes, et du peu d'estime qu'il inspire, les résolutions faibles, et les entreprises plus faibles encore. S'il fût venu en Italie, vous n'auriez pas pu le payer en diètes, comme fait l'Allemagne. Sa générosité lui nuit d'autant plus, qu'à lui, pour faire la guerre, il faut plus d'argent qu'à un autre prince. Ses peuples, qui sont libres et riches, ne sont excités ni par le besoin, ni par aucune affection : ils le servent par le commandement de leurs communes et pour la solde qu'elles donnent. Si au bout de 30 jours l'argent n'arrive pas, sur-le-champ ils partent, et ils ne sont retenus ni par prières, ni par espérances, ni par menaces, quand leur manque l'argent. Si je dis que les peuples d'Allemagne sont riches, c'est la vérité ; mais ils sont riches, en grande partie, parce qu'ils vivent comme des pauvres, parce qu'ils ne bâtissent pas, parce qu'ils ne s'habillent pas bien, qu'ils n'ont pas de ménage, et qu'il leur suffit d'avoir en abondance le pain et la viande, et un poêle pour se réfugier pendant l'hiver. Celui qui n'a pas d'autres choses, s'en passe et ne les cherche pas. Ils dépensent sur eux deux florins (d'or) en dix ans, et chacun, suivant sa qualité, vit dans cette proportion. Personne ne fait compte de ce qui lui manque, mais seulement de ce qui lui est nécessaire : leurs nécessités sont moindres que les nôtres, et de leurs habitudes il résulte qu'il ne sort pas d'argent de leur pays. Ils sont contents de ce qu'il produit, et ils mènent une vie rustique et libre. Ils ne veulent pas aller à la guerre, si vous ne les surpayez, et cela même ne suffirait pas, si les communes ne l'ordonnaient. Aussi faudrait-il à l'empereur plus d'argent qu'au roi d'Espagne, et à quiconque aurait des peuples autrement bâtis. »

« Quant à l'empereur, son bon et facile naturel fait que chacun de ceux qui l'entourent, le trompe. Un des siens m'a encore dit que chaque homme et chaque chose ne le peuvent tromper qu'une fois quand il s'en est aperçu ; mais il y a tant d'hommes, il y a tant de choses, qu'il peut lui arriver d'être trompé chaque jour, quand même il s'en apercevrait constamment. Il a des vertus infinies, et s'il tempérait ces deux parties que j'ai dites ci-dessus, il serait un homme très-parfait, parce qu'il est excellent capitaine ; il maintient une grande justice dans son pays, il est facile et agréable dans les audiences, il a beaucoup de qualités d'un grand prince. Je conclus que, s'il tempérait cette libéralité et cette facilité, ainsi que chacun juge, tout lui réussirait. »

« Personne ne peut douter de la puissance de l'Allemagne : elle abonde en hommes, en richesses, en armes. Quant aux richesses, il n'y a pas de commune qui n'ait un fonds de trésor public, et tout le monde dit que Strasbourg possède plusieurs millions de florins : cela vient de ce qu'ils n'ont d'autre dépense qui tire l'argent de leurs mains, que celle qu'ils font pour bien entretenir leurs munitions ; ils y ont dépensé une fois, et ils dépensent peu à les maintenir. En cela ils ont un ordre très-beau: il existe un approvisionnement pour manger, boire et se chauffer, et des matières à fabriquer par leur industrie, pendant un an ; ainsi, ils peuvent, dans un siége, nourrir le peuple, et donner de l'ouvrage à ceux qui vivent du travail de leurs bras, pendant un an, et sans aucune perte : ils ne dépensent pas en soldats parce qu'ils tiennent leurs hommes armés et exercés ; ils dépensent peu en salaires, aussi chaque commune est riche. »

L'ouvrage intitulé : *Discorso sopra le cose d'Alamagna e sopra l'imperatore*, est encore une répétition, dans une grande partie, de celui qui est intitulé : *Rapporto delle cose della Magna*, et daté du 17 juin 1508. L'auteur y rappelle ce dernier ouvrage, et commence ainsi :

« Ayant écrit, à mon arrivée, sur l'empereur et sur l'Allemagne, je ne sais que dire de plus ; je dirai seulement de nouveau, sur le naturel de l'empereur, que c'est un homme qui prodigue le sien plus que tout autre homme de nos temps et des temps anciens, ce qui fait qu'il a toujours besoin, et qu'aucune somme ne peut lui suffire, en quelque degré de fortune qu'il se trouve. »

Machiavel continue ce portrait, qui est dans d'autres termes celui qu'on a déjà vu, et il ajoute ces traits particuliers :

« Ce prince si secret défait le soir ce qu'il a conclu le matin, ce qui rend très-difficiles à remplir les légations auprès de lui. »

Ceci est une manière délicate d'excuser encore François Vettori.

« La plus grande tâche pour un ambassadeur qui va au dehors servir un prince ou une république, c'est de conjecturer bien les choses futures, les négociations, les intrigues et les faits, parce que celui qui les conjecture sagement et les fait bien connaître à son supérieur, est cause que ce supérieur peut avancer ses affaires, et y pourvoir à propos. Cette partie, quand elle est bien faite, honore celui qui est dehors, et bénéficie à celui qui est à la maison ; et le contraire arrive, quand cette partie est mal faite. »

On peut croire, en lisant ce qui suit, que ce rapport particulier était adressé à un ambassadeur qui allait partir pour l'Allemagne.

« Vous allez être dans un lieu où il sera question de guerre et de négociations ; si vous voulez bien faire votre devoir, vous avez à dire quelle opinion on a de l'une ou des autres. La guerre se mesure par les hommes, par l'argent, par le gouvernement, et par la fortune ; et de celui qui a le plus de cela à sa disposition, il y a à croire qu'il sera vainqueur. Après avoir considéré qui peut vaincre, il est nécessaire que vous l'écriviez ici, afin que vous et la Ville vous puissiez mieux délibérer. Les négociations sont de plusieurs sortes : il y en aura entre les Vénitiens et l'empereur, partie entre l'empire et la France, partie entre l'empire et le pape, partie entre l'empereur et vous. Vos négociations doivent vous faciliter le moyen de conjecturer et de voir quel but a l'empereur avec vous, ce qu'il veut, où est porté son esprit, ce qui peut le faire reculer, avancer, et quand vous l'avez trouvé, de juger s'il est à propos de temporiser, ou de conclure. Ce sera à vous à délibérer suivant l'étendue de votre mission. »

Voilà le maître consommé, voilà le meilleur professeur de politique qu'avaient alors les Florentins, et ils l'envoient au camp sous Pise, commission que tant d'autres pouvaient remplir ! Cependant comme cette expédition est toute militaire, elle flatte le secrétaire qui accepte toujours avec plaisir, et cette fois avec une sorte de satisfaction secrète, l'occasion de servir sa patrie dans un autre genre d'occupations.

Le 16 août, il est chargé de faire, dans le *dominio*, une levée de troupes, qu'il doit conduire à l'armée de siége, devant Pise. Dans la patente qui lui fut délivrée à cet effet, et qui est adressée à toutes les autorités Florentines, il est dit :

« Le porteur du présent est le respectable et prudent Nicolas de Bernard Machiavel, notre secrétaire, que nous envoyons pour lever et conduire un certain nombre d'hommes de pied sur le territoire Pisan : nous vous commandons d'obéir audit Nicolas comme vous obéiriez à notre Magistrat. »

Il ne s'est trouvé aucune lettre relative à cette mission. C'est probablement à cette époque qu'il composa le *Discorso fatto al magistrato de' dieci sopra le cose di Pisa*. Il y donne des conseils politiques et militaires pour réduire cette ville.

Le secrétaire vient d'accomplir sa commission : il est à peine de retour, que la république lui en confie une autre à peu près semblable.

1509. Le 20 février 1508 (1509) il est encore envoyé à Pise. Des instructions signées de Marcel di Virgilio et en date du 10 mars 1508 (1509), ordonnent au secrétaire de se rendre à Piombino. Le but de ce voyage était le désir de connaître les propositions de paix offertes par les Pisans qui paraissaient consentir à se soumettre, et qui voulaient ouvrir des négociations à Piombino. Mais ceux-ci avaient feint d'y être déterminés, dans le but seulement d'apaiser des révoltes qui s'étaient déclarées parmi des paysans réunis dans la ville, et qui voulaient qu'on reçût la loi des Florentins.

L'artifice des Pisans fut reconnu par le secrétaire, et les négociations furent rompues.

Le 20 mai, les Pisans firent des propositions plus

sincères, et les commissaires généraux de la république lui en donnèrent connaissance, dans une lettre écrite de la main de Machiavel.

Un de ces commissaires était le même Alamanno Salviati, à qui nous avons vu que le *Decennale primo* était dédié.

Les négociations commencent à prendre un caractère plus prononcé de franchise. Six ambassadeurs Pisans sont envoyés au camp. Alamanno Salviati, et Nicolas Capponi, commissaires, écrivent :

« Tous les jours presque toute la ville de Pise voudrait venir ici ; les uns parce qu'ils estiment que le traité aura lieu, les autres, pour montrer qu'ils sont nos amis : mais, si demain on n'en vient pas à quelque conclusion définitive, nous ferons entendre que personne n'a plus à venir que comme ennemi ; cela servira d'aiguillon pour les faire décider. Il n'y a pas eu de mal d'entretenir quelques-uns des meilleurs pour les apprivoiser, et leur faire perdre courage, car on sait que la difficulté ne provient plus que d'à-peu-près vingt-cinq citoyens qui, jusqu'ici, ont empêché que l'accord ne fût terminé. »

Les commissaires continuent d'agir avec la plus grande habileté. Les Pisans viennent au camp, on leur laisse emporter du pain dans la ville ; le lendemain, on ne les laisse plus venir qu'en petit nombre, et on ne leur permet pas d'emporter des provisions. Ce mélange de bonté et de sévérité produit un effet avantageux sur l'esprit des Pisans : la correspondance représente Nicolas agissant comme une sorte de général dans la partie du camp où il se trouve. On remarquera, dans le cours de cette histoire, que Machiavel par ses soins obligeants, par son esprit de modération, par ses qualités de cœur, et par ses hauts talents, probablement encore par la gaîté de son esprit, que nous aurons occasion aussi de reconnaître, se fait un grand nombre d'amis qui le vantent, qui le louent, qui l'élèvent, et que dans sa disgrace, il n'y a eu aucun de ces amis qui ait pensé à l'abandonner.

1509. Enfin Pise fut reconquise par les armes Florentines. Cette ville que Pierre de Médicis avait si indignement livrée aux Français, et à qui les Français ensuite sans aucun droit avaient rendu son indépendance, rentra sous le pouvoir de la république, le 8 juin 1509. Machiavel ne fut pas un de ceux qui contribuèrent le moins à ce succès si ardemment désiré à Florence.

Nous ne voyons pas que la moindre récompense lui ait été attribuée à cette occasion; mais la république n'en accorde pas davantage à ses commissaires généraux : et tel était l'esprit de patriotisme désintéressé de tous les citoyens, qu'il leur suffisait d'avoir exécuté les ordres du gouvernement, et qu'un devoir rempli même avec beaucoup de dégoûts et de fatigues, portait avec lui toute sa récompense.

1509. Le 10 novembre 1509, Machiavel est envoyé à Mantoue. Il s'agissait de faire un paiement convenu dans des *capitoli* signés à Vérone entre l'empereur et Florence, par suite de négociations commencées avec Vettori et le secrétaire lui-même, en 1508.

« Nicolas, tu iras à Mantoue, tu seras accompagné de trois hommes à cheval qui porteront la somme à payer pour le second terme des *capitoli*. Tu dois disposer ton voyage, de manière que tu sois à Mantoue le 14 ou le 15. »

Par ce traité, l'empereur assurait à Florence toutes ses possessions, et s'engageait pour lui et ses capitaines à ne pas offenser l'état et la liberté de la république. Les Florentins s'étaient obligés ultérieurement à payer 40,000 ducats (somme proposée par Vettori, comme on l'a vu précédemment), en 4 paiements, un au mois d'octobre (celui-là était effectué), un au 25 novembre (c'est celui que portait Machiavel), le troisième en janvier 1510, et le quatrième dans le courant de février suivant.

Ainsi la république accordait toutes les sortes de confiance à son secrétaire. Il stipulait ses intérêts politiques, il levait des troupes et assiégeait les villes rebelles, il obtenait ensuite une confiance peut-être la plus honorable de la part du gouvernement de Soderini, très-attaché à son argent; il était chargé de porter les sommes que le trésor dépensait pour obtenir des alliés.

A la fin de l'instruction, Machiavel est averti de marcher avec prudence, et d'aller avec aussi peu de démonstrations qu'il pourra, pour ne pas exciter les soupçons des voleurs. La république croit aussi devoir donner, par précaution, le signalement de l'Allemand qui a reçu le premier paiement. C'est un secrétaire du roi (de l'empereur roi des Romains), appelé Volfang Hemmel, homme de petite stature, d'à peu près 30 à 32 ans, un peu gros, barbe rousse, avec les cheveux roux et un peu frisés. La république craignait-elle donc de mal payer ses seconds dix mille ducats?

Le secrétaire fait exactement le paiement à Mantoue et se dirige sur Vérone, pour obéir à d'autres ordres qu'il a reçus. Il rend compte de l'état des affaires et surtout d'une révolte qui a éclaté à Vicence contre les troupes de l'empereur.

Il devait arriver que Machiavel manquerait d'argent même en portant un trésor : seulement il se plaint avec plus de dignité. Sa lettre finit ainsi :

« Il est vrai que je dépense par jour plus du ducat qui

m'est donné en salaire : cependant, comme je l'ai été dans le temps passé, je suis encore content de tout ce que voudront LL. SS., auxquelles je me recommande. »

Le 12 décembre, il se montre plus exigeant : il écrit de Mantoue qu'il désire un congé, mais en même temps, si on ne veut pas le lui accorder, il supplie que l'on prenne pour les correspondances plus de précautions qu'on n'en a pris du temps de Vettori.

« Ainsi, envoyez-moi autant d'argent qu'il en faut pour faire la dépense pendant 2 ou 3 mois, *à trois chevaux que nous serons* (*a tre cavalli che noi saremo*), et encore de quoi changer ou acheter un cheval si un des miens vient à manquer. De 50 ducats que vous m'avez donnés, il m'en reste huit, et c'est tout ce que j'ai. »

Nous avons vu souvent et nous venons de voir encore Nicolas sollicitant son salaire avec insistance, il est vrai plutôt avec naïveté qu'avec impolitesse, mais cependant parfois avec un peu d'humeur ; il ne sera donc pas inutile d'offrir ici des rapprochements qui, au besoin, seront son excuse.

Lorsque tous les deux mois on changeait le gonfalonier et les dix, il pouvait arriver, bien plus, il devait arriver que ceux des seigneurs qui adressaient une lettre à leur ambassadeur, ne reçussent pas eux-mêmes la réponse, ou ne la reçussent qu'à l'expiration de leur magistrature, surtout si l'envoyé était en France ou dans quelque autre pays éloigné. Ces plaintes venaient donc importuner des membres de la seigneurie qui n'étaient pas encore en fonctions, quand le paiement échu n'avait pas eu lieu, ou elles étaient remises à des seigneurs tout nouveaux qui savaient à peine de quoi il s'agissait, et qui ne connaissaient pas davantage les affaires de la république. Le secrétaire seul

CHAPITRE XIII.

Marcel di Virgilio était comme inamovible, et pouvait faire valoir les raisons de l'envoyé qui réclamait son traitement. Mais avait-il pour cela tout le crédit nécessaire? Depuis que le gonfalonier était perpétuel, l'abus aurait dû cesser, et pourtant il ne cessa pas avec la nomination de Soderini.

Il faut donc chercher ailleurs les motifs d'un tel oubli de tous les devoirs d'administration.

Le gouvernement de Florence passait pour être très-économe, et même avare. Soderini avait la même réputation. Et n'en était-il pas à peu près ainsi pour les autres gouvernements?

Nous voyons dans l'ouvrage intitulé : *Lettres de Louis XII*[1], que André de Burgo et le docteur de Mota, ambassadeurs de l'empereur Maximilien et de Marguerite sa fille, auprès du roi de France, écrivent à cette princesse, de Blois, le 3 septembre 1510 :

« Notre très redoubtée dame....... à cette heure que mon secrétaire est un peu meilleur, je vous écripvray mon cas.

« Il m'a apporté les cinq cents florins, et Dieu scayt la dispération en quoi je me seroye trouué, si ne fut esté l'espoir que en bref, madame, vous et messieurs des finances me feroyent meilleure prouision. Tant que j'ay eu d'argent, j'en ai despendu en deux ans et troys mois enuiron qui seroyent esté plus conuenables les despendre en aultres mes nécessitéz, et de deux tels grands seigneurs et maistres comme j'ay *l'empereur* et *monseigneur*[2], me fust esté pourueu

---

[1] Bruxelles, 1712, in-12.
[2] Maximilien Ier, empereur d'Allemagne, était né le 22 mars 1459, trois ans avant Louis XII, de l'empereur Frédéric III, et d'Eléonore de Portugal. Il eut de sa femme Marie, fille de Charles-le-Téméraire, duc de Bourgogne, deux enfants, Marguerite, la princesse dont il est ici question, et qui était gouvernante des Pays-Bas, et l'archiduc Philippe, qui laissa de Jeanne, fille de Ferdinand d'Arragon, un fils appelé ici *Monseigneur* (ce fut depuis Char-

au moins de ma prouision; toutefois je l'ay faict volontiers et encor le feroye, si j'auois de quoy.... et je vous jure par le serment que j'ai à *l'empereur* vostre père, et à mondit seigneur vostre neueu, que premièrement qu'il soit vingt jours, je me trouverai sans ung blanc, ne n'ay remede, sinon ung des trois: ou de m'en aller, comme j'ai procuré, soubz couleur d'avoir quelque charge du roy deuers l'empereur et monsieur de Gurce, et pourroit estre que à mon partement, le roi (Louis XII) me donneroit quelque chose de quoi semblablement je m'ayderoye à entretenir.

« Le second est que j'aye la prouision de vous, madame.

« Le tiers est que si vous délayez de me pourueoir, je seray contrainct d'emprunter, et ne scay comme l'avoir, *sans le desonneur de vostre père* et de *mondit sieur* et de *vous* que n'estes moings ma maitresse que ne sont les deux. Il est bien vray que si je voulois faire sçauoir ung mot de ma nécessité au roy, il est si bon frère de l'empereur et me tient si bon seruiteur de son impériale majesté, qu'il me feroit tout incontinent très bien pourueoir; mais j'aymeroye mieux estre mort pour l'honneur de vostre mayson et pour le myen. »

De Burgo finit par dire dans cette lettre, qu'il signe avec son collègue, le docteur de Mota, que quand il sera *hors d'ambassade*, il l'estimera la meilleure nouvelle qu'il puisse avoir en sa vie.

Les mêmes écrivent d'Amboise, le 21 septembre 1510:

« Moi André de Burgo j'ai esté obligé d'emprunter 200 escus, en partie du bastard de Clèues, en partie de l'ambassadeur d'Espagne, *non sine magno dedecore.* »

André de Burgo écrit encore à Marguerite, de Lyon, le 5 mai 1511:

« A mon onneur ne puys partir d'icy sans premièrement

---

les-Quint). Maximilien fut empereur en 1493, à la mort de son père Frédéric; il mourut le 11 janvier 1519.

CHAPITRE XIII.

satisfaire à ceulx à qui je dois, et pareillement, il me conuient entretenir et viure, pourquoy je vous supplie de rechef, madame, de vouloir donner tel et si briefue ordre, que ne soye desonoré, comme dict est. J'actendray ici encor quatre ou cinq jours actendant si rien ne viendra, et si ne vient, je ferai comme font les hommes désperés, non pas à l'onneur de *l'empereur* ne de monsieur, ne comme debuoit estre traitée ma léale servitute, et *donne cent fois l'asme au dyable*, quand je pense que tant de fois l'année, je suis contrainct d'estre en ce terme, mendiant le viure et le vestir; et *le grand dyable a voulu, que la paix ne s'a faite*, de m'entretenir pendu (en suspens) comme je suys; et *pardieu*, madame, c'est un mauuays exemple aux seruiteurs de vostre mayson. »

Cette dernière imprécation est telle qu'on n'a vu rien de semblable dans Machiavel, qui ne sort jamais de la ligne du raisonnement, et d'un système de remontrance peut-être obstiné, mais toujours retenu dans des formes de mesure et de respect.

Si l'on fait observer qu'André de Burgo, que l'on croit né dans l'état de Naples, était un ambassadeur de fortune, qui n'a pas su toute l'inconvenance qu'il y avait à parler ainsi à *sa très-redoubtée dame*, on ne pourra en dire autant de messire Ferry de Carondelet, d'une des meilleures maisons de Flandre, ambassadeur de la même princesse en Italie, et qui lui écrit d'un ton assez sec de Faenza, le 26 mai 1511 :

« [1] Madame, tant et sy humblement que puys, me recommande à vostre bénigne grace. Que vostre plaisir soit me faire aduertir de ce que vous voudrez que face, et aussi me faire payer de mes gaiges d'ung demy an escheu le xxv de ce présent moys, soit que vous voulez que m'en retorne, ou que demeure. Car autrement ne pourroye bon-

[1] Lettres de Louis XII, tom. 2, pag. 243.

nement *obeyer à vos commandements*, comme grandement désire, et très tenu suis, à cause des grands frais que journellement m'a conuenu, et encor conuient faire. »

Peu de jours après, Marguerite reçut d'André de Burgo, une lettre datée de Grenoble, où on lit, après un long détail de nouvelles politiques :

« Ma très redoubtée dame, je n'en puis plus et vous aduertys qu'il m'est impossible de vous écrire, si je n'ay le moyen : car il me faut viure, et j'ay honte pour estre *ambassadeur de l'empereur*..... d'escrire qu'il le me faut oster de ma bouche. Madame, je prie notre seigneur qu'il vous donne très bonne et longue vie. »

Ce recueil de lettres de Louis XII contient encore d'autres observations de cette nature. Ceci nous conduit naturellement à comprendre que Machiavel né sans fortune, naturellement parcimonieux, depuis peu de temps époux, et déjà père de famille, ne devait peut-être pas, à cette époque, écrire autrement qu'il ne le faisait, à des magistrats qui semblaient s'entendre pour ne jamais faire attention à des plaintes si renouvelées et si raisonnables.

CHAPITRE XIV.

Le gonfalonier Soderini se trouvant, en quelque sorte, engagé avec l'empereur par suite du traité dont il vient d'être question, ne voulut pas cependant rompre ses anciens engagements avec le roi Louis XII, et il désirait en même temps que ses relations avec la France restassent comme secrètes, afin de ne donner aucun ombrage à l'empereur : en conséquence le gonfalonier jugea à propos d'expédier Machiavel en France.

1510.

L'histoire ne nous a pas conservé les instructions du magistrat des dix, mais nous connaissons celles qui furent données au secrétaire par le gonfalonier lui-même.

Florence avait chassé les Médicis. Le maître qu'elle s'était donné sous le nom de gonfalonier perpétuel, s'était revêtu peu à peu lui-même de l'autorité qu'on leur avait laissé exercer auparavant.

Il va donc parler ici en son nom, et presque dans l'intérêt seul de sa puissance, avec ce qu'on pourrait appeler un faux semblant d'amour de la patrie.

« Aussitôt que tu auras exécuté ce que t'ordonnent les Dix, tu diras à S. M. de ma part que je n'ai rien tant à cœur que trois choses, l'honneur de Dieu, le bien de ma patrie, l'honneur et le bien de sa majesté le roi de France ; et que, comme ma patrie ne peut avoir aucun bien sans l'honneur et le bien de la couronne de France, je n'estime pas l'un sans l'autre. Tu certifieras à sa majesté que mon révérendissime frère (le cardinal Soderini) est du même sentiment et dans les mêmes intentions. S'il n'a pas été faire une visite au roi, c'est que le pape ne lui en a pas donné la permission. Mon frère lui doit de grands respects, comme à son premier seigneur; et d'ailleurs le pape est un homme si décidé, si chaud dans ses volontés, et d'une telle autorité, que les princes doivent lui porter respect: ces raisons doivent avoir excusé mon frère. Cependant, tu l'excuseras encore et tu le recommanderas à S. M.; tu lui diras que je ne désire rien autre, sinon que S. M. maintienne et accroisse sa réputation et sa puissance en Italie. Pour obtenir ce résultat, il faut qu'il abaisse les Vénitiens en s'entretenant bien avec l'empereur, comme il l'a fait jusqu'ici. S'il était possible qu'il excitât le roi de Hongrie à leur faire la guerre dans la Dalmatie, ce serait une chose excellente! car, s'ils perdaient ces possessions, ce serait leur ruine, et le roi n'aurait pas à redouter le retour de leur puissance. »

« Si cela ne peut pas se faire, tu diras au roi qu'il tâche de les tenir en dépense de troupes de ce côté-là, qu'il temporise dans la guerre, comme il a fait jusqu'à présent, pour les consumer; qu'il convient que le but de S. M. embrasse deux choses, s'il veut être rassuré sur ses possessions d'Italie. L'une est de tenir l'empereur content, l'autre est de tenir les Vénitiens affligés; cela fait, le pape et l'Espagne seront avec le roi, parce que l'un n'a pas de bonnes troupes, et que l'autre manque d'une situation commode pour l'offenser. »

« Tu diras à S. M. combien il me déplaît que le pape puisse se servir des Suisses, et que S. M. devrait faire tous ses efforts pour que S. S. ne pût pas s'en servir, ce qui aurait pour résultat de la tenir dans la dépendance, et de la forcer à temporiser; car, cette faveur des Suisses, ajoutée à l'argent du pape et à sa nature, le rend trop hardi, et peut produire un mauvais effet. »

« Tu diras que je juge bien que sa majesté doit tout faire

pour ne pas rompre avec le pape, parce que, si un pape ami ne sert pas à grand'chose, un pape ennemi nuit beaucoup à cause de la réputation qu'il tire de l'église, et puis encore parce qu'on ne peut pas lui faire la guerre directement (*de directo*), sans provoquer tout le monde contre soi. »

Le secrétaire arrive à Lyon le 7 juillet, et le 17 à Blois. 1510

La cour avait bien changé d'aspect : le cardinal de Rouen était mort le 25 mai de cette année [1]. Le secrétaire va visiter sur-le-champ Robertet, qui l'accueille avec bienveillance.

Robertet attendait quelques présents d'usage qui lui avaient été promis, lors de la signature du dernier traité avec la république, et qu'elle n'avait pas encore envoyés. Il ne paraît pas que Machiavel eût ordre de lui rien apporter, mais Robertet le lui fait entendre indirectement. Ces sortes de présents de chancellerie sont encore en usage aujourd'hui.

Le secrétaire est ensuite admis à l'audience du roi ; il lui adresse les paroles les plus respectueuses et les plus propres à bien disposer son esprit. Il annonce qu'il va arriver un ambassadeur de Florence, qu'il arrivera seulement un peu plus tard, attendu sa qualité, la longueur du chemin et la rigueur de la saison. Il lui dit que la France ne devait pas s'en prendre à Florence d'un congé qu'elle avait donné à Marc-Antoine Colonne [2], qui en avait profité pour aller, de la part

---

[1] Nous avons déjà dit qu'il avait été évêque de Montauban à 14 ans ; en 1474, au commencement de son règne, Charles VIII l'avait nommé archevêque de Narbonne, et le prélat avait échangé ce siége, en 1493, pour celui de Rouen. Les impôts, malgré la guerre, ne furent jamais augmentés sous son ministère ; aussi fut-il appelé *père du peuple* concurremment avec Louis XII. L'amitié tendre et inaltérable que se portèrent pendant 29 ans ce prince et ce ministre, est un des phénomènes les plus extraordinaires de l'histoire.

[2] De l'illustre maison des Colonne. Il servit d'abord contre les Français, en-

du pape, tâcher de faire révolter Gênes contre la France ; qu'au surplus, il n'avait pas réussi, et qu'il était demeuré prisonnier : que la conduite de LL. SS. ne devait donner lieu à aucun soupçon. S. M. reçut Machiavel avec beaucoup de cordialité, et lui répondit qu'elle était assurée de la foi de la république, parce qu'il lui avait fait beaucoup de bien, et lui avait procuré de sérieux avantages, et que le temps était venu où il en était assuré plus que jamais ; le roi ajouta :

« Secrétaire, je n'ai d'inimitié ni avec le pape, ni avec personne ; mais, comme tous les jours il naît des amitiés nouvelles et des inimitiés nouvelles, je veux que tes seigneurs déclarent franchement tout ce qu'ils désirent faire en ma faveur, dans le cas où le pape, ou tout autre, attaquerait ou voudrait attaquer mes états d'Italie. Envoie tout de suite un courrier exprès pour que j'aie une réponse prompte. Je souhaite savoir leurs intentions ; qu'ils me les transmettent de bouche, ou par lettre, comme il leur conviendra, parce que je veux savoir qui est mon ami, ou mon ennemi. Écris-leur encore, que pour sauver leur état, je leur offre les forces de tout ce royaume ; j'irais même de ma propre personne. »

suite passa à leur service, et montra beaucoup de dévouement à François Ier. Brantôme raconte ainsi la mort de ce général : « Ce fut en ce siége du chasteau
« de Milan où Marc-Antoine Colonne, bon partisan françois, fut tué par une
« grande mésadventure ; car estant là paru avec l'armée, par dessus les autres
« signalé par belles armes dorées et de grandes et belles plumes, Prosper
« Colonne l'advisant, sans le connoistre pourtant, luy même ayant affusté et
« braqué une longue couleuvrine et long-tems miré et adressé sa visée, fit
« donner le feu, dont la balle alla si droit qu'au mitan de M. Pondormy et
« Camille Trivulze, elle alla choisir ledit Marc Antoine Colonne, son propre
« nepveu ; et depuis ayant su que de sa propre main il avait tué son nepveu,
« il en cuida mourir de dépit et de deuil. Quelle désadventure pour l'oncle, et
« quelle perte du nepveu pour nos François ! car il en estoit bon partisan, et
« brave et vaillant capitaine. » *Brantôme*, la Haye, 1740. In-12, tom. IV, p. 130.

CHAPITRE XIV.

Machiavel n'oublie aucun des détails qui prouvent la franchise et la droiture de la politique du roi Louis XII.

« Il me répéta encore que je devais faire parvenir sur-le-champ ses paroles à VV. SS. en sollicitant une réponse, et que je n'avais qu'à aller avec Robertet faire cette dépêche. Je répondis à S. M., que je n'avais pour le moment rien à dire que ce que j'avais exposé; que j'allais écrire avec la diligence qu'elle me recommandait; que cependant je me croyais autorisé à dire que VV. SS. ne manqueraient pas aux *capitoli* qu'elles avaient signés avec S. M., et qu'elles étaient disposées à faire toutes les autres choses qui seraient raisonnables et possibles. Le roi repartit que, selon ce qui lui semblait, il devait en être sûr, mais qu'il voulait en avoir une assurance particulière. »

« J'allai ensuite avec Robertet jusqu'à son logement, et je demeurai avec lui quelque temps; il me dit à son tour que j'avais à vous écrire: nous convînmes que je lui porterais mes lettres, et qu'il se chargerait de les envoyer par les postes du roi, jusqu'à Lyon, et que là j'ordonnerais qu'elles fussent expédiées par un courrier direct. J'ai donc écrit à Barthélemy Panciatichi de faire ainsi. »

« Robertet me reparla de cet ambassadeur qu'ils attendent, et de Marc-Antoine, et il me dit que, quoiqu'il fût certain de ce que j'avais déclaré, vous aviez cependant beaucoup d'ennemis qui vous calomniaient quand ils en trouvaient l'occasion; et que dans ce temps-ci, il était bien de ne pas donner occasion de mal parler. Il me fit entendre qu'il serait à propos que les premières lettres annonçassent le départ de votre ambassadeur, et qu'il fallait aussi que vous vous gouvernassiez de manière qu'on pût croire que Marc-Antoine ne s'entendait pas avec le pape, de votre consentement. »

« Il me dit encore, qu'aussitôt que les choses s'échaufferaient en Italie, au point de faire naître quelques doutes, le roi arriverait aussi vite que pourrait y aller un simple particulier, même au milieu de l'hiver, et qu'il ne ferait d'accord qu'avec l'épée vis-à-vis de quiconque lui aurait été ennemi ; que les temps étaient venus de savoir se résoudre, surtout pour vous qui aviez vu la promptitude des opérations militaires du roi, qui connaissiez la force de son royaume, ses succès prospères, et enfin ses excellentes dispositions pour vous et votre état : que d'ailleurs, quiconque ne voulait pas se tromper, par trop de passion, savait manifestement qu'il n'y avait que la mort du roi qui pût nuire à ce royaume et à ses entreprises, et que, raisonnablement, on ne pouvait pas, pour le moment, redouter cet événement. » Il ajouta : « Enfin, je te dis que ces temps-ci sont bons pour gagner de la considération et de grands avantages. »

1510. L'envoyé continue de rendre compte de ses observations.

« Il y a ici une nombreuse ambassade du roi d'Angleterre (Henri VIII), qui va à Rome : je n'ai pas pu en savoir la raison, mais Robertet m'a dit, et d'autres m'assurent que les ambassadeurs anglais ont fait au roi Louis une proposition générale en présence des premiers seigneurs de ce royaume, et des autres ambassadeurs qui sont ici. Dans leurs paroles très-positives, ces Anglais montrent l'union qui existe entre leur maître et le roi de France ; et ils viennent au point de dire, que leur roi estimait celui-ci comme son père. Quand toutes ces informations m'eurent été données, je quittai Robertet. Vos seigneuries désirent savoir sur quoi le pape fonde sa manière orgueilleuse contre ceux-ci ; on ne le sait pas encore bien, et cependant ceux-ci doutent toujours et sur toute chose et sur chacun. Pour s'éclaircir avec vous, vous voyez ce qu'ils font : ils voudront encore découvrir les autres le plus tôt qu'ils pourront. Un ami qui parle par conjectures, explique ainsi ce ton déterminé du pape : S. S. se fonde sur son argent et sur les Suisses, et puis avec son autorité, elle croit faire marcher derrière elle l'Espagne et l'empereur. Le pape doit avoir de bonnes promesses de l'Espagne ; car, dans l'entreprise de Bologne, on vit qu'il partit de Rome sans avoir arrêté rien de bien positif avec les Français et avec d'autres. Quant aux Suisses, je sais pour sûr qu'il y a peu de jours le pape leur a envoyé 36,000 ducats, afin d'avoir 6,000 hommes. Les Suisses ont pris l'argent : à présent ils disent qu'ils ne veulent pas se lever s'ils n'ont pas 3 payes, et ils demandent encore dix-huit mille ducats. Ensuite il s'est tiré du reste, avec son audace et son ton d'autorité. »

Ici le secrétaire parle des présents promis à Robertet : on avait aussi donné parole à M. de Chaumont, neveu du cardinal, et il fait entendre qu'avant de le quitter, Robertet lui a dit honnêtement, que pour les Florentins il portait et avait porté le poids du jour et de la chaleur (*pondus diei et œstús*).

Le secrétaire va rendre une visite à monseigneur l'évêque de Paris [1], qui est un des personnages les plus influents dans le gouvernement. Ce prélat, d'un esprit calme, mais ferme, et qui passait avec raison pour sage, ne pouvait pas mieux parler qu'il ne l'a fait de LL. SS. Il dit, entre autres, que le pape se trompait, lui qui, sans raison aucune, voulait mettre en danger soi-même et tous les princes de l'Italie : que si la guerre dont on était menacé, allait en avant, on n'en aurait jamais vu une aussi déterminée et aussi obstinée, parce que plus le roi aurait montré de bienveillance au pape,

---

[1] Étienne Poncher, d'une famille honorable de Tours, nommé évêque de Paris en 1503, et plus tard, archevêque de Sens. Il devint garde-des-sceaux après la mort du chancelier de Gannay. Sous François Ier il fut un de ceux que ce monarque chargea d'attirer en France les savants étrangers. On voit à la manière dont Machiavel parle de lui, que ce prélat était un homme d'un esprit réfléchi. Ses réponses au secrétaire portent un caractère de logique, de chaleur, de sagesse et d'énergie, qui sied bien au négociateur d'un grand souverain. On lit avec confiance un ouvrage de Poncher, intitulé, *Consultation synodale*, et imprimé en 1514. La famille Poncher fut éteinte dans la maison des ducs de Villeroy, à laquelle elle avait apporté des biens immenses.

plus il se déclarerait son ennemi, et celui de sa personne, et cependant croirait être excusable devant les hommes et devant Dieu. Il ajouta que le pape ne pouvait être un ennemi dangereux des Florentins, et que, puisque le roi, pour sauver leur état à Arezzo, lors de l'attaque de Vitellozzo, soudoyé par César Borgia, obligea celui-ci à venir le trouver la corde au cou, les Florentins devaient, à présent, rendre la pareille, et se prononcer de bonne heure, pour que le bienfait fût plus agréable.

1510. Machiavel va ensuite visiter le chancelier de France[1].

« Celui-ci est un homme plus chaud, et tout colère, et il m'en donna un bon échantillon. Il me demanda si votre ambassadeur était parti ; il me parla de Marc-Antoine ; il me dit que ces actes étaient de mauvaise nature, et devaient exciter des soupçons.

« Comme il faisait une grande dépense de paroles, pour n'avoir pas à en entendre tant, je parvins, avant de partir, à le laisser plus calme.

« Dans son discours, il avança que vos seigneuries étant bonnes amies de la France, il convenait que quand le pape vous communiquait quelque chose, vous en donnassiez connaissance ici, en faisant entendre au pape que ces communications n'étaient pas nécessaires, et que vous n'en faisiez aucun usage. Je répondis à cela, que lors de mon départ il n'y avait dans notre ville personne qui pensât qu'il pût naître une désunion entre la France et S. S.

« J'ai visité l'ambassadeur d'Espagne, de la part duquel j'ai à faire mille offres bienveillantes à VV. SS. Il dit qu'il a eu cette commission de son roi. J'ai visité les ambassadeurs de l'empereur ; j'en ai su que l'empereur et Louis ne peuvent pas être plus unis, et que la majesté de l'empereur ne se désunira pas de celle du roi de France : si cela est vrai, le temps nous l'apprendra.

[1] Messire de Gannay.

CHAPITRE XIV.

« J'ai été voir l'ambassadeur du pape ; c'est un véritable homme de bien, très-prudent, et accoutumé aux affaires d'état. Je le trouvai mécontent de tous ces mouvements, et tout émerveillé de ce que les choses en sont venues si subitement *au fer*. Il me dit qu'il pensait à ce que pouvait devenir cette guerre, et de quelle manière elle devait être entreprise et soutenue; il s'en affligeait beaucoup. Il se plaignit à la fin des erreurs qui avaient été commises en France et en Italie, erreurs dont les pauvres peuples et les petits états seraient les premiers à souffrir. Il dit, que pour lui, il avait toujours tâché de rétablir la paix; qu'il était surpris de voir le pape se livrer à tant de mouvements, lui qui n'avait aucunes forces près de lui ; qu'il ne savait pas où il trouverait des forces, et comment pourrait s'y fier le pape qu'il connaissait grave et prudent; qu'enfin le pape entendait bien ses besoins et ceux de l'église : je ne pus pas en tirer davantage. Dans le fait, ces gens-ci (les Français) ne savent rien de certain sur les espérances que peut avoir le pape, et, comme je l'ai déjà dit, ne sachant rien, ils craignent tout le monde et toute chose. »

Dans cette dépêche remplie de tact, et de sages rapports, on voit avec quelle habileté l'envoyé savait instruire son gouvernement des dispositions où pouvaient se trouver à son égard tous les ministres des puissances étrangères.

« Je n'ai rien entendu d'autre jusqu'à ce jour ; ce que l'on dit du pape, vos seigneuries peuvent se l'imaginer ; on parle de lui refuser l'obédience, d'assembler un concile contre lui. Le ruiner dans son temporel et dans son spirituel, c'est la moindre ruine dont on le menace. »

Robertet ne se lasse pas de se plaindre à Machiavel de la conduite de LL. SS., parce qu'elles n'ont pas averti le roi de tant de mouvements; il n'ignore pas *qu'elles savent les choses mieux que qui que ce soit en Italie.* Le secrétaire ajoute que le ton sauvage de Robertet ne vient que de ce qu'on n'a pas soulagé sa conscience avec lui.

« Ici Robertet ajouta des paroles sérieuses que je ne répète pas pour ne point vous ennuyer. »

« J'ai excusé, j'ai repoussé cette opinion le mieux que j'ai pu ; néanmoins, ainsi que le sait chacun de ceux qui sont venus ici, ils ferment l'oreille à tout. Aussi, magnifiques seigneurs, si vous ne voulez pas perdre l'appui de ces gens-ci, il est nécessaire de montrer qu'on veut être leur ami. Si vous ne pouvez pas faire autrement que vous ne faites, au moins faites ceci : envoyez souvent des lettres et des avis ; n'épargnez pas quelquefois l'expédition d'un courrier ; tenez-les informés des choses de là-bas, pour donner facilité à qui est ici de se faire voir, et pour bien établir que VV. SS. font cas d'eux. Cette blessure que le pape a voulu faire à ceux-ci, est profonde, et elle a tellement animé ce roi, que, selon moi, on doit croire avec fondement, ou qu'il s'en vengera avec une grande satisfaction, ou qu'il perdra ce qu'il a en Italie. Il passera promptement les monts avec une impétuosité plus forte que celle des autres années. Chacun croit qu'il pourra faire plus que ne portent ses menaces, quand l'Angleterre et l'empereur seront positivement assurés. »

« On entend dire que ceux-ci ont levé 10,000 hommes de pied pour l'expédition de Gênes, outre les hommes d'armes qu'ils y envoient ; tout cela vous sera bientôt voisin. Pensez donc avec votre prudence ordinaire à vous résoudre vite, afin que votre résolution soit plus agréable..... Ces gens-ci ont eu ce matin de bonnes nouvelles de Gênes, et ils sont tout joyeux...... Gênes est assurée, il y est entré 3000 fantassins. Ce matin le roi parlait de Gênes avec l'ambassadeur d'Angleterre, et il dit publiquement que les Florentins n'avaient pas voulu accorder le passage aux troupes du pape qui allaient à Gênes, et que les Florentins étaient ses grands et bons amis. »

Machiavel obtient ici une noble preuve de con-

CHAPITRE XIV.

fiance du gouvernement du roi : l'envoyé propose indirectement, et l'on accepte la médiation de LL. SS. pour terminer entre le roi et le pape le différend qui les désunit. Le roi pardonnera l'injure de Gênes. *Si le pape fait un pas de la longueur du noir de l'ongle*[1], *le roi fera un pas d'un bras de long.* Ces propositions sont envoyées à Florence. Le secrétaire continue de chercher à bien disposer Robertet en faveur de la république Florentine. Il supplie les seigneuries de se décider.

« Il faut que vous vous déterminiez promptement ; l'occasion a une vie courte. »

Il développe un plan d'après lequel, en disposant d'une partie de la Toscane, on pourrait soumettre le reste à un cens annuel. Pour engager les seigneuries à montrer une opinion positive, il ajoute que le roi a dit à un de ses confidents : « L'empereur m'a plusieurs fois proposé de partager avec lui l'Italie ; je n'ai jamais voulu y consentir, mais cette fois, le pape me force à le faire. »

« Vos seigneuries courent, dans cette guerre entre le pape et le roi, deux dangers. Le premier serait que celui qui vous sera ami, perdît la partie ; l'autre que la France s'accordât avec l'empereur à votre préjudice. Les Italiens qui sont ici[2], et qui ont quelque chose à perdre, jugent qu'il faut éviter ces deux dangers ; qu'il faut d'abord tâcher de raccommoder le pape avec la France. Si cela n'est pas possible, il faut démontrer au roi, que pour tenir en bride un pape, il n'est pas besoin de tant d'empereurs, ni de faire tant de bruit, parce que les autres rois, qui précédemment ont

---

[1] Voilà une bien singulière expression pour une communication politique.
[2] Probablement toujours Jean Jacques Trivulze, les Pallavicini, l'évêque de Novare, etc.

fait la guerre au pape, ou l'ont trompé, comme a fait Philippe-le-Bel[1], ou l'ont fait assiéger dans le château Saint-Ange par ses barons. Ceux-ci ne sont pas tellement dispersés ou détruits qu'on ne puisse trouver moyen de les *allumer.* »

Machiavel, après avoir cité des Italiens qui sont à la cour de France, pour son compte paraît ne pas vouloir que l'on fasse la guerre au pape.

« Vous ne pourriez, dis-je à Robertet, vaincre qu'avec un danger. Si vous faites la guerre seul, elle sera bien connue de ceux qui seront derrière vous ; si vous la faites avec des compagnons, il faudra partager l'Italie avec l'associé, et nécessairement faire avec lui une guerre plus dangereuse que celle qui aura été faite au pape. »

Nicolas se présente de nouveau chez le roi, qui lui dit :

« Secrétaire, tu iras trouver Robertet et mes ministres, qui te diront ce que je désire. »

« Aujourd'hui le roi est revenu à Blois, et après dîner, j'ai été appelé au conseil, où étaient présents cinq de ses membres. Le chancelier (M. de Gannay), après un exorde où il a énuméré les mérites de la France envers Florence, en commençant même de Charlemagne, et arrivant à l'avant-dernier roi Louis (Louis XI), et puis à ce roi-ci, m'a dit, que S. M. apprenait que le pape, mû par un diabolique esprit qui s'est emparé de lui, veut, de nouveau, tenter l'entreprise de Gênes, et que pour cela, il pourrait arriver que monseigneur de Chaumont[2] eût besoin de vos troupes pour défendre ses états ; qu'en conséquence elle demandait qu'elles fussent mises en ordre, pour que ledit de Chaumont pût les trouver, s'il en avait besoin, et que ces dé-

---

[1] Dans ses querelles avec Boniface VIII, Philippe-le-Bel employa souvent la ruse et les représentations avant d'employer la hauteur et les violences.

[2] Lieutenant pour le roi en Lombardie.

monstrations vous attacheraient à jamais le roi et la couronne de France. »

Machiavel répond que les Florentins sont *ceints* du pape, et qu'ils ont peu de troupes.

Le chancelier réplique ainsi :

« La république doit savoir que le roi pense à l'honneur et aux avantages de Florence comme aux siens propres. Le roi a ordonné de tels préparatifs, qu'il fera, en Italie, ciel nouveau et terre nouvelle (*cœlum novum et terram novam*), au détriment de ses ennemis et à l'élévation de ses amis. Ainsi, tu vas écrire, et donne la lettre à Robertet. »

Il semble que le chancelier déjà en 1510 avait le pressentiment de la victoire de Ravenne, remportée par les Français, le 11 avril 1512.

Le député Florentin avait réussi à faire approuver aux magnifiques seigneurs l'idée d'accepter une médiation entre le pape et la France; il reçoit à ce sujet une longue dépêche des dix, et il va la communiquer au roi. Ces nouvelles étaient d'une nature à être agréées de S. M. Le secrétaire engage le roi à regarder cette défaite du pape (l'échec devant Gênes) avec sa prudence ordinaire, et à s'en servir pour faire une bonne paix, plutôt que de s'acharner à une guerre dont on ne trouverait pas la fin. Le roi devait penser que de telles attaques ne conviennent pas à des chrétiens, ni à quiconque voit ses désirs satisfaits, comme S. M.

Louis répondit avec une grande sensibilité que le secrétaire ne peut exprimer, et il affirma sous serment, que comme l'idée d'avoir la guerre avec le pape n'était pas venue de lui, ce ne serait pas lui qui s'opposerait à la conservation de la paix.

« Ensuite, il entra en discours sur la conduite du pape; puis il remercia et loua LL. SS. des avis qu'elles avaient donnés, et il manifesta le désir d'en recevoir tous les jours de pareils par la même voie. »

Nicolas se présente ensuite au conseil, lui fait les mêmes comunications, et chacun s'écrie que la conduite des seigneuries est celle d'un véritable et excellent ami.

1510. Un confident que Machiavel ne nomme pas, peut-être Trivulze, mais qui est sûrement un des Italiens attachés à la cour de Blois, lui apprend qu'il a parlé long-temps avec le roi sur les affaires du jour. Le roi, plein de bonne foi dans ses sentiments, a manifesté à cet ami les mêmes sentiments qu'il a exprimés à Machiavel. Cette partie de la dépêche est écrite en chiffres à cause de son importance.

Le roi dit à la fin de la conférence avec cet ami : « Que voulez-vous que je fasse? je ne veux pas d'abord que le pape me batte. » Cette réponse et d'autres font voir que le roi consent mal volontiers à cette guerre. Mais si la force l'y conduit, il fera la plus honorable guerre qu'on ait encore vue en Italie. Le dessein est de temporiser, cet hiver, de bien arrêter ses mesures avec l'empereur et l'Angleterre, lesquels, comme on sait bien, sont gagnés : il ne fait aucun compte de l'Espagne; il dit à qui veut l'entendre, qu'il tient le roi tout uniment pour roi en Castille, afin de se concilier davantage les deux sus-nommés (empire et Angleterre), et il n'épargne aucune précaution; il ordonne en même temps un concile français. Les prélats qui sont arrivés déjà, se disposent, pour le jour fixé, à se rendre à Orléans, où ils ôteront au pape l'obédience, et s'ils obtiennent le concours de l'empereur et de l'Angleterre, ils créeront un nouveau pape, et le roi, à temps nouveau, tombera en Italie avec tant de monde, que ce ne sera pas une guerre, mais un voyage jusqu'à Rome. Voilà le dessein du roi, si la paix n'a pas lieu, et s'il peut bien gouverner les deux princes.

« Que Dieu laisse arriver ce qui sera le meilleur ! En vérité, si vos seigneuries avaient leurs états ailleurs, cela serait à désirer, afin que nos prêtres eux-mêmes goûtassent quelque fruit amer de ce monde. »

Machiavel, sachant à quel point les seigneuries de Florence avaient quelquefois à se plaindre du pape Jules, se hasarde ici à manifester vivement des opinions très-passionnées, et étrangères au caractère ordinaire de réserve qu'on a pu observer dans ses dépêches, lorsqu'il parle des souverains de son temps.

« Je prie VV. SS., si elles ne veulent pas que je vende mes chevaux et que je m'en retourne à pied, d'ordonner à Barthélemy Panciatichi de me compter cinquante écus, parce que j'ai toujours été ici avec trois bêtes. A mon retour je donnerai un compte exact de mes dépenses, et VV. SS. en délibéreront avec leur humanité ordinaire. »

Le roi est tombé malade d'une toux qui ravage le pays. 1510.

Le pape, toujours livré à ses sentiments guerriers, et voulant profiter de la circonstance de la maladie du roi, demande aux Suisses quels moyens ils pourraient prendre pour envoyer des troupes à son service. Ceux-ci proposent, pour éviter la Lombardie, occupée par les soldats du roi, de suivre un chemin particulier, le long des Alpes. Ce chemin ne pouvait leur être interdit, et il leur était facile d'arriver par Savone[1]. Ils

---

[1] Lorsque Napoléon, en 1806, par suite d'un traité qu'il avait fait avec l'Espagne, demanda que des troupes de S. M. C. vinssent occuper l'Étrurie, M. le lieutenant-général O-Farill, d'origine irlandaise, fut chargé de les commander. On les dirigea sur Florence par Montpellier, Aix, Saint-Maximin et Nice : là commençait la *corniche* du *ponente*, qui n'avait qu'un étroit pas-

tourneraient Gênes, s'achemineraient par la rivière du Levant, vers Lucques.

Cette toux si cruelle qui règne en France a attaqué aussi le secrétaire, qui profite de cette occasion pour réitérer sa demande de cinquante écus.

« Je souffre de cette toux qui m'a délabré l'estomac : pour surcroît, il y a à Paris une si grande mortalité qu'il y périt plus de mille personnes par jour. Que ce soit Dieu qui ne nous abandonne pas ! »

Robertet est incommodé de la même épidémie. Machiavel va le voir ; ils causent ensemble de toutes les affaires d'Italie, et le secrétaire recommande avec une habileté toute nouvelle les intérêts de la république.

Le concile qui devait s'assembler à Orléans, est convoqué à Tours. Les mesures ordonnées par le conseil contre le pape sont plus sévères que jamais.

sage, même assez dangereux, car, au moindre faux pas, on pouvait tomber dans la mer, quelquefois de cent pieds de hauteur. Des maréchaux-des-logis de l'expédition, qui depuis Barcelone allaient en avant pour faire les logements, revinrent auprès de M. O-Farill, et lui dirent qu'à peine l'infanterie pourrait passer, et que, quant à la cavalerie, cela était impossible. Il leur répondit : « Messieurs, il y passe sans doute tous les jours des hommes du « pays à pied et à cheval. Vous avez l'honneur d'être de plus anciens Es- « pagnols que mes pères qui ont été naturalisés parmi vous ; moi, qui mérite de « vous commander, je passerai à cheval, par la corniche, le premier, et l'armée « tout entière suivra le général. » Enfin, par précaution, des muletiers génois précédèrent chaque escadron, et toute l'armée arriva au-delà de Gênes, à Sarzane, sans avoir perdu ni un homme, ni un cheval, ni les moindres effets du bagage.

Il paraît qu'en vivant avec les Espagnols on apprend bientôt à concevoir et à exprimer noblement les sentiments généreux, francs et héroïques, qui caractérisent cette fière nation.

Tel était le chemin que les Suisses proposaient de suivre. Il était sans doute alors plus impraticable qu'en 1806, mais le passage était possible, surtout pour des corps d'infanterie. Depuis, les rois de Sardaigne ont fait tracer de belles routes le long de la corniche du *levante* et de celle du *ponente*. Maintenant on les parcourt en poste, et ce voyage, presque toujours le long de la mer, est un des plus agréables qu'on puisse faire en Italie.

CHAPITRE XIV.

« Il a été publié que le roi faisait défense de rien envoyer à Rome pour aucune cause bénéficiale, ou toute autre raison, sous peine *de corps et de biens*, et il a en tout défendu l'obédience au pape. Ceux-ci savent que le pape dit qu'avec ce roi il a sa paix dans la poche, et ils s'en indignent. Je puis vous assurer que, pour le présent le pape dit la vérité; mais, s'il arrive que ceux-ci soient assurés de l'empereur, le pape se sera trompé. Ceux-ci ne se feront pas faute d'accéder à toutes les considérations que prescrira l'empereur, parce que toute autre blessure, toute autre injure leur paraîtra plus honnête et plus supportable que celle du pape. Ce roi-ci, quand il dort, quand il veille, ne pense à rien autre qu'au mal qu'il lui semble recevoir de S. S., et il n'aspire qu'à la vengeance. Il m'a été dit par une personne de grande qualité, que l'empereur ne va pas à d'autre but que le partage de l'Italie entre ce roi et lui-même. »

Le fond des opinions de Robertet sur la guerre se découvre un jour d'une manière imprévue. Le roi n'y est pas porté: mais le ministre pourrait avoir un autre sentiment. Un jour qu'il causait avec Machiavel, un peintre apporta dans son cabinet le portrait du défunt cardinal d'Amboise. Robertet, le voyant, dit en soupirant: « O mon maître, si tu étais vivant, nous serions avec notre armée à Rome! »

Le secrétaire paraît ne pas bien augurer de ce concile de Tours.

« Demain le roi partira pour Tours: que Dieu en fasse arriver ce qui sera le meilleur! »

Ainsi que le roi l'avait demandé, la république expédie un ambassadeur auprès de lui. Le choix tombe sur Robert Acciajoli, qui arrive à Tours le 10 septembre. Le secrétaire lui remet tous les papiers de la mission, l'instruit des informations qui peuvent lui être utiles, et reprend la route de Florence.

Plusieurs personnes pensent que pendant le cours de cette mission, il y a eu dans la conduite de Machiavel quelque chose qui, à tort ou à raison, a pu déplaire à LL. SS. Elles lui écrivent *che l'uomo si faccia vivo e ricordi*. Il répond qu'il a été si vivant que, malgré son incommodité, il s'est présenté souvent au conseil, et n'a cessé de défendre les intérêts de la république. Mais ceci n'est peut-être qu'une légère moquerie de Marcel di Virgilio, ou de Bonacorsi qui lui a écrit comme on l'a vu, en l'appelant *tristarello*, moquerie indifférente dont l'envoyé se sera montré trop affecté. Il n'y a aucune raison pour faire croire qu'il se soit élevé le moindre différend sérieux entre la république et son secrétaire; car à peine arrivé à Florence, il est expédié le 12 novembre suivant pour faire la revue d'un corps de cavalerie au service du gouvernement. Cette mission ne dura que quelques jours.

CHAPITRE XV.

Nous rapporterons à cette année la composition 1510. d'une pièce de vers intitulée : *Decennale secondo*. On a vu que le premier *Decennale* comprend les événements qui se sont succédé de 1494 à 1504. L'auteur paraît avoir eu l'idée de mettre la première main à ce petit poëme qui, par suite du précédent, devait comprendre les événements de 1504 à 1514, sauf à le continuer à mesure que les faits s'accompliraient.

Rien dans les œuvres recueillies jusqu'à ce moment ne nous apprend si ce second *Decennale* est dédié, comme le premier, au même Alamanno Salviati. Les faits qui y sont rapportés embrassent seulement une période de 6 ans.

La pièce a 219 vers, et n'est pas terminée.

Le début est d'un ton pindarique.

« Je chanterai, et je serai hardi de chanter au milieu de tant de plaintes qui m'accablent de douleurs, je chanterai les hauts événements et les faits furieux qui ont eu lieu dans les dix années suivantes, depuis qu'en me taisant j'ai posé la plume. Je chanterai les mutations d'empires, de royaumes et d'états, dont fut témoin la contrée italique, et qu'avait ordonnées d'avance le conseil divin. Muse, si jamais j'ai mis en toi ma confiance, prête-moi ta faveur, et que mon vers arrive à la grandeur des faits [1] ! »

[1] Gli alti accidenti e fatti furiosi

Nous rentrons dans les événements qu'ont rapportés les dépêches depuis 1504. Barthélemy d'Alviano essaie de dégager Pise. Giacomino (*vostro Giacomino*) met en déroute l'armée de Barthélemy. Le poète fait un éloge du vainqueur, qui depuis a été maltraité par la république.

« Avare de l'honneur, prodigue d'or, il s'illustra par tant de vertus, qu'il mérite vraiment plus que je ne l'honore. Actuellement il languit négligé, méprisé dans sa maison, pauvre, vieux, et aveugle : celui qui fait bien, déplaît à la fortune[1]. »

Ces derniers mots semblent prédire le sort du poète lui-même.

Voici comment est racontée l'expédition de Jules II contre Pérugia et Bologne. Le poète n'est pas obligé de se contenir dans la mesure prescrite à l'envoyé politique.

« Cependant le pontife Jules ne pouvant plus refréner son

> Che in dieci anni seguenti sono stati,
> Poi che tacendo la penna riposi,
> Le mutazion di regni, imperi e stati,
> Successe pur per l' Italico sito,
> Dal consiglio divin predestinati,
> Canterò io : e di cantare ardito
> Sarò fra molto pianto, benchè quasi
> Sia per dolor divenuto smarrito.
> Musa, se mai di te mi persuasi,
> Prestami grazia, che il mio verso arrivi,
> Alla grandezza de' seguiti casi !

[1] Avaro dell' onor, largo dell' oro,
  E di tanta virtù visse capace,
  Che merita assai più, ch'io non l' onoro.
Ed or negletto e vilipeso giace,
  In le sue case, pover, vecchio e cieco :
  Tanto a fortuna, chi ben fa, dispiace!

esprit orgueilleux, donne au vent les bannières sacrées; plein de colère naturelle et de furie, il répand d'abord son poison contre les occupateurs de ses domaines pour en jeter à terre les tyrans, il abandonne son trône saint, et présente la guerre à Pérugia et à Bologne : les Baglioni s'humiliant sous sa volonté pour rester dans leur patrie, il chasse seulement du Bolonais l'antique famille Bentivoglio[1]. »

Si dans les dépêches on a trouvé quelques expressions mystérieuses, qui aient paru ne pas laisser assez dominer l'opinion de l'envoyé Florentin, le voilà franc comme tous les poètes. Il ne cessera de dire ainsi la vérité à toutes les puissances, et même à la république. Elle avait voulu à tout prix reconquérir Pise, et voici, suivant le poète, par quelles séductions elle se fit aider de ses voisins.

« Voulant rendre l'entreprise assurée, il fallut à chacun remplir la gueule, et cette bouche qu'il tenait ouverte. Alors Pise étant restée isolée, vous l'avez subitement bloquée, en ne laissant libre que le chemin des airs. Vous y avez employé en tout quatre mois avec de grandes fatigues, et d'immenses désastres ; enfin, vous l'avez affamée avec d'énormes dépenses. Quoiqu'elle fût une ennemie obstinée, cependant,

[1] Intanto papa Giulio più tenere
   Non potendo il feroce animo in freno,
   Al vento diede le sagre bandiere,
E d' ira natural, e di furor pieno,
   Contro gli occupator d' ogni sua terra,
   Isparse prima il suo primo veleno.
E per gittarne ogni tiranno in terra,
   Abbandonando la sua santa soglia,
   A Perugia e Bologna ei mosse guerra.
Ma cedendo i Baglioni alla sua voglia,
   Restorno in casa, e sol del Bolognese
   Cacciò l' antica casa Bentivoglia.

abattue et forcée par la nécessité, elle retourna, en pleurant, à la chaîne antique[1]. »

Il y a ici dans la peinture du blocus de Pise quelques tableaux qui rappellent l'écrivain militaire.

Nous citerons ces vers de la plus haute poésie, à propos de la bataille d'Agnadel, où Louis XII, en personne, battit les Vénitiens, le 14 mai 1509.

« Allez, orgueilleux, allez désormais avec la figure altière, vous qui portez les sceptres et les couronnes, et qui ne savez pas la vérité sur l'avenir, tant vous aveugle la soif présente! elle tient sur vos yeux un voile épais qui vous empêche de voir les objets éloignés, d'où il arrive que les révolutions du ciel jettent vos états de celui-ci à celui-là, plus souvent que ne changent la chaleur et la glace. Si votre prudence s'attachait à connaître le mal, et à y remédier, tant de puissance serait enlevée au ciel[2]. »

[1] Talchè volendo far l'impresa certa,
Bisognò a ciascuno empier la gola,
E quella bocca, che teneva aperta.
Dunque sendo rimasta Pisa sola,
Subitamente quella circondaste,
Non vi lassando entrar, se non chi vola.
E quattro mesi intorno ivi posaste,
Con gran disagi, e con assai fatica,
E con assai dispendio l'affamaste.
E benchè fusse ostinata inimica,
Pur da necessità costretta e vinta,
Tornò piangendo alla catena antica.

[2] Gite, o superbi, omai col viso altiero,
Voi, che gli scettri e le corone avete,
E del futuro non sapete il vero,
Tanto v'accieca la presente sete,
Che grosso tienvi sopra gli occhi un velo,
Che le cose discoste non vedeste!
Di quindi nasce che il voltar del cielo

CHAPITRE XV. 203

Cette exclamation est digne du Dante. De telles sentences ne dépareraient pas celles qu'il a répandues dans la Divine Comédie. On voit aussi dans ce passage quelque chose qui ressemble assez à la description des jeux de la fortune du même poëte[1].

Nous transcrivons les derniers vers. Il s'agit de Maximilien.

« Abandonné de la ligue, et désireux de retourner en Allemagne, il eut encore le dépit de perdre Vicence[2]. »

Le poëte saisit toutes les occasions de parler avec malignité de Maximilien : plus haut, il l'a appelé celui

« Qui tient, par le nom seul, le trône des Romains[3]. »

En parlant du roi de France, il raconte qu'il lui plut de passer les montagnes, et de protéger ceux qui avaient souffert pour l'amour de lui : il le nomme encore *le grand roi des Chrétiens*. Machiavel savait bien que si Louis XII se décidait à une sérieuse irruption en Italie, il y obtiendrait sûrement, dès le commencement surtout, de glorieux succès : on l'avait bien vu à Agnadel en 1509, et on le vit encore bien mieux, depuis, à Ravenne, quoique le roi n'y commandât pas en personne. Mais ce prince était constamment retenu

> Da questo a quello i vostri stati volta,
> Più spesso che non muta il caldo e 'l gelo ;
> Che se vostra prudenzia fusse volta,
> A conoscere il male e rimediarve,
> Tanta potenzia al ciel sarebbe tolta.

[1] *Enfer*, chant VII, strophe 23 et suivantes.

[2] E della lega sendo derelitto,
Di ritornarsi nella Magna vago,
Perdè Vicenza per maggior dispitto.

[3] Che tiene
Col nome solo, il seggio de' Romani.

par la reine Anne de Bretagne, femme d'un haut et noble caractère et d'un esprit solide et pénétrant : elle se rappelait l'inutile gloire de son premier époux, et elle vantait la doctrine de Louis XI qui disait qu'on ne devait ambitionner jamais que des conquêtes voisines de ses états. Louis XII, au contraire, avec ses droits sur Milan, et ses rêves sur Naples, combattait les opinions de la reine.

Ce que Machiavel n'a pas osé avouer si librement dans ses lettres, il le dit ici franchement dans ses vers; cependant, en général, il n'aimait pas beaucoup les Français.

La pièce de poésie dont nous venons de rendre compte, ne comprenant les événements que jusqu'à l'évacuation de l'Italie par les troupes de Maximilien, n'embrasse pas ceux des dix années que l'auteur s'était proposé de chanter, et nous devons rester incertains sur les motifs pour lesquels elle ne nous est parvenue qu'avec les lacunes qu'on y remarque aujourd'hui.

Ce *Decennale,* comme le précédent, annonce un auteur qui avait dû s'exercer depuis long-temps dans ce genre de composition. Les traits malins y abondent. Ils sont empreints d'un esprit d'indépendance qui sied au langage des dieux. Il s'y trouve en général plus d'amertume que de charme, plus de désir de frapper que de soin de plaire. N'oublions pas aussi que si le secrétaire Florentin n'a mis que 15 jours à composer le premier *Decennale,* il a peut-être composé le second dans moins d'une semaine.

CHAPITRE XVI.

Nous devons abandonner le poète, car Machiavel va changer de rôle : le temps de la *villeggiatura* pendant lequel il se livrait à de tels délassements est passé, et il faut reprendre les graves occupations au *palazzo de' signori*. 1510.

Le 2 décembre de la même année, Nicolas fut expédié à Sienne. Les instructions que reçut le secrétaire, nous apprennent seulement qu'il alla dans cette ville, pour les *faccende* de la république; mais il paraît qu'il devait traverser plusieurs pays amis et confédérés, car elles recommandent le secrétaire, et invoquent pour lui appui et faveur, qui seront rendus en échange, dans une semblable circonstance.

Il en est de même d'une instruction du 12 mai 1511, qui charge Machiavel d'aller traiter avec l'illustre Lucien Grimaldi, seigneur de Monaco [1] : il résulta de cette mission un traité entre la république et ce seigneur. Ce traité portait que les sujets des deux pays pourraient jouir, dans les ports desdits états, des franchises, priviléges, droits attribués aux nationaux, sans avoir cependant la faculté d'y introduire des bâtiments capturés sur des individus qui ne se-

---

[1] Les Grimaldi, famille illustre de Gênes, du parti Guelfe, possédaient la seigneurie de Monaco depuis 980.

raient pas ennemis de l'état dans le port duquel on amènerait les bâtiments.

Ce traité est rédigé dans les mêmes termes que l'on emploie aujourd'hui pour cette sorte de négociations.

Nous allons maintenant voir Machiavel retourner en France. Les décemvirs de liberté et paix lui confient une mission auprès du roi très-chrétien.

L'instruction, en date du 10 septembre 1511, est excessivement détaillée.

Les dépêches de Nicolas dispensent d'expliquer la nature des circonstances : elles vont être plus clairement développées par le secrétaire lui-même.

1511. Machiavel voit à Borgo San Donnino plusieurs cardinaux de la faction de France, les cardinaux Santa Croce[1], de Saint-Malo (Brissonet), de Cosenza[2], de San Severino[3] : il leur témoigne l'affliction de la république qui craint que le pape, voyant qu'elle accorde Pise, pour y assembler un concile opposé aux intérêts du Saint-Siége, ne tourmente et ne persécute les marchands Florentins résidant à Rome. Il établit toutes les raisons qui sont déduites dans ses instructions ; il étend les arguments, et il cherche à obtenir de ces cardinaux une réponse favorable. Les cardinaux lui répondent par la bouche de San Severino ; ils justifient leur entreprise. Ils disent qu'elle sera agréable à tous les chrétiens et à Dieu, et que plus

---

[1] Carjaval, cardinal du titre de Santa-Croce, d'une famille d'Espagne, légat du pape, en 1507, auprès de l'empereur Maximilien, dont alors il avait embrassé le parti : depuis on l'avait vu ennemi du pape, et dans les différends de ce pontife avec Louis XII, il s'était déclaré pour les intérêts du roi.

[2] Cosenza, cardinal espagnol, évêque de Cosenza dans l'état de Naples.

[3] Frédéric de St.-Séverin, fils de Robert, comte de Cajazzo et de Jeanne de Correggio, nommé cardinal par le pape Innocent VIII, en 1489, et confirmé par le collége des cardinaux après la mort du pape, en 1492 ; mort en 1516.

on y participera, plus on devra s'en glorifier : que le concile avait été publié, il y avait six mois, comme devant être tenu à Pise ; que les seigneuries avaient dû se préparer à souffrir tout ce qui devait en résulter, puisqu'elles avaient eu tant de temps devant elles : qu'on ne savait pas ce qu'un délai pouvait apporter d'avantages à la république.

Le cardinal s'étendit ensuite sur ce raisonnement : que Florence n'avait rien à craindre des armes, puisque le roi de France n'avait jamais eu tant de troupes en Italie.

« Il ajouta qu'en 1409, trois années après la conquête que vous aviez faite de Pise, vous y aviez laissé assembler un concile contre un saint pontife ; que le concile fut commencé par des cardinaux ; que vous aviez consenti sans peur, quoique la cause ne fût pas si juste, et que vous n'eussiez pas des faveurs aussi décidées qu'aujourd'hui, ayant de votre côté un roi de France. »

Une lettre de Robert Acciajoli, l'ambassadeur qu'on a vu aller en France, pour y remplacer Machiavel, annonce de Blois, en date du 24 septembre, que le secrétaire y est arrivé le 22.

Acciajoli et Machiavel vont à l'audience du roi.

« Hier nous allâmes à la cour, après avoir examiné notre commission, et réduit par extrait toutes les raisons qui pouvaient convaincre S. M. : conformément à l'intention de V. S., nous nous sommes présentés devant elle. Les premières révérences et les cérémonies d'usage terminées, on lui a lu une demande rédigée d'après les instructions, et contenant tous les motifs les plus convenables et les plus convaincants.

« Le roi écouta avec calme et volontiers, paraissant faire un grand cas de vos recommandations et de vos conseils.

« J'aurais volontiers, dit le roi, tenu le concile à Verceil ; les cardinaux et les prélats pourront s'y rendre quand ils auront fait, à Pise, la première, la seconde et la troisième station (ce fut l'expression dont le roi se servit), et je ne puis rien *disposer* là-dessus, sans le consentement du roi des Romains (Maximilien) et des cardinaux. Je suis convenu avec eux de ne rien déterminer sans eux. J'ai invité les cardinaux et l'église gallicane à se rendre en ce lieu, et je ne vois pas comment je puis me dédire. » Nous répliquâmes, le roi reprit à son tour, Robertet parla aussi plusieurs fois. Le résultat fut, qu'il était impossible de rien changer à cette détermination, puisqu'on l'avait conduite à ce terme. »

Après être restés quelque temps à discourir, ne pouvant obtenir ce qu'ils demandaient d'abord, les négociateurs se réduisirent à une troisième demande, un délai de trois mois. Ils s'appuyèrent sur la nécessité d'attendre les suites de la maladie du pape, de donner aux seigneuries le temps de prendre des précautions utiles. Alors ils persuadèrent le roi, qui promit que l'on ne ferait rien avant la Toussaint.

1511. Le secrétaire écrit le 24 septembre qu'il s'est mis aux pieds de S. M. conjointement avec le magnifique Roberto, qu'ils ont fait ce qui a été rapporté par lui; qu'il restera à Blois, aux ordres du roi, à peu près 6 ou 8 jours; qu'ensuite il retournera à Florence.

Cependant le concile est assemblé à Pise, Machiavel y est envoyé, et sous le prétexte de conduire un corps de soldats, il est chargé de décider les prélats à quitter cette ville. Enfin il résulta des négociations du secrétaire, que les Pères du concile se séparèrent le 12, en se réservant de se rassembler à Milan. La république obtint ce qu'elle désirait, et le roi éloigna de son territoire ce concile, qui ne pouvait que rendre le pape et ses successeurs, des ennemis dangereux de la république.

CHAPITRE XVII.

Il paraît que ce voyage en France, fait si précipitamment, altéra la santé de Machiavel ou du moins lui laissa quelque crainte de la mort. A peine revenu à Florence, il résolut de faire un testament. Cette pièce est datée du 22 novembre 1511 : il y déclare qu'il laisse à Mariette sa femme chérie, fille de feu Louis Corsini de Florence, ses dots énoncées dans un acte antérieur. Il déclare en outre qu'aussitôt après la mort du testateur, tous les colliers, chaînes, les anneaux tant de ladite Mariette que dudit Nicolas, tous les habits de laine, de lin, de soie, servant à leur usage (*ad usum et dorsum et pro usu et dorso tam dictæ dominæ Mariettæ, quam dicti Nicolai*), doivent être vendus. Le produit en sera employé en achats de *crédits du mont* (rentes payées par la république), ou en biens immeubles. L'usufruit de la rente de ce produit appartient à *Monna* Mariette, tant qu'elle sera veuve et qu'elle mènera une vie de veuve, et honnête, et non autrement. La propriété sera aux enfants, et si Mariette se remarie, elle n'aura plus de droits à cette rente [1]. Après avoir signé

1511.

---

[1] Il y a là une clause singulière ; si elle avait été exécutée à la rigueur, Mariette se serait trouvée avoir des rentes, sans avoir d'habits. Apparemment qu'elle aurait dû racheter ses habillements du produit de sa dot. Ce testament ne nous dit pas le nombre d'enfants qu'avait alors Machiavel. On sait qu'à sa mort il en laissa cinq, quatre garçons et une fille. Quelques auteurs portent

ce testament de précaution, où il n'est question d'aucun bien immeuble appartenant à Machiavel, il reprend ses courageux travaux au service de la république.

Le 2 décembre de la même année, il est chargé de faire une levée dans la province de la Romagne; sa mission se réduit à réunir 100 hommes de cavalerie, et à passer en revue 200 hommes de pied. Voici l'époque à laquelle nous devons rapporter l'ouvrage intitulé : *Provvisione seconda; per le milizie a cavallo.*

1512. Cet édit a été délibéré dans le conseil des 80, le 23 mars 1511 (1512), et approuvé par le grand conseil le 30 du même mois. Le soin de surveiller l'exécution de cette loi est confié aux *neuf* dont il a été parlé à propos de la *Provvisione prima*. Les hommes destinés à former les corps de cavalerie s'appellent *i descritti*. On retrouve dans la pensée de cette loi quelques-unes des dispositions qui étaient en usage à Rome pour les chevaliers, et d'autres que nous avons adoptées pour l'organisation de notre gendarmerie moderne. On y voit figurer ce que nous appelons les *masses*. Chaque *descritto* se fournit d'un cheval et d'armes offensives. Si un *descritto* perd son cheval à la guerre, ou s'il prouve qu'il y a été blessé, les *neuf* remboursent au cavalier les deux tiers de la valeur du cheval. Quand le *descritto* ne sera pas appelé à la guerre, et qu'il restera dans son habitation, il aura, pour la dépense de son cheval, une indemnité de 12 ducats d'or.

1512. Il existe encore aujourd'hui, en Suède, un système d'organisation militaire qui ressemble beaucoup à celui qu'a établi Machiavel.

Il est probable qu'à une époque peu éloignée de

à une époque bien antérieure à l'hiver de 1504 à 1505, la date du mariage de Nicolas; suivant eux, il était déjà marié, lors de sa mission près de César Borgia.

CHAPITRE XVII. 211

celle où nous sommes parvenus, le secrétaire Florentin donna à la seigneurie le *Consulto per la elezione del comandante della fanteria*. Dans cet écrit où il conseille de nommer à cette place un guerrier expérimenté, il règne un ton de franchise, de décision, prouvant le crédit de celui qui adressait ce conseil.

Cependant le roi avait tenu la parole qu'il avait donnée aux Florentins. Gaston de Foix [1] était descendu en Italie où il avait pris le gouvernement du duché de Milan, et le commandement de l'armée française, combinée avec l'armée de Maximilien, et destinée à attaquer les armées espagnole, pontificale et vénitienne réunies, appelées Armée de la Ligue. Bientôt les combattants se trouvèrent en présence dans les environs de Ravenne, et le 11 avril, jour de Pâques, on livra la célèbre bataille de ce nom qui fut gagnée par les Français. Mais leur triomphe fut ensanglanté par la mort du généralissime Gaston de Foix [2].

[1] Né en 1489, fils de Jean de Foix, vicomte de Narbonne, et de Marie d'Orléans, sœur de Louis XII, et allié très-proche de César Borgia, par sa femme Charlotte d'Albret.

[2] La victoire était décidée : Gaston de Foix, malgré le conseil de Bayard, voulut poursuivre un corps d'Espagnols qui était en fuite, et il fut frappé d'un coup de pique dans le flanc : « Ce fut une erreur à lui, de vouloir ultra-« vaincre (*stravincere*). » Telle est la réflexion qui est en marge de Guichardin, tom. II, pag. 467.

Voici ce que Guichardin dit de ce prince dans le même passage : « Il mourut « (Gaston) dans un âge fort jeune et avec une renommée singulière pour « tout le monde, ayant en moins de trois mois, et d'abord comme capi-« taine plus que comme soldat, obtenu tant de victoires avec une célé-« rité et une impétuosité incroyables. » Dans cette mémorable journée les Français firent prisonniers Fabrice Colonne, Pierre Navarre, célèbre ingénieur, le marquis de la Palud, le marquis de Pescayre, et enfin Jean de Médicis, fils de Laurent-le-Magnifique, cardinal depuis 1488, et légat du pape auprès de l'armée espagnole (il devait être pape le 11 mars suivant sous le nom de Léon X). A cette bataille, firent leurs premières armes une foule de Français qui devinrent très-célèbres dans ce siècle, et, entre autres, Anne de Montmorency, depuis connétable de France.

Malheureusement pour les armes de la France, Maximilien craignant que cette victoire n'enflât trop le courage et les prétentions des Français, ordonna que ses troupes se séparassent de celles du roi Louis XII, et l'armée de ce prince, réduite à ses propres soldats, fut obligée de prendre des cantonnements dans des lieux fortifiés. La Palice [1], qui avait succédé à Gaston de Foix, ne pensa plus qu'à protéger le duché de Milan, où il fut poursuivi par l'armée de la ligue : la défensive était encore bien difficile, car les Français depuis le départ des Allemands n'avaient plus d'infanterie. Successivement La Palice perd Milan, Pavie, et il est obligé de faire sa retraite par le Piémont. Ainsi à peine en deux mois tous les fruits de la victoire de Ravenne furent anéantis, le duché de Milan fut perdu, et Florence, qui s'était réjouie de tant de succès des Français, fut abandonnée à ses propres forces devant une armée victorieuse et irritée. Une diète assemblée à Mantoue décida qu'on marcherait sur Florence, et qu'on y rétablirait les Médicis.

[1] Jacques de Chabannes, seigneur de la Palice, l'un des généraux français les plus expérimentés de ce temps-là : les Espagnols l'appelaient *El capitan de la Paliça de muchas guerras y victorias*. Il fut tué à la bataille de Pavie.

CHAPITRE XVIII.

Les événements qu'on avait tant redoutés à Florence, commençaient à s'accomplir. Le pape avait demandé spécialement l'appui du roi d'Espagne contre les Florentins, et celui-ci avait ordonné au vice-roi de Naples [1] de marcher sur Florence, d'y renverser l'autorité du gonfalonier Soderini, et de chercher à y rétablir la domination des Médicis. Machiavel, qui n'était entré dans les affaires que depuis la chute de ces illustres bannis, ne pouvait les avoir connus que dans son enfance, et quelles qu'eussent été alors ses affections par haine contre la famille Pazzi, il avait toujours servi avec zèle le parti contraire. Il accepta encore une mission qui avait pour but de défendre le territoire. Cette mission commença au mois de mai, et ne finit qu'au mois d'août 1512. Il nous reste peu de détails sur les événements où il figura vers cette époque. Mais il est certain qu'il remplit honorablement tous ses devoirs. Florence ne tarda pas à être soumise.

Une lettre du secrétaire, que l'on présume avoir été écrite au mois de septembre suivant, à madonna Alphonsine, mère de Laurent de Médicis qui fut depuis duc d'Urbin, contient le récit de ce qui vient d'arriver en Toscane depuis quelques jours. Aucune

1512.

---

[1] Hugues de Cardone, commandant l'armée espagnole.

pièce historique ne peut mieux donner une idée de la manière dont le secrétaire jugeait ces importants événements qui devaient gravement l'affliger.

Au ton qu'il prend dans cette lettre, on doit croire qu'il s'était depuis long-temps préparé à de tels événements, et il était impossible qu'il eût approuvé cette politique de Soderini flattant l'empereur, et ne voulant pas perdre l'amitié de la France, politique vacillante qui lui avait fait perdre l'appui de l'un et de l'autre. Les conseillers de l'empereur, et ceux du roi dont la santé était déjà fort affaiblie, pouvaient pour un temps être alliés, faire marcher les armées respectives au même but; mais cette alliance de deux telles rivalités, se disputant toutes deux l'Italie, ne devait pas être durable. Ils parlaient de la partager ensemble, probablement pour se tromper mutuellement, et faire en sorte qu'en définitive la proie devînt la possession d'un seul. Entre de semblables dissimulations appuyées de tout ce que la force peut affecter de vertus et de bonne foi, Soderini, promenant de l'un à l'autre parti l'argent et les affections de la république, mal soutenu à Rome par son frère le cardinal qui n'était pas aimé de Jules II, n'avait permis aucun accès aux conseils de vigueur, les seuls à suivre dans cette circonstance : enfin après quelques signes épars çà et là de dignité de caractère, mêlés de plusieurs actes de présomption, et de trop de confiance dans la populace, n'ayant pas fait le sacrifice de sa vie, sacrifice qu'il faut hardiment offrir dans de si terribles circonstances, et que la fortune n'accepte pas toujours, il se résolut à capituler, pour ne pas mourir, et il échangea honteusement sa puissance contre l'exil.

Machiavel cependant ne l'abandonna pas vilement: voici comme il s'exprime dans sa lettre qu'on croit

CHAPITRE XVIII.

adressée à Alphonsine Orsini, il faut le dire, à la veuve de Pierre de Médicis.

« Puisque V. S. veut, illustrissime madonne, entendre nos nouvelles de Toscane, je les lui raconterai volontiers, et pour la satisfaire, et pour rapporter ce qui a été fait par les illustres amis de V. S. qui sont aussi *padroni miei*. Ces deux causes effacent tous les autres déplaisirs que j'ai essuyés, comme vous le verrez dans le cours de ce récit. Quand il fut arrêté par la diète de Mantoue que l'on rétablirait les Médicis, et que le vice-roi fut parti pour aller à Modène, on craignit en Toscane que le camp espagnol ne vînt à Florence : cependant on n'en avait aucune certitude, parce que les choses avaient été traitées secrètement à Mantoue. Beaucoup ne voulaient pas croire que le pape consentît à troubler la paix de cette province; les lettres de Rome annonçaient qu'il ne régnait pas une parfaite intelligence entre le pontife et l'armée espagnole. »

« Alors on ne fit aucuns préparatifs, jusqu'à ce que la certitude arrivât de Bologne. »

« Les ennemis étaient à une journée de nos frontières : toute la ville se troubla à l'aspect de cet assaut subit et imprévu. On consulta sur ce qu'il y avait à faire ; on délibéra avec autant de promptitude qu'il fut possible : il n'était plus temps de garder le passage des montagnes, ni d'envoyer à Firenzuola, bourg situé sur les confins entre Bologne et Florence, un corps de deux mille hommes de pied, afin que les Espagnols, ne voulant pas laisser derrière eux une troupe si considérable, se bornassent à assiéger ce bourg, et nous donnassent le temps de réunir plus de monde, et d'opposer plus d'obstacles à l'attaque. » 1512.

« On ne jugea pas à propos d'envoyer ces deux mille hommes en rase campagne, parce qu'on ne les crut pas en état de retenir l'ennemi. On décida qu'avec ce corps on résisterait à Prato, pays situé dans la plaine, au pied des montagnes qui descendent du *Mugello*, éloigné de Florence de dix milles. On pensa que ce lieu était propre à recevoir ce corps et qu'il y serait en sûreté, et que, comme il se trouverait voisin de Florence, on pourrait aisément le secourir si les Espagnols allaient de ce côté. »

« Cette délibération prise, tous les corps se mirent en marche pour aller occuper les lieux désignés; mais le vice-roi qui avait l'intention, sans attaquer le bourg, de venir droit à Florence pour y changer l'autorité, espérant le faire avec le parti qui était dans l'intérieur de la ville, laissa derrière lui Firenzuola, et passant l'Apennin, descendit à Barberino du *Mugello*, à dix-huit milles de Florence. Tous les bourgs de cette province, dépourvus de garnisons, reçurent des ordres et approvisionnèrent le camp, suivant leurs facultés. Cependant, à Florence, on avait réuni une partie de l'armée : on rassembla les *condottieri* des hommes d'armes, on leur demanda leur avis sur la défense à faire contre une attaque; ils répondirent qu'il ne fallait pas résister à Prato, mais à Florence même, parce qu'ils ne jugeaient pas, en s'enfermant dans Prato, pouvoir arrêter le vice-roi. Ils ne connaissaient pas encore ses forces, et les jugeant d'après la vivacité de ses mouvements sur cette province, ils les croyaient telles qu'on ne pouvait résister. Ils estimaient qu'il était plus sûr de se renfermer dans Florence, où, avec l'aide du peuple, ils pouvaient plus facilement se défendre, en même temps qu'en laissant à Prato trois mille hommes, ils espéraient conserver cette ville. Cette délibération plut, et particulièrement au gonfalonier Soderini, qui se jugeait plus fort contre le parti contraire, en tenant plus de troupes auprès de soi, dans Florence. »

« Les choses étaient en cet état, lorsque le vice-roi envoya à Florence ses ambassadeurs. Ils exposèrent à la seigneurie, qu'ils ne venaient pas en cette province comme ennemis, qu'ils ne voulaient pas altérer la liberté de la république ni son autorité; qu'ils voulaient seulement s'assurer de la ville; que l'on devait abandonner le parti français, adhérer à la ligue, qui ne croyait pas pouvoir être sûre de ladite ville ni de ce qu'elle promettait, tant que Pierre Soderini serait gonfalonier; qu'il était connu comme partisan des Français;

CHAPITRE XVIII.

qu'enfin le vice-roi voulait que Soderini déposât ce grade, et que le peuple de Florence en élût un autre à son gré. Le gonfalonier répondit, qu'il n'avait obtenu cette qualité ni par la tromperie ni par la force, qu'il y avait été appelé par le peuple; que si tous les rois de la terre réunis ensemble lui commandaient de la déposer, il ne la déposerait jamais: que si le peuple voulait qu'il se retirât, il le ferait volontiers, comme il avait volontiers accepté ce titre quand on le lui avait accordé, sans qu'il le désirât. Pour connaître l'esprit public, quand les ambassadeurs furent partis, il rassembla le conseil, lui donna connaissance des propositions; il offrit de se retirer, si ce parti plaisait au peuple; il ajouta que s'il paraissait que son départ dût amener la paix, il allait sur-le-champ retourner chez lui, parce que n'ayant jamais pensé qu'au bien de la ville, il lui serait pénible qu'elle souffrît pour sa cause. Cette proposition fut repoussée, et chacun offrit sa vie pour la défense du gonfalonier. »

« Sur ces entrefaites, l'armée espagnole se présenta devant Prato, donna l'assaut, et fut repoussée. Alors son excellence le vice-roi jugea à propos de traiter d'un accord avec l'ambassadeur Florentin qui était auprès de lui: il l'envoya à Florence avec un des siens, offrant de se contenter d'une certaine somme d'argent, et stipulant qu'à l'égard des Médicis, l'affaire serait remise à S. M. C., qui pourrait prier et non forcer les Florentins de les recevoir. »

« Les ambassadeurs arrivèrent avec ces propositions. On rapporta que les Espagnols étaient affaiblis, qu'ils mouraient de faim, que Prato se défendrait: ces circonstances donnèrent une grande confiance au gonfalonier et à la multitude par laquelle il se gouvernait. Cette paix était conseillée par les sages; cependant le gonfalonier la différa tant, qu'un autre jour on apprit la prise de Prato. Les Espagnols avaient renversé une partie des murailles, et forcé ceux qui étaient chargés de la défense de ce point : ils les avaient tellement effrayés, que ceux-ci, après une courte résistance, s'étaient vus contraints de prendre la fuite. Les Espagnols occupant bientôt la ville, l'avaient saccagée, et pour comble de calamités, avaient massacré tous les habitants. Je ne vous rapporterai pas les particularités de ce massacre pour ne point vous affliger; je dirai seulement qu'il y périt plus de quatre mille hommes: le reste fut fait prisonnier et obligé de se racheter de diverses manières; on n'épargna pas même les religieuses, et les lieux saints furent le théâtre de mille scènes sacriléges. »

« Cette nouvelle jeta la consternation dans la ville; mais le gonfalonier ne se découragea pas. Il tenait à certaines opinions qui lui étaient propres, et il présumait trop des offres que le peuple lui avait faites peu de jours auparavant. Il pensait qu'il conserverait Florence, qu'il éloignerait les Espagnols avec une somme d'argent, et qu'ainsi les Médicis seraient exclus du traité. Il fit notifier cette proposition; on lui répondit qu'il devait actuellement recevoir les Médicis, ou s'attendre à la guerre: alors on commença à craindre le pillage de la ville, en pensant à la lâcheté des soldats à Prato. Cette crainte fut augmentée par les démonstrations de toute la noblesse qui désirait le changement d'autorité, tellement que le lundi soir, 30 août, à deux heures de nuit, nos ambassadeurs eurent ordre de traiter avec le vice-roi, à tout prix: la crainte s'accrut tellement que les gardes abandonnèrent le palais. La seigneurie fut contrainte de mettre en liberté beaucoup de citoyens dont on s'était assuré, parce qu'on les soupçonnait d'être amis des Médicis. Ceux-ci, avec beaucoup de nobles de la ville qui désiraient recouvrer leur puissance, reprirent courage, et se présentèrent le mardi suivant, en armes, devant le palais. Ils occupèrent les postes: pour forcer le gonfalonier à partir, quelques citoyens leur conseillèrent de ne lui faire aucune violence, mais de le laisser sortir de bon accord. Ainsi, le gonfalonier, accompagné par ceux-là même, retourna dans sa maison, et la nuit suivante, sous bonne escorte, et du consentement des *Signori*, il partit pour Sienne. »

« Il s'établit à Florence un nouvel ordre de choses, mais il ne parut pas au vice-roi que cet ordre nouveau pût suffisamment rassurer les Médicis et la ligue; il jugea que cet état devait redevenir ce qu'il était sous le magnifique Laurent. »

« Les citoyens nobles consentirent à cette demande, mais ils vivaient dans la crainte du mécontentement du peuple. »

« Enfin, ajoute Machiavel, le légat entra à Florence accompagné de soldats, et amenant avec lui le magnifique Julien. Ses partisans s'emparèrent du palais en criant *palle, palle* (les boules, les boules). Les seigneurs réunirent le peuple en parlement, et il fut porté une loi, en vertu de laquelle les magnifiques Médicis furent rétablis dans tous les honneurs et les grades de leurs ancêtres. »

« Cette ville fut alors tranquille ; et elle espère vivre aussi honorée sous leur aide qu'elle l'a été dans les temps passés, sous le gouvernement du magnifique Laurent leur père. »

Quoique cette lettre soit très-longue, il importe de la connaître tout entière, parce qu'elle sert de transition d'une époque de la vie de Machiavel qui ne se représentera plus, c'est-à-dire, d'une situation où il était dévoué au gouvernement ennemi des Médicis, à une autre situation si différente où il demandera à les servir, et parviendra, quoique difficilement, à obtenir un appui, des commissions et des emplois qui ne finiront qu'avec sa vie. Je ne veux donc pas même passer sous silence les dernières lignes où le secrétaire paraît avoir pris un parti de résignation dont je chercherai plus tard l'explication. La lettre finit ainsi :

« Vous avez donc ici, illustrissime madonne, le récit positif de nos événements ; je n'ai pas voulu y insérer des choses qui pussent vous offenser, parce qu'elles sont misérables et peu nécessaires. Dans les autres détails, je me suis étendu autant que l'exiguité d'une lettre le permettait. Si je vous ai satisfaite, j'en suis bien content, sinon, je prie votre seigneurie d'agréer mes excuses. *Quæ diù et felix valeat.* »

Il y a loin d'un tel récit à ce que Machiavel a dit précédemment des Médicis, dans le *Decennale primo*.

Je ne prétends pas l'absoudre : mais la force des temps, la mauvaise administration du gonfalonier, la protection incertaine de la France qui remportait des victoires stériles, le consentement accordé pour le concile de Pise, et d'autres motifs de guerre donnés au pape, avaient amené des circonstances fatales au gouvernement de Florence. Il n'est pas possible que Machiavel n'ait pas prévu les événements. Il avait pu observer de près les affaires et les fautes, ou, si l'on veut, les malheurs de son parti, de ce parti qu'il avait servi si honorablement : depuis les événements qui avaient suivi la retraite des Français, on peut croire qu'il s'attendait à voir périr l'autorité du faible gonfalonier. Ce testament signé quelques mois auparavant, et que nous avons attribué à l'altération de la santé du secrétaire, nous apprend peut-être qu'il redoutait les funestes bouleversements qui s'approchaient, et qu'il les regardait comme pouvant avoir pour sa famille les suites les plus funestes.

Cependant il serait déplorable de penser qu'il pût être ainsi permis d'énumérer les fautes de celui qui est abattu, pour s'empresser ensuite d'adorer le vainqueur : la modération des expressions du secrétaire, l'habileté profonde de sa narration ne le disculperont jamais d'avoir agi avec quelque précipitation dans cette circonstance.

CHAPITRE XIX.

Nous avons atteint une des époques les plus malheureuses de la vie de Machiavel.

Avec son rare discernement, il avait vu, nous n'en doutons pas, les dangers nécessaires que courait le gouvernement de sa patrie; mais nous ne voulons pas pourtant, dans l'ignorance où nous sommes des motifs de sa conduite, exagérer les reproches qu'il peut avoir mérités. D'ailleurs il était impossible qu'un homme d'une trempe de caractère aussi décidée approuvât bassement, et sur-le-champ, tous les changements qui se préparaient dans l'administration. Sans regret pour l'autorité déchue, il n'avait pas cependant affecté de paraître un des premiers, pour encenser les nouvelles divinités. J'ajouterai même qu'il ne faut pas se méprendre sur cette expression remarquable de la lettre précédente : ce ne sont pas les Médicis qu'il appelle *padroni miei*, ce sont ses propres et anciens amis, particulièrement François Vettori, son frère Paul et beaucoup d'autres avec qui il avait d'intimes liaisons, et qu'il savait depuis long-temps partisans déclarés des Médicis. Ces amis n'étaient plus employés : ils se trouvaient, plus que Machiavel, les maîtres de professer une opinion opposée, et Nicolas, tout en continuant de servir fidèlement Soderini, comme le voulait son devoir, n'avait pas de raison pour repousser, surtout chez François Vettori, une bienveillance née dans des travaux communs, et qui avait produit, pour la vie, une estime et une affection réciproques.

1512. Mais il est bien plus essentiel ici de rapporter les faits qui se succèdent avec rapidité que de se livrer à des réflexions peut-être hors de propos. La révolution qui avait été la cause de la ruine du gonfalonier perpétuel, avait été aussi le signal de la chute du *secrétaire*. Une nouvelle seigneurie lance bientôt contre lui deux décrets, le 8 et le 10 novembre 1512. Le premier porte que Nicolas Machiavel est *cassé*, *privé* et absolument *dépouillé* de ses offices *de secrétaire de la chancellerie des dix magistrats de liberté et paix*. Le second décret du 10, signifié le 17, porte que Nicolas Machiavel, *olim* (ci-devant) *secrétaire*, est exilé pour un an, sur le territoire Florentin, et qu'il n'en peut et doit sortir sous des peines sévères. Un troisième décret du 17 lui défend d'entrer dans le palais des hauts et magnifiques seigneurs. A ce sujet M. Ginguené a oublié quelques faits; il dit : « Machiavel, après quatorze ans de services utiles à la patrie, fut d'abord destitué de son emploi, et confiné ensuite pour un an dans l'étendue du territoire de la république, avec défense de mettre le pied dans le palais de la seigneurie. Ce ne fut pas là le terme, ce ne fut que le commencement de ses malheurs. » Il ajoute ces mots : « Son sort fut décidé par trois décrets des 8, 10 et 17 novembre. » Il faut s'expliquer mieux. On porta le 17 un décret qui fut évidemment un adoucissement à la peine prononcée par celui du 10. Ce dernier exilait le *secrétaire* pour un an, et lui intimait de ne pas sortir du territoire de la république, c'est-à-dire lui prescrivait de quitter Florence, pour habiter le territoire du domaine Florentin qu'il faut distinguer de la ville proprement dite. Le troisième décret, en date du 17, lui défendait seulement d'entrer dans le palais de la seigneurie, sans lui ordonner de partir; mais on en publia un autre de la même date qui lui permit d'entrer dans le palais pendant toute la journée du 17. La même autorisation lui fut accordée le 4 décembre 1512, le 21 mars 1512 (1513), et ensuite le 9 juillet suivant.

Ces modifications et ces autorisations partielles prouvaient qu'on éloignait le secrétaire, en le ménageant.

S'il avait été prudent dans ses paroles, peut-être ce genre de persécution supportable aurait-il satisfait ceux qui pouvaient craindre l'ancien secrétaire. Mais il paraît que pendant l'hiver, il commença à blâmer quelques-unes des opérations de l'ordre de choses récemment établi: il en fut fait des rapports sans doute encore exagérés; enfin, le 21 février 1512 (1513) le pape Jules étant mort, on assembla le conclave. Le cardinal Jean de Médicis, frère de Pierre, s'y rendait, lorsqu'il éclata une conspiration qui avait pour but de l'assassiner en chemin, sur le territoire Toscan. On s'assura au hasard de beaucoup de personnes qui avaient servi l'ancien gouvernement; Machiavel fut du nombre de ceux qu'on soupçonna, bien à tort, d'avoir pris part à cette conspiration. Arrêté, conduit en prison, il fut soumis à la torture: n'étant coupable d'aucune pensée mauvaise dans le sentiment du nouveau parti, il subit la torture avec courage, et ne put avouer un crime qu'il n'avait pas commis.

Au milieu des angoisses de la prison, le secrétaire put se reprocher à lui-même quelque imprudence dans des paroles qui lui auraient échappé, devant ces êtres odieux qui, dans tous les temps et dans tous

1513.

les pays, sont attentifs à écouter, à rapporter et souvent à dénaturer ce que disent les personnages de quelque importance. Mais étranger à toute intention d'assassinat, il pensa aux moyens qu'il fallait employer pour ne pas s'abandonner lui-même, comme il le fera entendre plus tard dans des confidences à de vrais amis. Nous avons vu qu'il y avait déjà en Machiavel, pour les facultés morales, deux hommes distincts, le politique et le poète (le lecteur éprouve sans doute quelque impatience d'une semblable digression, mais il doit nous permettre de continuer) : le politique pouvait dresser un exposé de sa conduite, et laisser à une dialectique aussi ferme et aussi exercée que la sienne le soin de présenter les justifications de l'accusé. Par quelle bizarrerie le poète voudra-t-il intervenir, et intervenir seul? Les preuves historiques viennent appuyer ce fait. Julien de Médicis gouvernait alors Florence; il disposait à son gré du droit de faire arrêter les citoyens, d'adoucir leur sort dans la prison, et d'accord avec son frère Jean de Médicis, de les mettre en liberté. Machiavel eut l'idée bizarre d'adresser un sonnet à Julien.

Voici comme il lui explique sa position douloureuse dans les *stinche* où il était détenu avec une foule de malfaiteurs.

« Julien, j'ai autour des jambes une paire de chaînes, avec six tours de corde sur les épaules ; je ne veux pas conter mes autres misères, puisqu'on traite ainsi les poètes. Ces murailles sont tapissées d'une vermine énorme, et si bien nourrie qu'elle semble une nuée de papillons. Jamais il n'y eut à Roncevaux, ni en Sardaigne dans ses forêts, une infection pareille à celle de mon délicat asile, avec un bruit tel, qu'il semble que Jupiter et tout Montgibel foudroient la terre : on enchaîne celui-ci, on déferre celui-là en battant des coins et des clous rivés; un autre crie qu'il est trop élevé de terre: ce qui me fit le plus la guerre, c'est qu'en dormant, aux approches de l'aurore, j'entendis qu'on disait en chantant: « On prie pour vous. » Qu'ils aillent au diable, pourvu que votre compassion se tourne vers moi, père bienfaisant, et me délivre de ces indignes fers [1] ! »

Ce sonnet remis à Laurent peut-être valut au prisonnier quelques consolations: mais il paraît que ce premier envoi ne suffit pas. Un second sonnet fut envoyé à la même adresse. Celui-ci est d'un ton plus doux; on voit que le captif a conçu quelque espérance, mais qu'il n'est pas fâché de rappeler encore sa détresse à celui qui commande en souverain à Florence. Peut-être aussi avait-on observé qu'il était étonnant qu'un homme comme Machiavel fût réduit à cette extrémité, et que celui qui avait adressé le pre-

---

[1] I' ho, Giuliano, in gambe un paio di geti,
    Con sei tratti di fune 'n sulle spalle;
    L'altre miserie mie non vo' contalle,
    Poichè così si trattano i poeti.
Menan pidocchi queste parieti
    Grossi e pasciuti, che paion farfalle,
    Nè fu mai tanto puzzo in Roncivalle,
    Nè in Sardegna, fra quegli arboreti,
Quanto nel mio sì delicato ostello,
    Con un romor che proprio par che terra
    Fulgori Giove, e tutto Mongibello.
L'un s'incatena, e l'altro si disferra
    Con batter toppe, chiavi, e chiavistelli;
    Un' altro grida ch'è troppo alto da terra,
        Quel che mi fa più guerra,
    Fu che dormendo presso all' aurora,
    Cantando sentii dire: per voi s'ora.
        Or vadano in mal' ora,
    Purchè vostra pietà ver me si voglia
    Buon padre, e questi rei lacciuri ne scioglia!

mier sonnet était un autre que l'illustre secrétaire Florentin. Ce second sonnet semble répondre à un semblable reproche.

« Cette nuit, je priais les Muses d'aller avec leur douce lyre et leurs doux chants visiter votre magnificence pour me consoler, et lui offrir ma justification ; une d'elles m'apparut, et me confondit, en me disant : Qui es-tu, toi, qui oses m'appeler ainsi ? J'articulai mon nom, et celle-ci, pour m'outrager, me frappa le visage, et me ferma la bouche, en s'écriant : Non, tu n'es pas Nicolas : tu es le *Dazzo*, puisqu'on t'a lié les jambes et les pieds : tu es enchaîné comme un insensé. Je voulais dire mes raisons, elle répliqua : Va joindre les bouffons avec ton histoire dans les poches. Magnifique Julien, au nom du Dieu tout-puissant, soyez garant que je ne suis pas le *Dazzo*, mais que je suis moi[1]. »

Ce Dazzo était apparemment un fou célèbre de ce temps-là, ou un des plus grands criminels détenus dans les prisons. Je n'ai jusqu'ici à donner aucun éclair-

---

[1] In questa notte pregando le muse,
Che con lor dolce cetra e dolci carmi,
Dovesser visitar, per consolarmi,
Vostra magnificenzia, e far mie escuse,
Una comparve a me che mi confuse
Dicendo : chi se' tu che osi chiamarmi ?
Dissigli il nome, e lei per straziarmi,
Mi battè 'l volto, e la bocca mi chiuse,
Dicendo : Niccolò non se', ma il *Dazzo*
Poi ch' hai legato le gambe e i talloni
E staci incatenato come un pazzo.
Io gli voleva dir le mie ragioni :
Lei mi rispose e disse, va' al burlazzo
Con quella tua commedia in guazzeroni,
Date gli testimoni
Magnifico Giulian, per l' alto Iddio,
Come non son il Dazzo, ma sono io.

cissement sur ce fait. J'ai cité avec plaisir ces deux morceaux de poésie qui m'ont été communiqués par M. Joseph Aiazzi, Florentin [1].

Je ne balance pas à approuver Machiavel d'avoir confié sa défense à ces deux sonnets en apparence frivoles, mais faits réellement pour toucher le cœur de Julien, plutôt qu'à un long tissu de raisonnements qui l'aurait ennuyé sans le convaincre. Je me figure cette situation de trouble, de confusion; des sollicitations verbales plus ou moins ardentes, de longs panégyriques, écrits avec des notes, des explications appuyées de pièces, et tout le cas que le vainqueur fait ordinairement de cette dernière ressource du vaincu. Ordinairement ce fatras de papiers est laissé aux mains des subalternes ou des valets : mais une sorte de plaidoyer piquant, original, une seule feuille de papier contenant quelques vers spirituels et de noble facture, où entre autres on lit ces mots si touchants,

> Fu che dormendo presso all' aurora
> Cantando sentii dire : per voi s' ora;

cette adjuration si tendre, faite à Julien, de se souvenir que l'infortuné qui lui a écrit les premiers vers, est bien celui que la muse déclare imposteur, qu'il est en effet Nicolas, et non ce fou ou ce monstre d'iniquités, qu'on appelle le *Dazzo*; oui une semblable requête qui parvient dans les mains d'un homme bon, clément, heureux, ami des lettres, est distinguée né-

---

[1] Il les a trouvés écrits, de la propre main de Machiavel, sur deux feuilles placées dans un volume anciennement imprimé, comme pour indiquer un passage remarquable. Le propriétaire du livre, après en avoir tiré copie, a vendu les originaux dix louis à un seigneur anglais qui doit aujourd'hui les posséder à Londres. Je ne saurais me montrer ici trop reconnaissant de la complaisance de M. Aiazzi.

cessairement entre mille autres requêtes, et celui qui a cru devoir ainsi solliciter sa liberté, a merveilleusement connu le cœur et l'esprit de Julien : aussi nous savons que la détention de Machiavel ne fut pas aussi longue que celle de beaucoup d'autres prévenus.

A travers ces agitations, comme si la fortune n'eût pas voulu tout-à-coup accabler le secrétaire, il survint des circonstances plus douces; le même cardinal Jean contre lequel on avait conspiré, fut élu pape. A son avénement il prit le nom de *Leone :* montrant sur-le-champ toute la générosité de ce nom, il demanda et obtint de Julien qui s'empressa de l'accorder, la liberté d'une grande partie de ceux qui avaient été arrêtés pour cette conspiration. Quelques-uns avaient été décapités, mais Machiavel fut relâché avec d'autres: cependant il fut condamné à un an de bannissement dans les environs de Florence.

On ne peut pas mieux faire juger ce qu'il éprouva en cette occasion, qu'en rapportant la lettre qu'il écrivit à son ami François Vettori, ambassadeur du nouveau gouvernement Florentin près le Saint-Siége. Cette lettre est en date du 15 mars 1512 (1513).

1513.

« Comme vous l'avez appris par Paul Vettori, je suis sorti de prison, à la joie universelle de cette ville. J'avais d'ailleurs l'espérance de sortir déjà par l'effet de la protection de Paul et de la vôtre, ce dont je vous remercie. Je ne vous rapporterai pas la longue histoire de ce malheur, je vous dirai seulement que le sort a tout fait pour m'accabler de cette injure: mais avec les faveurs de Dieu, elle est passée; j'espère n'y plus retomber, et *parce que je serai plus Prudent,* et parce que les temps seront plus généreux, et moins soupçonneux. »

« Recommandez-moi au souvenir de sa Sainteté : s'il est possible qu'on m'emploie, ou par elle, ou par les siens, à quelque chose, je croirais faire honneur à vous et du bien à moi. »

Ce peu de mots commencent à nous révéler un grand secret. Ils nous apprennent que Machiavel, après avoir sans doute bien réfléchi à ce qu'exigeaient de lui ses relations avec Soderini, disait positivement n'avoir rien à regretter dans le gouvernement pusillanime qui venait d'être renversé. Il pensait à s'attacher dorénavant à la fortune des Médicis. Il voyait sur la chaire de Saint-Pierre un membre de cette famille. Il voyait Julien, dont les procédés avec lui avaient été affectueux et délicats, maître des affaires de la république, fort de l'assentiment du corps de la noblesse, d'une grande partie du peuple, et surtout des commerçants. Les ambassadeurs qui avaient servi précédemment avec Nicolas étaient passés tous au service de la nouvelle autorité. Ils aimaient Machiavel; ils estimaient ses talents. Pourquoi aurait-il fait autrement que tant d'illustres Florentins en faveur d'un pouvoir qui venait d'expirer pour toujours? Dans les républiques, lorsque l'autorité qui n'a été confiée qu'à un seul individu, est renversée, il n'en reste rien qui puisse soutenir ce parti: à moins qu'il n'existe un Pompée, les hommes disparaissent. Il n'en est pas comme de l'expulsion d'une dynastie, ou du renversement d'une maison riche qui a long-temps et successivement exercé le pouvoir: si alors des membres de la famille ont survécu, les bienfaits reçus d'une famille royale, les services acceptés par des concitoyens généreux, les récompenses obtenues pour des actions honorables, laissent une vive impression et des souvenirs d'affection dans les esprits. Machiavel au contraire, depuis surtout qu'il était redevable aux Médicis de la liberté qu'il avait recouvrée, et du pardon de son *imprudence*, et quand d'ailleurs il demeurait fidèle à l'amitié que lui avait constamment témoignée Marcel di Virgilio, Machiavel pouvait croire avoir payé sa dette à l'ancien gouvernement, et se regarder comme maître de dévouer son talent et son expérience au pouvoir nouveau; il connaissait la faute qu'avait faite Florence de s'attacher si intimement à la France, trop éloignée pour assurer une protection constante, et qui même dans les moments où son alliance paraissait la plus franche, avait occasioné de graves dommages à la république; il voyait de quelle importance il pouvait être pour sa patrie de ne pas pousser à bout la susceptibilité du Saint-Siége, cette autorité qui se replie sous tant de formes, qui si près d'elle, ne veut pas de la liberté, et qui cependant n'en refuse pas à ses peuples, autant qu'on paraît le croire; cette autorité, que les puissances aiment et détestent, que les souverains de l'Europe sont tous obligés de ménager, et qui peut si facilement prendre son temps pour châtier les tièdes, fortifier les faibles, et punir ses ennemis.

Quant aux Médicis, Sylvestre et Cosme, par leurs bienfaits, avaient établi une sorte de *principat* comme indestructible, au sein de la république; les Pazzi conspirateurs n'avaient pas été des hommes désintéressés, invoquant la liberté pour le peuple. Ils avaient voulu la ruine des Médicis, pour élever leur position sur celle de Laurent et de Julien. Après ce que l'on peut appeler le règne magnifique de Laurent, il avait fallu toutes les bassesses, toutes les lâchetés de Pierre, pour faire oublier au peuple tant de liens de reconnaissance, de respect, d'admiration qui l'attachaient au parti des *palle* : mais ces fautes avaient été réparées; on les oubliait déjà : à un gouvernement, tout de générosité, de grandeur, de passion pour les arts, avait succédé une administration avare, incertaine, flottante entre des souverains qu'on ne pouvait pas avoir à la fois pour amis : beaucoup de Grands ruinés, beaucoup de marchands endettés, beaucoup de pauvres nécessairement sans espoir de secours, une foule d'intérêts anciens et récents, avaient fait naître de nouvelles pensées, de nouveaux penchants. Qui ne sait que les opinions sont la plupart du temps des intérêts de richesse, d'envie, ou d'orgueil ! Les Florentins remis en possession de Pise, ne redoutant plus la mauvaise administration de Pierre, mort en exil, s'étaient réunis en grand nombre, pour porter au pouvoir les descendants des fondateurs de tant de temples, de tant d'hospices, de tant de bibliothèques richement dotées, de tant d'asiles religieux offerts à l'indigence, de tant d'aumônes distribuées à tout âge, à tout sexe, à tout rang. Chez ceux que ces motifs n'avaient pas déterminés, l'amour de la nouveauté avait remplacé ces sentiments. Il était enfin de la destinée de Florence de subir encore d'autres erreurs, d'autres fautes des Médicis ou d'en recevoir d'autres bienfaits; et puisque ces *citoyens-rois* n'avaient laissé debout aucun désintéressement, aucune élévation de caractère, aucune vertu qui pût leur résister, il fallait donc que toute la ville se précipitât au devant de ces illustres exilés. Comme tant d'autres, comme tous enfin, Machiavel, qui n'était ni plus riche, ni peut-être moins envieux, ni moins orgueilleux, voulait servir les Médicis : il n'y avait plus d'ailleurs que ce moyen de continuer de servir la patrie.

Quoi qu'il en soit de l'empressement plus ou moins marqué que Machiavel mit à offrir ses talents aux Médicis, il paraît qu'il s'arrêta fermement à cette idée. Nous devons continuer de rapporter les principales circonstances de sa vie, sans nous astreindre à la tâche absurde d'expliquer ce que nous ne savons pas bien. Jusqu'à ce moment nous avons vu la disposition de son esprit, dans les cachots des *stinche,* dans cet Etna de fracas, dans ce cloaque d'immondices. Heureusement tant de courage fut récompensé; cette détention ne fut pas de longue durée, la conspiration où il fut impliqué avait été découverte vers le 24 février, et sa mise en liberté ne pouvant être postérieure au 13 ou au 14 mars, puisque le 15 il l'annonce à son ami, François Vettori, il paraît constant qu'il ne resta que 15 ou 16 jours en prison. Nous avons vu qu'il plaisante lui-même sur ses souffrances; nous avons reconnu dans ses dernières inspirations quelque chose de plus tendre, de plus affectueux que dans les *Decennali;* on a pu aussi y remarquer, outre une gaîté douce, de la résignation sans bassesse, et tous les témoignages de la plus parfaite innocence : car l'imprudence de quelques regrets qu'il avoue avoir exprimés, ne prouve pas qu'il ait trempé dans la conspiration. Présentons-le donc à présent, puisqu'il le veut ainsi, déterminé à s'attacher aux Médicis. Il compte sur la protection de François Vettori, sur l'appui d'un ami dont il a, dans d'autres temps, rétabli la fortune politique, et qui l'aime comme un frère : mais comme ces sortes de caractères ne font rien à demi, il va chercher à appuyer ses demandes par un service signalé, par une communication puissante, où il développera toutes ses vastes connaissances, et tout son génie. Dès ce moment, il médite un important ouvrage, et il espère que le gage qu'il va offrir aux Médicis, les disposera à lui accorder quelque appui, et à lui permettre de suivre la carrière où il s'est déjà tant distingué. On a pu remarquer que Machiavel n'a encore aucune fortune. Il a perdu son père Bernard, et il ne paraît pas qu'il ait recueilli un riche héritage. Le testament que nous avons examiné nous apprend que, chargé de plusieurs enfants, il ne leur laisse presque pas de pain, et qu'il est réduit à les faire subsister du produit de ses chaînes d'or, de ses anneaux, de ses habits et même de tout ce qui, en ce genre, appartient à sa malheureuse épouse.

Cependant nous ne devons pas interrompre le récit de quelques autres faits que nous apprennent les correspondances et les ouvrages de Machiavel.

Personne, je le répéterai toujours, n'a composé mieux que lui sa propre histoire. Je n'ai qu'à mettre en ordre les nombreux matériaux qu'il a laissés, et dans lesquels il a déposé tant de révélations qui font si bien connaître sa patience, malgré ses plaintes, l'étendue de ses connaissances, les pensées les plus intimes de son cœur, et quelquefois jusqu'aux aveux des erreurs qu'il a commises.

C'est surtout dans ses lettres à François Vettori, et dans celles de celui-ci que nous trouverons les traces de l'amitié éternelle qu'ils s'étaient jurée pendant la légation en Empire, et une foule de détails intéressants sur la vie et les habitudes de Machiavel banni. Nous ne négligerons pas aussi de rapporter plusieurs morceaux des lettres de François. Elles expliquent d'autres faits relatifs aux ouvrages du publiciste, et jettent un jour nécessaire sur beaucoup d'anecdotes mal connues.

La grâce de Machiavel ne pouvait pas être refusée; car ce fut la première demande que François Vettori, ambassadeur de Florence et l'un des principaux chefs du parti Médicis, adressa de lui-même au pape Léon X.

Voici comment s'explique cet excellent et loyal ami:

« Depuis huit mois, j'ai éprouvé les plus violentes douleurs que j'aie ressenties dans tout le cours de ma vie; néanmoins, la plus sensible a été celle qui m'a accablé en apprenant que vous étiez arrêté, parce que j'ai jugé que, sans qu'il y eût faute de votre part et aucune cause, vous subiriez la torture [1], ce qui est arrivé en effet. Je suis tourmenté de n'avoir pu vous aider, comme le demandait la confiance que vous aviez en moi, et j'eus un vif chagrin, en recevant l'estafette expédiée par votre frère Totto, parce que je ne pouvais alors vous aider en aucune manière. Je le fis quand le pape fut créé, et je ne lui demandai pas d'autre grâce que votre liberté. Ah! comme il m'a été

[1] Il paraît que la torture était une suite immédiate d'une arrestation; on n'interrogeait le détenu qu'en le torturant de prime abord. J'ai cherché à rassembler des informations sur la nature de ce supplice de la *funè*, dont parle Machiavel. Les avis sont partagés là-dessus: quelques personnes pensent qu'on serrait les bras et les mains du patient, avec des lacets, pour le forcer, par la douleur, à faire les confessions qu'on attendait de lui.

D'autres personnes se fondant sur ce qui est dit dans le premier des sonnets cités ci-dessus, et que je leur ai communiqué, croient que c'était une espèce de supplice appelé *la corda*. On l'infligeait de deux manières, à *campanella*, ou à *tratti*. Dans les deux manières, le patient avait les mains liées derrière le dos; aux bras ainsi contenus on attachait une corde, par le moyen de laquelle on enlevait le patient à une assez grande hauteur. Quand la sentence portait à *campanella*, on le laissait tomber à terre doucement: mais la douleur était grande, parce que les bras avaient à supporter tout le poids du corps. Quand la sentence portait à *tratti*, on laissait retomber le patient brusquement à deux pieds de terre, et alors il pouvait arriver que du premier *tratto* les bras fussent démis par une si violente secousse.

Machiavel a peut-être fait allusion à cette circonstance de ce supplice, en disant dans son sonnet *Un' altro grida ch' è troppo alto di terra*. L'infortuné poète dit aussi, *Con sei tratti di fune 'n sulle spalle*. Ce dernier vers ne laisse plus aucun doute. Le supplice de la corde était bien certainement en usage à Florence, puisque *Benvenuto Cellini*, né en 1500, dans sa vie écrite par lui-même, et dont M. Joseph Molini vient de nous donner une seconde édition, vrai modèle de correction et d'élégance (Florence, 1832, in-8°), dit en parlant d'un certain *Ser Maurizio*, bourreau ou barigel de Florence, *che per ogni piccola cosa avrebbe dato della corda a San Giovanni Battista* (patron de la ville). Voyez l'édition de M. Molini, t. I, p. 204.

Ce supplice de la corde était aussi malheureusement connu chez nous; c'est ce que nous appelions *l'estrapade*. Une place de Paris a porté long-temps ce nom malencontreux.

CHAPITRE XIX.

agréable qu'elle vous ait été rendue plus tôt ! Actuellement, mon compère, ce que j'ai à vous dire pour cette disgrâce, c'est que vous fassiez bonne mine à cette persécution, comme vous avez fait aux autres que vous avez souffertes. Espérez, puisque les choses sont *posées* et que la fortune de *ceux-ci* renverse toute imagination et tout discours, que vous ne serez pas constamment à terre, et que vous obtiendrez même la fin du bannissement. Si je dois rester ici, ce que je ne sais pas, je voudrais que vous vinssiez auprès de moi, tout le temps qu'il vous plairait. Je vous écrirai quand je serai assuré de rester, ce dont je doute, parce que je crois qu'il y aura des hommes d'une autre qualité que moi qui voudront y venir, et alors je prendrai patience. »

Nous avons ici la preuve que Julien de Médicis qui était à Florence, s'était empressé de rendre la liberté à Machiavel, au moment où il avait appris l'avénement de Léon X, que Léon X lui-même avait depuis sollicité cette libération, et que quand on lui demanda cette grâce, il pouvait répondre que déjà elle était accordée. De pareilles démonstrations de clémence vis-à-vis d'un Florentin qui ne les avait jamais servis, qui même pouvait passer pour ne pas les aimer, devaient exciter vivement la sensibilité et la reconnaissance de l'ancien secrétaire de la république.

Et Vettori, quel noble caractère il déployait! Il y avait, certes, bien des abominations dans les habitudes générales de ce seizième siècle : mais où trouverions-nous aujourd'hui un ambassadeur d'un parti vainqueur, invitant à venir auprès de lui tout le temps qu'il voudrait lui donner, un des personnages les plus marquants du gouvernement renversé? il est vrai que nous découvrirons que cette invitation pouvait avoir quelque chose de dangereux; mais elle n'en est pas moins faite très-franchement à un ami persécuté.

1513. Le 18 mars 1512 (1513) Machiavel répond à son ami.

« Votre lettre si affectueuse m'a fait oublier tous mes maux passés, et bien que je fusse plus que certain de l'amitié que vous avez pour moi, une telle lettre m'a été singulièrement agréable...... Je puis dire que tout ce qui me reste de vie, je le dois au *magnifique* Julien, et à Paul, votre frère ; quant à tourner le visage à la fortune, je veux que vous ayez le plaisir de savoir que j'ai géré mes affaires tellement que je m'en félicite moi-même, et il me paraît que je suis plus que je ne croyais être : s'il plaît à mes protecteurs[1] de ne pas me laisser à terre, j'en aurai de la gratitude, et je me conduirai de manière qu'eux aussi auront raison de s'en féliciter. Si vous vous arrêtez à Rome, j'irai passer quelque temps avec vous, puisque vous me le conseillez. Enfin, pour n'être pas plus long, je me recommande à vous et à Paul : je ne lui écris pas, parce que je n'ai pas autre chose à lui dire. »

La lettre finit ainsi :

« Toute la compagnie se recommande à vous, depuis Thomas del Bene jusqu'à votre *Donato ; ed ogni dì siamo in casa qualche fanciulla, per riaver le forze.* »

Il me semble qu'en voulant continuer de remarquer que Machiavel reprenait courage, on aurait autant aimé qu'il n'avouât pas ici ce genre de consolation. J'aurais pu passer sous silence une confession aussi ingénue dans la bouche d'un tel homme ; mais comme Vettori lui répondra sur le même ton, je ne me crois pas libre de taire un fait qui donne une idée des mœurs du temps, auxquelles n'échappaient pas de si graves personnages.

---

[1] *Padroni miei :* il s'agit toujours de François Vettori, et de Paul son frère. Celui-ci avait été un des plus ardents à crier *palle*, à Florence.

CHAPITRE XIX.

D'ailleurs je dois peut-être d'avance annoncer l'auteur de *la Mandragola*, de *Belphégor*, surtout de *l'Asino d'oro*. D'où seraient venues dans leur temps de telles inspirations, si déjà quelques dispositions tant soit peu joviales, et qui en disaient peut-être plus qu'on n'en faisait, n'avaient pas été surprises dans Machiavel dont j'ai promis l'histoire tout entière?

Du reste, Nicolas communique dans la même lettre d'autres détails qui offrent des rapprochements bien bizarres; après la *fanciulla* il ajoute:

« Et cependant hier nous avons été voir passer la procession dans la maison de la *Sandra di Pero*, et ainsi nous allons gagner le temps à travers ces universelles félicités, jouissant du reste de la vie qui me semble un songe. »

Vettori répond, à propos des derniers événements politiques qui semblent annoncer une trêve entre la France et l'Espagne :

« Nicolas, mon compère, si cette trêve est vraie, ou il faut croire que le roi d'Espagne n'est pas cet homme dont on a tant vanté l'astuce et la prudence, ou ce qu'on a dit tant de fois est entré dans la cervelle de ces princes. L'Espagne, la France et l'Empereur désirent partager entre eux cette misérable Italie. »

« Si je ne pensais à vos malheurs, je ne penserais pas aux miens : je veux que vous vous persuadiez, que si je vous voyais obtenir des honneurs et des avantages, je n'en aurais pas moins de joie que d'un bien qui m'arriverait à moi-même. J'ai pensé avec moi, pour savoir s'il est bien que je parle de vous au cardinal de Volterre (frère du gonfalonier), et je me résous à ne pas lui parler, parce que, quoiqu'il travaille beaucoup avec le pape (Léon X), et qu'il soit bien traité par lui, au moins en ce qui apparaît au dehors, il a cependant beaucoup de Florentins qui lui sont contraires, et s'il vous mettait en avant, cela pourrait n'être pas à propos. Je ne sais pas d'ailleurs s'il le ferait volontiers; vous savez avec quelle réserve il procède; et puis je ne vois pas comment moi, je serais un utile intermédiaire entre lui et vous. Il m'a bien fait quelques bonnes démonstrations d'attachement, mais non pas comme j'aurais cru, et puis dans cette conservation de Soderini [1], j'ai déplu aux uns, tandis que les autres m'en ont su peu de gré: néanmoins il me suffit d'avoir satisfait à la Ville, à l'amitié que j'avais pour lui, et à moi-même.

« Si j'ai à rester ici, Paul sera des *Huit* [2]: alors vous pourrez obtenir de venir à Rome, et nous verrons si nous pouvons ramer de manière à savoir arriver quelque part. Si cela ne réussit pas, nous ne manquerons pas de trouver une *fanciulla*, qui est près de ma maison, pour passer le temps avec elle: cela me paraît le parti qu'il faut prendre, et bientôt nous saurons à quoi nous en tenir. »

Une lettre de Machiavel du 9 avril commence par ces 3 vers du IVe chant de l'Enfer du Dante [3]:

« Et moi qui m'étais aperçu de cette altération, je dis: Comment viendrait-il, si tu crains, toi qui as coutume d'être le consolateur de mon affliction ? »

C'est seulement ainsi qu'il répond à son ami qui a commencé à lui manifester l'incertitude de sa position à Rome; il continue:

« Votre lettre m'a plus tourmenté que la torture (*la fune*)[4];

---

[1] François Vettori voyant que Soderini ne faisait pas de résistance armée, avait pensé à employer tous les moyens qui pouvaient empêcher cette révolution de devenir sanglante, et prêté la main à l'évasion du gonfalonier. Cela avait pu déplaire à des hommes passionnés qui ne voulaient pas épargner leur ennemi.

[2] Magistrature chargée de suivre les procès politiques de l'époque: Machiavel ne pouvait sortir de son ban, sans une permission de cette magistrature.

[3] Ed io che del color mi fui accorto,
Dissi: comme verrà se tu paventi,
Che suoli al mio dubbiar esser conforto?

[4] L'instrument de la torture qu'il a soufferte.

s'il vous est arrivé d'éprouver de l'ennui à parler des choses parce que souvent il survient des événements hors de toutes les probabilités et de toutes les suppositions, vous avez raison, la même chose m'est arrivée à moi : si je pouvais vous parler, il serait impossible que je ne vous remplisse pas la tête de châteaux (*castellucci*), parce que la fortune ayant voulu que je ne susse parler ni de l'art de la soie, ni de l'art de la laine, ni des gains, ni des pertes, il me faut parler des affaires d'état; enfin, il faut ou que je me tienne tranquille, ou que je raisonne de ces questions. Que ne puis-je faire un trou à mon ban, j'irais vous demander si le pape est à la maison ! mais, parmi tant de grâces, ma maison à moi est tombée à terre : *j'attendrai le mois de septembre.* »

« J'apprends que le cardinal Soderini se démène beaucoup avec le pape : donnez-moi un conseil; serait-il à propos que j'écrivisse à ce cardinal de me recommander ? Serait-il mieux que vous fissiez cet office de bouche, et en mon nom, auprès de ce cardinal? Enfin, faut-il ne faire ni l'une ni l'autre de ces choses? vous me donnerez là-dessus un mot de réponse. »

« Quant à ce cheval, vous me faites rire en me le rappelant : vous aurez à me le payer quand je m'en souviendrai[1], et non autrement. Notre archevêque à cette heure est mort : que Dieu ait son âme et celle de tous les siens ! »

La lettre est signée par plaisanterie, Nicolas Machiavel, ci-devant (*quondam*) secrétaire.

Le 16 avril, Machiavel écrit de Florence au même Vettori; le commencement de la lettre contient plusieurs détails peu importants sur la vie habituelle de quelques-uns de leurs amis, et qui sont racontés dans un style très-amusant; ensuite il prend un ton plus sérieux.

1513.

« S'il est vrai que Jacques Salviati et Matthieu Strozzi

---

[1] Je présume que Vettori se déclarait débiteur du prix d'un cheval, pour avoir ainsi, à propos d'un ancien compte de leur ambassade, l'occasion de donner délicatement quelque argent à Machiavel.

aient eu leur congé, vous resterez à Rome, comme personne publique. La magnificence de Julien ira auprès de vous, et vous trouverez la facilité de m'obliger : le cardinal de Volterre le pourra aussi, de manière que je ne puis pas croire que mon affaire étant bien conduite, je ne réussisse pas à être employé en quelque sorte, ou pour le compte de Florence, ou au moins pour le compte de Rome et du pontificat. Dans ce dernier cas, je devrais être moins suspect. Si je savais que vous dussiez rester définitivement à Rome, et que ma démarche ne vous fût pas désagréable, car autrement je ne suis pas déterminé à bouger d'ici, j'irais près de vous, après m'être assuré qu'il n'en résulterait aucun préjudice pour moi, et je ne peux pas croire, si la sainteté de notre seigneur [1] m'employait, que je ne fisse du bien à moi avec avantage et honneur pour tous mes amis. »

« Je vous écris cela, non pas pour laisser croire que je désire trop les choses, ni afin d'exiger que vous preniez pour l'amour de moi, une charge, un ennui, un embarras de dépense, ni un tourment quelconque, mais afin que vous connaissiez l'état de mon cœur, et que pouvant m'être utile, vous sachiez que tout mon bonheur serait d'être vôtre et de votre maison, de qui je reconnais tout ce qui m'est resté. »

Nous rapporterons ici comme de la même époque une lettre de Machiavel qui se trouve sans date : mais il y est question de faire connaître à Rome la sage conduite de Laurent de Médicis qui fut, depuis, duc d'Urbin ; c'est donc probablement à François Vettori qu'elle est adressée.

L'ensemble de la contexture de cette lettre prouve aussi que l'auteur pouvait avoir désiré qu'elle fût montrée au pape Léon X, oncle de Laurent.

---

[1] Formule tout ordinaire, encore usitée aujourd'hui : *la santità di N. S.* (*nostro signore*).

CHAPITRE XIX.

« Je ne veux pas négliger de vous donner connaissance de la manière de procéder du magnifique Laurent; il a été ici tel, qu'il a rempli de bonnes espérances toute cette ville. Il paraît que chacun commence à retrouver en lui l'heureuse mémoire de son aïeul. Sa magnificence est prompte dans les affaires, polie et agréable dans les audiences, lente et grave dans les réponses; sa manière de converser a une telle nuance, qu'il se sépare des autres, sans qu'on soupçonne un sentiment d'orgueil. Il ne se commet pas, de façon qu'il paraisse, par trop de familiarité, avoir peu de valeur. Son ton avec les jeunes gens ses égaux ne peut les aliéner de lui, et ne leur donne pas l'idée de lui faire aucune impertinence juvénile. Il se fait aimer et respecter plutôt que craindre, ce qui est louable en lui, d'autant qu'il est plus difficile de s'observer ainsi. »

« Le train de sa maison est d'un tel ordre que, bien qu'on y trouve grandeur et générosité, néanmoins il ne s'écarte pas de la vie civile ordinaire. Dans toutes ses démarches *extrinsèques* et *intrinsèques*, on ne voit rien qui choque, ou qui soit répréhensible : il paraît que chacun en demeure très-satisfait. Sans doute vous saurez cela par beaucoup de personnes, mais j'ai cru que je devais le rapporter aussi : vous prendrez à mon témoignage le plaisir que nous prenons tous, nous autres, qui continuellement en sommes charmés. Vous pouvez donc, si vous en trouvez l'occasion, en faire foi de ma part à la sainteté de N. S. »

Il n'est plus possible de se dissimuler que l'oisiveté politique pesait à Nicolas, et lui faisait demander, quelque peu servilement, un emploi. Quand il a parlé d'attendre jusqu'au mois de septembre, il faisait allusion, sans entrer dans plus de détails, à un ouvrage dont il s'occupait et qu'il espérait avoir achevé à cette époque (il ne se trompa que de quelques jours). En attendant, il ne négligeait aucune occasion de montrer son désir d'être attaché au nouveau gouvernement. Qui peut blâmer un homme d'état, déjà si consommé dans l'étude des affaires, qui, comme il l'a dit si spirituellement lui-même, ne savait parler *ni de l'art de la soie, ni de l'art de la laine, ni des gains, ni des pertes*, habitudes assez ordinaires aux Florentins, tous commerçants, et qui, il faut le dire (car on sera entendu aussi des pères de famille pénétrés de la force et de la nécessité de leurs devoirs), avait à nourrir de nombreux enfants; quel homme sévère peut blâmer Machiavel de chercher à ne pas laisser de lacune dans ses travaux? Nous avons assez fait entendre qu'il n'avait rien à regretter, et il faut convenir que les formes, les manières, les procédés des trois nouveaux Médicis, étaient bien propres à ramener, jusqu'alors, à leur parti les personnes les plus compromises dans l'ancien ordre de choses.

Depuis que Pierre Soderini était gonfalonier, il avait réuni dans ses mains tout le pouvoir. Que Florence fût soumise à la volonté des Médicis, et non à celle de Soderini, le peuple n'avait rien à perdre : les Médicis rétablis cessaient d'ameuter au dehors mille ennemis contre la république, et Soderini déchu traînait sa triste vie dans l'exil à Raguse, sans espoir de retour, et sous le poids des accusations sans pitié dont on accable toujours la médiocrité qui arrivée au pouvoir, par hasard, n'a pas su conserver ou créer des intérêts capables de la soutenir.

En réponse, Vettori confie à Machiavel quelques chagrins de famille, et revenant à la politique, bien sûr en cela de flatter le goût de son ami, il finit par lui demander son avis sur les motifs qui ont pu récemment déterminer le roi d'Espagne à conclure une trève avec la France.

1513. Machiavel se trouve singulièrement honoré d'une telle demande : les éloges donnés par Vettori, en échange

CHAPITRE XIX. 243

des belles pages qu'il attend, enflamment l'imagination de l'ancien secrétaire, et l'on peut regarder comme une des opinions les plus fortement raisonnées, le tableau qu'il trace dans sa réponse, des vues, des actions, des craintes, des témérités de l'Espagne.

Jusqu'ici, dans les simples dépêches, soit qu'il jugeât à propos de ne rien hasarder de très-positif, au-delà des faits, soit qu'il craignît de montrer un talent qui excitât la jalousie, Nicolas s'était borné à examiner judicieusement les questions sous toutes les faces : mais il n'avait que sobrement jeté dans ses discussions ces hauts principes de règles de gouvernement, qui se retrouvent ensuite si abondamment dans ses écrits. La réponse aux questions de Vettori offre une de ces définitions générales faites pour servir d'enseignement à ceux qui étudient de semblables matières.

« Ce roi (le roi d'Espagne)[1] de petite et faible fortune est monté à cette grandeur, et il a toujours eu à se défendre dans des états nouveaux et sujets à d'autres puissances. Or, une des manières de garder tous les états nouveaux, de confirmer les esprits douteux, ou de les tenir suspendus et irrésolus, est de faire grandement attendre de soi, en assujettissant toujours les hommes à considérer quelle fin auront les demandes et les entreprises nouvelles. Cette nécessité, le roi l'a connue, et l'a bien employée : de là sont nés les assauts d'Afrique, la guerre de Grenade, l'entrée dans le royaume (de Naples), et toutes ces entreprises si variées dont l'on n'aperçoit pas le but, parce que ce but n'est pas cette victoire-ci ou celle-là, mais le besoin de s'attirer réputation aux yeux des peuples, de les tenir incertains au milieu de la multiplicité de ces tentatives. N'est-ce pas une source animée de *commencements* auxquels ce roi assigne ensuite la *fin* que le sort lui présente en face, ou que la nécessité lui indique ? et

[1] On sait qu'il s'agit ici de Ferdinand V, dit le Catholique.

jusqu'ici ce prince n'a eu à se plaindre ni de la fortune ni de son courage. »

Nous avons pris plaisir à rapporter cette explication si ingénieuse de la politique espagnole de ce temps, qui a été rappelée en beaucoup de points, par celle de Napoléon.

En effet, quelle impression ne devait pas produire le caractère entreprenant d'une nation, habitant une péninsule, pouvant à tout instant se jeter dans ses vaisseaux, menacer de ses attaques, et favoriser de sa protection, tant de ports de l'Océan et de la Méditerranée; d'une nation si audacieuse, et qui, enflammée par le courage du grand Christophe Colomb, avait déjà, dès l'année 1492, découvert une partie du nouveau monde?

1513. Le 26 juin, Nicolas s'excuse auprès de François Vernaccia, l'un de ses amis, à qui il a fait attendre long-temps une réponse. Je la rapporterai parce qu'elle contient quelques autres détails sur les malheurs qu'avait éprouvés Machiavel.

« Après tant de départs, j'ai eu tant d'embarras, qu'il n'est pas étonnant que je ne t'aie pas écrit : c'est même un miracle si je suis vivant. On m'a ôté mon office ; j'ai été sur le point de perdre la vie, que Dieu et mon innocence m'ont sauvée; j'ai supporté tous les maux de prison et autres avec la faveur de Dieu. A présent je suis bien, et je m'en vais vivant comme je puis, et je m'ingénie à faire ainsi, jusqu'à ce que les astres deviennent plus bénins. »

Vettori est si satisfait des raisonnements politiques de son ami, qu'il le prie de lui envoyer un projet de traité de paix générale qui sera montré à Léon X. Il demande ce projet de paix, en une, en deux ou en trois lettres: en attendant, Vettori propose son propre

CHAPITRE XIX.

projet qui est très-ingénieux, mais dans lequel il enlève au roi de France le duché de Milan; et revenant tout-à-coup sur ses pas, il manifeste ses craintes de voir Dieu châtier les chrétiens, appeler le Turc qui arriverait en Italie, par terre et par mer, pour faire sortir les prêtres de leur bourbe (*lezzi*), et les autres hommes de leurs délices.

« Si nous voyons cela bientôt, ce sera tant mieux, car je m'accommode mal volontiers à l'ivresse de ces prêtres, je ne dis pas du pape qui, s'il n'était pas prêtre, serait un grand prince. »

Machiavel répond sur-le-champ :

« Vous ne voulez pas que ce pauvre roi de France recouvre la Lombardie, et moi je voudrais qu'il la recouvrât. Je crois que votre non vouloir et mon vouloir particulier posent sur un même fondement; une affection naturelle qui fait dire à vous *non*, et à moi *oui*. Vous rendez honnête votre *non* en démontrant que la paix est plus difficile, s'il rentre à Milan, et moi je montre, pour rendre honnête mon *oui*, que la vérité n'est pas ce que vous croyez, et que la paix, prise dans le sens que je dis, sera plus ferme et plus sûre. »

Vettori avait supposé dans sa correspondance, que tous les Italiens pouvaient un jour s'unir dans le même intérêt; Machiavel répond par cette condamnation qui s'est trouvée vraie jusqu'à ce jour.

« Quant à l'union des autres Italiens, vous me faites rire, d'abord parce qu'il n'y aura jamais entre eux une union à produire aucun bien : quand tous les chefs seraient unis, cela ne suffirait pas, parce qu'il n'y a pas d'armes qui vaillent un quatrin, si on excepte celles des Espagnols, et ces dernières étant en petit nombre, ne se trouvent pas suffisantes. En second lieu, les queues ne sont pas jointes aux têtes, et quelque occasion qui se présente, ces gens-ci ne feront aucun pas ; au contraire, ils agiront à l'envi pour appartenir aux étrangers. »

Nous trouvons plus bas ce sentiment de Machiavel sur la nation suisse de son temps. Vettori proposait de leur donner un coup de râteau, et de s'en aller après. Machiavel s'exprime ainsi :

« Quant à donner aux Suisses un coup de râteau, et à s'en aller après, je vous prie de ne pas vous reposer, et de ne pas chercher à confirmer les autres dans de semblables opinions. Considérez comme vont les choses de ce monde, comment croissent les puissances, et particulièrement les républiques : vous verrez qu'aux hommes il suffit d'abord de se défendre, et de n'être pas dominés par les autres ; de-là on monte à offenser les autres, et à vouloir les dominer. »

« Aux Suisses, il a suffi d'abord de se défendre des ducs d'Autriche ; cette défense a commencé à faire estimer les Suisses chez eux. Ensuite il leur a suffi de se défendre du duc Charles (de Bourgogne), ce qui leur a donné une renommée hors de chez eux; puis il leur a suffi de prendre des subsides des autres, pour maintenir leur jeunesse dans les goûts militaires, et pour s'honorer : cela leur a donné plus de réputation, et les a rendus plus audacieux, parce qu'ils ont parcouru plus de provinces, et connu plus d'hommes, et il en est résulté un esprit ambitieux, et ce désir de faire la guerre pour leur compte. Pellegrino Lorini (Lorrain) m'a dit que, lorsqu'ils vinrent avec Beaumont à Pise [1], ils raisonnaient souvent entre eux de leur milice, qu'ils trouvaient semblable à celle des Romains. Ils se demandaient pour quelle raison ils ne seraient pas un jour comme les Romains, se vantant d'avoir donné à la France toutes les victoires qu'elle avait obtenues jusqu'à ce jour: ils ne savaient donc pas pourquoi ils ne combattraient pas un jour pour eux-mêmes. Actuellement est venue cette occasion, ils l'ont saisie : ils sont entrés en Lombardie, sous prétexte d'y

---

[1] Voyez chapitre III, pag. 40.

CHAPITRE XIX.

rétablir le duc, et dans le fait, ce sont eux qui sont le duc. A la première occasion, ils s'empareront tout-à-fait de ce duché, en détruisant la race ducale et toute la noblesse de l'état ; à la seconde occasion, ils inonderont l'Italie, et feront la même chose. Je conclus donc qu'il ne suffit pas de leur donner un coup de râteau, et de s'en retourner, mais qu'au contraire il y a beaucoup à redouter d'eux. »

Machiavel s'est trompé ici dans quelques parties de sa proposition. Certes il a raison de repousser l'idée d'aller *râteler* en passant, un pays montagneux et guerrier tel que la Suisse ; mais en la croyant capable de conquérir et de conserver l'Italie, il oubliait que la Suisse était déjà divisée en douze cantons, comme il le dit lui-même dans une de ses dépêches [1], qu'accoutumée à vendre ses services, elle bornait son ambition à se battre courageusement, si elle était bien exactement payée ; que jamais dans la disette, dans les angoisses de la faim, dans les blocus, dans les siéges, circonstances où il est souvent difficile *d'aligner* la solde, ce peuple de soldats ne manifestait la même audace, et que surtout quand il se trouvait d'autres Suisses dans le camp ennemi, un des deux partis pouvait prendre ce prétexte pour ne plus se battre, même après avoir été payé : que ce n'était pas ainsi qu'étaient constitués les Romains, peuple composé de mille nations conquises, mais cependant *un*, soumis à une même loi, se battant avec une semblable ardeur, dans l'abondance et dans la détresse, quelquefois encore mieux dans la détresse [2] et quand il ne recevait

---

[1] Il y en a aujourd'hui vingt-deux ; mais c'est toujours le même esprit de conservation locale et d'indifférence pour les conquêtes éloignées, qui domine encore dans ce pays.

[2] César dit qu'en faisant le siége de Bourges, les Romains manquèrent de vivres, et il ajoute : « *nulla tamen vox est ab iis audita, populi Romani majestate, et superioribus victoriis indigna.* » De Bell. Gall., lib. VII, parag. 17.

ni solde, ni récompense. Le point de départ de la Suisse, toute peuplée aussi d'hommes de commerce chez qui les intérêts et les habitudes de société affaiblissaient d'un autre côté l'esprit militaire, se trouvait tout différent : elle ne devait aller que là où elle est allée. Elle restera probablement où elle est, et sa place est belle : toujours, sous le rapport du négoce et de la fabrication, un peuple industrieux, probe et calculateur attentif, et sous le rapport militaire, une nation stipulant avec exactitude les conditions de son service, débattant avec phlegme et insistance, la poursuite du paiement qui est convenu, exigeant ce paiement chaque semaine, et après cela, fidèle, dévouée, régulière, courageuse, et sachant maintenir invariablement les lois âpres et presque surnaturelles de son inflexible discipline.

Vettori croit devoir répondre à la partie de la lettre de Machiavel où il lui dit que dans ses opinions sur la France, il est mû par un sentiment d'affection qu'il porte à ceux qui sont contraires à la France.

« Je réponds que je n'ai aucune affection pour le parti opposé aux Français, et que je ne suis animé d'aucune passion. Vous savez qu'avant qu'on parlât du concile à Pise, j'étais attaché au parti français, parce que je croyais qu'avec ce parti, l'Italie serait plus heureuse, et que notre ville jouirait du repos, ce que j'ai constamment préféré à tout, parce que je suis un homme tranquille, entier dans mes plaisirs et dans mes imaginations, et entre autres plaisirs, je désire celui de voir notre ville être heureuse. J'aime généralement tous les habitants de notre ville, ses lois, ses coutumes, ses murailles, les maisons, les rues, les églises, les environs[1]. Je ne puis éprouver un plus grand déplaisir

---

[1] Je ne suis pas né à Florence ; j'y ai séjourné seulement pendant plusieurs années, et j'avoue que j'ai éprouvé dans cette ville, plus que dans toute

que de penser que notre ville aura des tribulations, et que les choses que je viens de dire peuvent s'en aller en ruines. Quand je vis que nous nous gouvernions mal dans cette affaire du concile, et quand les Français partirent peu satisfaits, je pensai que leur victoire serait notre perte, et que nous étions destinés à être traités comme une autre Brescia : monseigneur de Foix, jeune et cruel [1], me faisait peur davantage, et pour cela je changeai de parti. »

Comme cette description de l'affection que Vettori porte à Florence, est touchante! comme ces sentiments sont vrais et profondément empreints dans son cœur! que Machiavel a été bien inspiré de se faire un si doux ami, et en même temps quelle situation vraiment inexplicable pour l'ancien secrétaire de la république! Il est *cassé, privé et absolument dépouillé de ses offices;* il est banni, il ne reçoit aucun traitement; et cependant, Léon X, le suprême régulateur de la principauté de Florence, consulte ce secrétaire ruiné, exilé, presque mendiant. On lui demande ses opinions sur des événements qu'il ne connaît plus, et telle est la pénétration aiguë de son génie, que semblable à ce guerrier du Berni [2] dont la main et le tronc, quoique la tête eût roulé dans la poussière, paraissaient encore animés de la même ardeur, il répond à ce qu'il n'a pas lu; il développe des faits qu'il ignore, donne des

---

autre, cette passion que décrit ici si noblement Vettori. Il a oublié dans son énumération les fleurs délicieuses qui ornent le pays, et l'impression que produisent ces bois odorants (les planches de cyprès), dont on construit toutes les portes et les fenêtres des maisons.

[1] Allusion au sac de Brescia. Voyez l'histoire de Bayard.

[2] Le Berni, contemporain de Machiavel, mourut en 1535. Qui peut se rappeler, sans en sourire, ces deux vers charmants?

<blockquote>
Così colui, del colpo non accorto,
Andava combattendo, ed era morto.
Orland. innam. C. LIII, st. 60.
</blockquote>

conseils assurés sans rien savoir, et indique les dangers, au milieu des ténèbres.

La correspondance ne cesse d'être abondante, vive et spirituelle. Vettori combat l'opinion de Machiavel sur les Suisses, et ne les croit pas destinés à devenir les Romains. Machiavel si éminemment rempli de tact, de sens, de modestie et de bonne foi, s'excuse ainsi :

« Votre lettre m'a écrasé : l'ordre des idées, la multitude des raisons, et toutes ses autres qualités, m'ont embarrassé tellement, que dans le commencement je suis resté confondu et incertain. Si je ne me fusse un peu rassuré en la relisant, je payais de chansons et je répondais à autre chose ; mais, en cherchant à m'en bien pénétrer, il m'est arrivé ce qu'éprouva le renard quand il vit un lion : la première fois, il fut près de mourir de peur ; la seconde fois, il s'arrêta ; la troisième, il lui parla. Et ainsi raffermi après avoir relu votre lettre, je vous répondrai. »

« Nous sommes gouvernés par des princes qui, ou par nature, ou par accident, sont ainsi faits. Nous avons un pape sage, grave et respecté ; un empereur indécis et toujours variant dans ses projets ; un roi de France dédaigneux et peureux ; un roi d'Espagne taquin et avare ; un roi d'Angleterre, riche, féroce et cupide de gloire ; des Suisses, brutaux, victorieux et insolents ; nous autres d'Italie, pauvres, ambitieux et vils. Pour le reste des rois, je ne les connais pas ; de manière que, considérant ces circonstances avec les choses qui se couvent à présent, je crois au religieux qui disait : *La paix, la paix ! et il n'y aura pas la paix* : et je vois que toute paix est difficile, la vôtre comme la mienne. »

Comme ce talent devient entier, puissant et énergique !

CHAPITRE XX.

Cependant, au milieu de ces entretiens si confiants, et où le caractère des deux interlocuteurs se peignait avec tant de franchise, Machiavel, qui n'avait pas pu aller à Rome, s'occupait d'un grand travail, de l'ouvrage qu'on a appelé *le Prince* et auquel il n'a jamais donné ce nom. On verra les conséquences que nous tirerons plus tard de la supposition gratuite qui fait désigner encore aujourd'hui, sous cette dénomination, un ouvrage que l'auteur n'a jamais entendu appeler ainsi. Une lettre de Machiavel adressée au même Vettori jette une grande lumière sur ce point historique. Je vais offrir ici une traduction exacte de cette pièce copiée dans le manuscrit des lettres de Machiavel qui existe à la bibliothèque Barberini de Rome. M. Mansi, savant gardien de ce précieux dépôt, a fait lui-même, pour moi, cette copie que je conserve avec le plus grand soin, et qui diffère pour la date et plusieurs expressions de la même version donnée seulement dans les dernières éditions de Machiavel.

On lit en tête, en latin, *au magnifique François Vettori, ambassadeur de Florence près le souverain pontife; mon patron, et mon bienfaiteur, à Rome.*

Voici cette lettre remarquable; si nous osons emprunter l'expresssion de Buffon, elle est selon nous, *Machiavel même:*

Magnifique ambassadeur,

« *Les grâces divines ne furent jamais tardives* [1] : je dis cela parce qu'il me paraissait que j'avais non pas perdu, mais égaré vos bonnes grâces. Vous avez été beaucoup de temps sans m'écrire; je cherchais comment avaient pu naître les causes de ce silence, et je faisais peu de compte de celles qui me venaient à l'esprit. Seulement, je supposais que vous m'aviez retiré la faveur de m'écrire, parce qu'on vous avait annoncé que je n'étais pas bon ménager de vos lettres. Je savais, moi, qu'à l'exception de Philippe et de Paul [2], personne ne les avait vues, de mon consentement. Je me suis remis, en recevant votre lettre du 23 du mois passé, et je suis très-satisfait de voir dans quel ordre et dans quel calme vous exercez votre office. Je vous encourage à continuer ainsi, parce que celui qui abandonne ses aises pour les aises d'autrui, perd les siennes, tandis qu'on ne lui sait pas de gré de celles des autres ; et puisque la fortune veut faire toute chose, il faut la laisser faire, se tenir tranquille, ne pas la fatiguer, et attendre le temps où elle laisse faire quelque chose aux hommes. Alors il sera bien à vous de vous livrer à plus de soins, de surveiller plus les choses, et à moi de partir de ma campagne, et de dire : *Me voilà*. Je ne puis pas cependant, voulant vous rendre de pareilles grâces, vous rien dire autre en cette lettre, sinon quelle est ma vie; et si vous croyez que ma vie soit à échanger contre la vôtre, je serai content de suivre la mienne. Je me tiens à la campagne, et depuis mes derniers malheurs, je n'ai pas été à Florence vingt jours en les cousant tous ensemble. Jusqu'ici j'ai chassé aux grives de ma propre main : levé avec le jour, j'ajustais les gluaux, et je m'en allais en outre, avec un paquet de cages sur le dos, ressemblant au Géta [3] quand il revient du port avec les livres d'Amphitryon. Je prenais au

---

[1] Pétrarque, triomphe de la Divinité, vers 13.
   Ma tarde non fur mai grazie divine.
[2] Philippe Casavecchia et Paul Vettori.
[3] Personnage de comédie chez les anciens.

moins deux, au plus sept grives; j'ai passé ainsi tout septembre. Cependant ce divertissement que je trouvais peu agréable et bizarre m'a manqué à mon grand déplaisir, et je vous dirai quelle est ma vie actuelle. Je me lève avec le soleil et je m'en vais dans un bois à moi, que je fais couper; j'y passe deux heures à revoir l'ouvrage du jour précédent, et à couler mon temps avec ces bûcherons qui ont toujours quelque nouvelle dispute aux mains, ou entre eux, ou avec leurs voisins. A l'égard de ce taillis, j'aurais à dire mille belles choses qui me sont arrivées, et avec Frosino di Panzano, et avec d'autres qui voulaient du bois. Frosino, par exemple, en envoya chercher plusieurs piles sans me rien dire, et au payement, il voulut me retenir dix livres qu'il disait que je lui devais depuis quatre ans, parce qu'il me les avait gagnées à *cricca*[1] dans la maison d'Antoine Guicciardini. Je commençai à faire le diable, je voulais accuser, comme voleur, le *voiturin* qui y avait été; alors Jean Macchiavelli s'interposa et nous mit d'accord. Baptiste Guicciardini, Philippe Ginori, Thomas del Bene, et certains autres citoyens, quand soufflait la tramontane, m'en ont pris chacun une pile (*catasta*); j'en promis à tous, et j'en envoyai une à Thomas: la moitié de celle-ci alla à Florence, parce que pour la retirer il y avait, lui, la femme, la servante, les enfants; cela ressemblait au *Gaburra*[2], quand, le jeudi, avec ses garçons, il bâtonne un bœuf. Voyant qu'il n'y avait pas de gain, je dis aux autres: Je n'ai plus de bois; ils m'en ont fait la moue, et particulièrement Baptiste qui énumère ce chagrin avec les scènes de *Prato*[3]. Parti du

---

[1] Jeu qui s'appelle en français *tricon*, espèce de brelan.

[2] C'était probablement le nom d'un boucher qui se rendait le jeudi soir à San Casciano, où il y a depuis très-long-temps un marché, le vendredi.

[3] Les autres éditions disent *stato*, et M. Ginguené traduit ce passage par les mésaventures d'homme d'état; du reste le mot *stato* devait naturellement l'induire en erreur. On lit dans le manuscrit Barberini, très-clairement, *Prato*. Je crois que l'auteur fait allusion aux scènes sanglantes de Prato (voyez chapitre XVIII, page 217), que Baptiste Guicciardini racontait peut-être souvent à ses amis.

bois, je m'en vais à une fontaine, et de là à mon *paretajo*¹, un livre sous le bras, ou Dante, ou Pétrarque, ou l'un de ces poètes moins célèbres, comme Tibulle, Ovide, ou de semblables. Je lis leurs amoureuses passions, ou leurs tendresses, je me rappelle les miennes, je jouis quelque temps de cette pensée. Je me rends ensuite sur le chemin, à l'hôtellerie, je parle avec ceux qui passent, je demande des nouvelles de leur pays, j'entends différentes choses, je remarque différents goûts et diverses imaginations des hommes. »

« Cependant arrive l'heure du dîner : avec ma brigade (avec sa femme et ses enfants), je mange des aliments que comportent ma pauvre *villa* et mon chétif patrimoine. Quand j'ai mangé, je retourne à l'hôtellerie ; là, pour l'ordinaire, je trouve l'hôte, un boucher, un meunier, et deux chaufourniers. Avec eux je m'engloutis tous les jours en jouant à *cricca*, à *tric trac*² : là naissent mille disputes, mille dépits accompagnés de paroles injurieuses. Le plus souvent c'est pour un quatrin, et néanmoins on nous entend crier de San Casciano. Vautré dans cette vilenie, j'empêche mon cerveau de se moisir : je développe la malignité de ma fortune, satisfait qu'elle me foule aux pieds de cette manière, pour voir si elle n'en aura pas de honte. Le soir venu, je retourne

---

¹ Le *paretajo* est le divertissement favori des Toscans pendant l'automne. On creuse au haut d'une montagne 8 à 9 pieds, et l'on construit dans ce trou, comme un petit cabinet souterrain qui ne s'élève qu'à deux pieds au-dessus du sol. Sur la surface aplanie qui est restée en face du cabinet souterrain, on plante des arbrisseaux, et l'on cache des cages renfermant des oiseaux de toutes sortes, qui, par leurs chants, attirent les autres oiseaux libres, pour lesquels on a jeté çà et là un appât trompeur qui les attire encore davantage. Des filets assez longs sont disposés au-delà des cages et de l'appât, et correspondent par des cordes à deux petits manches de bois placés à droite et à gauche du chasseur qui est à l'affût dans le cabinet souterrain. Lorsque le chasseur voit qu'un certain nombre d'oiseaux est occupé à dévorer l'appât, il tire des deux mains les cordes qui assujétissent les filets, et il les fait retomber sur les oiseaux qui se trouvent pris en une seconde. On peut prendre par jour, de cette manière, 50 ou 60 oiseaux, et jusqu'à des faucons qui se laissent tromper comme les autres.

² Ce n'est pas notre jeu de *trictrac*.

à la maison, j'entre dans mon cabinet : sur le seuil, je me dépouille de mon habit de paysan plein de boue et de saleté, je me revêts d'habits propres et de barreau; et ainsi, décemment vêtu, j'entre dans les antiques cours des hommes antiques. Accueilli par eux avec amour, je me repais de cette nourriture, la seule qui me convienne, et pour laquelle je suis né. Je ne crains pas de parler avec eux, et de leur demander raison de leurs actions; ceux-ci, remplis de politesse, veulent bien me répondre. Je n'éprouve pendant quatre heures aucun ennui; j'oublie toute peine, je ne redoute pas la pauvreté, et la mort ne m'épouvante plus. Je me transporte tout entier en eux, et comme Dante dit *qu'il n'y aura pas de science si on n'a retenu ce qu'on a entendu*[1], j'ai noté ce que j'ai le plus remarqué dans leur conversation, et composé *un opuscule des principautés* (*de principatibus*), et je m'enfonce le plus que je peux dans la profonde pensée du sujet. J'examine ce que c'est qu'une principauté, de quelles espèces sont les principautés, comment on les acquiert, comment on les garde, et comment on les perd : si jamais quelqu'un de mes caprices (*ghiribizzo*) vous a plu, celui-là ne devrait pas vous déplaire, et il devrait être agréable à un prince, surtout à un prince nouveau : aussi je l'adresse à la magnificence de Julien. Philippe Casavecchia a vu mon ouvrage, et quoique je continue de l'étendre et de le repolir, Philippe pourra vous instruire, en partie, et de la chose en soi, et des raisonnements que j'ai tenus avec lui.

« Vous voudriez, magnifique ambassadeur, que je laissasse ma vie actuelle, et que j'allasse jouir de la vôtre, je le ferai de toute façon ; ce qui me retient maintenant, c'est certaines affaires, et dans six semaines, je les aurai terminées. Ce qui me rend incertain, c'est que près de vous sont ces Sode-

---

[1] Apri la mente a quel ch'io ti paleso,
E fermalvi entro; che non fa scienza,
Senza lo ritenere, avere inteso.
Paradis, chant V, strophe 14.

rini, et je serais forcé, en venant, de les visiter et de parler avec eux. Je craindrais qu'à mon retour, en croyant descendre à la maison, on ne me fît descendre chez le *barigel* [1], parce que, quoique l'état de Florence ait de très-grands appuis et une grande sûreté, cependant il est nouveau, et par suite soupçonneux : et il ne nous manque pas de ces habiles (*saccenti*) [2] qui, pour faire comme Paul Bertini, mettraient d'autres à un bon écot, et me laisseraient le payer. Je vous prie de me sauver cette peur, et je viendrai, dans le temps dit, vous trouver de toute manière. J'ai causé avec Philippe de mon *opuscule*, je lui ai demandé s'il était bien d'en parler, ou de n'en pas parler; s'il était bien de le donner, ou de ne le pas donner; s'il était bien que je le portasse, ou que je vous l'envoyasse [3] : ne pas le donner moi-même me faisait penser naturellement qu'il ne serait pas lu de Julien, et que cet Ardinghelli [4] se ferait honneur de ce dernier travail de ma composition. La nécessité qui me poursuit, me pousse à le donner, parce que je me consume, et que je ne peux pas rester long-temps ainsi, sans que la pauvreté me rende méprisable. Après, j'aurais le désir que ces seigneurs Médicis [5] commençassent à m'employer, quand ils ne devraient d'abord que me faire rouler une pierre. Si, ensuite, je ne gagnais pas leur bienveillance, je me plain-

[1] *Le barigel* est le chef qui commande les hommes de police chargés d'arrêter les prévenus.

[2] Les intrigants qui veulent savoir les affaires des autres.

[3] Julien de Médicis était alors à Rome. Ici le manuscrit Barberini présente des différences notables, que M. Ginguené et M. Ciardetti lui-même n'ont pas connues : le texte est plus étendu d'une ligne entière, et la série d'interrogations est plus détaillée. Machiavel et Casavecchia ont examiné les questions sous toutes les faces, et cherché ce qui pouvait arriver, dans toutes les circonstances à prévoir.

[4] Ardinghelli (Nicolas), savant dans les lettres grecques et latines, mourut cardinal à Rome en 1547. Il paraît que, malgré sa science, il aimait à s'attribuer les ouvrages des autres.

[5] On lit *signori Medici*, qui est pris ici un peu ironiquement. Ce n'est peut-être aussi que l'expression un peu aigre d'un homme malheureux et tourmenté par la misère.

drais de moi; et dans cette production, si elle était bien lue, on verrait que les quinze ans que j'ai passés à étudier l'art du gouvernement, je ne les ai ni *dormis*, ni *joués*. Chacun devrait avoir à cœur de se servir de quelqu'un qui aurait acquis de l'expérience aux dépens des autres. Quant à ma foi, on ne devrait pas en douter, parce que l'ayant toujours gardée, je ne dois pas apprendre à la rompre. Qui a été fidèle et bon pendant quarante-trois ans, que j'ai à présent, ne doit pas changer de nature : mon indigence est le garant de ma fidélité et de ma bonté. Je désirerais donc que vous m'écrivissiez ce que vous pensez sur cette matière, et je me recommande à vous. Soyez heureux (*sis felix*); x octobre 1513, Nicolas Machiavel à Florence[1]. »

Nous aurons bien soin de nous rappeler cette lettre, 1513. quand nous serons arrivés au moment où Machiavel ayant étendu et repoli son ouvrage, ainsi qu'il vient de le dire, l'aura fait présenter à la magnificence de Laurent, qui prit la direction du gouvernement de Florence, lorsque Léon X rappela à Rome Julien son frère. Le pontife avait cru convenable de remettre cette dignité à Laurent, déjà appelé Laurent II (le même que Machiavel a peint sous des couleurs si gracieuses[2]), parce qu'il était fils de Pierre, qui avait

---

[1] Plusieurs éditions portent la date du 10 décembre. L'auteur a parlé de septembre : il est probable que cette date d'octobre qui est dans le manuscrit Barberini, est la véritable. M. Ciardetti a donné la date du 10 décembre à cette lettre qu'il rapporte avec les lettres familières de Machiavel. Voy. tom. X, pag. 152. Mais dans la préface de son édition, il adopte la date du 10 octobre, comme donnée par le manuscrit Barberini. Voy. tom. I, préface, pag. 24. Il y a une raison de plus pour adopter la date du 10 octobre. L'auteur parle de son *paretajo*; or, dans une chambre du palais vieux à Florence, appelée chambre de Bérécynthie (Cybèle), où on a peint les douze mois de l'année, on voit pour octobre, un *giovane che uccella al paretajo*, un jeune homme qui prend des oiseaux au *paretajo*, et pour décembre, un paysan qui sème : *Illustrazione storica del palazzo della signoria*. Florence, 1792, page 189.

[2] Voy. chap. XIX, pag. 241.

été obligé de quitter Florence en 1494, et qu'il paraissait utile de rétablir dans l'ancienne autorité le fils de l'aîné des enfants de Laurent-le-Magnifique. Laurent II, d'ailleurs, avait de graves raisons pour ménager les Florentins, et l'on voit qu'il s'étudiait à leur plaire. Il affectionnait particulièrement les Vettori : Machiavel le savait, et moins que jamais il devait négliger l'amitié de François, qui d'ailleurs ne voulait pas, plus que Nicolas, renoncer à l'agréable commerce de lettres qu'il entretenait avec lui.

La correspondance entre ces deux hommes d'état, qui se communiquaient réciproquement leurs lumières, ne paraît pas avoir langui vers la fin de l'année 1513, et dans le commencement de l'année 1514. Elle a toujours rapport à des intérêts politiques du moment.

CHAPITRE XXI.

L'ANNÉE 1514 commença sous des auspices funestes pour la France. Louis XII perdit la noble et bien aimée Anne de Bretagne, sa seconde épouse, qui mourut le 9 janvier.

1514.

Elle était née à Nantes, le 26 janvier 1477, et quatre ans après sa naissance, son père, le duc de Bretagne, François II, l'avait promise au prince de Galles, fils aîné d'Édouard IV, roi d'Angleterre, et en cas du décès du prince de Galles, au second fils du même roi.

François étant mort, elle s'était trouvée, dans un très-jeune âge, seule héritière du duché. Les Bretons et la nouvelle duchesse elle-même commencèrent à manifester de l'aversion pour une alliance avec l'Angleterre; il se présenta donc d'autres prétendants. La possession d'un tel état, qu'on pouvait regarder comme *un des flancs de la France*, excita la cupidité de l'empereur Frédéric III, qui fit solliciter pour son fils la main de la jeune duchesse, auprès des tuteurs chargés de son éducation et de l'administration de son duché. On ne sait pas bien précisément la date de l'époque où le prince d'Orange obtint d'épouser la duchesse Anne, au nom de l'archiduc Maximilien fils de Frédéric, et déjà reconnu roi des Romains. Ce fut sans doute avant le mois de mai 1491, car nous avons trouvé aux archives du royaume[1] un édit de Maximilien et d'Anne, roi et reine des Romains, qui évoque à un tribunal de Bretagne une affaire concernant Messire de Rohan leur cousin. Cette pièce porte la date du 13 mai 1491. Brantôme[2] parlant de ce mariage, s'exprime ainsi :

« Le Roy Charles VIII ayant aduisé auec son conseil qu'il
« n'estoit pas bon d'auoir un si puissant seigneur ancré et
« empiété dans son royaume, rompit le mariage qui s'estoit
« fait entre lui et Marguerite de Flandres, osta ladite Anne
« à Maximilian son compromis, et l'espousa. »

Le mariage de Charles VIII et d'Anne fut célébré le 13 décembre 1491. Le contrat contenait une stipulation bien singulière. Il y était dit que si le roi mourait sans enfants mâles, la reine douairière serait tenue d'épouser le successeur, dans le cas où il le jugerait convenable. Il paraît que le duc d'Orléans (depuis Louis XII), qui aimait tendrement la duchesse Anne, et qui avait toute influence à la cour de Bretagne, demanda, peut-être dans son propre intérêt, mais au nom du roi, que cette clause fût insérée au contrat. Cependant il était déjà l'époux de Jeanne de France, fille de Louis XI.

Le duc d'Orléans, chargé de négocier cette affaire, qui allait lui enlever la main d'une princesse à laquelle il aurait indubitablement sacrifié sa propre épouse, pouvait difficilement refuser des preuves de dévouement à son maître : car après la mémorable révolte qui lui avait mis les armes à la main contre son roi, il avait reçu des lettres de grâce[3] qui le réhabilitaient dans

---

[1] K, 91.
[2] Tom. I, pag. 3. Édition de 1740.
[3] Archives du royaume, K, 91.

CHAPITRE XXI.

ses droits de succession au trône, et qui lui rendaient les domaines dont il avait été dépouillé, à la suite de la bataille où il avait été fait prisonnier par la Trémouille [1]. Ces lettres portent des expressions de pardon fort extraordinaires; il y est dit, à l'égard du temps que le duc d'Orléans peut avoir passé en Bretagne, avec l'armée qui marchait contre les troupes du roi, « *lequel temps nous déclarons non avoir eu cours* [2]. »

On se livrait à la cour de France à tous les divertissements et aux réjouissances d'usage, lors du mariage du souverain, lorsqu'il y arriva inopinément une bulle d'Innocent VIII, datée du 18 des calendes de janvier (15 décembre 1491), deux jours après la célébration du mariage. Cette bulle déclarait que Charles VIII et la jeune princesse étaient excommuniés, pour avoir contracté un mariage, quoique parents au 4e degré; mais en même temps Sa Sainteté les relevait de l'excommunication, à condition que pour pénitence ils emploieraient mille écus d'or à marier des pauvres filles dans le délai de six mois. Les pauvres filles furent mariées par les soins de la nouvelle reine, et la Bretagne fut réunie à la France. On connaît les principales actions de Charles VIII et sa mort imprévue. La reine, veuve le 7 avril 1498, ne s'offensa pas alors plus qu'en 1491, d'avoir été déclarée comme *réversible* au

---

[1] Voyez chap. IV, pag. 79. (Note).

[2] Archives du royaume, K, 91. Voilà un despotisme de clémence dont on citera peu d'exemples. Je croyais avoir exprimé une pensée juste et raisonnable, en disant un jour dans ce vers :

L'histoire écrit toujours, et n'efface jamais.

Charles VIII et son conseil ne l'entendent pas ainsi : pour eux, le duc d'Orléans qui a été en Bretagne, n'y a pas été, et le temps qu'il y a passé, *n'a pas eu cours*. Au surplus, ce prince a bien prouvé qu'il méritait tous ces sentiments de générosité; et plus tard, Louis XII n'a voulu tirer que d'aussi nobles vengeances de ceux qui l'avaient offensé.

successeur du trône ; on n'avait fait d'ailleurs que copier la clause qu'Édouard IV avait exigée précédemment pour ses deux fils.

Elle fit même, dit-on, des vœux pour recouvrer le titre de reine de France : constamment fidèle à Charles VIII, dont elle avait sagement administré les états pendant la course de Naples, elle avait su inspirer un sentiment d'adoration universelle. Ce sentiment faisait verser des larmes à tous ceux qui la voyaient se disposer à retourner en Bretagne. Déjà arrivée à Étampes, le 19 août de la même année, elle fut sommée de déclarer par un acte, si elle tiendrait l'engagement signé à l'époque de son union avec le roi défunt : retrouvant alors au fond de son cœur devenu libre, un ancien sentiment pour le roi actuel, elle promit de remplir l'engagement, si le divorce entre Louis XII et la reine nouvelle, Jeanne de France, venait à être prononcé. Nous verrons plus tard, en consacrant au portrait de Louis XII quelques autres pages de cette histoire, comment ce divorce fut sollicité, suivi et obtenu. Le 8 janvier 1499, le roi se rendit à Rennes et il y épousa la reine douairière. Les deux époux vécurent presque constamment dans la meilleure intelligence. Il y eut quelquefois de légers différends, surtout lorsque le roi voulut, en 1506, marier leur fille Claude avec le duc d'Angoulême (depuis François Ier) ; nous entendrons Tailhé qui dit dans son histoire de Louis XII [1] :

« La reine, pour divers motifs, souhaitant avec passion le mariage de sa fille Claude avec le comte de Luxembourg [2], fut très-mécontente de ce nouvel arrangement ; elle en té-

---

[1] Histoire de Louis XII, par Jacques Tailhé, prêtre de Villeneuve d'Agénois. Paris, 1775 ; in-12, tom. II, p. 18.
[2] Voyez Louis de Luxembourg, chap. 1er, pag. 23 (note).

moigna sa peine en plus d'une occasion. Le roi qui avait beaucoup de complaisance pour elle, *parce que* (disait - il agréablement) *il faut qu'un homme souffre beaucoup d'une femme, quand elle aime son honneur et son mari*, lui laissa la consolation de se plaindre; mais, comme elle revenait trop souvent à la charge, le roi, fatigué de ses tracasseries, et ne pouvant plus y tenir, lui ferma la bouche par cet apologue : « *Sachez, madame, qu'à la création du monde, Dieu avait donné des cornes aux biches aussi bien qu'aux cerfs; mais que comme elles se virent un si beau bois sur la tête, elles entreprirent de leur faire la loi, dont le souverain créateur étant indigné, il leur ôta cet ornement pour les punir de leur arrogance.* » La reine, qui était spirituelle, sentit où portait l'apologue. »

Brantôme parle ainsi de cette princesse [1] :

« Or, si elle (la Reine) a esté désirée pour ses biens, elle l'a esté autant pour ses vertus et mérites : car elle estoit belle et agréable. . . . . Sa taille estoit belle et médiocre ; il est vray qu'elle avoit un pied plus court l'un que l'autre le moins du monde, car on s'en aperceuoit peu, et mal aisément le connoissoit-on : donc pour tout cela sa beauté n'en estoit pas gastée. . . . . Voilà la beauté du corps de cette reine. Pour celle de l'esprit, elle n'en estoit pas moindre, car elle estoit très vertueuse, sage, honneste et biendisante, et de fort gentil et subtil esprit. . . . elle estoit très bonne, fort miséricordieuse et fort charitable. . . . Ce fut la première qui commença à dresser la cour des dames que nous avons veues depuis elle jusques à cette heure. . . . Sa cour estoit une fort belle escole pour les dames ; car elle les faisoit bien nourrir et sagement, et toutes à son modelle, se faisoient et se façonnoient très sages et vertueuses, et d'autant qu'elle avoit le cœur grand et haut, elle voulut avoir ses gardes et institua la seconde bande de cent gentilshommes; et la plupart de sadite garde estoient bretons. »

[1] Brantôme, Vie de la reine Anne de Bretagne, tom. I.

« Ce fut elle qui fit bastir, par une grande superbité, ce beau vaisseau de grande masse de bois qu'on appellait *la Cordelière*[1], qui s'attaqua si furieusement en pleine mer avec la *Régente d'Angleterre*, et s'accrocha si furieusement avec elle qu'elles se bruslèrent et se périrent, si bien que rien n'en échappa, fût des personnes, ou fût de ce qui estoit dedans dont on pût tirer des nouvelles en terre, et dont la reyne en fut très marrie. »

Brantôme finit en citant un passage d'une histoire de France imprimée de son temps, qu'il ne spécifie pas avec plus de détails; il dit qu'on lit dans cette histoire:

« Cette Reyne estoit une très honorable reyne et très vertueuse et fort sage et la mère des pauvres, le support des gentilshommes, le *recueil* des dames et damoiselles et honnestes filles et le réfuge des sçavans hommes, et aussi tout le peuple de la France ne se peut souler de la pleurer[2]. »

Machiavel a remarqué, comme nous l'avons vu[3], qu'à propos de la question d'une campagne à Naples, les réfugiés avaient peu à espérer des dispositions du roi de France, parce que la reine Anne était opposée à cette guerre. Il est donc certain, malgré l'apologue des biches, que Louis XII montra pour elle beaucoup de condescendance; et il ne pouvait pas en témoigner trop à la princesse qui avait apporté deux fois à la France une si riche dot, cette Bretagne dont les ha-

---

[1] C'était aussi le nom de l'ordre qu'Anne de Bretagne avait fondé en 1498, après la mort de Charles VIII. « La décoration était une cordelière d'argent dont les chevalières environnaient leurs armes, avec cette devise, *J'ai le corps délié*, pour exprimer que la mort de leurs époux les avait affranchies du joug du mariage et remises en liberté. » *Abrégé chronol. de l'hist. des ordres de chevalerie*, par *M. d'Ambreville*. Paris, 1807; in-8°, pag. 206.

[2] Brantôme, tom. I. Édition de 1740.

[3] Chap. IV, pag. 57.

bitants ont été pour nous, *comme une nation dans une autre nation*, cette pépinière si abondante de guerriers sur terre et sur mer, la patrie de tant d'hommes célèbres. Quoique le secrétaire Florentin ne nous l'apprenne pas, il paraît aussi que ce fut la reine qui fit abandonner le projet de maintenir un concile opposé à l'autorité du pape; entreprise qui, de nos jours, n'a pas plus réussi à Napoléon qu'elle n'a été avantageuse à la politique de Louis XII.

Après avoir cité Tailhé et Brantôme, je puis ajouter ici quelques autres témoignages : ils nous offriront de nouveaux détails sur la beauté, la piété et l'amour des arts, qui caractérisaient la reine Anne.

Il existe à la Bibliothèque du Roi un livre d'heures qui lui a appartenu. Ce livre, le plus précieux joyau de cet immense trésor, est orné de miniatures exquises, dont une représente les traits de la reine. On la voit à genoux tenant devant elle sur un prie-Dieu la représentation du livre même dont cette miniature fait partie. A sa droite est placée une religieuse *auréolée*, debout, et qui paraît appartenir à l'ordre de saint François. Derrière la princesse, une jeune reine couronnée, *auréolée*, debout, tenant une flèche et un drapeau sur lequel on remarque les hermines de Bretagne, figure sainte Ursule. A droite, une autre reine, aussi couronnée et *auréolée*, est enveloppée dans un manteau doublé d'hermine. Après le portrait de la reine on trouve un calendrier également orné de peintures. Il y en a une pour chaque mois, qui retrace les travaux agricoles des diverses saisons. D'autres représentent les grandes fêtes de l'année. Sur les marges des pages de ces heures, on trouve presqu'à chaque page une plante potagère, ou une fleur, ou un fruit, miniés sur un fond d'or. L'artiste a introduit sur chacune de ces plantes, les coléoptères (insectes dont les ailes sont recouvertes par une espèce d'étui), les lépidoptères (insectes dont les ailes sont écaillées), qui sont amis et habitants ordinaires de la fleur ou du fruit de ces plantes. Sur d'autres peintures, il y a des chenilles, des lézards, des petites tortues; c'est la cerise qui est la plus nombreusement courtisée : sur les avelines, appelées ici *nourilles de boys*, deux petits singes bien repus dorment en paix couchés l'un sur l'autre. D'autres singes regardent, sans avoir l'air de les voir, des prunes de Damas : on distingue, parmi les plantes qui ont changé de nom, ou que nous n'avons plus peut-être, *le poirier fin or*; la *fleurencelle* (*florenceola*) à fleurs bleues; le mire-soleil (notre tournesol); enfin sur la quarantième des grandes miniatures, le dessin exact d'un gros vaisseau de guerre. J'ai le soupçon que ce doit être la *Cordelière*, dont parle Brantôme. Comme la construction du vaisseau qui a porté ce nom date de 1510, et qu'il périt en 1513, nous pouvons rencontrer dans cette indication une des dates de l'âge de ce célèbre manuscrit.

Nous ne trouvons dans le secrétaire Florentin que peu ou pas d'informations sur un tel sujet : il ne parle presque jamais des arts, et le contemporain de Raphaël et de Michel-Ange ne les a pas même nommés. Il a indiqué une fois, mais par hasard, le sculpteur Sansovino. Le Dante cependant parle avec éloges des belles miniatures que l'on faisait à Paris [1]; et il est certain que nous excellions dans ce genre de peinture, dès le commence-

---

[1] O, diss' io lui, non se' tu Oderisi
L' onor d' Agobbio, e l' onor di quell' arte
Ch' *alluminare* è chiamata in Parisi ?

C'est Alighieri qui le premier nous a appris que cet art était plus florissant à Paris qu'en Italie.

ment du 14ᵉ siècle. Sous Louis XII, nos artistes devaient avoir acquis encore plus de talent. *Les heures d'Anne de Bretagne* en seront une preuve éternelle. Il ne sera pas hors de propos de dire qu'elles ont pu être exécutées sous la direction de Pierre Lebault, aumônier de cette princesse, homme très-savant : alors il serait l'auteur de la prière en français qui commence vers les deux tiers du livre, à la page même où est miniée la *colloquitida*, ou queucourde de Turquie. Il y a dans cette prière quelque chose qui semblerait faire croire que la reine avait, ou se figurait avoir des ennemis politiques [1]. Elle parle de *mauvaises conspirations de ceux qui lui font mal, ou qui ont* le dessein *de lui en faire, et de la prochasser*. L'auteur de cette prière, dont plusieurs expressions touchantes et pitto-

---

[1] Voici cette prière ; elle est écrite en caractères semblables à ceux avec lesquels je la présente ici.

De notre Dame de pitié.

O Dame très piteuse, Vierge Marie, je recommande auiourd'hui au sein de ta pitié, mon corps et mon ame, mes conseils et mes désirs, mes volontés et cogitations, mes locucions et toutes opérations, aussi les douleurs de mon cueur et toutes mes angoisses et nécessités : toute mon espérance et ma consolation, et tout le cours de ma vie, et la fin, et te prie, très saincte dame et touiours vierge piteuse, que par ta saincte intercession ma vie s'adresse et se dispose selon ta clémence et volunté de ton fils. Ha, dame, de rechief te supplie que tu me sois piteuse aduocate contre toutes les aduersités et les las de notre encien ennemy Sathan et de tous ses ministres et contre tous les conseils et mauuaises conspirations de ceux qui me font mal, ou qui ont (il manque ici un mot) de m'en faire, et prochasser. Dame, fay, s'il te plait, que par tes sainctes intercessions, ils prennent amendement de vie, et échangent tous mauuais propos, ainsi que ne me puissent nuyre, ne en corps ne en l'ame, ne en biens aucunement. Say auecques moi, dame très piteuse, que par la vertu du signe de la croix, l'ennemy a leure de ma mort et au jour du jugement, cognoisse que tu as fait signe auecques moi, en bien, et que tu m'as aydée et consolée. *Amen.*

resques se sont conservées dans des livres d'oraisons de la Bretagne, a sans doute exagéré les chagrins de la reine. Ce qui est certain cependant, c'est qu'elle mourut jeune : des peines la conduisirent peut-être au tombeau. Le roi ordonna que ses funérailles fussent célébrées avec la plus riche magnificence; il en existe des relations manuscrites, également ornées de peintures, mais moins belles que celles des heures [1]. Ces relations nous prouvent qu'elle fut enterrée à Saint-Denis et que l'on grava sur son tombeau l'inscription suivante :

La terre, monde et ciel ont divisé madame
Anne, qui fut des Roys Charle et Louys la fame;
La terre a pris le corps qui gist sous cette lame;
Le monde aussi retient sa renommée et fame
Perdurable à jamais, sans estre blasme dame;
Et le ciel pour sa part a voullu prendre l'ame.

Machiavel ayant donné un portrait complet du ca-

[1] Le manuscrit des *heures* d'Anne de Bretagne, qui, avec ses 332 plantes, et ses 62 grandes miniatures, est un si beau monument des arts français du commencement du 16e siècle, ne porte pas de numéro d'enregistrement à la Bibliothèque. C'est un diamant à part, comme le *Pitt*, le *Cent-six*, et les 3 autres encore plus beaux, qu'on ne peut confondre avec aucune richesse de ce genre : j'appelle ici *Cent-six* le diamant connu sous le nom de *Sancy*, et voici sur quoi je me fonde. J'avais toujours vu, en Italie, et surtout à Livourne, la ville des pierreries, qu'on n'écrivait pas le nom de ce diamant comme nous l'écrivons en France, et qu'on riait des histoires que nous avons faites à ce sujet. J'en trouve la raison dans l'ouvrage intitulé : *Delle pietre antiche di Faustino Corsi, Romano.* Rome, 1828, in-8°. M. Corsi s'exprime ainsi : « *Cinque sono i più belli e grandi diamanti di Europa, molti de' quali hanno de' nomi particolari; come sono il* Cent-six, *perchè pesa cento sei carati, corrottamente detto il gran Sancy, ed il Pitt che possiede il re di Francia; quello del gran duca di Toscana, altro del imperatore delle Russie, e finalmente quello del re di Portogallo, del peso di undici oncie, cinque grossi, e ventiquattro grani.* Corsi, pag. 182.

ractère et des actions de l'empereur Maximilien, il n'a pas été inutile de parler ici avec quelques détails d'une princesse qui a beaucoup influé sur le système politique de Louis XII, rival constant de Maximilien, même lorsque cet empereur unissait ses troupes aux siennes en Italie. Le caractère d'Anne de Bretagne, dont la prudence retenait toujours le conseil du roi, mettait ainsi indirectement un frein aux vues jalouses et envieuses du conseil de l'empereur. Cette circonstance n'avait pas échappé à l'observateur Florentin. Jamais dans ses opinions sur la France, il n'oubliait de détailler les raisons aventureuses qui semblaient la précipiter sur les états italiens, et ensuite les raisons secrètes, et on pourrait dire domestiques, qui réussissaient toujours à la retenir. La politique de la princesse était en cela meilleure que celle du roi : car elle était probablement fondée sur ce principe, vrai encore aujourd'hui, que les Français qui entrent toujours si facilement en Italie, ne doivent pas s'étonner d'en sortir toujours si promptement ; en effet, les hasards, les divisions intestines et cet amour de la nouveauté qui donnent la victoire, ne suffisent plus ensuite pour la conserver.

Mais c'était en vain que Machiavel avait découvert au dehors le mobile de toutes les déterminations des gouvernements étrangers; c'était en vain qu'il avait étudié avec tant de sagacité le caractère de ceux qui tour à tour devaient être les maîtres de la péninsule. Il vivait à des époques funestes; l'esprit de parti régnait dans toute sa fureur, avec ses exagérations, avec ses opinions roides et violentes, et aucune considération de reconnaissance, même de pitié, ne savait le défendre contre les préventions de ses ennemis, et l'absoudre du crime d'avoir été employé par ceux qui venaient de perdre le pouvoir.

1514. Vers le milieu de l'année 1514, ne voyant arriver aucune consolation, et n'ayant pas encore terminé son *Opuscule des principautés* sur lequel il fondait de grandes espérances, il est comme un moment abattu par l'adversité; il confie ses inquiétudes à Vettori, et lui écrit en termes qui annoncent la plus vive douleur.

« Je resterai donc au milieu de mes haillons, sans trouver un homme qui se souvienne de mes services, ou qui croie que je puisse être bon à quelque chose. »

« Il est impossible que je demeure plus long-temps dans un tel état : je me consume, et je crois que si Dieu ne se montre pas plus favorable, je serai un jour forcé de sortir de la maison, et de me placer comme receveur ou secrétaire d'un *connestabile* [1], si je ne puis faire autre chose; ou j'irai me planter dans quelque désert pour enseigner à lire aux enfants, en abandonnant ici *ma brigade* qui s'imaginera que je suis mort : ma famille sera plus heureuse sans moi; je lui suis à charge, étant accoutumé à dépenser, et ne sachant point ne pas dépenser. Je ne vous écris pas pour vous engager à prendre de l'embarras pour moi, mais seulement pour me soulager, et pour ne plus rien dire sur ce sujet aussi odieux qu'il est possible. »

Heureusement l'affligé revient à sa gaîté ordinaire.

« Vous me parlez de votre amour : je me souviens que l'amour déchire ceux qui, lorsqu'il vole dans leur sein, veulent lui couper les plumes ou l'enchaîner. A ceux-là, parce qu'il est enfant et volage, il arrache les yeux, le foie et le

---

[1] Le *connestabile* des Italiens commandait 300 hommes d'infanterie, et n'a de commun que le nom avec notre charge éminente de *connétable*. Quand les Italiens employaient ce titre dans le sens de chef de toutes les armées, ils appelaient le seigneur revêtu de cette dignité, *il gran Contestabile*. Mais cela n'était en usage qu'à Naples. Nous avons encore vu le *gran Contestabile* Colonna, et sa femme, sœur de l'infortunée princesse Lamballe, qu'on appelait à Rome, la *Contestabilessa*.

CHAPITRE XXI. 271

cœur; mais ceux qui, quand il arrive, jouissent avec lui, et le caressent, qui, lorsqu'il s'en va, le laissent aller, et qui après, quand il revient, l'accueillent volontiers, sont toujours flattés et honorés par lui, et triomphent sous son empire. Ainsi, mon compère, ne cherchez donc pas à retenir celui qui vole, ni à déplumer celui qui, pour une plume perdue, en reprend mille, et vous serez heureux. Adieu. »

Dans cette seule lettre, quel mélange attendrissant 1514. de douleur profonde, et de gaîté délicate!

Nous accueillerons à présent bien volontiers une autre lettre au même Vettori, parce que nous y voyons que Nicolas croit avoir trouvé, s'il est possible, un moyen d'oublier tous ses maux et de mener une vie de délices qui efface le souvenir de toutes ses peines. Il règne dans cette lettre un ton mystérieux et un charme d'expression qui nous révèlent que l'auteur de l'*Asino d'oro* s'approche de nous, et prélude à ces descriptions voluptueuses qui délasseront le secrétaire Florentin.

« Mon compère, par les détails de votre amour de Rome, vous m'avez mis tout en fête; je n'ai plus songé à mille dégoûts en lisant et en rappelant dans ma pensée vos plaisirs et vos dépits; car l'un ne va pas sans l'autre. Moi, la fortune m'a vraiment conduit dans un lieu, et m'a mis dans un état à vous faire de pareils récits. »

« Étant dans ma villa, j'ai eu une aventure si agréable, si délicate, si noble par sa nature et par les faits, que je ne saurais la louer et l'aimer autant qu'elle le mérite. Je devrais, comme vous l'avez fait avec moi, vous raconter les commencements de cet amour, dans quels rets il me prit, où il les tendit; et de quelle qualité ils furent: vous verriez que ce sont des rets d'or, tissus parmi les fleurs, tressés par Vénus, si suaves, si doux, qu'un cœur malhonnête seul eût pu les rompre: je ne le voulus pas. Un moment, je m'y abandonnai tellement, que les fils, d'abord délicats, sont devenus plus forts, et se sont resserrés par des nœuds qu'il n'est plus possible de rompre. Ne croyez pas que pour s'emparer de moi, l'amour ait employé ses moyens ordinaires : comme je les connaissais, ils ne lui auraient pas suffi. »

Il explique que le dieu l'ayant attaqué avec une singulière habileté, il ne sut pas et ne voulut pas se défier de lui.

« Qu'il vous suffise de savoir, que bien que je sois voisin de cinquante ans, je ne suis arrêté ni par les soleils, ni par les chemins sauvages, ni par l'obscurité des nuits. Toute voie me paraît droite, et je m'accommode à toute habitude différente des miennes, à celles mêmes qui leur sont le plus contraires. Quoiqu'il me paraisse que je suis entré dans un grand embarras, j'y éprouve tant de douceur, soit pour le bonheur que ce regard merveilleux et enivrant me procure, soit pour une consolation qui a éloigné de moi le souvenir de mes douleurs, que pouvant redevenir libre, je n'y consentirais pas. J'ai laissé de côté les pensées grandes et graves ; je n'ai plus de plaisir à lire les choses antiques, ni à raisonner des choses modernes. Tout cela, pour moi, s'est converti en conversations délicieuses dont je rends grâces à Vénus et à Chypre tout entière. »

« Si vous avez occasion d'écrire à part sur la dame, une autre chose, écrivez-la, et des autres questions vous en causerez avec ceux-là qui les estiment plus, et qui les entendent mieux. Moi, à ces choses modernes, je n'ai jamais trouvé que du dommage : dans les autres j'ai toujours rencontré le plaisir. »

1514. Si l'on s'adresse aux habitudes du confident Vettori, pour connaître l'explication précise de cette sorte de mystère (et c'est à peu près la meilleure manière de bien s'entendre), il n'y a pas de doute qu'il ne s'agisse d'une passion éprouvée pour quelque belle personne récemment connue de Machiavel. On s'abstiendra donc de soutenir vivement, comme je l'ai entendu faire à plusieurs hommes de lettres, qu'il y avait ici une allusion à quelque consolation morale, trouvée dans l'étude de la poésie, par exemple dans l'invention d'un sujet de chants qui, désormais, aurait absorbé toutes ses facultés. Cette manière d'expliquer ce secret est sans doute un peu complaisante; car enfin il faut bien se résoudre à considérer Machiavel sous un autre aspect, et avouer que ce savant politique, même aux côtés de Mariette Corsini, n'avait pas des mœurs très-régulières, et qu'il adressait volontiers ses hommages aux belles Florentines qu'il pouvait rencontrer dans les sociétés de la ville et de la campagne. Mille passages de ses propres lettres et de celles qu'il recevait le prouveraient sans doute : mais en même temps on ne peut se refuser à reconnaître toute la grâce de ce récit, qu'aucune expression indécente n'a souillé, et dans lequel on peut à la rigueur (et en attendant finissons par le croire ainsi, au moins jusqu'à une nouvelle lettre plus claire) ne voir qu'une allégorie piquante, quoique l'auteur ait prononcé successivement les mots d'amour, de dame, de Vénus et de Chypre. Il a en même temps déclaré que son aventure a été aussi noble que délicate; n'imaginons donc rien de plus : ne signalons pas encore légèrement un époux sans réserve, un père donnant de mauvais exemples à ses enfants, un homme d'un âge mûr qui se rend un peu ridicule; souvenons-nous le plus long-temps que nous pourrons, des douleurs de l'infortuné secrétaire, et félicitons-le, sans le comprendre, d'avoir enfin cru trouver un secret pour oublier ses désastres.

Cette facilité d'écrire l'histoire d'après les lettres, les aveux, les confidences les plus naïves, est une circonstance déjà assez avantageuse pour l'historien; je ne pense pas qu'il en faille abuser pour pénétrer dans les plus profonds replis du cœur, en condamnant si promptement un homme par un arrêt qu'il aurait dicté lui-même.

Vettori ne paraît pas avoir répondu immédiatement à la lettre de Machiavel, que nous venons de rapporter, ou, au moins, la réponse ne nous a pas été conservée : en conséquence, les informations que nous aurions pu trouver dans cette réplique d'un correspondant, en général plus *disinvolto* que Nicolas, et qui n'était, à ce que nous pouvons croire, ni époux, ni père, nous manquent ici absolument.

Mais ces explications, Nicolas ne nous les fera pas long-temps attendre.

Cependant le pape Léon X à qui Vettori montrait chaque lettre de Machiavel, et qui probablement avait lu la dernière, parce qu'il aimait beaucoup les poésies et les ouvrages gais de Nicolas, désira pour cette fois ramener l'ancien secrétaire à des pensées plus sérieuses ; aussi l'ambassadeur Florentin demande de nouveau à Machiavel son opinion sur les affaires politiques du moment.

Louis XII venait de mourir. Ce prince, trop tôt consolé de la perte de la reine Anne, avait épousé Marie, sœur de Henri VIII. Le mariage avait été conclu le 9 octobre 1514, et le 1er janvier 1515, Louis qui avait voulu se livrer à une vie de fêtes et de plaisirs, hors de ses habitudes, n'existait plus. Ce monarque était brave et d'un caractère généreux. On doit lui reprocher sa révolte sous Charles VIII ; et quelle qu'ait été la clémence surnaturelle du souverain, l'action de Louis fut coupable. On doit lui reprocher le serment qu'il fit, en déclarant dans le procès du divorce avec Jeanne, qu'il n'avait jamais réclamé auprès d'elle les droits

CHAPITRE XXI. 275

d'un époux[1]. L'histoire ne peut dissimuler des fautes si graves. Cependant Louis XII n'en est pas moins, sous d'autres rapports, un des plus aimables et des plus vertueux souverains de la France. On l'a accusé de parcimonie; mais il ne dépensait pas, pour avoir, disait-il, la facilité de diminuer les impôts. Les états généraux assemblés à Tours lui avaient déféré le titre de *père du peuple*. Dans l'effusion de leur tendresse, et pour attaquer de toutes parts la sensibilité de ce prince, et faire ressortir sa modestie, l'une de ses plus nobles vertus, ils avaient confondu dans leur reconnaissance le ministre et le roi, et leur avaient donné à tous deux ce nom si glorieux. Fleuranges assure que de son vivant les hommes, les femmes et les enfants des villages allaient au-devant du roi dans ses voyages, et le remerciaient d'avoir osté la pillerie des gens d'armes et de gouverner mieux qu'aucun roi ne fist. Louis n'ignorait pas que son économie était le sujet des railleries. Il répondait : « J'aime mieux voir les seigneurs se moquer de mon avarice, que de voir le peuple pleurer de mes dépenses. » Cet homme si avare cependant, au jeu, rendait à ceux qui avaient perdu contre lui tout ce qu'il avait gagné. Il ne faut pas douter que Machiavel n'ait pris Louis XII pour son modèle, quand dans le chapitre XVI *des Principautés* il déclare qu'il préfère la *miseria*, la parcimonie à la libéralité : il avait en vue de montrer un sentiment de préférence pour Louis XII, et de blâmer l'empereur Maximilien. Voltaire a consacré de beaux vers à la

---

[1] Sous Louis XV, M. le cardinal de Bernis fut chargé de solliciter la canonisation de la reine Jeanne ; mais cette affaire, suivie mollement, fut abandonnée. Il y a à la Bibliothèque du Roi des pièces importantes sur cette négociation, qui y ont été déposées par mon confrère à la société des bibliophiles, M. de Monmerqué. On les trouve au supplément français, n° 1989.

mémoire de Louis XII [1], et, comme les états généraux de Tours, il a loué à la fois le roi et le ministre. Enfin les belles qualités et les vertus de Louis XII n'ont été contestées par aucun des auteurs italiens qui ont écrit sur les affaires de son temps. Et les *auteurs italiens*, dit Brantôme, *sont quelquefois grands larrons de la gloire de nos Français.*

1515. Léon X voulait savoir de Machiavel qui avait connu le roi Louis, qui l'avait vu de si près, et si à son aise, qui lui avait adressé des discours, et qui en avait reçu de longues répliques raisonnées, quels autres développements allait prendre la politique de la France sous le nouveau monarque, dont Louis XII disait : « Ce gros garçon gâtera tout. » Le mémoire de Machiavel, trop long pour être rapporté ici en détail, et qui cependant le mériterait, prouve qu'il savait encore, quand il le voulait, revenir à ses études favorites : il trace d'une main ferme la conduite que doit tenir le pape, à qui il conseille, vu les circonstances dans lesquelles *la fortune française est prête à ressusciter*, de rester attaché à la France, de s'allier avec les Vénitiens, et de s'opposer aux conquêtes de l'empereur, de l'Espagne et des Suisses.

Machiavel ici ne partage pas les doutes au milieu

---

[1] Le sage Louis douze, au milieu de ces rois,
S'élève comme un cèdre, et leur donne des lois.
Ce roi qu'à nos ayeux donna le ciel propice,
Sur le trône avec lui fit asseoir la justice.
Il pardonna souvent ; il régna sur les cœurs,
Et des yeux de son peuple il essuya les pleurs.
D'Amboise est à ses pieds, ce ministre fidèle,
Qui seul aima la France et fut seul aimé d'elle,
Tendre ami de son maître, et qui dans ce haut rang
Ne souilla pas ses mains de rapine et de sang.
    La Henriade, chant septième.

desquels Louis XII avait terminé sa vie. Le Florentin voit autrement, pour le moment, les conséquences d'une nouvelle autorité en France. Il y a d'ailleurs toujours lieu de penser qu'un prince plus jeune va être plus entreprenant.

On a observé plusieurs fois que lorsqu'un homme appliqué s'occupe de la rédaction d'un grand ouvrage, les mêmes questions se présentent souvent à son esprit, qu'il les reproduit involontairement dans ses conversations, dans ses correspondances. Quelle qu'ait été la distraction trouvée par Machiavel pour oublier ses peines; que cette distraction ait été le charme de la poésie, ou des relations tendres avec une personne devenue l'objet assidu de ses soins, il n'avait pas perdu de vue son importante composition des *Principautés*. Les doctrines qu'il rassemble, pour continuer son livre, percent dans ses lettres à Vettori; on les prendrait pour une préface, pour une annonce de ce traité.

Il est inutile de les rapporter ici, puisque nous les trouverons plus bas en corps d'ouvrage.

Après avoir accompli la volonté de Léon X qui voulait connaître l'opinion particulière de Machiavel sur les intérêts de son gouvernement, Vettori ne pouvait point ne pas revenir à ses goûts, à ses habitudes ordinaires; il tourmente un jour, il presse Machiavel sur sa *foia* et sur son ardeur passionnée; celui-ci répond par le sonnet suivant:

« Il avait tenté plusieurs fois de me blesser avec ses flèches le jeune archer qui prend plaisir aux dépits et aux dommages des autres. Quoique ces flèches fussent si aiguës et si cruelles, qu'un diamant ne leur aurait pas résisté, néanmoins elles trouvèrent de si forts obstacles, qu'il estima peu leur pouvoir: alors, rempli d'indignation et de fureur, il changea d'arc et de carquois, et me lança un trait avec tant de violence, que je pleure encore de ma blessure, et qu'enfin j'avoue et je reconnais sa puissance [1]. »

Il y a encore ici décence et charme d'expression; mais le voile commence à se soulever. La lettre continue en prose : il n'y a plus moyen de ne pas reconnaître qu'un amour violent, qu'une passion bien caractérisée [2] s'est emparée du grave publiciste, et qu'il ne cache plus rien à son ami.

1515. « Je ne saurais répondre à votre lettre de l'ardeur amoureuse, par des paroles plus à propos que ce sonnet, dans lequel vous verrez quelle industrie a employée ce coquin (*ladroncello*) d'Amour pour m'enchaîner. Il m'a attaché avec de si fortes chaînes que je désespère de ma liberté; je ne sais pas comment je pourrais m'en délivrer : quand bien même le sort ou quelque intrigue humaine m'ouvrirait un chemin pour en sortir, je ne voudrais pas y entrer, tant ces chaînes me paraissent ou douces, ou légères, ou pesantes. »

« Cela fait un mélange de conditions, et je juge que je ne puis plus vivre content, sans cette *qualité* de vie. Je suis

[1] Aveva tentato il giovinetto arciere,
Già molte volte vulnerarmi il petto
Colle saette sue, che del dispetto
E del danno d'altrui prende piacere.
E benchè fossen quelle acute e fiere,
Ch' un adamante non arc' lor retto,
Non di manco trovar sì forte obietto
Che stimò poco tutto il lor potere.
Onde che quel di sdegno e furor carco,
Per dimostrar la sua alta eccellenza,
Mutò faretra, mutò strale ed arco
E trassen un con tanta violenza,
Che ancor delle ferite mi rammarco
E confesso, e conosco sua potenza.

[2] Nous voyons le fruit des promenades avec un Tibulle, un Ovide, ou Dante, ou un Pétrarque sous le bras. Voyez la lettre à Vettori, chapitre XX, page 254.

fâché que vous ne soyez pas présent pour rire de mes plaintes, ou de ma joie. Tout le plaisir que vous auriez, notre Donato l'éprouve lui-même; lui et l'amie (*l'amica*) dont je vous ai parlé auparavant, sont l'unique port et refuge à mon vaisseau que la tempête continuelle a laissé sans timon et sans voiles. Il n'y a pas encore deux jours il m'est arrivé que je pouvais dire comme Apollon à Daphné :

« Nymphe, fille de Pénée, je t'en conjure, demeure, je ne te poursuis pas en ennemi; nymphe, arrête-toi : c'est ainsi que l'agnelette fuit le loup, ainsi la biche fuit le lion, ainsi les colombes fuient l'aigle, d'une aile tremblante; chacun fuit ses ennemis......[1], »

Machiavel ajoute en latin :

« Et de même que ces vers servirent peu à Apollon, de même ces paroles ne furent d'aucune importance, d'aucune valeur, pour celle qui me fuyait [2]. »

Voilà donc Nicolas à demi consolé! Quoique son aventure soit, ainsi qu'il le dit, *agréable, délicate et noble*, plaignons la vertueuse Mariette Corsini, si, comme il est assez prouvé, elle aimait son époux. Nicolas qui ne veut plus de réticence, continue en ces termes :

« Celui qui verrait vos lettres, honorable compère, et qui verrait ensuite la diversité de celles-ci, s'étonnerait bien, parce qu'il lui paraîtrait d'abord que nous sommes des hommes graves, tout portés à des choses grandes, et qu'il ne peut entrer dans nos esprits aucune pensée qui n'ait en soi de l'honnêteté et de l'élévation; puis, en tournant le papier,

---

[1] Nympha, precor, Peneia, mane; non insequor hostis;
Nympha, mane : sic agna lupum, sic cerva leonem,
Sic aquilam pennâ fugiunt trepidante columbæ;
Hostes quæque suos.   Ovid., Métam., lib. I.

[2] *Et quemadmodum Phœbo hæc carmina parum profuere, sic mihi eadem verba apud fugientem nihil momenti, nulliusque valoris fuerunt.*

il verrait que nous-mêmes nous sommes légers, inconstants, enclins à des choses vaines. Si cette manière d'agir paraît à quelques-uns être blâmable, elle me paraît louable à moi, parce que nous imitons la nature qui est variable, et celui qui l'imite ne peut être repris. Quoique, cette variété, nous ayons l'habitude de la faire dans beaucoup de lettres distinctes, cette fois-ci, je veux la faire dans une seule, comme vous verrez si vous lisez l'autre partie. Purifiez-vous. »

Il lui confie ensuite que Paul Vettori (frère de François) a eu un entretien avec le magnifique Julien frère de Léon X, et que Julien lui a promis de le faire gouverneur de plusieurs terres de Parme, de Plaisance, de Modène et de Reggio dont il va obtenir la seigneurie. A ce sujet Machiavel présente des réflexions sur la manière de gouverner ces pays qui se composent de tant de parties différentes. Il cite le duc de Valentinois; il dit que s'il était prince nouveau, il imiterait la conduite que celui-ci tint en pareille circonstance (il s'agit d'une époque très-antérieure aux abominations de Sinigaglia), lorsqu'il nomma un président-général de la Romagne. Cette délibération réunit dans un seul centre tous ces peuples, les ploya sous la crainte de son autorité, leur inspira de la confiance et tout l'attachement qu'ils lui portèrent depuis, attachement très-grand (si on considère la nouveauté du gouvernement de ce prince), et qui ne provenait que de cette détermination.

Enfin le résultat de la conférence entre Machiavel et Paul, avait été de suggérer à ce dernier les moyens de bien gouverner les états qui allaient être attribués à Julien.

1515. Nous observerons ici que vers la même époque le gonfalonier Pierre Soderini écrivit à Machiavel. Il y a chez les malheureux exilés un sentiment doux et

CHAPITRE XXI.

comme invincible qui les porte à rechercher le souvenir de ceux qu'ils ont autrefois obligés et traités avec affection. Soderini pouvait avoir eu des torts politiques avec la nation, mais il ne s'était jamais montré que bon et bienfaisant pour Machiavel. La lettre parvient presque toute mutilée; cependant l'ancien secrétaire Florentin y démêle bientôt, avec une sorte de frémissement, les caractères de son ancien chef, et il ne balance pas à lui répondre : il lui adresse quelques consolations, et lui prouve, par des raisonnements convaincants, que l'homme a bien de la peine à deviner, dans la vie, la conduite qu'il faut tenir : à l'un réussissent la fraude, la méchanceté, l'irréligion; à l'autre, la douceur, la bonne foi et le respect pour les choses sacrées.

« Vraiment, s'il y avait un homme assez instruit pour bien démêler les temps, et l'ordre des choses, un homme qui sût l'art de s'y conformer, cet homme aurait toujours un sort heureux, et il pourrait constamment se garder d'un sort malheureux. Alors il serait vrai de dire que le sage commande aux étoiles et aux destins : mais comme ces sortes de sages ne se trouvent pas, parce que les hommes ont la vue courte, et ne peuvent dominer leur naturel, il en résulte que la nature varie les événements, gouverne les hommes, et les tient sous le joug. »

La résolution prise par Machiavel de répondre 1515. à cet exilé, quoiqu'en termes généraux, annonce du courage et des sentiments remplis d'honneur et de reconnaissance : elle ne blessait en rien les engagements proposés au nouveau gouvernement.

Il faut aborder une des parties les plus difficiles de ma tâche. Il faut parler de ce livre qui a excité de si graves controverses. M. Montani, l'un des rédacteurs de l'Anthologie de Florence, dit très-spirituellement [1] que « pour les uns, Machiavel est un être demi-fa-« buleux, et pour d'autres, au moins, un être énig-« matique. » Notre devoir est donc de chercher la vérité; tous les esprits sont disposés à l'entendre. Quand j'ai entrepris mon ouvrage, j'avais toujours à la pensée ces admirables paroles de Polybe.

« La nature, à mon sens, nous révèle dans *la Vérité* une grande divinité, qui renferme en elle une haute puissance. Tous la combattent, parfois même appuient le mensonge de mille probabilités : cependant, je ne sais comment il se fait que *la Vérité* s'insinue dans l'âme des hommes : tantôt par une impétuosité subite, elle lance toute sa force : tantôt, quoique long-temps couverte de ténèbres, d'elle-même, elle fait faire jour à sa destinée, commande et triomphe de l'erreur [2]. »

Ce triomphe sur l'erreur, ou au moins un jugement plus raisonnable et de meilleure foi, est-il enfin arrivé aujourd'hui pour Machiavel?

[1] (N° d'avril 1832).
[2] POLYBE, Excerpt. Histor., édition de Leipsick, 1790, tom. III, lib. XIII, pag. 448.

CHAPITRE XXII.

Le traité des *Principautés* dont les doctrines capitales commençaient déjà, pour ainsi dire, une sorte d'excursion au dehors, dans les moindres discours de Machiavel, dans ses confidences à ses amis, dans ses réponses même à Soderini, et qui se faisaient jour aussi à travers les récits enchanteurs de ses passions amoureuses, ce traité venait d'être terminé. Julien avait quitté Florence, rappelé indirectement par le pontife, et toute l'autorité était remise entre les mains de Laurent II [1]. Machiavel se décida à lui présenter son ouvrage : il n'en fut remis d'abord qu'une seule copie, et malheureusement, des envieux qui environnaient le jeune Médicis, l'empêchèrent d'y attacher toute l'importance que méritait un pareil travail. La dédicace était ainsi conçue :

1515.

« Ceux qui désirent acquérir la faveur des princes ont, en général, l'habitude de les aborder en leur présentant les choses qui leur sont le plus chères, ou dans lesquelles on sait qu'ils se complaisent le plus ; d'où l'on remarque qu'on leur présente souvent des chevaux, des armes, des draps d'or, des pierres précieuses, et de semblables ornements dignes de leur grandeur. Moi, désirant m'offrir à votre Magnifi-

---

[1] On l'appellera toujours Laurent II, pour le distinguer de Laurent-le-Magnifique, son grand-père.

cence avec quelque témoignage de mon dévouement pour elle, je n'ai rien trouvé dans ma possession (*mia suppellettile*), qui me fût plus cher, et que j'estimasse autant que la connaissance des actions des grands hommes, apprise par moi dans une longue expérience des choses modernes, et dans une lecture continuelle des choses antiques : y ayant long-temps réfléchi, les ayant bien examinées, et les ayant réduites en un petit volume, je les envoie à votre Magnificence. Quoique je juge cet ouvrage indigne de votre présence, je pense cependant, dans ma confiance en sa bienveillance, qu'elle daignera l'accepter, si elle considère que je ne puis pas lui offrir un plus grand don, que de lui faire entendre en peu de temps, ce que j'ai appris en tant d'années, au milieu de tant de désastres et de périls. Cet ouvrage, je ne l'ai pas orné de passages étendus, ni de paroles ampoulées et brillantes, ou de quelque autre parure ou ornement *extrinsèque,* par lesquels quelques-uns ont coutume d'embellir leurs productions; j'ai voulu qu'aucune parure ne l'honorât, ou que seulement la variété de la matière et la gravité du sujet le rendissent agréable. »

« N'estimez pas à présomption si un homme de basse et infime condition [1] ose expliquer et régler les gouvernements des princes, parce que de même que ceux qui, dessinant les paysages, se placent en bas dans la plaine, pour considérer les lieux élevés et les montagnes, et que ceux qui veulent considérer les vallées, se placent sur les montagnes, de même pour bien connaître la nature des peuples il faut être prince, et pour bien connaître la nature des princes il faut être populaire. Que votre Magnificence accepte ce petit don, avec le même sentiment qui me détermine à l'envoyer : si vous lisez avec soin ce livre, et si vous y réfléchissez, vous y verrez que j'ai un vif désir que vous parveniez à la grandeur qui vous est promise par la fortune et vos autres qualités. Si votre Magnificence, du haut de son

---

[1] Nous nous éloignons beaucoup ici du ton que nous avions pris, dans notre jeune âge, en parlant de la famille des Pazzi.

élévation, tourne ses yeux sur ces lieux plus bas, elle connaîtra quelle est l'indignité de la continuelle malignité de fortune que je supporte. »

Voilà la dédicace de l'ouvrage *des Principautés*. Il est bien positivement adressé à Laurent de Médicis, qui y est presque traité de prince; le livre aborde généralement toutes les questions relatives aux *principautés*, il y est même question des républiques : l'auteur s'y montre un *précepteur du pouvoir*, et l'histoire appelle donc à tort ce traité, *le Prince*, tandis que Machiavel l'a intitulé *des Principautés*. Il faut prendre garde de faire dire à un auteur plus qu'il n'a voulu dire.

Les premiers mots du livre sont la pensée fondamentale de l'écrivain.

« Chap. Ier. Tous les états, toutes les autorités (*dominj*) qui ont eu, et qui ont pouvoir sur les hommes, ont été, et sont ou des républiques, ou des principautés; les principautés sont ou héréditaires, parce que la famille de leur seigneur en a été long-temps souveraine, ou elles sont nouvelles. »

« Chap. II. Je laisserai en arrière les républiques, parce qu'ailleurs j'en ai disserté longuement [1]. Je m'occuperai seulement du *principat;* je m'avancerai, en décrivant les ordres ci-dessus dénommés, et je dirai comment les principautés peuvent être maintenues : je dis donc que dans un état héréditaire et accoutumé à la famille de ses princes, il y a moins de difficulté à les maintenir, que dans les nouvelles. Là il suffit de ne pas dépasser les règles de ses ancêtres, de

---

[1] Il ne les laissera pas cependant tellement en arrière, qu'il n'en parle très-distinctement dans le chapitre V, et ensuite dans d'autres chapitres. D'ailleurs je suis persuadé que ce passage a été altéré, lorsque les Médicis ont permis l'impression de ce livre. Je dirai les raisons sur lesquelles je fonde cette opinion.

temporiser avec les accidents, de manière que si un tel prince est d'une habileté même ordinaire, il se maintiendra toujours dans son état, à moins qu'une force extraordinaire et excessive ne l'en prive : enfin quand il en est privé, il recouvre le pouvoir, au premier sinistre qu'éprouve *l'occupateur.* »

« Le prince naturel a moins de raisons, et se trouve moins dans la nécessité d'offenser, d'où il résulte qu'il peut être plus aimé : si des vices extraordinaires ne le font pas haïr, il est raisonnable que ses sujets l'aiment. Dans l'antiquité et la continuité du pouvoir, s'effacent les souvenirs et les causes des innovations, parce que toujours une mutation laisse les pierres d'attente pour en soutenir une autre. »

« Chap. III. C'est dans le *principat* nouveau que se rencontrent le plus de difficultés. »

« D'abord, s'il n'est pas tout-à-fait nouveau, si par exemple, le *principat* n'est que membre de l'autorité, de manière que tout l'ensemble puisse s'appeler mixte, ses variations naissent d'une difficulté naturelle qui est dans tous les *principats* nouveaux. Les hommes changent volontiers de maîtres, croyant améliorer leur sort, et cette croyance leur fait prendre les armes contre celui qui les gouverne : en cela, ils se trompent, parce qu'ils connaissent par expérience que leur situation a empiré. Cela provient d'une autre nécessité ordinaire et naturelle, laquelle fait qu'il faut toujours offenser ceux dont on devient nouveau prince, et par la présence des hommes de guerre, et par une foule d'injustices qu'une nouvelle autorité entraîne avec elle, de manière que tu te trouves [1] avoir pour ennemis tous ceux que tu as offensés, en occupant ce *principat,* et que tu ne peux conserver pour amis ceux qui t'y ont placé, parce qu'il ne t'est pas possible de

---

[1] Plusieurs personnes, à propos de ce passage et de quelques autres où l'auteur tutoie celui à qui il s'adresse, ont imaginé que Machiavel prenait assez étourdiment cette liberté avec le magnifique Laurent II. Ce n'est pas là ce qu'il faut dire ici. Cette manière de s'exprimer de Machiavel, est familière aux écrivains Italiens ; ils parlent plutôt au lecteur qu'ils n'entendent s'adres-

CHAPITRE XXII.

les satisfaire dans la manière qu'ils avaient présupposée, et puis, parce qu'étant leur obligé, tu ne peux employer contre eux des remèdes forts, et encore parce que, quand bien même on serait secondé par de puissantes armes, on a toujours besoin de la faveur des habitants, pour entrer dans un état. Par ces motifs, Louis XII, roi de France, occupa sur-le-champ la ville de Milan, et la perdit sur-le-champ. La première fois, pour la lui faire perdre, les propres forces de Ludovic furent suffisantes. Ces peuples qui avaient ouvert leurs portes à Louis, se trouvant trompés dans leur opinion, et ne rencontrant pas ce bien à venir qu'ils avaient attendu, ne pouvaient supporter les dégoûts donnés par le nouveau prince. Il est vrai aussi, qu'en acquérant pour la seconde fois des pays révoltés, on les perd avec plus de difficultés ; car le seigneur, prenant occasion de cette révolte, et moins scrupuleux à combiner ses sûretés, punit les coupables, surveille les soupçonnés, et se fortifie dans la partie la plus faible : de manière que si pour faire perdre Milan à la France, la première fois, il suffit d'un duc Ludovic, qui sema quelques rumeurs sur la frontière, il fallut, pour la faire perdre une seconde fois, que la France eût contre elle le monde entier, et que ses armées fussent détruites, et chassées d'Italie, ce qui naquit des raisons sus-énoncées. »

« La France a donc perdu Milan une première et une seconde fois. J'ai dit les causes générales qui expliquent la première perte, il reste à dire celles de la seconde. Il faut voir les avantages qu'y avait le roi de France, ceux que pouvait avoir un prince qui s'y serait trouvé dans la même situation, pour se maintenir dans cette acquisition mieux que ne l'a fait ce roi. »

« Je dis maintenant que ces états qu'on acquiert, pour

---

ser à un individu en particulier ; quelquefois aussi ils se parlent à eux-mêmes : on varie ainsi les formes des discours. Nos auteurs du midi emploient ce tour de phrase dans leurs ouvrages. Cet usage qu'on dit arabe et espagnol a passé en Italie par la littérature provençale ; il y en a aussi des exemples dans la littérature latine, surtout dans les comédies.

les adjoindre à des états anciens, ou sont de la même province, parlant la même langue, ou n'en sont pas. »

1515. « S'ils sont de la même province, il est facile de les conserver, pourvu qu'ils ne soient pas accoutumés à vivre libres, et pour les posséder sûrement, il suffit d'avoir dispersé la lignée du prince qui les gouvernait; car dans les autres choses, si vous maintenez leurs anciennes constitutions, s'il n'y a pas dissidence d'usages, les hommes vivent tranquillement, comme on a vu qu'ont fait la Bretagne, la Bourgogne, la Gascogne et la Normandie qui avaient été si long-temps avec la France : quoiqu'il y ait quelques différences de langage, néanmoins les habitudes sont les mêmes, et se peuvent accorder entre elles. Qui les acquiert donc, voulant les garder, doit avoir deux considérations : l'une que le sang de leur ancien prince se disperse, l'autre que leurs lois et leurs impôts ne soient pas altérés, pour qu'il arrive qu'en peu de temps, l'ancien *principat* et ses acquisitions ne forment plus qu'un seul corps. Mais quand on acquiert des états dans un pays où se parle une langue différente, un pays où les coutumes et les classes ne sont pas les mêmes, là, sont les difficultés ; là, il faut avoir un grand bonheur et une grande habileté, pour conserver ces états. Un des moyens les meilleurs et les plus vifs serait que la personne qui les acquiert allât les habiter. Cela rendrait la possession plus sûre et plus durable, comme a fait le Turc dans la Grèce. »

« Quand on demeure dans un pays, on voit naître les désordres ; on peut y remédier promptement. Si on ne l'habite pas, on n'apprend les désordres que quand ils sont grands, et il n'y a point de remède. »

Ici Machiavel propose le système des colonies. Il ajoute ce principe qui est susceptible d'être heureusement combattu, surtout dans nos mœurs actuelles, et qui passait pour une règle absolue de politique dans son temps.

« Les hommes doivent être caressés ou détruits. Ils se

vengent des offenses légères. Ils ne peuvent se venger des offenses graves. L'offense qu'on fait à l'homme doit être telle, qu'on ne craigne pas sa vengeance. »

Le même auteur, dans le livre IV de ses histoires, dira :

« Quant aux hommes puissants, ou il faut ne pas les toucher, ou quand on les touche, il faut les tuer. »

Cette proposition terrible a ici quelque chose de 1515. moins *proscripteur* que celle que nous avons citée d'abord. La dernière ne s'appliquant qu'aux grands seulement, embrasse moins de victimes. On peut croire que du temps de Machiavel, où la féodalité engageait des masses d'hommes inertes, sous une foule de petites tyrannies subalternes et sans avenir, il ait osé conseiller de s'attacher à détruire ce petit nombre de têtes, qui une fois abattues laissaient exercer l'autorité par un vainqueur puissant, plus généreux, et qui s'annoncerait pour être prêt à gouverner mieux que ces tyrans.

On peut aussi pour un instant concéder à Machiavel, qu'il y a quelquefois de l'avantage à ne pas *toucher* les hommes puissants, mais on ne peut être de son avis, si ce système est présenté comme infailliblement propre à maintenir la paix et l'obéissance. Il n'arrive que trop souvent que l'indulgence et le ménagement pour les grands amènent la révolte. Quant à ce que Machiavel entend par les hommes puissants, il serait facile, s'il revenait aujourd'hui, de lui faire comprendre qu'il y a une bien plus grande quantité d'hommes puissants que de son temps. Avec le progrès des sciences, des arts et de la littérature, avec l'éducation plus perfectionnée, il s'est élevé de bien autres puissances que celles des marquis de Mantoue, des ducs de Ferrare et des seigneurs de Piombino et de Sienne : ce sont des forces que peut-être, dans un état nouveau, on ne laisse pas impunément tout-à-fait libres, mais que cependant il est imprudent de vouloir détruire, parce qu'elles renaissent de leurs cendres, que leur recomposition est immédiate et nécessaire, et que cette sorte de famille est impérissable.

Quant à cette opinion, « les hommes doivent être caressés ou détruits », elle a été vivement attaquée dans Machiavel et avec raison, mais cette opinion est du temps. Elle n'aurait aucune valeur positive aujourd'hui, et il n'existerait aucun moyen d'exécution praticable : d'ailleurs, nous expliquerons bien plus en détail notre pensée, dans la comparaison que nous aurons occasion de faire souvent de la politique de l'époque de Machiavel, et de la seule politique possible à l'époque où nous écrivons. Quand nous aurons repoussé comme impraticables quelques conseils du secrétaire Florentin, qu'il donnait dans la sincérité de son ame, placé comme il était sur un immense théâtre d'excès impunis, d'atrocités sans châtiment et de crimes sacriléges, il lui restera assez de ces pensées ardentes, *ignées* même, comme dit Juste Lipse, et fondamentales, qui sont de tous les temps, et de toutes les patries.

Il faut lire dans l'original, au chapitre III, le jugement que Machiavel porte de la conduite des conseillers de la France, relativement à l'Italie, sur une question qu'il a pu juger lui-même de si près. C'est un morceau de discussion, d'autant plus estimable, qu'il a précédé les passages les plus éloquents des *Discorsi* et des *Istorie*. De quelle élévation, comme inexpugnable, il appelle à son tribunal le roi qu'ici il accuse si sévèrement! Il vient le convaincre d'avoir commis cinq fautes. Il semble qu'on l'entende lui dire : « Tu as détruit les petites puissances ; tu as accru en Italie la puissance d'un puissant (le pape); tu y as introduit un étranger très-puissant (le roi d'Espagne); tu n'es pas venu y habiter; tu n'y as pas envoyé de colonies. Ces fautes, tant que tu vivais, pouvaient ne pas te blesser, mais tu en as fait une sixième, en dépouillant les Vénitiens. »

J'insiste sur l'estime que mérite ce passage du chapitre III, parce qu'enfin il est bien temps de répandre que ce livre *des Principautés* ne contient pas exclusivement, comme partout on l'imagine, ces recommandations méchantes qui sont l'effroi des ignorants.

L'auteur n'abandonne pas ensuite si aisément son coupable. Il explique ingénieusement les raisons pour lesquelles le monarque a fait mal de traiter avec peu d'égards les Vénitiens, qui l'avaient appelé en Italie.

« Quand le roi n'eût pas fait l'Église si grande, et n'eût pas planté en Italie les forces espagnoles, il était nécessaire et raisonnable d'abaisser les Vénitiens : mais les deux premiers partis pris une fois, le roi ne devait pas consentir à l'affaiblissement de la république ; car les Vénitiens demeurant puissants, ils n'auraient jamais permis à personne de s'approcher de la Lombardie, à moins que ce ne fût pour se l'assurer à eux-mêmes. Aucun souverain n'aurait été aussi tenté d'enlever la Lombardie à la France, pour en faire présent aux Vénitiens ; et quant à heurter l'une et les autres, ces souverains n'en auraient pas eu le courage. »

« Si quelqu'un me dit : Le roi Louis céda à Alexandre la Romagne (ceci est une désapprobation formelle de l'appui donné à Borgia), et à l'Espagne le royaume de Naples, pour éviter une guerre, je réponds avec les raisons dites ci-dessus qu'on ne doit jamais laisser s'établir un désordre, pour fuir une guerre, parce que cette guerre ne s'évite pas, et qu'elle est différée seulement à ton désavantage [1]. »

« Si on alléguait la parole que le roi avait donnée au pape de faire pour lui cette entreprise (toujours la Romagne pour César Borgia), afin d'obtenir la dissolution de son mariage, et le chapeau pour *Rouen*, je réponds avec ce que je dirai plus bas, sur la parole des princes, et comment elle doit s'observer (nous répondrons aussi à cette réponse). Le roi Louis a donc perdu la Lombardie, pour n'avoir pris aucune des mesures exécutées par d'autres qui ont conquis des provinces et qui ont voulu les garder. Cela n'est pas un miracle, mais une chose très-raisonnable et ordinaire. Je parlais un jour, à Nantes, sur cette matière avec *Rouen*, quand Valentin, qui vulgairement est appelé César Borgia, quand ce fils du pape Alexandre occupait la Romagne : le cardinal de Rouen me disait que les Italiens n'entendaient rien à la guerre, et je lui répondis que les Français n'entendaient rien aux affaires d'état [2], parce que s'ils s'y entendaient, ils ne laisseraient pas arriver l'Église à une telle grandeur. Par expérience, on a vu que la grandeur du Saint-Siége et celle de l'Espagne en Italie ont été l'ouvrage de la France, et que sa ruine a été causée par ces puissances : de là on tire une règle générale qui ne trompe jamais, ou qui trompe

---

[1] Ici on voit bien que l'auteur entend parler à Louis XII, et certes ce n'est pas à Louis XII qu'il a adressé son ouvrage.

[2] Il y a une foule de détails dans le cours d'une mission, qu'un ambassadeur mal soutenu ou timide ne peut ou n'ose pas dire même en P. S. de sa dépêche. C'est au retour d'un ambassadeur qu'un gouvernement sage, prévoyant, noblement avare de ce qui lui appartient, peut se faire confier ces détails, et par des témoignages de gratitude, de satisfaction et de confiance prolongée, forcer cet ambassadeur à ne plus rien garder en réserve, et à rendre au gouvernement tout ce qui est à lui. Les Espagnols entendent très-spirituellement la science de ne rien perdre de ce qu'on a été ainsi recueillir à l'étranger avec leur argent, et *sous la protection du lion de Castille*. Chez les Anglais, presque tous les secrets d'état passent à l'opposition par la chute d'un ministère. L'ancien agent français, de toute opinion, reste plus discret, même lorsqu'il est négligé.

rarement, c'est que celui-là qui est cause qu'un autre devient puissant, se ruine lui-même; car la puissance du second est causée par la force ou par l'industrie du premier, et l'un et l'autre de ces avantages excitent la défiance de celui qui vient d'acquérir la puissance. »

Tel est le chapitre III, où l'on retrouve des souvenirs et même des révélations étendues et plus détaillées des négociations de Machiavel en France [1]. Je ne dis pas qu'en continuant d'examiner les *Principautés*, nous ne trouvions matière à observations très-sérieuses sur plusieurs préceptes iniques qu'il y aura lieu de combattre, comme le fameux chapitre XVIII sur la manière de maintenir sa parole; mais je ne saurais trop déplorer qu'on ait si peu lu cet ouvrage, et que surtout on connaisse si imparfaitement en France cette quantité de pages éloquentes, animées et brûlantes, qui fourmillent dans ce traité. Je finirai l'examen de ce chapitre, en faisant observer que tous les jugements portés ici sur la France, si l'on excepte la petite dureté maligne que le cardinal s'était bien attirée par sa provocation, offrent un caractère d'urbanité et de gravité, qui portent bien plus avant la conviction dans l'esprit même du lecteur français. Les règles de la politique, pour la circonstance donnée, sont déduites avec une exactitude en quelque sorte mathématique, que nous n'avons pas encore trouvée perfectionnée à ce point dans les dépêches officielles des légations, et dans la correspondance familière avec François Vettori.

Je ne puis résister au plaisir de traduire presque 1513.

---

[1] Il y avait eu de la part de Machiavel un grand courage à faire une pareille réponse au cardinal premier ministre. Une telle repartie pouvait blesser au vif le chef de la politique française: de son côté, Machiavel avait été offensé dans ses prétentions, encore secrètes, aux études militaires.

tout en entier le chapitre IV, où il est question de l'impossibilité qu'il y avait de soumettre notre ancienne France à des forces étrangères. Ce chapitre est intitulé : « Pourquoi le royaume de Darius, occupé par Alexandre, ne s'est-il pas révolté contre les successeurs de ce dernier après sa mort ? »

« Quiconque a considéré les difficultés qui se présentent, quand on veut conserver un état conquis nouvellement, pourrait s'étonner de ce qui arriva lorsque Alexandre s'empara de l'Asie en peu d'années, et mourut après l'avoir à peine occupée. Il était raisonnable de penser que cet état allait se révolter ; néanmoins ses successeurs le conservèrent et n'éprouvèrent d'autres difficultés que celles que fit naître leur propre ambition. Je réponds que les principautés dont on a le souvenir, sont gouvernées en deux manières différentes, ou par un prince sous lequel tous étant esclaves, et ensuite créés ministres par grâce et par concession, l'aident à conduire son royaume, ou par un prince et par des grands (*baroni*) qui tiennent ce rang, non pas par la grâce du maître, mais par l'antiquité du sang. Ces grands ont des états et des sujets à eux qui les reconnaissent pour maîtres, et qui conçoivent pour eux une affection naturelle. »

« Les états qui sont gouvernés par un prince et des esclaves, reconnaissent dans leur prince plus d'autorité, parce que dans toutes ses provinces il n'y a personne qui ne l'avoue supérieur à tous ; s'ils obéissent à un autre, ce n'est que parce qu'il est ministre et officier de ce seigneur, mais ils ne lui portent aucune affection particulière. Les exemples modernes de ces deux gouvernements sont le Turc et le roi de France. »

« Toute la monarchie du Turc est gouvernée par un seigneur ; les autres sont ses esclaves : il divise son royaume en gouvernements de sangiacs ; il y envoie différents administrateurs, les change et les varie comme il lui semble. »

« Le roi de France est placé au milieu d'une multitude

de seigneurs d'ancienne race, reconnus par des sujets, et aimés par eux. Ils ont leurs prééminences que le roi ne peut détruire, sans courir quelque danger. »

« Celui qui observera l'un et l'autre de ces états, trouvera de grandes difficultés à conquérir les provinces du Turc, mais une fois conquises, une grande facilité à les conserver. Les raisons pour lesquelles il y a difficulté à occuper l'état du Turc, sont que *l'occupateur* ne peut être appelé par les princes du royaume, ni espérer que la rébellion de ceux qui l'entourent puisse faciliter son entreprise, ce qui provient des raisons susdites. Tous, étant esclaves et les obligés, se peuvent difficilement corrompre : mais quand bien même on les corromprait, on en tirerait peu d'avantage; car ceux-ci ne peuvent attirer à eux les peuples par les motifs déjà déduits. »

« Quiconque attaque le Turc, doit penser qu'il le trouvera uni, et il doit compter plus sur ses propres forces que sur des désordres intérieurs; si le Turc est battu et mis en déroute à la guerre de manière qu'il ne puisse pas reformer ses armées, il n'y a plus à craindre que la famille du prince : si elle est détruite, il ne reste plus rien à redouter, les autres n'ayant aucun crédit sur le peuple; et comme le vainqueur, avant la victoire, ne pouvait pas espérer en eux, il n'y a plus rien à craindre d'eux après la défaite. »

« Le contraire arrive dans les gouvernements constitués comme celui de la France. Avec facilité tu peux y entrer [1] et te concilier l'appui de quelques barons du royaume. Toujours il s'y trouve des mécontents et de ceux qui veulent des changements. Ceux-là, en conséquence, peuvent t'ouvrir le chemin, et te faciliter la victoire; mais, si tu veux te maintenir dans le pays, tu rencontres une infinité de difficultés, et avec ceux qui t'ont aidé, et avec ceux que tu as opprimés. Il ne te suffit pas de détruire la famille du prince; restent ces seigneurs qui se sont faits chefs des

---

[1] L'auteur parle avec le logicien politique de toutes les nations, avec l'homme qu'il veut instruire.

nouvelles altérations : ne pouvant les contenter ni les anéantir, tu perds cet état quand l'occasion se présente. »

« Actuellement, si vous considérez de quelle nature de gouvernement était celui de Darius, vous le trouverez semblable au royaume du Turc. Il fut nécessaire qu'Alexandre l'attaquât tout entier, et le mît hors d'état de tenir la campagne. Après cette victoire, Darius étant mort, l'état resta librement dans les mains d'Alexandre, par les raisons alléguées. »

« Ses successeurs, s'ils avaient été unis, pouvaient en jouir en paix et dans les loisirs, et il ne naquit d'autres tumultes que ceux qu'ils excitèrent eux-mêmes. »

« A l'égard des états constitués comme celui de la France, il est impossible de les posséder avec autant de calme. De là naquirent aussi les rébellions de l'Espagne, de la Gaule et de la Grèce contre les Romains, à cause des différents *principats* qui régnaient dans ce pays. Tant qu'en dura le souvenir, les Romains furent incertains de leur possession; ce souvenir éteint avec la puissance et la longévité de leur empire, ils devinrent possesseurs assurés. Les uns, dans ces contrées, combattant entre eux en raison de l'autorité qu'ils avaient précédemment sur le pays, purent attirer à eux quelques parties de ces provinces; les autres, parce que la famille de leur seigneur était éteinte, ne reconnurent bientôt que les Romains. »

« Ces choses bien considérées, on ne s'étonne pas de la facilité qu'eut Alexandre à s'emparer de l'état de l'Asie, et de la difficulté que d'autres ont éprouvée à conserver ce qu'ils avaient acquis, ainsi que Pyrrhus et beaucoup d'autres princes, ce qui est provenu de la différence des circonstances, et non pas du plus ou du moins de courage du vainqueur. »

Dans un procès semblable à celui dont je suis en quelque sorte le rapporteur, on ne m'accusera pas de ménager le prévenu. C'est lui qui prend souvent la parole, c'est lui qui développe ses doctrines : je ne déguise rien de ses pensées les plus secrètes, même

CHAPITRE XXII.

s'il paraissait devenir son propre accusateur. Mais la tâche est loin d'être achevée.

Nous examinons le chapitre V concernant la manière de gouverner les villes et les principautés qui, avant d'être occupées, vivaient sous leurs propres lois.

Il n'y a pas de villes plus attachées à leurs habitudes que les villes *autonomes*. Une sorte d'orgueil national a fait taire toutes les passions : on s'est soumis au joug que l'on a choisi soi-même, à des volontés qu'on a débattues souvent, à des pactes politiques que l'on a quelquefois scellés du sang des plus illustres familles.

« Quand les états qu'on acquiert sont habitués à vivre sous leurs propres lois et avec la liberté, il y a trois manières de les conserver: la première est de les ruiner ; la seconde, d'aller les habiter personnellement ; la troisième, de les laisser vivre sous leurs lois, en en tirant des impôts, et en créant une autorité de peu de personnes, chargée de t'en conserver l'affection. Ce gouvernement de peu de personnes étant fondé par le nouveau maître, il ne peut exister sans son amitié et sans sa puissance dont il cherche à maintenir l'autorité. Dans une ville accoutumée à vivre libre, on retient plus souvent le pouvoir par le moyen de ses concitoyens, que de toute autre manière. »

L'auteur cite une foule d'exemples tirés des anciens.

« Dans les républiques, il reste plus de vitalité, plus de haines, plus de désirs de vengeance. Le souvenir de l'antique liberté ne les laisse ni ne peut les laisser en repos : le plus sûr moyen est donc de les détruire ou de les habiter. »

Le premier moyen indiqué par Machiavel, le conseil de *ruiner*, appliqué à nos mœurs d'aujourd'hui, est absurde ; dans l'état de civilisation actuelle, on ne *ruine* pas un pays. On *ruinait*, chez les Romains et chez les Grecs, des peuplades réfugiées dans des bois. Cette rigueur inepte s'appliquait à de petites populations, et aujourd'hui, après avoir *ruiné*, où irait-on se présenter pour gouverner? Du reste, arrêtons-nous, nous-même, devant cette malédiction trop violente du publiciste. Il est établi qu'il était ici uniquement préoccupé des intérêts de sa patrie.

On ne peut pas dire qu'il demandât la *ruine* de son pays. Il était évident que Laurent II voulait et devait habiter Florence. L'auteur suit seulement avec trop d'élan la force et la portée logique de son raisonnement, mais son raisonnement ne se trouve sensé comme proposition de logique, que par la raison funeste et triste que ce qui est mort est mort: il y aurait encore à répondre à cette proposition. Du reste, voyons l'application dans un cas à peu près analogue.

De nos jours, lorsque le cardinal Consalvi, premier ministre de Pie VII, rapporta de Vienne le consentement des puissances à ce que l'autorité du pontife fût rétablie dans ses anciens états, sans contestation, il n'éprouva aucune résistance dans toutes les provinces auparavant soumises à la domination du Saint-Siége ; il se trouva cependant, vers la frontière de Naples, une ville appelée Sonnino, qui en reconnaissant avec vénération la puissance du Saint-Père, ne voulut pas renoncer à un système de brigandage, organisé pendant l'occupation française de 1809 à 1814, sous une sorte de couleur politique, mais devenu bien véritablement, depuis, une administration de vols à main armée, et d'enlèvement d'individus qu'on rançonnait dans leur captivité. Il y avait là mépris du gouvernement existant, violation des lois les plus sa-

CHAPITRE XXII.

crées, et révolte indirecte contre les édits sages et paternels du gouvernement. Il lutta plusieurs années, mais en vain, contre un état de chose si déplorable; enfin le cardinal ministre absolu se décida à une mesure des temps d'un autre pontife. Il ordonna d'enlever et de transporter dans différentes villes la presque totalité des habitants de Sonnino. Il ne résulta de cette mesure que confusion, scandale, cruautés, violences, injustices et misère, et bientôt il fallut y renoncer. La loi du cardinal n'avait pas atteint les causes du mal. Plus tard, Léon XII, en laissant chacun à sa place, attaqua ces causes, et le mal fut réprimé.

« Que personne ne s'étonne (chap. VI, où il est traité des principautés nouvelles qu'on acquiert avec ses propres armes et avec ses propres talents), que personne ne s'étonne, si en parlant des gouvernements absolument nouveaux, soit pour l'état, soit pour le chef, j'apporte de très-grands exemples. Les hommes marchent presque toujours dans la voie battue, et procèdent dans leurs actions par imitation ; cependant ne pouvant pas constamment s'en tenir aux voies dans lesquelles on les a précédés, ni ajouter aux vertus de ceux qu'ils imitent, un homme doit constamment n'entrer que dans les voies battues par de grands personnages, et n'imiter que ceux qui ont été très-excellents, afin que si sa vertu n'y arrive pas, au moins elle en rende quelque odeur. Il doit faire comme les archers consommés: si le lieu où ils désirent frapper leur paraît trop éloigné, comme ils savent jusqu'où parvient la force de leur arc, ils visent plus haut que n'est le lieu désigné, non pour atteindre avec leur force ou leur flèche à tant de hauteur, mais pour pouvoir, à l'aide de cette mire si élevée, parvenir au but. Je dis donc que, dans les principautés absolument nouvelles, et où se trouve un prince nouveau, il y a plus ou moins de difficulté à maintenir l'autorité, selon le plus ou le moins d'habileté du maître : comme l'action de devenir prince, de simple particulier qu'on était, présuppose ou talent ou bonheur, l'un ou l'autre de ces avantages diminue la difficulté : cependant, celui qui a dû le moins au bonheur, s'est maintenu plus long-temps. Les facilités surviennent encore quand le prince, faute d'autres états, vient les habiter personnellement. Pour en venir à ceux qui, par leurs propres qualités et non par le bonheur, sont devenus princes, je dis que les plus excellents sont Moïse, Cyrus, Romulus, Thésée et de semblables. »

« Il ne faut pas parler de Moïse qui a été un simple exécuteur des choses que Dieu lui avait commises ; il doit être admiré seulement pour cette grâce qui le rendait digne de parler avec Dieu. Mais en considérant Cyrus et les autres qui ont acquis et fondé des empires, on les trouvera tous dignes d'admiration, et si l'on observe leurs actions et leurs institutions particulières, elles ne paraîtront pas différentes de celles de Moïse, qui *eut un si grand précepteur.* »

« En examinant leurs actes et leur vie, on ne voit pas qu'ils aient obtenu de la fortune d'autres avantages que *l'occasion;* elle leur donna moyen de pouvoir introduire dans ces institutions la forme qui leur convint : sans cette occasion, la vertu de leur ame se serait éteinte, et sans cette vertu, l'occasion se serait en vain présentée. Il était nécessaire à Moïse de trouver le peuple d'Israël esclave en Égypte et opprimé par les Égyptiens, afin que les Israélites, pour sortir de servitude, se disposassent à le suivre. Il fallait qu'Albe ne pût pas contenir Romulus, et qu'il fût exposé dès sa naissance, pour qu'il devînt roi de Rome et fondateur de cette patrie ; il fallait que Cyrus trouvât les Perses mécontents de l'empire des Mèdes, et que les Mèdes fussent mous et efféminés à la suite d'une longue paix. »

« Thésée ne pouvait pas démontrer son courage, s'il ne survenait pas au milieu des Athéniens en désordre. »

« Ces occasions rendirent ces hommes heureux, et leur excellente vertu leur fit connaître ces occasions ; ce qui donna à leur patrie tant de noblesse et de bonheur. Ceux qui, par des voies vertueuses semblables à celles-ci, deviennent princes, acquièrent la principauté avec difficulté, mais la conservent avec facilité ; et encore les difficultés qui naissent au moment où ils acquièrent le pouvoir, naissent en partie des modes nouveaux et des institutions récentes qu'ils sont contraints d'introduire pour fonder leur état et leur sûreté. Il faut considérer qu'il n'y a pas de chose plus difficile à traiter, plus douteuse dans le succès, et plus dangereuse à manier, que de se faire chef, et *d'introduire* de nouvelles institutions. *L'introducteur* a pour ennemis tous ceux qui profitaient des institutions anciennes ; il a pour tièdes défenseurs ceux qui profitent des nouvelles. Cette tiédeur naît en partie de la peur qu'ils ont de leurs adversaires, qui ont les lois existantes de leur côté, et en partie de l'incrédulité des hommes, qui ne croient à la durée des choses nouvelles que lorsqu'elles sont appuyées par une ferme expérience ; d'où il arrive que chaque fois que ceux qui en sont ennemis ont l'occasion de les attaquer, ils le font avec l'animosité de l'esprit de parti, et comme les autres se défendent tièdement, on court des dangers à se trouver avec eux. Il est nécessaire, en voulant bien traiter cette partie, d'examiner si ces novateurs se soutiennent par eux-mêmes, ou s'ils dépendent d'autres, c'est-à-dire, si pour conduire leur besogne il faut qu'ils prient, ou s'ils peuvent contraindre. »

« Dans le premier cas, ils finissent toujours mal, et ne conduisent à aucun but ; mais quand ils ne dépendent que d'eux-mêmes, et qu'ils peuvent contraindre, il est rare qu'ils courent des périls. De là il est arrivé que tous les prophètes armés ont vaincu. Les prophètes désarmés ont succombé, parce qu'outre les choses qu'on a dites, la nature des peuples est variable : il est facile de leur persuader une chose, mais il est difficile de les maintenir dans leur persuasion. Il convient donc d'être disposé de manière que, quand ils ne croient plus, il faut les faire croire par force. Moïse, Cyrus, Thésée et Romulus, n'auraient pas pu faire observer long-temps leurs constitutions, s'ils avaient été désarmés : c'est ce qui est arrivé, de nos temps, au frère Jérôme Savonarola. Il périt au milieu de ses projets nouveaux, quand la multitude commença à ne plus le croire ; et lui n'avait pas le moyen de tenir ferme ceux qui l'avaient cru, ni de faire croire ceux qui ne croyaient pas. Cependant ceux-ci (les fondateurs de principautés nouvelles) ont de grands obstacles à surmonter dans leur marche, mais tous leurs dangers sont sur la route : il faut qu'avec leur courage ils les surmontent; quand ils les ont surmontés et qu'ils commencent à être en vénération, ayant détruit ceux qui, de leur *qualité*, leur portaient envie, ils demeurent puissants, assurés, honorés et heureux. »

« A de si hauts exemples je veux en ajouter un moins élevé ; il aura cependant quelque affinité avec ceux-ci, et je veux qu'il dispense d'autres semblables : je veux parler de Hiéron le Syracusain. Celui-ci, de simple particulier, devint prince de Syracuse, et n'obtint rien autre de la fortune, que l'occasion. Les Syracusains étaient opprimés : ils l'élevèrent pour leur général, et il mérita de devenir leur prince. Il avait été d'une si haute vertu, même dans la condition privée, que les auteurs qui parlent de lui disent qu'il ne lui manquait pour régner, que le royaume. Celui-ci abattit l'ancienne milice, en institua une nouvelle, abandonna les amitiés anciennes, en contracta de nouvelles, et quand il eut des amitiés et des soldats à lui, il put, sur ce fondement, établir tout édifice; tellement que, s'il eut de la peine à acquérir, il n'en trouva pas à maintenir. »

Ce que Machiavel dit ici d'Hyéron est si sensé, qu'il reste encore en Sicile des institutions d'Hyéron qui ont toujours force de loi, et que, lorsqu'on publie quelque édit nouveau, on maintient des clauses qui datent du règne de ce célèbre Syracusain.

1515. Nous remarquerons encore l'adresse oratoire avec laquelle Machiavel s'est autorisé à placer ici dans la même compagnie, Moïse, Cyrus, Romulus et Thésée. Il a commencé par se faire pardonner cette sorte de

Juxtà-position qui pouvait choquer à Rome d'austères convictions religieuses, en donnant une place à part à Moïse, qu'il loue si hautement d'avoir obtenu de Dieu l'éclatante mission de conduire son peuple hors de la terre d'esclavage. Machiavel n'ignorait pas et ne pouvait oublier, même au milieu de ses *chaufourniers*, que cet écrit, quoique remis en confidence à Laurent, serait indubitablement placé sous les yeux de Léon X.

Nous examinons le chapitre VII, qui traite des principautés nouvelles, acquises par force et par bonheur.

« Ceux qui, de particuliers deviennent princes, seulement par fortune, obtiennent cette faveur avec peu de peine, mais il leur en faut beaucoup pour se maintenir. Il n'y a pas d'abord d'obstacles dans la route, car ils y volent (comme avec des ailes); mais toutes les difficultés naissent quand ils sont arrivés. Tels sont ceux à qui un état est concédé, ou contre leur argent, ou par grâce de celui qui concède, comme il arriva à beaucoup d'hommes en Grèce, dans les villes de l'Ionie et de l'Hellespont, où ils furent faits princes par Darius, et comme l'ont été depuis beaucoup d'empereurs que la corruption des soldats a élevés à l'empire. Ceux-là ne s'appuient que sur la fortune et la volonté du concesseur, deux choses très-incertaines et très-variables. »

Après avoir établi que tout prince devenu ainsi l'ouvrage d'un plus puissant, n'a souvent ni en lui, ni hors de lui, les moyens de conserver son autorité, et que la fortune l'a surpris inhabile à conserver ce qu'on lui a prêté, l'auteur ajoute :

« Je veux, relativement à l'une et à l'autre de ces circonstances, c'est-à-dire à celles qui font devenir princes par courage, ou à celles qui font devenir princes par fortune, apporter deux exemples de nos jours: je veux parler de François Sforze, et de César Borgia. François, par des moyens qu'autorisa l'honneur, et par un grand courage, d'homme privé devint duc de Milan, et ce qu'il avait acquis avec mille travaux, il le conserva avec peu de fatigue. De l'autre côté, César Borgia, appelé vulgairement le duc Valentin, dut son état à la fortune de son père, et le perdit avec cette même fortune, quoiqu'il eût employé tous les moyens et fait toutes les choses qu'un homme prudent et habile devait faire, pour étendre ses racines dans cet état que les armes et la fortune des autres lui avaient acquis. J'accorde ici que celui qui, comme je l'ai déjà dit plus haut, n'a pas jeté ses fondements auparavant, les peut jeter plus tard s'il est doué d'une grande habileté, quoique cela ne se fasse plus alors qu'avec de graves risques pour l'architecte et pour l'édifice. Si l'on considère ensuite tous les progrès de l'entreprise du duc, on verra que lui, il avait jeté de grands fondements de sa puissance future : je ne juge pas ici superflu d'en parler, car je ne saurais donner à un prince nouveau de meilleurs préceptes que ceux qui sont offerts par les actions du duc. Si ses institutions ne lui aidèrent pas (Machiavel n'examine absolument ici que les institutions), ce ne fut pas sa faute; cela provient d'une extraordinaire et extrême malignité de la fortune: Alexandre VI, en voulant faire grand son fils, avait rencontré d'immenses difficultés présentes et futures. D'abord il ne voyait pas moyen de le faire seigneur d'aucun état qui ne fût un état de l'Église, et s'il se déterminait à sacrifier partie de celui de l'Église, il savait que le duc de Milan et les Vénitiens n'y consentiraient pas, puisque Faenza et Rimini étaient déjà sous la protection de Venise. Il voyait, en outre, les armes d'Italie, et particulièrement celles dont il pouvait se servir, entre les mains de ceux qui devaient craindre la grandeur du pape, et il ne pouvait s'y fier, puisque ces armes étaient celles des Orsini, des Colonne et de leurs partisans. Il était donc nécessaire que l'on dérangeât ces dispositions, qu'on apportât le désordre dans les états de ceux-ci, pour pouvoir s'emparer d'une partie de ces états, ce qui lui fut facile. Il trouva que les Vénitiens, mus par d'autres raisons, s'étaient déterminés à faire revenir les Français en Italie; non-seulement il ne contraria pas ce projet, mais il le rendit plus facile en dissolvant l'ancien mariage du roi Louis. Le roi arriva donc en Italie avec l'aide des Vénitiens, et le consentement d'Alexandre: il ne fut pas plus tôt à Milan que le pape reçut de lui des hommes pour faciliter l'entreprise de la Romagne, qui fut consentie sur la seule réputation du roi. Le duc ayant acquis la Romagne et dispersé les Colonne, voulait la conserver, et aller plus en avant: il en était empêché par deux choses, l'une, ses armes qui ne lui paraissaient pas dévouées, l'autre la volonté de la France; c'est-à-dire, il craignait que les armes des Orsini, dont il s'était servi, ne vinssent à le trahir, ne s'opposassent à ce qu'il conquît un nouveau pays, et ne lui enlevassent ce qu'il avait déjà conquis. Il craignait ensuite que le roi n'eût encore avec lui une semblable conduite. Avec les Orsini il sut à quoi il devait s'attendre, lorsqu'après le siége de Faenza, il attaqua Bologne, et qu'il vit leur froideur en marchant à cette attaque. Quant au roi, il connut sa pensée, lorsqu'après avoir pris le duché d'Urbin, il attaqua la Toscane, entreprise à laquelle le roi le fit renoncer: alors le duc chercha à ne plus dépendre des armes et de la fortune des autres. Il affaiblit à Rome le parti des Colonne et des Orsini, il gagna tous ceux de leurs adhérents qui étaient nobles, il les créa ses propres gentilshommes, leur assigna de grandes provisions, leur accorda, selon leur qualité, des engagements et des gouvernements, de manière qu'en peu de mois les affections de parti furent détruites, et toutes se dévouèrent au duc. Après cela il attendit l'occasion d'anéantir les Orsini, puisqu'il avait déjà dispersé ceux de la maison Colonne: elle lui vint très-bien et il en usa encore mieux. Les Orsini s'étaient aperçus trop tard que la grandeur du duc et de l'Église était leur ruine; alors ils convoquèrent une diète à la *Maggione* dans le Pérugin. De là vinrent la rébellion du duché d'Urbin, les tumultes de la Romagne, une infinité de périls du duc, qu'il surmonta tous avec l'aide des Français (on doit se rappeler ce duc *armato di Francesi*). Sa réputation s'étant rétablie, il ne se fia plus à la France ni à aucune force étrangère pour n'avoir pas à les mettre à l'épreuve. Il s'adonna aux *impostures*, et sut tellement dissimuler ses projets, que les Orsini, par le moyen du seigneur Paolo, se réconcilièrent avec lui. Il n'oublia aucune démonstration d'amitié pour rassurer ce dernier, en lui donnant de l'argent, des vêtements, des chevaux, à un tel point que la simplicité de ces chefs les conduisit dans ses mains à Sinigaglia : tous ces chefs ayant été détruits, les partisans, leurs amis ayant été réduits, le duc avait jeté ainsi des fondements très-solides de sa puissance. Il possédait la Romagne avec tout le duché d'Urbin, il avait gagné tous ces peuples qui avaient commencé à jouir d'un bien-être nouveau ; et comme, *en ce point* (il s'agit ici pour Machiavel de l'art de gagner les peuples, abstraction faite de la violence qui ne les frappe pas), cette conduite est digne d'être connue, et qu'elle mérite d'être imitée, je ne veux pas la laisser en arrière. Quand il eut pris la Romagne, le duc la trouva commandée par des seigneurs impuissants, qui avaient plutôt dépouillé leurs sujets qu'ils ne les avaient gouvernés, qui leur avaient donné plus de motifs de discorde que d'union. Cette province n'était remplie que de vols, d'intrigues et de toutes sortes d'insolences. Il jugea qu'il était nécessaire d'y établir la paix, de la rendre obéissante au bras royal, et de lui donner un sage gouvernement : alors il investit de l'autorité messer Ramiro d'Orco, homme cruel et expéditif, auquel il remit des pleins pouvoirs. Celui-ci en peu de temps la pacifia, et s'acquit une très-grande réputation. Le duc jugea ensuite qu'il n'était plus besoin d'une si excessive autorité, parce qu'il craignait qu'elle ne devînt odieuse : il y substitua un jugement civil établi au milieu de la province, avec un très-honorable président. Là, chaque ville avait son avocat. Comme il remarqua que les rigueurs précédentes avaient allumé contre lui quelque haine, pour apaiser les plaintes de ces peuples, et se les gagner tout-à-fait, il voulut montrer que si on avait commis des cruautés, on ne devait pas les attribuer à lui, mais au caractère féroce de son ministre. Ayant saisi cette occasion, il le fit exposer sur la place de Césène, coupé en deux, avec une planche de bois et un couteau ensanglanté à côté. La férocité de ce spectacle jeta parmi ces peuples de la stupeur et de la satisfaction. En retournant au point d'où nous sommes partis, je dis que le duc se trouvant très-puissant, et à peu près assuré contre les périls présents, pour s'être *armé* à sa manière, et pour avoir brisé à peu près toutes les armes qui le pouvaient blesser de près, il lui restait, s'il voulait continuer ses conquêtes, à considérer les égards dus à la France, parce qu'il savait qu'il n'aurait pas le consentement du roi, qui s'était aperçu, quoique tard, de son erreur : il commença donc à solliciter des amitiés nouvelles ; il se montra vacillant vis-à-vis de la France, quand les Français s'avancèrent vers le royaume de Naples contre les Espagnols qui assiégeaient Gaète : son projet était d'abord de s'assurer d'eux, ce qui lui aurait réussi, si Alexandre eût encore vécu. »

« Tels furent ses moyens de gouvernement, pour les choses présentes ; quant aux moyens à venir, il avait à craindre que le successeur dans le domaine de l'Église ne cherchât à lui enlever ce que lui avait donné Alexandre. Il pensa à établir ces moyens de quatre manières : d'abord, en détruisant les familles de ceux qu'il avait dépouillés, pour ôter au pape toute occasion de les rétablir ; secondement, en gagnant tous les nobles de Rome, comme il a été dit, afin de pouvoir, avec eux, tenir en bride le pouvoir du pape ; troisièmement, en mettant le sacré collége sous sa dépendance le plus qu'il pourrait ; quatrièmement, en acquérant tant d'empire, avant que le pape mourût, qu'il pût par lui-même résister à une première attaque. De ces quatre choses, à la mort d'Alexandre, il en avait obtenu trois : quant aux seigneurs dépouillés, il en détruisit tant qu'il en put atteindre, et peu se sauvèrent. Les nobles romains étaient à lui, il avait un immense parti dans le sacré collége : à l'égard des conquêtes nouvelles, il avait projeté de devenir seigneur de Toscane ; il possédait Pérugia et Piombino, et il avait pris la protection de Pise. Déjà, comme s'il n'avait plus désormais à témoigner le moindre égard à la France (et il ne lui en devait plus, puisque les Français étaient dépouillés du royaume de Naples par les Espagnols, de telle sorte que chacune de ces nations était dans la nécessité de solliciter son amitié), il s'élançait sur Pise; ensuite Lucques et Sienne cédaient sur-le-champ, en partie par suite de l'envie des Florentins, en partie par peur. Les Florentins ne pouvaient y apporter aucun obstacle, si tout cela eût réussi, et il réussissait l'année même où Alexandre mourut. Il s'acquérait enfin tant de force et de réputation, que, de lui-même, il se serait soutenu, et n'aurait plus dépendu de la fortune et des forces des autres, mais seulement de sa puissance et de son courage. Alexandre mourut cinq ans après que César eut commencé à tirer l'épée: le pape le laissa avec l'état de Romagne, seul devenu solide, avec tous les autres en l'air, entre deux puissantes armées ennemies, et malade à la mort. Il y avait dans le duc tant de courage ardent et de talent, il savait si bien comment il faut gagner ou perdre les hommes, les fondements sur lesquels il s'était appuyé étaient si forts, que s'il n'avait pas eu ces armées contre lui, et s'il se fût bien porté, il aurait renversé toutes les difficultés. On voit bien que ses fondements étaient bons: la Romagne l'attendit plus d'un mois; à Rome, quoique n'étant plus qu'à moitié vivant, il fut en sûreté; bien que des Baglioni, des Vitelli et des Orsini fussent venus à Rome, ils ne purent exciter un parti contre lui; il put faire le pape: si ce ne fut pas celui qu'il voulut, au moins ce ne fut pas celui qu'il ne voulait pas. Si à la mort d'Alexandre il eût été bien portant, toute chose lui aurait été facile. Il me dit, le jour où fut créé Jules II, qu'il avait pensé à tout ce qui pouvait naître à la mort de son père, qu'il avait trouvé remède à tout, excepté qu'il n'avait pas pensé qu'au moment de cette mort il fût aussi, lui, dans le cas de mourir. Toutes les actions du duc mises ensemble, je ne saurais le reprendre; au contraire, il me semble qu'on doit, comme j'ai dit, proposer de l'imiter à tous ceux qui, par le secours de la fortune et des forces des autres, ont acquis le pouvoir. Il avait l'esprit grand, et son intention haute ne se pouvait gouverner autrement. Ce qui s'opposa à ses desseins, fut seulement la brièveté de la vie d'Alexandre et sa propre maladie : en conséquence, quiconque juge nécessaire, dans son *principat* nouveau, de s'assurer de ses ennemis, de se gagner des amis, de vaincre *par force ou par fraude*, qui veut se faire aimer et se faire craindre des peuples, suivre et respecter des soldats, détruire ceux qui le peuvent ou le doivent offenser, renverser par de nouvelles institutions les institutions anciennes, se montrer sévère et agréable, magnanime et libéral, anéantir une milice infidèle, en créer une nouvelle, maintenir les amitiés des rois et des princes, de manière qu'ils soient forcés de combler de bienfaits avec bonne grâce, et de n'offenser qu'avec respect, celui-là ne peut trouver de plus récents exemples que les actions de Borgia. On peut l'accuser seulement, à l'époque de la création de Jules II, dans laquelle il y eut mauvais choix, puisque, comme on a dit, ne pouvant faire un pape à sa manière, il pouvait exiger que tel ne fût pas pape : alors il ne devait jamais consentir à l'élévation de ces cardinaux qu'il avait offensés, ou qui, devenus papes, auraient pu avoir peur de lui; car, les hommes offensent ou par peur ou par haine. Ceux qu'il avait offensés étaient, entre autres, *Saint Pierre ad vincula* (Jules II), Colonna, Saint George, Ascanio; tous les autres, s'ils devenaient papes, avaient à craindre de lui, excepté le cardinal de Rouen et les Espagnols; ceux-ci, par union et par obligation, celui-là pour sa puissance, puisqu'il avait uni de son côté tout le royaume de France : ainsi, avant toutes choses, le duc devait faire pape un Espagnol, et ne pouvant l'obtenir, devait consentir à ce que ce fût *Rouen* et non *Saint Pierre ad vincula*. »

« Quiconque croit que dans les grands personnages les bienfaits nouveaux font oublier les vieilles injures, se trompe. Le duc erra donc dans cette élection, et elle fut la cause de sa dernière ruine. »

Je n'ai rien dissimulé de ce plaidoyer en faveur de

César Borgia : outre que c'est un morceau d'instruction historique d'un éminent intérêt, qu'il est rapporté avec une vivacité, un feu, une ardeur d'expression inimitable, et semé de ces vérités foudroyantes qui commencent à être le propre des ouvrages de Machiavel, il s'agit ici de la plus grave accusation qu'on ait avancée contre l'homme d'état Florentin. C'est ce passage qui sert de texte aux imprécations. C'est là le motif des jugements violents portés contre lui; voilà pourquoi on a crié *au loup,* pendant tant de siècles : le procès est tout entier sous les yeux du lecteur.

On a dû jusqu'ici remarquer dans la vie politique, et dans la vie domestique de Machiavel, le caractère de bonne foi, de franchise et de brusquerie même qui le distingue. Il a été possible de remarquer aussi, comme je l'ai fait observer, quelque adresse de style, quelques précautions de prudence et de circonspection : mais ce qui domine dans tout l'homme, c'est une volonté forte de dire sa pensée, de l'appuyer d'exemples historiques, puisés aux sources les plus pures, de signaler à l'attention, sans se soumettre généralement à ces habitudes de ménagement qu'on n'a que trop multipliées après lui, des sortes de décisions et d'oracles sans appel. Tout ce que vous avez à demander à Machiavel, en vaine modestie, en politesse de courtisan, en ton de cérémonie italienne ou française, en niaiserie complimenteuse, il vous l'a donné dans sa dédicace : je n'ai pas voulu le faire trop observer alors. Si le lecteur a posé le livre, un moment, en voyant à quel point se ravalait un si grand génie qui se plaçait si bas, qui s'appelait un homme *populaire,* le même lecteur a pu, a dû revenir sur ce premier mouvement de mécontentement, de surprise et de défiance. Le politique n'a pas tardé à fou-

CHAPITRE XXII.

ler aux pieds toutes considérations misérables de respect humain. Certes, je n'ai pas épargné moi-même à César Borgia les accusations et les attaques. J'ai assez dit combien ont été féroces les crimes de Sinigaglia; mais ici, lorsque ces crimes sont en quelque sorte, et d'après le fond du raisonnement de Machiavel, mis hors de ligne, comme déjà jugés et flétris, ici où il ne faut considérer le duc de Valentinois que comme un prince nouveau, soumis à l'impérieuse nécessité de chercher à assurer son autorité, dans la crainte de la perte et après la perte de tous ses appuis, il me semble qu'il a été permis à Machiavel d'employer une grande partie des raisons qu'il a développées avec tant d'audace.

En lisant plus attentivement, on cherche si quelques mots épars, jetés par cette main vigoureuse à travers ce récit, en faveur des principes éternels de la morale universelle, ont donné à ce tableau une teinte de probité où il serait si consolant de reposer ses regards. Il est bien question d'un homme qui veut réussir à tout prix, *par la force, ou par la fraude;* pour excuser le prince bourreau, les Vitelli, les Orsini, Oliverotto, sont bien désignés comme une milice infidèle et félone qui avait mille fois trahi le pape et le duc, ce qui est vrai; Ramiro surtout a été un agent infatigable de châtiment et de terreur, et il a péri sous le couteau dont il a frappé les autres; ces prémisses sont établies par des raisonnements assez clairs: mais quand un écrivain ne s'arrête pas devant l'idée absolue de proposer à l'imitation l'exemple d'un Borgia, quand il traite de pareilles questions, qu'en vérité il vaudrait mieux ne traiter jamais, à propos de tels scélérats, répondons-lui à cet écrivain, que nous aurions désiré, dans l'énumération où les qualités sont citées avec complaisance, qu'il se fût rencontré plus souvent quelque chose de ce blâme restrictif, amer, sans pitié comme les replis de la queue de Minos dans le Dante, de ce blâme solennel qu'il appartient à l'historien, qui doit toujours être moraliste, de distribuer dans les pages éternelles destinées à instruire les hommes sans cesser de les inviter à la vertu. Observons en passant un point assez important : Machiavel avoue que le roi de France a reconnu son erreur, après avoir accordé tant d'appui à Borgia, et n'oublions pas que celui qui a flétri en si noble prose, et en vers si mordants, les assassinats commis par Valentinois, n'a pu entendre parler ici que des calculs de gouvernement employés par ce duc, avant de si odieuses scélératesses.

Nous voyons en même temps une opinion singulière de Machiavel, sur le choix du pape. Il ne voulait pas que le successeur d'Alexandre fût un de ceux que Borgia avait offensés; et par quelles raisons énergiques n'appuie-t-il pas ce sentiment? Il voulait que ce successeur fût un Espagnol. Cela n'a pas été probablement possible. Quant au cardinal d'Amboise, Machiavel a ignoré ce que les mémoires du maréchal de Fleuranges que j'ai déjà cités, nous apprennent formellement. Le duc proposa la tiare au cardinal; mais il lui avoua qu'il ne réussirait pas à la lui faire obtenir par des moyens de conciliation. Le généreux et pieux cardinal français, qui alors dans Rome même avait à ses ordres des troupes de son roi, ne voulut pas consentir, comme on l'a vu, à des moyens de violence, et ce fait n'honore pas moins sa mémoire que tant d'autres actes qui ont si bien établi sa réputation dans l'histoire [1].

---

[1] Voyez chap. VII, pag. 119.

CHAPITRE XXII.

Le chapitre VIII traite de ceux qui par scélératesse sont arrivés aux *principats*.

« Comme de particulier on devient prince, en deux autres manières qui ne peuvent pas s'attribuer tout-à-fait seulement à la fortune et au courage, je ne veux pas négliger d'en parler, quoique l'on puisse traiter en détail de l'une de ces manières, là où il sera question des républiques. »

« Ces deux manières existent, quand par quelque moyen scélérat et perfide on parvient au *principat*, ou quand un citoyen privé devient, par la faveur de ses concitoyens, prince de la patrie. »

1515.

« En parlant de la première manière, on montrera par deux exemples, l'un ancien, l'autre moderne, sans entrer dans les mérites de cette partie, pourquoi je juge qu'il suffirait de les imiter à quiconque se verrait dans cette nécessité. »

« Agathocle, Sicilien, d'une condition non-seulement privée, mais encore infime et abjecte, devint roi de Syracuse: Agathocle, fils d'un potier, mena toujours, dans les différents degrés de sa fortune, une vie scélérate. Néanmoins, il accompagna ses scélératesses de tant de courage d'ame et de corps, que s'étant engagé dans la milice, il parvint, par tous les grades, à la préture de Syracuse. Lorsqu'il fut revêtu de cette dignité, il voulut devenir prince, et obtenir par la violence et sans avoir aucune obligation aux autres, ce qu'on lui avait accordé de bonne volonté. Pour accomplir ce dessein, il s'entendit avec Amilcar, Carthaginois, qui alors, à la tête des troupes, faisait la guerre en Sicile. Un matin, il rassembla le peuple et le sénat de Syracuse, comme s'ils avaient eu à délibérer sur des affaires concernant la république, et à un signal convenu, il fit tuer, par ses soldats, tous les sénateurs et les hommes les plus riches du peuple. Quand il les eut tous sacrifiés, il conserva le *principat*, sans aucune opposition des citoyens. Quoique vaincu deux fois par les Carthaginois, et même assiégé, non-seulement il put défendre sa ville, mais encore, après y avoir laissé une partie de ses soldats pour la défendre, avec les autres il attaqua l'Afrique; en peu de temps il fit lever le siége de Syracuse, réduisit les Carthaginois aux dernières extrémités, et les contraignit à se contenter de l'Afrique, et à lui laisser la possession de la Sicile. »

« Quiconque considérera les actions et les qualités de cet homme, n'y verra rien, ou peu de chose que l'on puisse attribuer à sa fortune, parce que, comme il a été dit ci-dessus, ce fut, non par la faveur de qui que ce soit, mais par les grades de la milice elle-même, gagnés à travers mille fatigues et mille périls, qu'il était parvenu à ce *principat*, conservé ensuite par tant de violences et de dangers. On ne peut pas appeler *vertu* assassiner ses concitoyens, trahir ses amis, être sans foi, sans pitié, sans religion. Ces moyens peuvent faire acquérir le gouvernement, et non de la gloire. Mais, si l'on considère le courage que montra Agathocle, courant aux périls et les bravant; si on considère le courage qu'il développa en supportant et en surmontant l'adversité, je ne vois pas qu'il y ait lieu à le juger inférieur à tout excellent capitaine. Néanmoins, sa cruauté effrénée, l'inhumanité qui a chez lui accompagné mille scélératesses, ne permettent pas qu'il soit célébré parmi les hommes très-excellents. On ne peut donc attribuer ni à la fortune ni à la vertu ce qu'il a fait sans l'une et sans l'autre. »

« De nos jours, sous le pontificat d'Alexandre VI, Oliverotto da Fermo, resté orphelin dans son bas âge, fut élevé par un de ses oncles maternels, nommé Jean Fogliani, et dans les premiers temps de sa jeunesse, placé sous Paul Vitelli dans sa milice, afin qu'instruit à la discipline militaire il parvînt à quelque grade distingué. Paul étant mort, il servit sous Vitellozzo, son frère, et en peu de temps, parce qu'il était habile, leste et décidé, il devint le premier capitaine de sa milice. »

« Il lui parut alors servile de se soumettre ainsi à d'autres, et à l'aide de quelques citoyens de Fermo, à qui la servitude était plus chère que la liberté de la patrie, et avec la faveur de Vitelli, il projeta d'occuper cette ville. Alors il écrivit à Jean Fogliani, qu'ayant été long-temps hors de

CHAPITRE XXII. 315

chez lui, il voulait le venir visiter, lui et sa ville, et en quelque sorte y reconnaître son patrimoine ; il ajoutait que, comme il n'avait couru la carrière du danger que pour acquérir de l'honneur, il désirait, afin que ses concitoyens vissent qu'il n'avait pas dépensé le temps en vain, venir honorablement, et accompagné de cent hommes à cheval, ses amis ou ses serviteurs : il le priait de vouloir bien disposer les choses de manière que les *Fermani* le reçussent avec considération, ce qui ferait honneur non-seulement à lui, Oliverotto, mais encore à Fogliani lui-même, dont il était l'élève. »

« Jean ne manqua pas de faire tout ce qu'il crut convenable pour servir son neveu. Il le fit recevoir par les *Fermani* avec distinction ; il le logea dans sa maison où il le garda quelques jours : là, le neveu perfide, ayant préparé tout ce qui était nécessaire pour accomplir sa pensée scélérate, annonce un banquet splendide, où il invite Fogliani et les principaux habitants de Fermo. Quand on eut terminé le repas et les entretiens qui sont d'usage dans de pareils festins, Oliverotto fit artificieusement tomber la conversation sur de graves sujets, en parlant de la grandeur du pape Alexandre, de celle de César son fils, et de leurs entreprises. Jean et les autres répondirent à ces ouvertures ; alors Oliverotto se leva brusquement, et disant que de pareilles matières devaient se traiter dans un lieu plus retiré, il passa dans une chambre où Jean et les autres le suivirent. A peine y furent-ils assis, que de plusieurs lieux secrets sortirent des soldats qui égorgèrent Jean et tous ses concitoyens. Après ce massacre, Oliverotto monta à cheval, parcourut le pays, et assiégea dans le palais le magistrat suprême : par crainte ils furent forcés d'obéir, et de créer un gouvernement dont il se fit prince. Il fit périr bientôt tous ceux qui, étant mécontents, pouvaient l'offenser. Il se fortifia ensuite par de nouvelles dispositions civiles et militaires, et dans l'espace d'un an qu'il conserva ce *principat*, non-seulement sa vie fut en sûreté dans Fermo, mais encore il devint formidable à ses voisins. On eût eu beaucoup de peine à le réduire, comme Agathocle, s'il ne se fût pas laissé tromper par César Borgia qui, à Sinigaglia, ainsi qu'on l'a dit, s'empara des Orsini, des Vitelli : là, aussi, Oliverotto fut arrêté lui-même, un an après qu'il eut commis son parricide, et il fut étranglé avec Vitellozzo qu'il avait eu pour maître de ses qualités et de ses scélératesses. »

« Quelqu'un pourra demander d'où il est arrivé qu'Agathocle, ou quelqu'un de ses semblables, après des trahisons et des cruautés infinies, a pu vivre en paix dans sa patrie, se défendre de ses ennemis intérieurs, et n'a pas vu ses concitoyens conspirer contre lui, quoique beaucoup d'autres n'aient jamais pu conserver leur pouvoir, pas plus dans des temps pacifiques que dans les circonstances incertaines de la guerre. »

« Je crois que cela provient des cruautés bien ou mal employées. On peut appeler employées *bien, s'il est permis d'appeler bien ce qui est mal*, les cruautés qui se commettent tout d'un coup, dans la nécessité de se mettre en sûreté, et sur lesquelles on n'insiste pas, mais que l'on convertit le plus que l'on peut en avantages pour le pays. »

« Les cruautés employées *mal* sont celles qui, bien que dans le principe elles aient été peu multipliées, croissent plus qu'elles ne diminuent, avec le temps. Ceux qui emploient le premier moyen, peuvent, avec Dieu et les hommes, se garantir leur état, comme il arriva à Agathocle ; quant aux autres, il est impossible qu'ils se maintiennent. »

« Aussi, il est à remarquer, que lorsqu'on s'empare d'un état, *l'occupateur* doit *raisonner* toutes les offenses qu'il y a lieu de faire, les exiger tout d'un coup pour n'avoir pas à les renouveler chaque jour, et pour pouvoir d'ailleurs, en ne les renouvelant pas, s'assurer des hommes et les gagner par les bienfaits : quiconque agit autrement par timidité ou par suite d'un mauvais conseil, est toujours contraint d'avoir le couteau à la main, et ne peut compter sur ses sujets, puisque ceux-ci, exposés à de continuelles et de récentes injures, ne peuvent pas être sûrs de lui. Les injures doivent être faites toutes ensemble, afin que, leur amertume étant moins irritante, elles offensent moins. Les bienfaits doivent être accordés peu à peu afin qu'on les savoure mieux. Un prince doit vivre avec ses sujets, de manière qu'aucun accident de bien ou de mal ne le fasse changer : les nécessités venant dans l'adversité, tu n'es plus à temps pour le mal, et le bien que tu fais ne te sert pas, parce qu'on le juge forcé, et qu'on ne t'en sait aucun gré. »

Machiavel présente ici Borgia sous un autre aspect. Oliverotto, l'une de ses victimes, est un affreux scélérat. Il a assassiné son oncle et son bienfaiteur, il a tué ses concitoyens. Il a opprimé sa patrie; il mérite tous les supplices. Borgia est ici comme l'instrument de la vengeance divine. Je ne réfuterai pas longuement Machiavel. Encore une fois sa doctrine est dans les habitudes de son temps. Notre civilisation actuelle a horreur de telles suppositions. Cependant gardons-nous de confondre avec ces suppositions qui sont infernales, cet autre raisonnement si clair et si juste sur la bonne ou mauvaise application des bienfaits, et des *offenses* (je ne veux pas traduire autrement le mot *offese*). Ces *offenses*, ces *injures*, comme il dit encore, doivent être faites à la fois pour qu'on n'y revienne plus; les bienfaits doivent tomber un à un de la main du chef. Voilà pourquoi ont dû finir, comme elles ont fini, les abominables scènes de notre *terreur*. Voilà pourquoi Bonaparte, entré au commandement des armées par la mitraille de vendémiaire, par *une cruauté courte* aurait dit Machiavel, et n'ayant plus montré de sentiments oppresseurs, est parvenu au consulat, seulement avec de l'audace, sans l'aide d'aucune autre mesure sanguinaire; plus tard, après avoir fait périr si indignement la victime de Vincennes [1], il a encore conservé son pouvoir, parce qu'il

---

[1] Nous avons recueilli sur cet attentat au droit des gens quelques détails qui ne sont pas connus, et que nous rapporterons dans le cours de cet ouvrage.

s'est arrêté tout-à-coup à l'entrée de cette nouvelle carrière de violences ; plus tard enfin il n'a péri que de l'intempérance de sa gloire avec une réputation bien établie de clémence, et il a succombé sous des attaques que n'avaient pas excitées des assassinats et le massacre des citoyens.

Machiavel annonce dans le chapitre IX, qu'il entend appeler *principat civil*, l'autorité d'un prince citoyen arrivé au pouvoir, non par scélératesse, ou aucune autre violence intolérable, mais par la faveur de ses concitoyens : pour y parvenir, il est nécessaire d'avoir ou toute vertu ou toute fortune, mais plutôt une *astuce fortunée* [1].

On arrive à cette autorité par la faveur du peuple, ou par celle des grands. L'auteur préfère l'appui du peuple, et il ne veut pas surtout que l'on combatte ses arguments avec ce proverbe commun : « *Quiconque fait fond sur le peuple, fait fond sur la fange* [2]. »

Chapitre X. Éloge du système d'organisation des villes allemandes. Ce sont des données puisées dans les rapports de la légation de Machiavel en Allemagne, et au milieu de ces descriptions animées, et presque poétiques, il n'y a rien qui révèle ce livre détesté qu'on a pris tant de plaisir à méconnaître en partie.

---

[1] Machiavel prend là une singulière liberté avec le parti de Laurent II de Médicis à qui il dédie son livre.

[2] *Chi fonda in sul popolo, fonda in sul fango.* Guillaume Cappel dans sa traduction intitulée, *Le Prince de Nicolas Machiavelle, secrétaire et citoyen de Florence*, Paris, 1553, in-4°, traduit ainsi ce passage : « *Qui se fonde sur la tourbe, il bastit dessus la bourbe.* » Ce proverbe a bien l'air d'être un proverbe français du temps. On y trouve la rime d'obligation de presque tous les dictons de ce genre. Dans l'italien je ne vois pas la physionomie originale d'un proverbe ; c'est une pensée plus ou moins juste assez communément exprimée. Machiavel aurait-il emprunté ce proverbe à la France ? Alors, en dédaignant la rime qu'il ne pouvait pas transporter dans le voyage, il se serait borné à garder l'amertume, et selon lui la vérité de la sentence.

CHAPITRE XXII.

Il est question des principautés ecclésiastiques dans le chapitre XI. On y lit ce passage remarquable.

« Il n'y a de difficultés à les acquérir, qu'avant de les posséder. On les acquiert par la vertu ou par la fortune ; elles sont soutenues par les institutions antiques de la religion, qui sont si puissantes et si efficaces qu'elles conservent ces principautés, quelle que soit la manière d'y vivre et d'y agir : celles-là seules ont des états, et ne les défendent pas ; elles ont des sujets et ne les gouvernent pas. Les états, quoiqu'*indéfendus*, ne leur sont pas ôtés, et les sujets, pour n'être pas gouvernés, s'en soucient peu, et ne veulent pas, et ne peuvent s'aliéner : ces *principats* seuls sont donc sûrs et heureux. Conduits par une cause supérieure à laquelle l'esprit humain n'ajoute pas de force, il faut cesser d'en parler ; car, exaltés et maintenus par l'autorité de Dieu, il serait d'un homme présomptueux et téméraire d'en discourir. »

Néanmoins suit une explication politique de la cause de la puissance des papes, et un éloge de Léon X, que les armes des autres ont fait grand, et qui deviendra encore plus vénéré et plus grand par ses vertus. Ceci explique pourquoi le livre *des Principautés* fut imprimé à Rome avec le privilége de Clément VII. Les trois siècles qui ont suivi le siècle de Machiavel ont amené de bien autres exigences dans l'état de l'Église. Quoiqu'il y ait encore, au fond de ces agitations, beaucoup de ce que dit le publiciste Florentin, je ne balance pas à croire qu'un système de réglements généreux rétablirait la paix dans cette partie de l'Italie : mais il faut que la concession soit libre, pour que, souverain et peuples, chacun ait un intérêt d'honneur et de gratitude à se garder la foi.

Dans le chapitre XII, l'auteur examine quelles sont les troupes avec lesquelles on défend un état : elles sont ou nationales, ou mercenaires, ou auxiliaires, ou mixtes. Les mercenaires et les auxiliaires sont inutiles et dangereuses. Celui qui tient son état appuyé sur les troupes mercenaires ne sera jamais ni ferme ni sûr. Elles sont désunies, ambitieuses, sans discipline, déterminées au milieu des amis, viles vis-à-vis des ennemis. Elles n'ont ni la crainte de Dieu, ni la fidélité avec les hommes.

« L'Italie n'étant défendue que par des mercenaires, il a été permis à Charles VIII de s'en emparer avec *la craie*. » Celui qui disait que la cause en était dans nos péchés (Savonarola), disait vrai : mais il ne s'agissait pas de ceux qu'il imaginait, il s'agissait de ceux que j'ai signalés ; et comme c'était des péchés de princes, ils en ont aussi porté la peine. »

On peut sans crainte lire dans l'ouvrage la suite et la fin de ce chapitre. C'est un résumé complet et admirablement raisonné du mal qu'ont fait, dans l'antiquité et de nos jours, les troupes mercenaires [1], et là on ne trouvera pas d'horribles conseils, ni d'effroyables doctrines. Le chapitre suivant traite des soldats auxiliaires, mixtes ou nationaux.

---

[1] Ceci me rappelle un singulier discours que Napoléon adressa, le 23 janvier 1814, aux officiers de la garde nationale de Paris, qu'il avait fait réunir dans la salle des maréchaux des Tuileries. Il parut au milieu des rangs accompagné de son épouse Marie-Louise, et faisant porter devant lui son fils le roi de Rome. Alors il adressa à ces officiers un discours où il disait qu'il partait, les ennemis ayant franchi la Meuse et la Sambre, et qu'il allait se mettre à la tête de ses armées. Il ajouta rapidement quelques mots sur des dispositions militaires, et il finit ainsi : « Je confie à la garde nationale ma femme et mon fils, je ne les remets pas en des mains *mercenaires*.... » Il avait les yeux étincelants, la voix tonnante. Il ne voulait sans doute que faire un compliment du moment à la garde nationale. Nous avions alors quelques régiments *auxiliaires*, tels que les Suisses ; mais nous n'avions pas de troupes *mercenaires*. Cette expression lui aura échappé, au milieu du trouble des circonstances et de l'agitation des esprits. L'allocution fut apparemment jugée imprudente, car on ne l'inséra pas dans le Moniteur : cependant la garde nationale voulut garder tout le compliment (je ne sais pourquoi), et fit une adresse où elle dit que les *nobles paroles de S. M. avaient retenti jusqu'au fond des cœurs*

CHAPITRE XXII.

« Les Florentins étant tout-à-fait sans armes, engagèrent dix mille Français qui devaient assiéger Pise. Par cette détermination ils s'attirèrent plus de dangers que dans aucune autre circonstance de leurs entreprises. »

Il s'agit de l'expédition dont il a été parlé dans la première légation en France. Pourquoi n'est-il pas venu quelquefois à l'esprit du politique Florentin qui observait si bien les événements et surtout les faits contemporains, que si effectivement Florence avait perdu Pise par la faute des Français, et si les Français étaient la cause du mal, leur victoire à Agnadel était venue le réparer? Cette victoire seule avait décidé la chute de Pise.

Nous retrouvons, dans ce chapitre, le faible ordinaire pour Borgia.

« Je ne reculerai jamais devant une allégation des actions de César Borgia. Ce duc entra en Romagne avec des armes auxiliaires, en y engageant des troupes de France ; avec elles il prit Imola et Forli; mais de pareils guerriers ne lui paraissant plus sûrs, il adopta alors les troupes mercenaires, et solda les bandes des Orsini et des Vitelli. Celles-ci, à l'œuvre, étant incertaines, infidèles et dangereuses, il les renvoya, et se contenta des siennes propres. On verra la différence qu'il y a entre ces sortes d'armes, en considérant la réputation que s'acquit le duc, ou quand il avait les Français seuls, ou quand il avait les Orsini et les Vitelli, ou quand il resta avec ses propres soldats. Il ne fut jamais bien craint, que quand chacun vit qu'il était entier maître et possesseur de ses armes. »

Les exemples s'accumulent sous la plume d'un écrivain aussi familiarisé avec l'étude des histoires antiques.

« Si l'on considère la première ruine de l'empire romain, elle date du moment où il commença à solder les Goths. »

« Je conclus que sans avoir des armes propres à lui, aucun *principat* n'est sûr : au contraire, il est tout dans la dépendance de la fortune ; car il n'a pas de courages qui le défendent dans l'adversité. Les hommes sages ont toujours pensé ou toujours dit que rien n'est plus incertain et plus variable que la réputation de la puissance qui n'est pas fondée sur ses propres forces. Les forces propres sont celles qui sont composées ou de sujets, ou de citoyens, ou de ceux que tu as créés ; toute autre est auxiliaire ou mercenaire. La manière de bien conduire ses propres forces sera facile à trouver, si on se rappelle les institutions que j'ai citées plus haut : on verra comme Philippe, père d'Alexandre-le-Grand, et comme beaucoup de républiques et de princes se sont armés et constitués. »

Rien n'est plus commun aujourd'hui que cette manière de raisonner : mais Machiavel est le premier qui l'ait dit en Italie. Quelques puissances, il est vrai, forçaient leurs peuples à devenir soldats, et le plus souvent c'était, quand ils étaient organisés en corps de troupes, pour les offrir comme auxiliaires, à la solde d'une autre puissance. Je demande à celui qui n'a pas lu encore le livre *des Principautés*, si ce sont là les préceptes qu'il a supposés contenus dans ce livre, et s'il n'est pas merveilleusement surpris de reconnaître à quel point on a long-temps, sous beaucoup de rapports, trompé ce public peu éclairé qui abonde dans tous les pays.

Le chapitre XIV appartient à l'écrivain militaire. On y voit l'auteur qui plus tard dissertera sur la guerre. Et où avait-il appris cette science si difficile, cet homme politique qui, malgré la publication de ses *provvisioni*, n'avait encore été employé activement qu'à des négociations, et qui, tout au plus, avait pressenti les premiers éléments de cet art dans les missions où il avait

CHAPITRE XXII.

rassemblé ses *descritti*, avec ordre de les conduire au camp sous Pise?

Ensuite peut-on lire sans émotion de telles sentences ?

« Quant à l'exercice de l'esprit, le prince doit lire les histoires et y considérer les actions des grands hommes, voir comment ils se sont conduits dans les guerres, examiner les causes des victoires et des défaites, pour pouvoir éviter ces dernières, imiter les bons chefs, et faire ce qu'a fait auparavant tout homme très-excellent, qui a imité lui-même ce qui avant lui a été honoré et couvert de gloire, et qui s'en est constamment rappelé les faits et les actions. C'est ainsi qu'on dit qu'Alexandre imitait Achille; César Alexandre; Scipion Cyrus. Quand on a lu la vie de Cyrus écrite par Xénophon, on rencontre dans la vie de Scipion tout ce que l'imitation a donné de gloire à celui-ci, et combien dans les sentiments de chasteté, d'affabilité, d'humanité et de noblesse, Scipion se conformait à ceux que Xénophon rapporte dans l'histoire de Cyrus. Voilà les règles que sait observer un prince sage ; il ne doit pas les oublier même dans les temps de loisir; il doit se les approprier avec habileté, pour s'en servir dans l'adversité, et afin que la fortune venant à changer, elle le trouve prêt à résister à ses coups. »

Au lieu d'être une partie d'un chapitre de l'un des ouvrages de Machiavel, ceci ne serait-il pas un de ces avertissements salutaires que la chaire chrétienne fait entendre aux souverains? Certes Bossuet et Fénélon, ces deux véritables précepteurs de princes, ne le désavoueraient pas : hé bien, on doit demeurer assuré qu'il est extrait du chapitre XIV du livre *des Principautés*.

Cette analyse n'est pas terminée. Je crains qu'elle ne fatigue le lecteur : mais il a entrepris courageusement avec moi le grand pélerinage. Il doit souhaiter de connaître à fond ce livre si publiquement insulté, dans lequel on a, dit-on, trouvé tant de propositions coupables, et qui semble ne contenir aucun précepte salutaire. Il est au moins certain que si de courts passages peuvent être réprouvés, et rendus à d'autres temps, ce que nous nous efforcerons toujours de bien établir, il y en a aussi qui mériteraient l'éloge sous le rapport de la morale et de la religion. Il a suffi de parcourir un peu plus de la moitié de la tâche pour se convaincre de cette vérité.

Je rentre dans mon sujet, et je ne veux pas oublier qu'avec un *serpent* aussi malin que Machiavel (c'est une des expressions les plus douces dont se servent ses détracteurs), il n'y a pas une opinion bien nette à prendre de lui, tant qu'on ne sera pas arrivé au chapitre où il doit être question de la parole du prince.

Nous voyons dans le chapitre XV l'examen des raisons pour lesquelles les princes sont loués et blâmés.

« Il reste à voir quelles doivent être les règles et les formes que suit un prince avec ses sujets et avec ses amis : comme je sais que beaucoup d'auteurs ont écrit sur cette matière, je crains en l'examinant aussi, qu'on ne me taxe de présomption, surtout parce que, sur cette question, je diffère de la manière de voir des autres. »

« Mais mon intention est d'écrire une chose utile à celui qui la comprend : j'ai cru plus convenable de suivre la vérité effective de la chose, que des opinions d'imagination. Beaucoup de personnes ont supposé des républiques et des principats qui ne se sont jamais vus, et qui n'ont pas existé en effet. Il y a si loin de la manière dont on vit à la manière dont on doit vivre, que celui qui abandonne ce que l'on fait ou ce que l'on devrait faire, apprend plutôt sa ruine que sa préservation ; car enfin, si un homme veut, en toutes les circonstances, faire profession d'être bon, il faut qu'il périsse au milieu de tant d'autres qui ne sont pas bons. »

CHAPITRE XXII.

« Il est nécessaire qu'un prince qui veut se maintenir apprenne à pouvoir être *non bon*, et à se montrer tel, ou à ne pas se montrer tel, suivant la nécessité. »

« Laissons donc les choses imaginées relativement à la conduite d'un prince, et abordant celles qui sont vraies, je dis que tous les hommes, quand on en parle, et particulièrement les princes, parce qu'ils sont placés plus haut, reçoivent des dénominations qui entraînent avec elles le blâme ou l'éloge. Celui-ci est tenu pour libéral, celui-là pour un parcimonieux (*misero*) : j'use du mot toscan parce que dans notre langue un avare est encore celui qui désire d'avoir par rapine ; nous appelons *misero* celui qui s'abstient trop de dépenser ce qu'il a. »

« L'un est tenu pour un donateur, l'autre pour un rapace ; celui-ci est cruel, celui-là miséricordieux ; l'un est *rompeur de foi* (*fedifrago*), l'autre fidèle ; l'un efféminé et pusillanime, l'autre féroce et entreprenant ; un autre lascif, un autre chaste ; celui-ci dur, celui-là facile ; celui-ci grave, celui-là léger ; l'un religieux, l'autre incrédule, et autres dénominations semblables. »

« Chacun avouera que ce serait une chose très-louable qu'un prince se trouvât orné de toutes les qualités qui sont réputées bonnes ; mais comme on ne peut les avoir ni les garder entièrement, par suite de la condition humaine qui ne le permet pas, il est nécessaire que le prince soit si prudent qu'il sache fuir l'infamie de ces vices qui le feraient dépouiller de son autorité, et qu'à l'égard de ceux qui ne peuvent pas la lui faire perdre, il les évite, s'il est possible. Quant à ces derniers, s'il ne peut absolument pas s'en garder, il peut s'y laisser aller avec quelque retenue : il faut aussi qu'il se soucie peu de tomber dans l'infamie des vices, sans lesquels il pourrait difficilement sauver son état. Si l'on considère bien toute la question, il se trouvera quelque chose qui paraîtra vertu, et qui, s'il en suit l'impulsion, sera la cause de sa ruine, et une autre chose qui paraîtra vice, et qui, s'il en suit l'impulsion, produira sa sûreté et son bien-être. »

Presque tous les arguments qu'emploie ici Machiavel sont extraits des Histoires et des Annales de Tacite. On n'a pas pensé à les reprendre dans le grave historien ; est-ce parce qu'ils ne sont pas étalés en forme de doctrine ? Ils ne seraient donc pernicieux à un plus haut point, sous la plume de Machiavel, que parce qu'il paraît en avoir fait un code à part : cette raison est juste. Mais ce chapitre n'est pas un de ceux qui a excité le plus d'animadversion.

1515. On sera étonné, au premier abord, du parti que prend Machiavel dans le chapitre XVI, intitulé : *De la Libéralité et de la Parcimonie*. Il se prononce franchement, hautement et librement pour la parcimonie.

Je ferai remarquer à ce sujet combien Machiavel est ennemi des paradoxes, des réticences et de ces flatteries qu'on adresse aux préjugés qui dominent les hommes. Il est bien entendu d'abord, selon lui, qu'un prince ne doit être ni libéral, ni parcimonieux : mais s'il y a lieu à se prononcer indispensablement pour une de ces deux situations, l'auteur n'admet la libéralité que comme un moyen de parvenir au pouvoir, et il la repousse, quand on y est parvenu.

« La libéralité que tu pratiques d'une manière à laquelle tu n'es pas forcé, te fait du tort. Si tu la pratiques vertueusement, elle n'est pas connue, et ne te sauvera pas de l'infamie de son contraire. Quand on veut conserver parmi les hommes le nom de libéral, il ne faut laisser loin de soi aucune occasion de somptuosité, tellement qu'un prince ainsi fait, consumera en de semblables œuvres toutes ses facultés, et sera contraint à la fin, s'il ne veut pas perdre cette renommée de libéral, d'aggraver les charges du peuple, et de faire tout ce qu'on peut faire pour avoir de l'argent. Il commencera à devenir odieux à ses sujets, et à n'être que peu estimé, s'il devient pauvre : avec cette libéralité il a offensé beaucoup les uns, il n'a avantagé que le petit nombre; il ressent vivement chaque premier embarras, et il tombe en danger au premier désastre: alors il reconnaît sa faute, veut la réparer, et sur-le-champ encourt le reproche de parcimonie. »

Chacun reconnaîtra ici la préoccupation du publiciste qui a si vivement critiqué les désordres du trésor de Maximilien. Je crois que ce qui suit, s'adresse indirectement à Louis XII.

« Un prince ne pouvant donc pas pratiquer cette vertu de libéralité sans son préjudice, s'il veut qu'elle soit connue, doit, en homme prudent, peu se soucier d'être appelé parcimonieux. Avec le temps, il sera toujours tenu pour plus libéral, si on voit qu'au milieu de sa parcimonie, ses revenus lui suffisent, qu'il peut se défendre contre quiconque lui fait la guerre, qu'il peut faire des entreprises sans écraser les peuples; alors il pratique la libéralité, vis-à-vis de tous ceux à qui il n'ôte rien, et ceux-là sont infinis; il pratique la parcimonie, seulement pour ceux à qui il ne donne pas, et ceux-là sont en petit nombre. »

« Entre tant de situations dont un prince est dans l'obliga- 1515. tion, surtout, de se bien garder, il doit craindre de devenir odieux et méprisable, et la libéralité mène à un de ces deux malheurs: aussi, il y a plus de sagesse à se laisser donner le nom de parcimonieux, qui engendre une infamie sans haine, que d'encourir, pour vouloir être libéral, le nom de rapace, qui produit une infamie avec haine. »

Il y a peut-être dans l'exposition de ce principe quelque chose du caractère particulier de Machiavel. Rappelons-nous le peu de bonne grâce qu'il mettait à demander toujours son salaire à sa république souvent obérée, il est vrai, presque toujours avare, mais qui cependant finissait par se laisser arracher sa dette. Il faut aussi convenir que si on suppose deux princes dans la situation où Machiavel place son libéral et son parcimonieux, il est certain que ce sera ce dernier qui courra moins de risques de périr. Au surplus, Machiavel se réfutera en quelque sorte lui-même au chapitre XXI, où il conseille des fêtes et des actes de munificence.

Nous nous surprenons dans un sentiment d'hésitation en arrivant au chapitre XVII, où il est question de la clémence et de la cruauté, et où l'auteur se demande s'il vaut mieux être aimé que craint : mais il faut continuer hardiment *le grand devoir*, comme dirait le Dante.

« En descendant aux autres qualités ci-dessus citées, je dis que tout prince doit désirer d'être tenu pour susceptible de pitié, et non pas pour cruel. »

Voilà la part bien absolue de la morale. Le politique ajoute, car Machiavel ne pense pas aussi absolument qu'Aristote qu'il faut que la morale et la politique soient deux compagnes inséparables :

« Néanmoins, je dois avertir qu'il ne faut pas mal user de la pitié. César Borgia [1] était regardé comme cruel ; cependant cette cruauté avait réuni, pacifié toute la Romagne, et y avait rétabli le calme et la bonne foi : en considérant bien cette question, on verra qu'il fut plus susceptible de pitié que le peuple Florentin, qui, pour fuir le nom de cruel, laissa détruire Pistoie. Un prince ne doit pas se soucier de l'infamie du nom de cruel, s'il en doit résulter que ses sujets seront unis et fidèles : par peu d'exemples on verra qu'il a plus de pitié que ceux qui, par trop de pitié, laissent survenir des désordres d'où naissent des rapines et des assas-

---

[1] Ce retour si fréquent aux actions de César Borgia a quelque chose qui fatigue. Serait-ce une condescendance pour Léon X qui aurait eu le travers de citer souvent un tel exemple ? Mais Machiavel, quelquefois flatteur, n'est cependant jamais un lâche complaisant.

CHAPITRE XXII.

sinats. Ces excès offensent une masse entière, et les exécutions ordonnées par le prince n'offensent qu'un particulier. Parmi tous les princes, le prince nouveau peut difficilement éviter le nom de cruel, parce que tous les états nouveaux sont entourés de dangers. Virgile, par la bouche de Didon, excuse l'inhumanité de son autorité, parce que son état est nouveau :

« *Res dura et regni novitas me talia cogunt*
« *Moliri, et late fines custode tueri.*

« Néanmoins, le prince doit être lent à croire et à se mouvoir ; il doit non se faire peur à lui-même, mais procéder d'une manière tempérée avec sagesse et humanité, de sorte que le trop de confiance ne le fasse pas imprudent, et que le trop de défiance ne le rende pas insupportable. De-là naît une question : « *Est-il mieux d'être aimé que d'être craint? ou est-il mieux d'être craint que d'être aimé?* On répond qu'il faudrait tâcher d'être l'un et l'autre; mais, comme il est difficile d'accorder cela ensemble, il est plus sûr d'être craint que d'être aimé, quand on doit renoncer à l'un des deux. Des hommes, on peut dire cela généralement, qu'ils sont ingrats, changeants, dissimulateurs, *fuyeurs* de périls (*fuggitori di pericoli*), cupides de gain; pendant que tu leur fais du bien, ils sont tout à toi, ils t'offrent leur sang, leur fortune, leur vie, leurs enfants; mais c'est, ainsi que je l'ai dit, quand le danger est éloigné ; lorsqu'il s'approche, ils changent de sentiment. Le prince qui a fait fond sur leur parole, se trouvant nu de toute autre préparation, périt: les amitiés qu'on achète avec de l'argent et non avec la grandeur et la noblesse de son ame, on les a méritées, mais on ne les possède pas, et au temps venu, on ne peut les dépenser. Les hommes se décident plutôt à offenser celui qui se fait aimer que celui qui se fait craindre. L'amour est maintenu par un lien d'obligation qui, parce que les hommes sont méchants, est rompu devant toute occasion d'avantages pour eux ; mais la crainte est contenue par une peur du châtiment qui ne t'abandonne jamais [1]. »

« Cependant, le prince doit se faire redouter de manière que s'il n'obtient pas l'amour, il fuie la haine; car il peut arriver à être à la fois craint et point haï, ce qu'il obtiendra toujours s'il s'abstient de *prendre les biens de ses citoyens et de ses sujets et d'insulter leurs femmes*. »

« Si le prince doit procéder contre la vie d'une personne, il ne doit le faire que lorsqu'il y a pour lui justification convenable et cause manifeste; surtout il doit ne pas prendre les biens des autres, parce que les hommes oublient plutôt la mort de leur père que la perte de leur patrimoine. »

Honneur à Machiavel! voilà le premier publiciste qui réclame contre les confiscations. Ces belles paroles qu'il écrivait en 1515, ne sont bien entrées dans l'esprit des peuples que depuis peu d'années, et tout gouvernement, quel qu'il soit, qui a établi cette doctrine, mérite les bénédictions des nations. Nous marchons dans cette voie de progrès et de civilisation [2] où il faut espérer que tous les peuples, au moins les plus voisins, ne tarderont pas à nous suivre. La loi de l'indemnité donnait à cette doctrine une large et généreuse sanction. Pourquoi cette loi a-t-elle été arrêtée dans son cours, et qu'a-t-on gagné, dans un moment où on a tant besoin de concilier les esprits, qu'a-t-on gagné à ne pas compléter une réparation aussi honorablement morale, qu'elle était profondément habile?

---

[1] On voit bien ici que ce n'est pas Laurent que Machiavel tutoie; c'est à la généralité des hommes, à ce peuple de méchants, selon lui, qu'il s'adresse; il interpelle ce peuple, et lui dit : « N'est-il pas vrai que tu continues de craindre tout, que tu as la peur du châtiment, cette peur qui ne t'abandonne jamais? »

[2] Nous n'y marchions ni chez nous ni à l'étranger pendant les guerres de la révolution. Pour ne parler que de l'étranger et d'un seul pays, de quel droit prenions-nous à Rome les biens de la famille Albani et ceux du duc Braschi? C'était parce qu'ils avaient manifesté des opinions politiques contraires aux nôtres.

Ceux qui ont ardemment fait reculer le droit et la justice ont rouvert une voie de spoliations où à leur tour ils pourraient se trouver engagés. De tels actes, du reste, ne seraient pas alors moins injustes qu'ils ne l'ont été pendant trente années.

Il y a parmi ceux qui ont réfuté Machiavel, des écrivains qui se sont élevés, à deux siècles et demi d'intervalle, contre les confiscations, mais je ne vois pas qu'ils aient cité celui qui le premier a conseillé d'abolir cet usage barbare. Observons aussi quelle est la puissance de l'argument de Machiavel. Ce n'est pas à sa petite république, à son petit prince d'un dixième de l'Italie, qu'il semble adresser ce conseil; si ce ne sont pas ses expressions précises, voici son raisonnement ; il peut faire le tour du globe : « En tuant un
« père à tort ou à raison, ne dépouille pas les enfants.
« Ne te réjouis pas tant, qui que tu sois, roi, soudan,
« aristocrate, république, ou tribun, ne te réjouis pas
« tant de ce que celui que tu as immolé ne te de-
« mandera plus rien : il est là étendu, sans colère et
« sans vie; mais ses fils restés debout, et plongés dans
« une misère qui souvent combattra chez eux victo-
« rieusement les souvenirs de sensibilité filiale, seront
« tes ennemis, sans pardon, et légueront à leurs pe-
« tits-fils et à toutes les générations qui se succéde-
« ront, un sentiment de haine, de dépit, de fureur,
« d'inexorabilité, qui s'éteindra difficilement. »

Machiavel continue :

« Les motifs pour enlever le bien ne manquent pas, et toujours celui qui commence à vivre de rapine trouve des raisons pour s'emparer de ce qui appartient aux autres; au contraire, les motifs pour répandre le sang sont plus rares, et manquent plus tôt. »

« Je conclus donc, en revenant à cette demande, *est-il*

mieux d'être craint que d'être aimé? les hommes aiment à leur profit, et craignent au profit du prince. Un prince sage doit faire fond sur ce qui est à lui, et non sur ce qui est aux autres; il doit seulement s'ingénier de manière à fuir la haine. »

Dans ce chapitre où il me semble que rien n'est bien précisément répréhensible, à moins qu'on ne nie le principe de la méchanceté des hommes, principe que, sans misanthropie, il faut absolument accorder quelquefois, on observera encore le courage de Machiavel. Il peint en couleurs animées les scènes qui précédèrent la ruine de Soderini.

La bassesse de ses partisans qui lui offraient leurs biens, leur vie, leurs enfants, avant son malheur, et qui se retirèrent quand le danger fut pressant, la désertion de ces hommes qui, pour me servir de l'expression du secrétaire Florentin, furent des *fuyeurs de périls*, et comme il a dit de quelques princes, des *rompeurs de foi* [1], sont ici décrites avec force et vivacité, et la crainte d'inquiéter les Médicis qui actuellement avaient à gouverner de pareils hommes, n'arrête pas un instant Machiavel se montrant ici un intrépide moraliste.

Nous arrivons un peu tard au chapitre XVIII, qui traite de la manière dont les princes doivent garder leur parole. Le voyage a été plus long, parce que tout en ne dissimulant aucun des passages qui pouvaient inculper Machiavel aux yeux de ses juges, il nous paraissait utile de signaler les préceptes sains et honnêtes que l'on s'attend si peu à trouver dans un livre frappé d'une telle réputation de perversité.

1515.   Dans la sincère détermination d'être vrai et juste, nous ne devons rien cacher. Ce qui nous semble cho-

---

[1] Voyez chap. XXII, pag. 325.

CHAPITRE XXII.

quer la religion, la morale et l'humanité, nous le repoussons avec horreur. Ce qui est mal compris et bon, nous tâcherons de l'expliquer et de le faire approuver au lecteur.

Est-ce donc maintenant que nous allons remplir avec rigueur le premier devoir que nous nous sommes prescrit? Le moment d'une plus pénible discussion, d'une plus vive mêlée, est-il arrivé? Voyons-nous venir, ainsi que l'ont dit Polus [1], Gentillet [2], Possevin [3], Bayle [4], Le grand Frédéric, Voltaire [5], voyons-nous

---

[1] Le cardinal Polus : Renaud Pole, cardinal, archevêque de Cantorbéry, né en 1500, mort en 1558, fut un des premiers à publier, contre les doctrines de Machiavel, d'indignes diatribes.

Il les a consignées dans son *Apologie à l'empereur Charles-Quin*, du paragraphe 28 au 35e.

[2] Innocent Gentillet, auteur d'un livre intitulé : *Discours sur les moyens de bien gouverner et maintenir en bonne paix un royaume ou autre principauté*, contre Nicolas Machiavel, Florentin, 1576, in-8°.

Il suffit de citer ici ce passage de Gentillet sans l'accompagner d'aucune réflexion « De sa vie (de la vie de Machiavel) et de sa mort, je n'en puis rien dire, et ne m'en suis enquis ni daigné enquérir, parce que sa mémoire mériteroit mieux d'être ensevelie en perpétuelle oubliance, que rafraichie entre les hommes. Mais bien puis-je dire que si sa vie a esté telle que sa doctrine (comme il est à présumer), ne fut jamais au monde homme plus souillé et contaminé de tous vices et meschancetés que luy. Par la préface qu'il fait sur son liure intitulé *de la Principauté*, ou bien le Prince, il semble qu'il fut banny et chassé de Florence : car il se plaint au magnifique Laurent de Médicis (auquel il dédie son œuure), de ce qu'il souffre et endure injustement et à tort, ainsi qu'il dit, et en quelques autres endroits il récite qu'il estoit tantost en France, tantost à Rome, tantost ailleurs, non envoyé en ambassade (car il n'eust pas oublié à le dire), mais comme il est à présumer, fugitif et banny. » *Préface, page 5.*

[3] Antoine Possevin, né en 1534, à Mantoue, mort en 1611, publia à Rome en 1592 différentes critiques de Machiavel, où il parait croire que l'ouvrage dit *du Prince* par le secrétaire Florentin, consiste en 3 livres distincts, quand il ne consiste qu'en un seul divisé en 26 chapitres. Conring a judicieusement relevé cette erreur d'un homme qui réfutait ce qu'il n'avait pas lu.

[4] Bayle est tombé dans une foule de méprises relativement à Machiavel.

[5] Voltaire et le grand Frédéric ont écrit sur Machiavel des choses si extraordinaires, si injustes, si dépourvues de vérité historique et de critique franche,

accourir le *démon*, le *brigand*, l'*impie*, l'*infame*, le plus cruel des génies malfaisants, l'homme indigne de ce nom, l'envoyé de Satan sur la terre? »

Établissons d'abord qu'il ne va parler que par exception, et que le vrai, le salutaire principe, l'immuable, l'éternelle loi de l'honneur, est le premier sentiment qu'il énonce.

Un commencement de suffrage n'en fera peut-être que plus ressortir l'expression de cette inflexibilité que nous avons promise.

C'est Machiavel qui parle :

« Chacun comprend combien il est louable dans un prince de maintenir sa foi, et de vivre avec intégrité et non avec astuce. »

Voilà le point de départ de Machiavel; il est louable d'être un prince honnête homme. Mais ne cachons pas le poison.

Machiavel continue :

« Néanmoins on voit par expérience, *de nos temps*, qu'ils ont fait de grandes choses, ces princes qui ont tenu peu de compte de leur parole, qui ont su, par leur astuce, embarrasser la cervelle des hommes, et qu'ils ont à la fin vaincu ceux qui avaient fait fond sur la loyauté : vous devez donc savoir qu'il y a deux manières de combattre, l'une avec les lois, l'autre avec la force. La première manière est propre à l'homme, la seconde est propre à la bête. Comme la première souvent ne suffit pas, il arrive qu'on recourt à la seconde; ainsi il est nécessaire qu'un prince sache bien être la bête et l'homme. Cette doctrine a été enseignée d'une

qu'on ne sait comment appeler leur ouvrage. Frédéric, roi, a bien prouvé en Pologne qu'il ne se souvenait plus des leçons qu'il donnait comme prince royal. Voltaire a vu un texte qui prêtait à son genre de talent, et on ne peut pas dire qu'il n'ait pas répandu beaucoup d'esprit, même dans ce mauvais ouvrage.

manière détournée par les anciens auteurs qui écrivent comment Achille et beaucoup d'autres de ces princes furent nourris par le centaure Chiron qui les tint sous sa garde : avoir ainsi pour précepteur une demi-bête et un demi-homme ne veut pas dire autre chose, sinon qu'il faut qu'un prince emploie les deux natures, et que l'une sans l'autre n'est pas durable. Un prince étant contraint de recourir aux moyens de la bête, il doit, dans cette nature, suivre l'exemple du lion et du renard, parce que le lion ne sait pas se défendre des lacs, et que le renard ne sait pas se défendre des loups : il faut donc être renard, et connaître bien les lacs, et lion pour effrayer les loups : ceux qui simplement s'en tiennent au lion, ne s'y entendent pas : donc, un seigneur prudent ne doit pas observer la foi, quand une semblable observance tourne contre lui, et que les raisons qui ont décidé sa promesse sont détruites. Si les hommes étaient tous bons, ce précepte ne serait pas bon. Mais, comme les hommes sont méchants, et qu'ils ne l'observeraient pas envers toi, toi, encore, tu n'as pas à l'observer avec eux. Jamais les motifs, pour colorer la non observance, ne manqueront à un prince. De cela, on pourrait donner une foule d'exemples modernes, et montrer combien de paix, combien de promesses ont été rendues nulles et vaines par l'infidélité des princes, et celui qui a su le mieux faire le renard, a le mieux tourné. Mais il est nécessaire de savoir colorer cette nature et d'être grand dissimulateur. Les hommes sont si simples, ils obéissent tellement aux nécessités présentes, que celui qui trompe, trouvera toujours qui se laissera tromper. Parmi les exemples récents, il y en a un que je ne veux point passer sous silence. Alexandre VI ne fit jamais que tromper les hommes, il ne pensa pas à autre chose, et trouva toujours moyen de le faire ; il n'y eut jamais d'homme qui réussît plus à protester, et qui avec plus de serments affirmât une chose, en l'observant moins. Cependant les tromperies lui réussirent à souhait (*ad votum*), parce qu'il connaissait bien cette partie des affaires. »

« Il n'est donc pas nécessaire qu'un prince ait les qualités ci-dessus rappelées [1], mais il est bien nécessaire qu'il paraisse les avoir; même j'aurai la hardiesse de dire cela, que quand on les a, et qu'on les observe toujours, elles sont préjudiciables : lorsqu'il semble qu'on les possède, elles sont utiles, c'est-à-dire qu'il faut paraître être clément, fidèle, humain, religieux, intègre, et l'être en effet. Mais il faut se trouver ensuite dans l'esprit, construit tellement, que s'il ne convient pas d'avoir ces vertus, tu puisses et tu saches prendre le rôle contraire. Entends bien ceci : c'est qu'un prince, et surtout un prince nouveau, ne peut observer toutes les choses qui font réputer les hommes bons, parce que pour conserver l'état, il est souvent dans l'obligation d'opérer contre la foi promise, contre la charité, contre l'humanité, contre la religion [2]. »

« Il faut donc qu'il ait un esprit disposé à se tourner selon que *les vents* et les variations de la fortune le lui commandent, *et comme j'ai dit ci-dessus, il ne doit pas s'écarter de ce qui est bien, quand il le peut;* mais il doit savoir entrer dans le mal, quand il y est forcé. En conséquence un prince doit bien veiller à ce qu'il ne sorte pas de sa bouche une chose qui ne soit empreinte de ces cinq conditions [3]; il

---

[1] Machiavel se trompe ici; il n'a pas encore dit les qualités que doit avoir le prince, mais il va les désigner plus bas.

[2] Dans la vivacité de son raisonnement, il oublie la clémence : ensuite les quatre vertus qui restent et qui sont citées ici, ne répondent pas exactement aux cinq qualités exigées plus haut; car la charité n'a rien à faire avec la franchise. Dans ces argumentations imitées d'Aristote, Machiavel est moins précis que le philosophe de Stagire; il a plus de feu, plus d'ardeur, et nécessairement moins d'aplomb : aussi quelquefois son expression logique est un peu en désordre.

[3] La clémence, la fidélité à sa parole, l'humanité, la religion et l'intégrité, voilà l'ordre dans lequel Machiavel a disposé les qualités du chef. Plus bas, en répétant son raisonnement, il classera autrement ces qualités; mais ici il a une raison, c'est qu'il veut finir par la religion, sur laquelle il entend insister davantage. Qu'on remarque aussi que ce n'est pas en passant qu'il fait ces recommandations, et qu'à une légère différence près, il les répète trois fois. Il est vrai qu'il insiste presque autant sur le semblant de ces qualités, que sur le bonheur d'en avoir été doué.

CHAPITRE XXII.

convient qu'à le voir et à l'entendre, il soit tout clémence, tout foi, tout humanité, tout intégrité, tout religion. Cette dernière qualité, il faut surtout paraître l'avoir, parce que les hommes jugent par les yeux plus que par les mains. Il arrive à un petit nombre de voir, et à un petit nombre d'entendre : chacun voit ce que tu parais être, peu entendent ce que tu es, et ce petit nombre n'ose pas s'opposer à l'opinion du grand nombre qui a devant lui la majesté du pouvoir. Dans les actions des hommes, et surtout des princes, là où il n'y a pas tribunal auprès duquel on puisse réclamer, on considère le résultat. »

« Qu'un prince s'attache donc à vaincre et à maintenir l'état ; les moyens seront toujours jugés honorables, et loués de chacun : le vulgaire marche toujours avec ce qui paraît, et avec l'événement qui est arrivé, et le monde n'est encore que le vulgaire. Le petit nombre ne peut rien là où le grand nombre n'a pas de quoi s'appuyer : un prince du temps présent qu'il ne serait pas bien de nommer, ne prêche rien autre que paix et bonne foi, et il est ennemi de l'une et de l'autre ; et l'une et l'autre, s'il les avait observées, lui auraient fait perdre sa réputation et ses états. »

Il s'agit ici de Ferdinand, roi de Castille et d'Arragon, qui ne devait la conquête du royaume de Naples qu'à un système de mauvaise foi très-artificieusement calculé. C'est le même cependant que Machiavel a loué dans une lettre à François Vettori, à propos de la diversité et du secret de ses projets. Il était allié du pape et l'une des causes du renversement du gouvernement de Soderini, et enfin l'un des appuis des Médicis. C'est apparemment pour cette dernière considération que l'auteur ne veut pas le nommer. 1515.

Voilà le célèbre chapitre contre lequel on s'est tant récrié, et certainement avec raison sous beaucoup de rapports, car il y en a quelques-uns qu'on peut excuser par des motifs suffisants.

I. 22*

La doctrine de Nicolas jetée parmi les particuliers renverserait tout système de paix, de délicatesse, et détruirait la possibilité de toute transaction de commerce et de famille. Vue sous l'aspect politique, elle est peut-être, dans l'intention de Machiavel, une injonction formelle faite par ce *grand précepteur du pouvoir* à tout prince, à tout gouvernant, soit dans une principauté, soit dans une république, de prendre bien garde à ce qu'il promet, plutôt qu'elle n'est un conseil direct de perfidie.

En examinant de près l'art de régir les états, il est bien difficile de ne pas comparer quelquefois un prince à un pilote, ainsi que l'a fait Machiavel. Le pilote a mission de conduire son vaisseau dans le port; il doit manœuvrer au milieu des tempêtes : il n'oppose pas l'action impuissante du timon aux secousses et à la résistance des vents. Il a pour but d'arriver; il doit arriver à tout prix, même en osant déclarer qu'il faut jeter à la mer jusqu'à la moitié de la cargaison. Tantôt il feint de suivre l'impulsion des vents qui lui sont contraires, tantôt par un revirement imprévu et dont il a seul le secret, il leur manque de foi, il abandonne ces faux compagnons de voyage, qui veulent l'emmener avec eux, et il retourne en arrière : si enfin il arrive, ce pilote, il a été habile, il a acquis la réputation d'un bon marin.

Machiavel ne s'arrête pas ici; il exige davantage : il fait entendre que dans les affaires, parfois on a menti, en sachant bien que l'on mentait, et pourquoi l'on mentait; il fait entendre que l'on a promis pour tromper, qu'on a attiré la bonne foi dans des piéges sanglants. Il passe à peu près condamnation sur les moyens et ne s'attache ainsi qu'au succès. Outre, comme je l'ai déjà annoncé, qu'il est certainement inutile et

CHAPITRE XXII. 339

dangereux de traiter à froid de pareilles questions, nous ne balancerons pas à déclarer que la doctrine est ici trop positive, que tout l'esprit que l'auteur a mis dans ces assimilations aux bêtes, la force de son lion, la finesse de son renard, empruntées de Lysandre, mais que le Florentin détourne du sens plus innocent qu'y attachait le Lacédémonien [1]; son Achille et son centaure, qui sont une conception à lui, ne se trouvent être, en définitive, que des *imaginations* ingénieuses. Beaucoup d'esprits jeunes ou ignorants pourraient abuser de ces préceptes, s'élancer sur une mer aussi perfide, mal comprendre les circonstances, se faire un jeu de la lâcheté et de la trahison de la foi. Je conçois qu'après avoir été *l'homme*, on s'oublie dans un sentiment de méchanceté jusqu'à devenir *la bête*: mais quand on a été *la bête*, peut-on redevenir *l'homme?* il n'y aurait plus que les *bêtes véritables* qui croiraient à un tel *homme*.

Aussi, sans abandonner en tout Machiavel qui, quant à lui, raisonne dans la sphère ordinaire et resserrée de ses erreurs, qui n'est que logicien, et qui cesse ici d'être moraliste pour se montrer une sorte de Diogène politique, nous représenterons tout le danger qu'il y aurait, dans l'étude des affaires d'état, à n'ambitionner que le succès à tout prix. Les embarras sans nombre auxquels on s'exposerait, en bannissant ainsi de son cœur toute conviction entière de sentiment, de probité et de vertu, finiraient par écraser un prince, un cabinet, un peuple, sous le poids de

---

[1] Lysandre dit: Ὅπου γὰρ ἡ λεοντῆ μὴ ἐφικνεῖται, προσραπτέον ἐκεῖ τὴν ἀλωπεκῆν. *Quò enim pertinere leonina nequeat, ibi assuendam vulpinam.* Car là où ne peut arriver le lion, il faut coudre le renard! Machiavel veut davantage, il veut coudre le renard sur le lion.
Plutarque, *Vie de Lysandre.* Édit. de Reiske, Leipsick, 1775, in-8°.

22.

leurs propres déceptions. Qui voudrait être prince, qui voudrait être ministre, qui voudrait être nation, à des conditions pareilles? Qui voudrait jouer cette longue comédie d'hypocrisie, de bassesses, de caresses dégoûtantes et de soumission ignoble? Assurément deux principes, dans cette doctrine, sont vrais. Beaucoup d'hommes sont méchants, beaucoup d'hommes sont peu fidèles : il ne faut présenter à ceux-ci et à ceux-là que des conventions décidées et nettes qui répriment leur perversité et qui enchaînent leur foi. Assurément encore, il ne faut pas s'obstiner à combattre quand la fortune change, quand le signal de la perfidie que vous n'avez pas voulu donner le premier, a été donné par mille autres. Il ne faut pas persister sottement et ridiculement dans une entreprise que déjà tout le monde, excepté vous, a désertée; il y a plus : dans des circonstances subites, des multitudes innombrables changent de sentiment comme si elles étaient un seul homme.

Un jour, une tempête partie du nord fondit avec l'impétuosité des ouragans sur celui qui était alors le plus grand parmi les mortels; quelque chose de plus grand encore que lui, tombant d'en haut, l'écrasa avec fracas. A ce spectacle inconnu dans l'histoire, s'armèrent des ennemis qu'on ne savait pas exister en tel nombre, et ils dispersèrent les plus courageux des amis. Ces amis eux-mêmes connaissaient que celui qui à la suite de tant de gloire avait amené tant de maux, n'était pas en état de réparer ces maux. Que restait-il à opposer aux fureurs d'un pareil *cataclisme*, résultat d'une contrainte inévitable? alors personne ne crut manquer à ses devoirs; alors, dehors, dedans, les parents, les créatures ne pensèrent pas avoir trahi la foi.

1515.   Cependant quelle que soit la contrainte où l'on peut se trouver de plier sous le joug des insurmontables nécessités politiques, il n'en faut pas moins combattre toute doctrine qui tendrait à affranchir un gouvernement des règles et des exigences salutaires de la probité, de l'honneur et de la religion du serment, dans les événements ordinaires de la vie humaine et politique.

Croyons donc que Machiavel a véritablement eu plus en vue d'inculquer à ses élèves des leçons de discrétion et de tempérance de paroles, qu'il n'a pu leur conseiller si crûment de mentir, d'engager sa foi et de ne pas la tenir, et de tâcher d'arriver au succès par tous les moyens. On demandera d'ailleurs à Machiavel ce que c'est que le succès. Est-ce seulement la bonne issue d'un événement isolé? Un succès dans ce cas n'est-il pas un obstacle à un succès de pareille nature dans un autre cas? Quel beau et long succès a eu César Borgia! Et puis le logicien Florentin peut-il se montrer si inconséquent! Il a combattu le système des confiscations; il a prescrit le système des cruautés tardives: il a ainsi tellement désarmé son tyran, que celui-ci, sans argent et sans haches, réduit à mentir pour se conserver et s'agrandir, n'est plus qu'un sot qui fait pitié.

Il existerait encore une manière d'entendre Machiavel : il aurait raison, si en observateur clairvoyant il eût dit seulement *comme fait avéré* (j'emprunte quelques-unes de ses paroles), « On voit par expérience, *de notre temps*, qu'ils ont produit de grandes choses, les princes qui ont tenu peu de compte de leur parole, qui ont su par leur astuce *embarrasser les cervelles des hommes* : on voit que ces princes ont à la fin vaincu ceux qui avaient fait fond sur la loyauté. »

Cela est malheureusement vrai; mais si ces hommes-là ont pu être puissants, ils n'ont jamais été heureux ni sans remords. En conséquence il ne fallait pas offrir le fait comme un précepte, développer ce précepte, l'étendre à plaisir, comme le savourant avec délices. On peut dire aussi que l'exemple d'Alexandre VI n'est pas tout-à-fait bien choisi. On le représente comme un homme qui *trompe toujours*, et qui *réussit toujours à tromper* : et ce vin empoisonné qu'il avait préparé pour un autre, et dont il mourut lui-même? Quel mécompte!

Il y a eu encore à l'absoudre, au moins pour une circonstance, du reproche d'une perfidie continuelle. Il savait que Louis XII désirait répudier sa première femme, Jeanne, fille de Louis XI, dont il n'avait pas d'enfants, pour épouser Anne de Bretagne, veuve de Charles VIII. Alexandre VI ne fit-il pas avec le roi un traité d'alliance où il était stipulé que la cour de Rome enverrait des bulles de dissolution du premier mariage, et que le roi accorderait appui à César Borgia? N'a-t-on pas vu que ce fut César Borgia, créé à l'avance par Louis XII, duc de Valentinois, qui porta lui-même en France les bulles de dissolution? Ne nous valurent-elles pas, ne nous assurent-elles pas aujourd'hui la Bretagne? Alexandre VI ne viola donc pas alors sa promesse, et ne fut coupable d'aucune perfidie dans une si grande affaire. Pour que Machiavel eût en tout raison, il eût fallu que le pape nous eût amenés à secourir son fils, et qu'ensuite il eût disposé les choses de manière que la Bretagne fût tombée, par exemple, dans les mains des Anglais [1].

Remarquons encore que Machiavel qui donne ces

---

[1] Ce qui ferait que M. de Chateaubriand serait Anglais, et que le chef de la littérature de l'Europe ne serait pas né Français. Bénissons Anne de Bretagne!

CHAPITRE XXII. 343

préceptes diaboliques, n'est pas arrivé cependant à conseiller ce que les Anglais du siècle dernier et du commencement du siècle actuel ont pratiqué et voudraient, dit-on, ce que je ne veux pas croire, pratiquer encore à chaque déclaration de guerre.

Quelquefois, deux mois, trois mois avant de commencer les hostilités en Europe, quand pour eux la guerre a été bien résolue, ils ont envoyé aux Indes l'ordre d'arrêter nos vaisseaux, de faire prisonniers les équipages, et d'envahir nos possessions et nos îles : pendant ce temps, leur ambassadeur pouvait rester en France, donner ou recevoir des fêtes, se présenter à l'audience du souverain, communiquer des rapports, négocier peut-être quelques articles de traité de commerce, s'asseoir à nos banquets, nous inviter aux siens, et ne demander ses passeports que lorsque enfin un de nos bâtiments échappé à une attaque subite, faite en pleine paix, était naturellement sur le point d'annoncer que depuis trois mois on faisait la guerre à la France [1]. Machiavel n'a dit cela nulle part;

---

[1] Le nombre des bâtiments français dont s'emparèrent les Anglais avant la déclaration de guerre, en juin 1755, fut très-considérable : la correspondance politique d'Angleterre contient, sous la date du 14 octobre, une liste nominative de 48 vaisseaux français, pris avec 937 hommes d'équipage, par des bâtiments de guerre ou des corsaires anglais, du 24 septembre au premier octobre 1755, dans des parages où la connaissance légale de la déclaration du gouvernement britannique ne pouvait encore être arrivée.

On trouve aussi dans la même correspondance, à la date du 27 juin 1761, une liste de trente-neuf navires français également capturés avant la déclaration de guerre, et qui y sont estimés 1,878,760 livres.

Ces deux énonciations ne portent qu'à 87 le nombre des prises, mais ce nombre a été supérieur, et il s'est élevé à plus de 260 bâtiments.

Une telle violation du droit des gens excita les plaintes les plus vives de la part du commerce français. Le 15 juin 1761, les députés du conseil royal réclamèrent, en faveur des armateurs et des propriétaires des cargaisons, la protection du duc de Choiseul. Ce ministre leur promit que l'objet de leur nulle part il ne l'a conseillé. Le démon qui l'inspirait ne l'avait pas instruit de toutes ses malices. Na-

réclamation serait un des premiers qui entreraient dans la négociation pour le rétablissement de la paix : en effet, M. de Bussy, qui d'abord, en 1761, avait été chargé de la négociation des préliminaires, reçut dans son instruction l'ordre d'y comprendre la restitution des prises faites par la Grande-Bretagne *avant la guerre*. Les événements de la campagne nous ayant été défavorables, la mission de M. de Bussy en Angleterre fut sans résultat. En septembre 1762, le duc de Nivernais retourna à Londres pour ouvrir de nouvelles négociations, et parvint à conclure des préliminaires de paix qui furent signés le 3 novembre suivant. Dès le 23 septembre, cet ambassadeur avait proposé un article pour les restitutions des prises qui avaient eu lieu *avant la déclaration de guerre*. Cet article était le 13e du projet de convention. N'ayant pas réussi à l'y faire insérer, le duc de Nivernais le reproduisit lors de la discussion du traité définitif, mais toujours sans succès.

Voilà pour la guerre de 1755.

Il ne nous est pas prouvé que lors de la guerre d'Amérique, l'Angleterre ait fait précéder son manifeste par des prises de vaisseaux français : elle voulait éviter la guerre et n'avait aucun intérêt à la commencer.

Au moment de la guerre de la révolution, en 1793, on s'attendait à des hostilités et le commerce français avait *joué serré*. Il y eut peu de prises : mais c'est à la rupture du traité d'Amiens qu'il y en eut un nombre considérable; entre autres deux sur les côtes de France, pendant qu'on négociait encore. On voit dans le Moniteur, an onze (1803), tom. 28, les pièces que Napoléon fit publier à cette époque ; il faut lire particulièrement la déclaration où il annonce qu'il s'est vu forcé, pour user de représailles, de constituer prisonniers de guerre tous les Anglais enrôlés dans la milice, et se trouvant sur le territoire français. La déclaration porte ces expressions remarquables :

« Le gouvernement anglais a commis cet acte d'hostilité sans déclaration de
« guerre, sans aucune des formes voulues par les nations policées, et convenues
« entre elles, et en suivant les odieux principes d'un *droit public* qu'il a créé
« pour lui seul et qui est *en tout barbare*..... Le peuple français se doit d'agir
« avec l'Angleterre comme elle agit avec la France. Trop long-temps l'Europe a
« eu une conduite différente ; c'est spécialement ce qui a autorisé l'Angleterre à
« se constituer pour elle seule *un droit public* auquel elle est si fort accoutumée
« aujourd'hui, que tout acte de juste réciprocité lui paraît une injustice. »

Ce n'est pas tout, une grande quantité d'Anglais professent encore la même doctrine ; on ne peut discuter sur ce point avec eux : ils disent que tout doit rester comme auparavant, parce que cela *est de droit et qu'il y a des précédents*, et que seulement, si on voyage en France, il faut être prêt à gagner un port, ou l'Espagne, ou Turin, ou la Suisse, ou la Belgique, et ne s'aventurer que dans les environs de ces refuges : des officiers de marine, des commerçants,

CHAPITRE XXII. 345

poléon a vengé cette injure par un coup de politique terrible, en faisant arrêter (justes représailles!) les

de jeunes et belles dames défendent cette cause dans des conversations animées. J'ai vu un bien estimable lapidaire anglais, habitant une maison de la place Dauphine, à Paris, depuis un très-grand nombre d'années, soutenir avec une excessive vivacité ces mêmes principes. Enfin, après avoir trouvé chez une grande quantité de sujets de l'Angleterre une telle prétention hautement avouée (et les vains efforts que fit M. de Nivernais dans sa négociation, le prouvent bien), j'eus le bonheur d'entretenir sur ce sujet à Rome lord Moira, marquis d'Hastings, ancien gouverneur-général des Indes, à qui je demandai s'il avait lu aux archives de la Tour de Londres un morceau inédit du secrétaire Florentin, *gardé très-secret*, et qui réglait la politique anglaise, pour certaines précautions à prendre avant les déclarations de guerre. Le marquis d'Hastings sourit, accepta la conversation, blâma très-franchement cette odieuse coutume, et avoua qu'elle avait été conseillée pour donner un moment de joie aux commerçants de Londres, rivaux de ceux de la France, pour animer les marins, et répandre dans l'opinion des apparences d'avantages et de succès qui, en eux-mêmes, après tout, n'étaient que des violences dont on avait tôt ou tard à se repentir, surtout avec les nations à qui il est permis de conserver de la mémoire. Il est inutile de dire que le marquis d'Hastings se distinguait par le caractère le plus honorable, le plus généreux et par des manières vraiment royales.

On me demandera maintenant ce que pensent sur ce point les membres de l'opposition: j'en ai interrogé plusieurs; presque tous ont cherché à éviter de répondre.

Actuellement ce que je vais ajouter va paraître extraordinaire. Il y a cependant un pays où, en vertu d'un traité, il est convenu qu'une des puissances contractantes, une seule de ces puissances, pourra commencer *légalement* des hostilités, et que, quand elle sera dans les termes du traité, elle aura droit de s'emparer d'une proie équivalente à une somme quelconque dûment réclamée par cette puissance. Voici l'explication de ce mystère. Lorsque des bâtiments autrichiens de Trieste, de Fiume, de Venise ou de Raguse, sont capturés en mer par des Régences barbaresques, la cour de Vienne adresse ses plaintes à la sublime Porte, qui se dit suzeraine des Régences, et spécifie les indemnités ou les réparations dues pour une violation du droit des gens commise sur les sujets de l'Autriche qui est en paix avec le sultan. Si au bout de six mois, terme rigoureux, les hommes, le vaisseau, l'argent, la cargaison ne sont pas rendus, l'Autriche fait faire sur la frontière turque qui borde ses états une invasion officielle, *malgré la paix*, par un détachement de troupes qui saisit des bestiaux pour une valeur égale à celle de l'indemnité demandée à la Régence compromise. Ce butin rassemblé, quand on a saisi la valeur redemandée, et probablement un peu au-delà pour les appoints, le détachement se retire: le respect qui retient l'Autriche en deçà de ses poteaux *noirs et jaunes* de la fron-

Anglais qui voyageaient en France. Désormais, sans doute, on ne nous attaquera plus ainsi : cependant si jamais cela arrivait, je plains le ministre français qui ne suivrait pas l'exemple de Napoléon. D'ailleurs, comme il est certain que nous ne nous porterons jamais à un tel oubli des lois de la civilisation, il est à peu près raisonnable de penser que si nous avons jamais la guerre avec cette puissance, ce sera une guerre qu'on dénoncera dans les formes suivies depuis si long-temps entre les puissances du continent.

Enfin, quant à cette doctrine qui affranchit de toute fidélité à sa parole, rien n'est plus inutile aujourd'hui qu'une telle recommandation. Elle tombe, de soi-même, devant les circonstances où nous nous trouvons : l'Europe est régie ou par des gouvernements qui ne rendent compte qu'à eux-mêmes, ou par des gouvernements appelés constitutionnels.

Dans les premiers, on est difficilement admis auprès des princes; ils ne parlent que rarement, et jamais que d'après les données du système de leur ministère. Les ambassadeurs étrangers voient ces souverains dans des fêtes, où la conversation est libre et entière sur la musique, les poëmes que l'on représente, et sur mille sujets d'entretiens indifférents; dans des cérémonies où on ne dit que les paroles d'usage. Si le

---

tière se rétablit comme auparavant, et les négociants, sujets de l'empereur, se trouvent indemnisés.

Nous nous garderons de comparer cette conduite à celle des Anglais. Ici il y a convention, traité, stipulation positive ; l'Autriche est dans un droit qu'elle a invoqué justement et qu'on a reconnu. La Turquie avec cette manière de regarder comme ses sujets des beys qui ne la reconnaissent pas bien directement comme souveraine, paie cher le plaisir de défendre cette prétention; mais l'Autriche a raison, sa dette est seulement liquidée à la manière turque. C'est à la *Porte* à penser si dans tout ceci elle fait bien ce qui convient à son honneur et à sa dignité.

prince est plus facile et plus communicatif (car aujourd'hui les souverains sont tous, en général, plus affectueux, plus amènes, qu'ils ne se le permettaient auparavant), alors on sait d'avance qu'il a exprimé par bienveillance une opinion comme privée, qu'on rapportera si on veut dans une dépêche, mais seulement avec le degré d'importance que le prince y a attaché lui-même. La pensée du gouvernement local est dans les relations du ministre dirigeant ou de celui des affaires étrangères qui a pris les ordres du maître. C'est ce ministre seul qui a la parole, qui peut être cité, c'est celui-là seul qui écrit, et que l'on peut rappeler aux expressions qu'il a employées. S'il altère la vérité, s'il promet sans tenir, s'il retire ce qu'il a donné, c'est lui seul qu'il faut inculper : l'honneur du prince est sauf. Le prince ne peut, ne doit pas mentir ; tant de souverains l'ont dit ! Depuis Charles VII, si l'on excepte Louis XI, tant de rois de France en ont donné l'exemple ! Un livre sur de tels devoirs est inutile ; et depuis surtout que la politique est en quelque sorte collective, que les mêmes engagements ont été souscrits par plusieurs à la fois, en présence les uns des autres, à la suite de négociations où plusieurs sont intervenus, le chapitre XVIII de Machiavel est de nulle valeur ; il ne peut plus ni instruire, ni corrompre personne dans les gouvernements qui ne rendent compte qu'à eux-mêmes.

De plus s'il arrivait qu'un des princes de ces gouvernements voulût être, dans tous les détails, son propre ministre, ainsi que l'ont été Frédéric-le-Grand et Gustave III, ainsi que le sont encore à peu près en ce moment le roi de Bavière et le roi de Wurtemberg, souverains de pays qui ne sont qu'au quart constitutionnels, comme ce serait alors ce prince (nous parlons, on le voit bien, sous le rapport des affaires étrangères) qui aurait fait remettre les notes, donné les assurances verbales, promis les avantages, sollicité ou accordé les subsides, ou fait entrevoir un appui, que n'aurait-il pas à redouter s'il ne *prenait pas soin de sa parole*, et s'il méritait *en personne* la qualification de parjure? Mais aujourd'hui les rois savent très-bien ne pas se compromettre: si les peuples croient avoir mieux appris leur *métier de peuple*, il n'a certainement pas été fait moins de progrès dans l'art de remplir le *métier de roi*.

Les souverains qui sont leurs propres ministres, savent ce qu'ils font. Ceux qui ont arrêté et approuvé un système à suivre en leur nom pour les affaires du dehors, parce qu'ils se sont sagement réservé un travail et un examen direct et circonstancié sur les affaires intérieures, ces princes ne peuvent pas être accusés, et le reproche ne doit arriver jusqu'à leur personne que s'ils conservaient obstinément un ministre qui aurait osé déshonorer leur service. Celui-ci s'en garde bien, parce qu'il n'est ni un sot ni un malhabile; et l'on voit qu'il agit sous une responsabilité mille fois plus positive que celle qui semble devoir peser sur les ministres du petit nombre des pays franchement soumis à des *constitutions*.

Voilà donc Machiavel sans venin pour les gouvernements qui ne rendent compte qu'à eux-mêmes.

1515. Les autres gouvernements de l'Europe qui sont appelés constitutionnels, n'ont pas plus à trouver, dans le chapitre coupable *des Principautés*, un danger ou un système d'avertissement quelconque: le prince parle là moins que dans un autre gouvernement, ou s'il parle, on sait qu'il pourra être contrarié dans ses vues par un conseil qui n'est pas toujours de son avis,

CHAPITRE XXII. 349

qu'il ne peut pas toujours renvoyer, et qui souvent attache quelque orgueil à se montrer indépendant. Il y a ou il doit y avoir dans cette sorte de gouvernements quelque chose qui dépasse et laisse bien loin toute application de la doctrine de notre secrétaire : pour eux, il ferait d'inutiles dépenses de logique et d'accusation du cœur humain. En général, à moins de circonstances fort rares à rencontrer, un ministère suit le système avec lequel il est entré dans les affaires; il prend, de ce qui existait, ce qui lui plaît, il repousse ce qu'il ne veut pas. Il n'y a pas à le taxer de calculs insidieux et perfides : il ne continue pas la partie, il donne des cartes nouvelles, et déclare comment il entend jouer; il dit au négociateur étranger : « A présent que me demandez-vous? Cela? je ne le « reconnais pas : vous avez traité sur ces bases avec « mes prédécesseurs; il vous l'ont accordé, et ils ne « m'ont pas confié les motifs qui les ont déterminés « à agir ainsi. Je ne veux rien ou peu de ce qu'ils ont « fait; peut-être consentirai-je à garder quelques-unes « des clauses : je repousse l'ensemble. Si vous voulez « vous entendre avec moi, voici mes conditions et « mes données. » Dans cet état de choses, où, comment, quand peut-on invoquer une foi directement engagée? le donneur de foi a disparu; il est prêt encore peut-être à maintenir sa parole, mais il n'a plus le pouvoir. Il y a tels pays qui le voient, ou misérable, ou repoussé, ou maire de son village. Le *rompeur* de foi, il n'y en a pas. Il a été donné une foi conditionnelle, une parole moralement viagère; cette parole est morte. Le nouveau ministère reprend : « Faites-moi la guerre, « si vous voulez que je pense comme celui que j'ai « remplacé : si la guerre n'est ni dans vos arrange- « ments ni dans vos convenances, jusqu'à ce que vous

« soyez prêt à la faire, entendons-nous, et réglons
« des bases qui, j'en suis bien marri et déjà honteux,
« mourront avec moi. »

1515. Tout ceci nous dispense d'attaquer avec amertume les principes du secrétaire, consignés dans le chapitre XVIII. La morale n'a plus ou presque plus rien à y voir aujourd'hui; il n'est plus permis de mentir. « Un diplomate qui suivrait de telles maximes serait le jouet de son pays et des autres nations; l'homme en place qui passerait pour manquer à sa parole, qui se complairait dans cette politique d'une si petite échelle, comparaîtrait devant un tribunal qui rend aussi ses arrêts : mille journaux proclameraient tous les matins ses nouvelles perfidies. On ne tromperait pas trois fois sans être démasqué. Aujourd'hui les principaux diplomates de l'Europe sont des hommes aussi distingués par la droiture de leur esprit que par leurs talents; et la société ne reçoit-elle pas tous les jours, dans son sein, des ministres qui souvent ont, le matin même, discuté les affaires de l'État? Là, les femmes, les hommes de lettres, les propriétaires d'une fortune indépendante, les bons esprits, mille puissances diverses feraient justice du menteur et de l'impie[1]. » Reste dans Machiavel l'observateur profond, le dialecticien concis, le raisonneur ingénieux, l'écrivain énergique; mais certainement il n'a plus de venin qui puisse désormais donner la mort : la doctrine doit être renvoyée à sa date historique. L'Italie était remplie de scènes de désolation et de méchanceté flagrantes; l'histoire dont on venait de découvrir les trésors jusqu'alors à peu près enfouis, et dont on commençait à répandre

---

[1] Biographie universelle, art. Machiavel. J'ai demandé la permission de reprendre quelquefois ce qui est à moi. Voy. chap. 1, pag. 5.

les récits par l'imprimerie naguère découverte, n'était dans sa plus grande partie qu'une longue série d'abominations et de scélératesses; les despotes, les républiques, le gouvernement des Romains lui-même, à travers quelques hautes vertus de courage et de magnanimité, n'avaient pas toujours donné de louables exemples. Machiavel, assis la plupart du temps entre Denys le tyran et César Borgia, ne voyait, ne devait voir qu'un tel spectacle; trop convaincu de la méchanceté ancienne et de la méchanceté récente des hommes, il pouvait parler comme il a parlé : mais le droit public de l'Europe, depuis François Ier, Henri IV, Léon X, Urbain VIII, depuis tant d'autres grands souverains, tant de ministres vertueux d'Allemagne, d'Espagne, de Russie, de Suède, de Danemark, et quelquefois d'Angleterre, est devenu une religion dont on a en général respecté les sages décrets. Il a été commis cependant, à la fin du dernier siècle et au commencement de celui-ci, de grandes iniquités; mais, excepté une seule, jusqu'ici elles ont été funestes, si ce n'est à tous, au moins à quelques-uns de ceux qui y ont pris part. Sans parler du partage de la Pologne que l'on a coloré de nécessité politique, et qui n'est pas un procès fini, dans l'intérêt des puissances co-partageantes, le massacre des Mamelouks, l'invasion de l'Espagne en 1808, sont deux crimes politiques modernes bien noirs; mais Napoléon a payé cher son expédition d'Espagne : de graves désastres dans cette péninsule lui ont bientôt prouvé avec quelle imprudence il s'était laissé aller à la fausse satisfaction d'attirer dans ses piéges le fils, sous prétexte de le faire expliquer avec le père.

Quant à l'iniquité du Caire, ce crime d'un nouveau Borgia contre d'autres Oliverotto, ce crime qui n'a pas été puni, il peut avoir un jour son châtiment, quelle que soit l'apparente prospérité qui seconde aujourd'hui les desseins du sujet rebelle de Mahmoud. Le châtiment manqua-t-il à Christian II? ses assassinats furent punis par une prison de plusieurs années dans un donjon dont la porte était murée.

Lorsqu'un homme force les conséquences de ses raisonnements, il doit lui arriver d'oublier ce qu'il a dit, et de ne pas s'apercevoir qu'il va être obligé de dire peut-être le contraire de ce qu'il vient d'avancer; car, encore une fois, l'homme doué d'une raison vigoureuse et éclairée, finit toujours par la retrouver pour guide : c'est ce que va éprouver Machiavel dans son chapitre XIX, où le chef est averti qu'il doit fuir le mépris et la haine. Y a-t-il rien qui inspire plus le mépris et la haine qu'une association continuelle de mensonges et de perfidies? Aussi ce chapitre XIX semble dire : « Je vais rétracter le chapitre XVIII. »

Machiavel poursuit sa marche.

« Il se rend odieux, comme je l'ai dit, en se montrant rapace, usurpateur des biens, des femmes de ses sujets, ce dont il doit s'abstenir. Chaque fois qu'à la généralité des hommes on n'enlève ni les biens, ni l'honneur, ils vivent contents, et il n'y a à combattre que l'ambition d'un petit nombre que l'on refrène de mille manières, avec facilité. Un prince est abject quand il passe pour être variable, léger, efféminé, pusillanime, irrésolu, ce dont il faut qu'un prince se garde comme d'un écueil : ce qu'il faut qu'il recherche dans ses actions, c'est qu'on y rencontre toujours *grandeur, courage, gravité, force;* c'est que, relativement aux manéges de ses sujets, il veuille que sa sentence soit irrévocable, et qu'on voie se maintenir l'opinion qu'il ne faut pas penser à le tromper. »

Ici Machiavel décrit la difficulté d'une conspiration, et il en parle en homme qui avait été témoin de toutes les conjurations qui se répétaient alors chaque jour dans différents états. On lira aussi avec plaisir son sentiment sur la situation de la France d'alors.

« Parmi les gouvernements bien tenus et bien réglés de nos temps, il faut distinguer celui de la France ; il s'y trouve une foule de bonnes institutions, d'où dépendent la liberté et la sûreté du roi : la première est le parlement et son autorité. Celui qui a réglé ainsi ce royaume, connaissant l'ambition des puissants et leur insolence, jugeant qu'il était nécessaire de leur mettre dans la bouche un frein qui les châtiât, et en outre connaissant la haine du peuple en général contre les grands, haine fondée sur la peur, et cherchant enfin à y mettre une digue, n'a pas voulu que ce soin fût confié au roi ; il a désiré lui ôter cet embarras qu'il aurait eu avec les grands en favorisant le peuple, et avec le peuple en favorisant les grands. Il a donc constitué un tiers juge qui devait, sans que le roi intervînt, abattre les grands et relever les petits. Une telle institution ne pouvait être ni meilleure ni plus prudente, ni un plus ferme appui de la sûreté du roi et du royaume ; il en résulte un bien notable : les rois sont dans la nécessité de faire administrer, par d'autres, les choses de devoir pénible, et de se réserver à eux les choses de grâce. Je conclus de nouveau qu'un prince doit estimer les grands, mais ne pas se faire haïr du peuple. »

Nicolas appuie encore son opinion d'une quantité considérable d'exemples pris dans l'histoire romaine. En parlant de Septime Sévère, il revient à ses définitions favorites qu'on aurait pu prendre d'abord pour une moquerie ; il le représente comme un lion féroce et un renard très-astucieux : des Romains il passe aux institutions des Turcs, et à ce sujet, il fait cette comparaison singulière.

« Il est à remarquer que l'état du Soudan ne ressemble à aucune des autres principautés, parce qu'il ressemble au pontificat chrétien, lequel ne peut s'appeler ni *principat hé-*

réditaire, ni *principat nouveau*, parce que ce ne sont pas les enfants du vieux prince qui sont héritiers, et qui restent les maîtres, mais celui-là qui est élu à cette dignité par ceux qui ont le droit d'élire; ensuite cette principauté ayant pour elle les sanctions du temps, ne peut pas s'appeler *principauté nouvelle* : elle n'a aucune des difficultés qui sont dans les états nouveaux. Le prince est nouveau, mais les institutions sont vieilles, et disposées à le recevoir comme s'il était le seigneur héréditaire. »

Nous avons peu de passages à extraire du chapitre XX : il y demande si les forteresses ou beaucoup d'autres dépenses que font les princes sont utiles ou préjudiciables; nous y trouvons cependant ce passage digne d'attention.

« Les princes, et particulièrement ceux qui sont nouveaux, trouvent plus de foi et plus d'utilité dans les hommes qui au commencement de leur autorité ont été suspects, que dans ceux qui, lors de ce même commencement, méritaient leur confiance. »

A l'égard des forteresses, il ne prend pas un parti déterminé, mais il blâme quiconque, à l'abri de ces forteresses, croirait pouvoir braver la haine du peuple.

Dans le chapitre XXI, Machiavel parle de Ferdinand d'Arragon, et retrace une partie des arguments qu'il a présentés en sa faveur dans une des lettres à François Vettori : du reste, la description des entreprises de Ferdinand est plus animée, plus poétique, plus éloquente, il me semble, dans cette lettre, que dans le chapitre. Ses opérations, d'ailleurs, contre les Maures, que la lettre ne retrace pas, sont taxées ici de cruauté. Suit une sorte de critique indirecte assez vive de la conduite indécise que tint Florence dans les derniers événements. Ce morceau annonce encore du courage, car le raisonnement est celui-ci : Si on avait fait autrement à Florence, les Médicis n'auraient pas triomphé. Il finit par ce conseil d'un bon exemple, par lequel il prouve qu'on doit quelquefois aussi se laisser aller aux impulsions de la générosité.

« Dans des temps de l'année convenables ; il faut tenir les peuples occupés de fêtes et de spectacles ; et comme chaque ville est partagée en Arts ou Tribus, il faut faire compte de ces corps de métiers, se réunir à eux quelquefois, donner des preuves de politesse et de munificence, en conservant cependant toujours la majesté de sa dignité; car cette majesté ne doit jamais être altérée en aucune chose. »

Ceci modifie l'opinion que Machiavel a manifestée dans le chapitre sur les princes libéraux et parcimonieux. L'auteur me paraît aussi avoir en vue de rappeler la conduite de Louis XI, qui, dans les premiers temps de son règne, tenait une semblable conduite à Paris, dînait avec les bourgeois, adressait des paroles agréables à leurs femmes, leur permettait de porter certaines parures réservées aux conditions plus élevées, et se montrait ainsi facile et populaire.

Nous voyons actuellement Nicolas sur le terrain de sa propre ambition ; c'est de lui qu'il va nous entretenir ; c'est pour lui qu'il va plaider dans son chapitre sur les secrétaires des princes : toutefois, après avoir annoncé qu'il traitera la question des secrétaires des princes, il ne parle que de leurs ministres. En Italie, le titre de secrétaire d'état est encore autant en usage qu'il l'a été chez nous ; ceci explique aussi pourquoi il a employé l'expression de secrétaire.

« Comment un prince peut-il bien connaître son ministre ? il y a un moyen qui ne trompe jamais. Quand tu vois ton ministre [1] penser plus à lui qu'à toi, et que dans toutes ses

---

[1] Ici on peut dire que l'auteur parle à Laurent II lui-même.

actions il recherche son propre avantage, sois sûr qu'un homme ainsi fait ne sera jamais un bon ministre, et que tu ne pourras jamais t'y fier; car celui qui a dans ses mains l'état d'un autre, doit ne jamais penser à soi, mais au prince, et ne doit lui rien rapporter qui n'appartienne au prince. D'un autre côté, le prince, pour maintenir bon son ministre, doit penser à lui, l'honorer, l'enrichir, lui accorder des bienfaits, lui donner des honneurs et des charges, afin qu'il voie qu'il dépend du maître, afin que beaucoup d'honneurs ne lui fassent pas désirer plus d'honneurs, que beaucoup de richesses ne lui fassent pas désirer plus de richesses, et que beaucoup d'emplois lui fassent craindre les mutations. Quand les ministres, et les princes à l'égard des ministres, sont ainsi faits, ils peuvent se fier l'un à l'autre; lorsqu'il en est autrement, la fin est toujours funeste ou pour l'un ou pour l'autre. »

Machiavel n'a pas craint de dire aux Médicis, que si jamais ils lui confiaient le soin de leurs affaires, il ne voulait avoir à leur rien indiquer désormais pour le soin de sa fortune; mais comme ce qu'il dit est plein de sens et de raison, il a bien fait de ne pas s'arrêter devant la petite considération de paraître servir son intérêt personnel.

1515. On doit fuir les adulateurs (chapitre XXIII).

« Je parle des adulateurs dont les cours sont pleines: les hommes se complaisent tellement dans leurs propres sentiments, et se trompent tellement eux-mêmes, qu'ils se défendent difficilement de cette peste, et en voulant s'en défendre, ils courent risque de devenir méprisés. Il n'y a pas d'autre moyen de se garder des flatteries, que de bien établir qu'on n'est pas offensé d'entendre la vérité. Cependant, lorsque chacun peut te dire la vérité, bientôt on te manque de respect: un prince prudent doit donc employer une troisième manière; il doit choisir dans son état des hommes sages, et c'est à ceux-là seuls qu'il doit donner le privilége de lui dire toute la vérité dans les choses sur lesquelles il interroge, et non dans d'autres. Cependant encore il doit la demander, la vérité, surtout entendre les opinions, et puis délibérer avec lui-même à sa manière. Au milieu de ces conseils et avec chacun de ces conseillers il doit se conduire de telle sorte que chacun reconnaisse que plus il parlera librement, plus il sera agréable ; ensuite, après ceux-là, il ne faut pas en entendre d'autres, il faut suivre la chose convenue, et tenir à ses décisions : qui fait autrement se perd avec les adulateurs, ou change d'avis par la variété des opinions, d'où il arrive qu'il est peu considéré. »

« Un prince doit être large demandeur, et après, sur les choses demandées, patient auditeur de la vérité, et si quelqu'un, par respect, ne la lui dit pas, il doit s'en fâcher. »

Il arriva à l'empereur Napoléon, un jour dans son conseil d'état, où il désirait être combattu sur une question importante, de dire au moment où on recueillait les opinions : « Passez, passez monsieur, il est toujours de mon avis. » 1515.

Napoléon voulait entendre des raisons contre ce qu'il proposait, et il pensait que le conseiller qu'il indiquait allait être trop ingénument de l'avis impérial.

Machiavel conclut ainsi :

« Les bons conseils, de quelque part qu'ils viennent, doivent naître de la prudence du prince, et la prudence du prince ne doit pas naître des bons conseils. »

Il donne actuellement son opinion sur cette demande : « *Pourquoi les princes d'Italie ont-ils perdu leurs états ?* »

« Les choses susdites observées prudemment font paraître ancien un prince nouveau, et le rendent sur-le-champ plus sûr et plus ferme que s'il avait l'appui du temps. »

« Les princes d'Italie, le roi de Naples, le duc de Milan et d'autres ont perdu leurs états, parce que, dans des temps tranquilles, ils n'ont pas pensé à la tempête. Dans l'adversité, ils ont pensé à fuir et non à se défendre, espérant que les peuples, fatigués de l'insolence du vainqueur, les rappelleraient : ce parti, quand les autres manquent, peut être bon, mais c'est mal d'avoir négligé les autres précautions que l'on pouvait prendre auparavant. Voudrais-tu tomber, parce que tu croirais qu'un autre te relèvera? mais il n'arrive pas toujours qu'on soit relevé, et si cela arrive, c'est aux dépens de ta sûreté; car cette défense a été vile et n'a pas dépendu de toi. Les seules défenses bonnes, certaines et durables, sont celles qui dépendent de toi-même et de ton courage. »

Le chapitre de la fortune est un admirable morceau de philosophie (chapitre XXV). Machiavel a déjà dit quelque chose de très-remarquable sur la fortune, dans sa célèbre lettre à Vettori, où il annonce le livre *des Principautés*. Il va prendre un langage plus élevé, et s'inspirer de Tacite, de Gratien, de Patercule et de Sénèque. Il porte son coup d'œil d'aigle sur tout ce que la fortune peut dans les choses humaines, et il cherche les moyens qu'il est permis d'employer pour résister à ses coups.

« Je sais que beaucoup d'écrivains ont été et sont dans l'opinion que les choses du monde sont gouvernées par la fortune et par la volonté de Dieu, de manière que les hommes, avec leur prudence, ne peuvent les détourner de leur cours, et qu'il n'y a aucune résistance à tenter, d'où ces écrivains concluraient qu'il n'y a pas à s'épuiser pour arrêter ces événements, et qu'il faut se laisser gouverner par le sort. Cette opinion a été encore plus répandue de notre temps, à cause de la grande variation des choses qui se sont vues et qui se voient en dehors de toute conjecture humaine : pensant à cela quelquefois, je me suis, en partie, rangé à cette opinion. Cependant, afin que notre libre arbitre ne soit pas détruit, je juge qu'il peut être vrai que la fortune soit l'arbitre de la moitié de nos actions, et puis encore qu'elle nous laisse gouverner l'autre moitié ou un peu moins. Je la compare à un de ces fleuves rapides qui, lorsqu'ils s'irritent, inondent les plaines, renversent les arbres et les édifices, entraînent les terres d'un côté, et les portent de l'autre: chacun fuit devant leur fureur, tout cède à leur impétuosité sans pouvoir résister en aucune partie; et quoiqu'il en arrive ainsi, cependant les hommes, quand les éléments sont calmes, peuvent préparer des chaussées et des digues, de manière qu'à une crue nouvelle les eaux suivent le cours d'un canal, ou que du moins leur fureur ait moins d'intensité, et cause moins de dommages. Il en est ainsi de la fortune, laquelle démontre sa puissance là où on n'a pas disposé de forces pour lui résister; elle porte ses attaques là où ne sont pas préparées les chaussées et les digues qui peuvent la contenir. »

« Si vous considérez l'Italie, qui est le siége de ces variations et la contrée qui leur a donné le mouvement, vous verrez que c'est une campagne sans digues et sans chaussées: si elle était disposée avec les préparations convenables, comme sont l'Allemagne, l'Espagne et la France, ou cette inondation n'aurait pas fait les variations qu'elle a causées, ou elle ne serait pas survenue. »

« Je me contente d'avoir dit cela pour ce qui concerne l'opposition à la fortune en général. »

« Actuellement, me restreignant dans des considérations particulières, je dis qu'on voit tous les jours tel prince être heureux, demain périr sans qu'il y ait rien de changé dans sa nature et dans sa *qualité:* cela naît, je crois, des causes qui ont été précédemment et longuement déduites, c'est-à-dire que le prince qui compte entièrement sur la fortune, périt quand elle vient à varier. Je crois ensuite au bonheur de celui qui rencontre le moyen de combiner sa conduite avec les circonstances des temps, et à l'adversité de celui qui combine ses procédés en contradiction avec les temps. On voit les hommes, dans les choses qui les conduisent au but que chacun a devant soi, c'est-à-dire, la gloire et les richesses, procéder d'une manière différente : les uns s'avancent avec circonspection, les autres avec impétuosité; l'un par la violence, l'autre par l'art; l'un par la patience, l'autre par le contraire, et chacun par ces différentes chances peut y arriver. On voit encore que de deux qui suivent la même route, l'un parvient à son but, l'autre n'y parvient pas; également, deux sont heureux, quoiqu'ils aient eu recours à deux voies diverses, l'un ayant été mesuré, l'autre impétueux : cela ne provient que de la qualité des temps qui se conforment ou non à leur conduite. Ainsi, deux qui opèrent diversement, parviennent au même résultat, et de deux autres qui ont opéré de la même manière, l'un atteint son but, l'autre ne l'atteint pas. De cela dépend encore la variation du succès : si à celui qui emploie la mesure de la patience, les temps et les choses tournent de manière que son gouvernement soit bon, il prospère; mais si les temps et les choses changent, il périt, parce qu'il ne change pas de manière d'agir : il n'y a pas d'hommes assez prudents pour savoir s'accommoder à cela, ou parce qu'on ne peut pas dévier de son inclination naturelle, ou parce qu'ayant prospéré dans une précédente marche, on ne peut pas se persuader qu'il soit utile de s'en départir : et d'ailleurs, l'homme circonspect, quand le temps est arrivé d'en venir à l'impétuosité, ne sait pas s'y résoudre, ce qui le fait périr. Enfin, si l'on pouvait changer de nature avec le temps et les choses, on ne changerait pas de fortune. »

« Le pape Jules procéda dans toutes ses actions avec impétuosité, et trouva les temps et les choses si favorables à sa manière de procéder, qu'il réussit dans toutes ses vues. Considérez la première entreprise qu'il fit contre Bologne pendant que vivait encore messer Jean Bentivoglio : les Vénitiens se montraient mécontents ; le roi d'Espagne était offensé, il se voyait obligé d'entrer en explication avec la France pour ce projet, et lui, néanmoins, avec sa fierté et son impétuosité, il entreprit personnellement cette expédition. Ce mouvement rendit incertains et immobiles l'Espagne et les Vénitiens ; ceux-ci étaient mus par la peur, celle-là par le désir de recouvrer tout le royaume de Naples. De l'autre côté Jules tira à lui le roi de France; ce roi le voyant en mouvement, et désirant s'en faire ami pour abaisser les Vénitiens, jugea qu'il ne pouvait lui refuser ses troupes, sans l'injurier manifestement : Jules obtint donc par sa demande impétueuse ce qu'aucun autre pontife, avec toute la prudence humaine, n'aurait pu obtenir. S'il avait attendu pour partir de Rome que toutes les conclusions fussent arrêtées et toutes les choses disposées, comme aurait fait tout autre pape, rien ne lui réussissait : le roi de France aurait allégué mille excuses; ceux-là auraient suscité mille peurs. Je ne parle pas de ses autres actions, qui toutes furent semblables : toutes lui ont prospéré; la brièveté de sa vie ne lui a pas laissé connaître le contraire. S'il fût survenu de ces temps qui demandent de la circonspection, ils auraient amené sa ruine, parce qu'il n'aurait jamais abandonné les voies auxquelles le portait son naturel. Je conclus que la fortune variant, et les hommes restant obstinés dans leur manière d'agir, il y a bonheur, si les temps et cette manière concordent ensemble, et malheur, s'ils ne concordent pas. Je pense, moi, qu'il est mieux d'être impétueux que circonspect; la fortune est femme; il est nécessaire, si on veut la dominer, de la heurter et de la battre, et l'on voit qu'elle se laisse plus mener par les premiers que par ceux qui procèdent autrement : d'ailleurs, comme femme, elle est amie des hommes jeunes qui sont moins circonspects, plus fiers et qui commandent avec plus d'audace. »

Dans ces préceptes généraux, qui auraient pu se terminer peut-être d'une manière un peu plus grave, nous ne trouvons plus rien qui ne soit d'une instruction salutaire et agréable. Le commencement de ce morceau offre des images poétiques empruntées du Dante.

1515.

Il y a cependant à dire ici, relativement à la fin de ce chapitre, et à cette explication des bizarreries de la fortune, qui choisit au hasard, et souvent dans les mêmes situations, ses favoris et ses victimes, qu'en vérité les hommes sont souvent dans l'impossibilité de se bien conduire, et qu'une grande partie des conseils qu'on leur a donnés plus haut devient presque tout-à-fait inutile. J'imagine toutefois que je me trompe : car un homme du talent de Machiavel n'aurait pas pu garder pour ses derniers raisonnements ceux qui feraient crouler tout l'échafaudage des premiers.

Le chapitre par lequel finit le livre est comme un élan de patriotisme tout-à-fait national. On y trouve une exhortation à délivrer l'Italie des barbares. Ne nous abusons pas; ces barbares, c'est nous d'abord, nous Français, comme les plus formidables, puis les Allemands, puis les Espagnols, puis les Suisses, et enfin les Anglais (comme ils sont venus moins souvent en Italie, ils sont moins barbares que nous). Cette boutade passée, le ton du dissertateur sévère va s'adoucir; quelque chose d'une politesse fine et ingénieuse va s'échapper de la plume de l'austère publiciste : il ira plus loin, il finira comme il a commencé; il cherchera à capter la bienveillance de Laurent II. Le sentiment de flatterie qui apparaîtra tout-à-coup dans cette conclusion générale, est tellement exagéré, qu'il fallait bien que Machiavel crût n'écrire que pour les Médicis seuls, ou pour un petit nombre de leurs confidents : dans ce cas, on a quelquefois la faiblesse d'outrer la mesure. Rien n'annonçait alors, et ne pouvait annoncer que Laurent II ou tout autre de sa famille pût songer à devenir maître de l'Italie, même avec l'appui de Léon X. Le temps que la nature accordait encore pour la vie du pontife, ne suffisait pas pour entreprendre et espérer de conserver une pareille conquête, surtout au moment où un Médicis rétabli à Florence

CHAPITRE XXII.

avait à se garder de troubles domestiques, au moment où l'amour de la *nouveauté* qui avait combattu pour lui et les siens commençait à combattre contre eux, au moment où il ne commandait plus à un peuple animé par l'enthousiasme de l'indépendance. Mais le livre *des Principautés*, adressé en secret au chef actuel de l'autorité, pouvait contenir en résumé ces vœux d'un Italien, qui étaient en définitive honnêtes et raisonnables, à la qualification près de *barbares*, que l'on ne méritait pas autant dans le reste de l'Europe.

Il semble ici, au premier aspect, que Machiavel n'étant plus soutenu par la haute sévérité de son caractère et de son talent, ne veut pas chercher à persuader Laurent II, avec des propositions d'une dialectique serrée : il s'est assez servi de pareilles armes. Ce qui va terminer son ouvrage, et couronner une composition, d'une si grande importance, c'est une inspiration touchante, remplie de charmes et de poésie biblique, où se glissera vers la fin jusqu'à un plan militaire à suivre dans les circonstances du jour : aussi tout l'homme et toute cette vaste intelligence apporteront leur tribut dans ce résumé à la fois gracieux, poétique, nourri des sucs de l'histoire, semé encore de ces surprises logiques qui captivent l'attention, enfin assaisonné de cette érudition guerrière dont nous examinerons les idées justes et hardies à mesure que nous avancerons dans notre longue entreprise. Tout cela se groupe dans ce dernier chapitre.

« Ayant considéré toutes les choses dont je viens de parler, et cherchant avec moi-même si présentement en Italie couraient des temps où un prince nouveau pût s'honorer, et s'il y avait matière à ce qu'un homme prudent et courageux introduisît de nouvelles formes qui fissent de l'honneur à l'un, et du bien à l'universalité des habitants de cette contrée, il me paraît que tant de choses concourent à favoriser un prince nouveau, que je ne sais pas quels temps plus favorables on pourrait choisir. Si, comme je l'ai déjà dit, il était nécessaire à qui voulait comprendre la vertu de Moïse, que le peuple d'Israël fût esclave en Égypte, à qui voulait comprendre la grandeur de l'ame de Cyrus, que les Perses fussent opprimés par les Mèdes, à qui voulait illustrer la puissance de Thésée, que les Athéniens fussent dispersés (dans cette dernière récapitulation il ne fait pas mention de Romulus, qu'il a cependant cité plus haut), présentement, pour celui qui voudra connaître les vertus d'un esprit italien, il était nécessaire que l'Italie fût réduite aux termes où elle est aujourd'hui ; qu'elle fût plus esclave que les Hébreux, plus asservie que les Perses, plus dispersée que les Athéniens, sans chefs, sans ordre, battue, dépouillée, déchirée, ravagée, et qu'elle eût supporté tous les genres de ruines. »

« Et bien que jusqu'ici il se soit montré quelque lueur propice, ou quelque homme à pouvoir laisser juger qu'il était envoyé de Dieu pour la rédemption de l'Italie, néanmoins on a vu ensuite dans le cours plus élevé de ses actions, que la fortune le réprouvait; de manière que, restée comme sans vie, elle attend quel pourra être celui qui pansera ses blessures, qui mettra fin à ses ravages, et aux saccages de la Lombardie (où se battent les Français et les Suisses), aux spoliations et aux contributions de la Toscane et du royaume, et qui la guérira de ses plaies depuis long-temps incurables. On voit comment elle conjure Dieu qu'il lui envoie quelqu'un qui la rachète de ces cruautés et de ces insolences *barbares*. On la voit toute prête et toute disposée à suivre ce drapeau, pourvu qu'il y ait quelqu'un qui l'élève, et on ne voit pas où elle peut mieux adresser son espérance qu'à votre maison illustre, qui avec son courage et sa fortune, favorisée de Dieu et de l'Église, dont un des siens est actuellement le prince, peut aujourd'hui se faire chef de notre rédemption. Cette entreprise ne sera pas difficile si vous examinez les actions et la vie des hommes que j'ai cités: bien que ces hommes soient rares et prodigieux, néanmoins ils furent hommes, et chacun d'eux eut une occasion moins favorable que l'occasion actuelle; leur entreprise ne fut pas plus juste que celle-ci, ni plus facile; Dieu ne fut pas plus ami pour eux qu'il ne l'est pour vous. Ici il y a grande justice. Elle est juste la guerre qui est nécessaire [1], et les armes sont sacrées, là où on n'espère plus qu'en elles. Ici il y a une très-grande disposition, et où il y a grande disposition, il ne peut exister grande difficulté, pourvu que vous preniez pour exemple ceux que j'ai proposés comme modèles (Moïse, Cyrus et Thésée); outre cela, ici on voit des signes extraordinaires, évidemment coordonnés de Dieu : la mer s'est ouverte, un nuage a tracé le chemin [2]; le rocher a jeté l'eau; la manne est tombée; toute chose a concouru à votre grandeur : le reste vous devez le faire vous-même; Dieu ne veut pas faire tout pour ne pas vous ôter le libre arbitre; une partie de cette gloire vous regarde. Ce n'est pas merveille si aucun des Italiens ci-dessus cités n'a pu faire ce qu'on peut espérer de votre illustre famille. Si dans tant de révolutions d'Italie, dans tant de manéges de guerres, il paraît toujours que la vertu militaire y est éteinte, cela naît de ce que ses institutions anciennes n'étaient pas bonnes et qu'il n'y a eu personne qui ait su en créer de nouvelles. Rien ne fait plus d'honneur à un homme nouvellement élevé que de nouvelles lois, de nouvelles institutions trouvées par lui : ces choses, quand elles sont bien fondées, quand elles ont en elles de la grandeur, le font respectable et admirable; et, en Italie, il ne manque pas de matière propre à recevoir une nouvelle forme. Ici la vertu est grande dans les membres si elle ne manque pas dans les chefs : ceux qui *savent* ne sont pas obéissants, et chacun a la prétention de *savoir*, parce que jusqu'ici il ne s'est montré personne qui se soit tel-

---

[1] Un ministre de Napoléon a été plus loin; il lui disait dans un rapport : « Tout ce que la politique demande, la justice l'autorise. » Où ne vont pas les conséquences d'une telle doctrine!

[2] Le poète! le poète!

lement élevé en courage et en fortune que les autres aient dû lui céder. Dans tant de temps, dans tant de guerres faites pendant les vingt dernières années, chaque fois qu'il s'est présenté une armée tout italienne, elle a toujours éprouvé des échecs ; les témoins sont le Taro, ensuite Alexandrie, Capoue, Gênes, Vaïla (Agnadel), Bologne, Mestre. Votre illustre maison voulant suivre ces hommes excellents déjà nommés qui rachetèrent leurs provinces, il est nécessaire qu'avant toutes choses, comme fondement de toute entreprise, elle se pourvoie de ses propres armes, parce qu'on ne peut avoir de soldats ni plus fidèles, ni plus vrais, ni plus braves : déjà chacun d'entre eux est bon ; ensemble ils deviendront meilleurs, quand ils verront leurs princes les commander, les honorer, les récompenser. Il est nécessaire aussi de se préparer à former ces armes, pour pouvoir, avec le courage italique, se défendre des étrangers. L'infanterie suisse et l'infanterie espagnole (voici l'écrivain militaire) sont réputées terribles ; néanmoins, dans les dispositions de toutes les deux, il y a un défaut : avec une troisième organisation on pourrait, non-seulement les arrêter, mais se flatter de les vaincre. Les Espagnols ne savent pas soutenir le choc des chevaux ; les Suisses craignent les fantassins quand ils en rencontrent qui sont aussi obstinés qu'eux au combat. On a vu et l'on verra par expérience les Espagnols ne pouvoir soutenir le choc d'une cavalerie française, et les Suisses être renversés par une infanterie espagnole : quoique pour cette dernière supposition on n'en ait pas une expérience entière, cependant on en a eu un échantillon à la journée de Ravenne, quand l'infanterie espagnole trouva devant elle l'infanterie allemande, qui conserve le même ordre que les Suisses ; les Espagnols, grace à l'agilité de leurs mouvements, et à l'abri de leurs boucliers, s'étaient engagés dans les piques des Allemands, et ils allaient les rompre sans que ceux-ci pussent se défendre : si la cavalerie française n'eût chargé les Espagnols, tous les Allemands étaient détruits. »

« On peut dire, actuellement que l'on connaît les défauts de l'une et de l'autre de ces infanteries, qu'il faut instituer une nouvelle disposition qui résiste aux chevaux, et n'ait pas peur des fantassins, ce qui sera obtenu, non par une nouvelle invention d'armes, mais par une variation d'autres dispositions : ce sont là de ces choses qui, nouvellement ordonnées, apportent réputation et grandeur à un prince nouveau. Il ne faut pas laisser fuir une occasion de créer à l'Italie un rédempteur, après tant de temps : je ne puis exprimer avec quel amour il serait accueilli dans toutes ces provinces qui ont souffert des irruptions étrangères ; je ne puis dire avec quelle foi obstinée, quelle tendresse, quelles larmes on le verrait accourir. Où sont les portes qu'on lui refuserait? quels peuples lui nieraient l'obéissance ? quelle envie s'opposerait à ses succès? quel Italien lui refuserait son respect? à tous répugne le *barbare* pouvoir. Que votre illustre maison prenne donc *le grand soin*, avec cette ame et cette espérance qui doivent accompagner les entreprises justes, afin que sous ses étendards cette patrie soit honorée, et que sous ses auspices on voie se vérifier ces vers de Pétrarque : »

« Le courage prendra les armes contre la fureur : le combat sera de courte durée; l'antique valeur n'est pas encore morte dans les cœurs italiens [1]. »

Voilà, sans aucune altération qui ait une grande importance, voilà le livre *des Principautés* de Machiavel. Voilà ce qu'on a appelé improprement le *Prince*, voilà la composition infernale, écrite avec la plume de l'ange déchu, et que tant de détracteurs ont combattue.

1515.

Le lecteur a sous les yeux tout le procès. A mesure que nous avons analysé le livre *des Principautés*, nous

---

[1] Virtù contro al furore
Prenderà l'arme, e fia 'l combatter corto,
Che l'antico valore
Negl' Italici cuor non è ancor morto.
Rime di Petrarca. Avignone, 1812, in-32, tom. I, cant. XXIX, pag. 113.

avons présenté des observations sur chacune des parties essentielles de cet ouvrage : nous allons voir Machiavel successivement modifier, abandonner, reprendre et offrir sous de nouveaux points de vue ses différentes doctrines, et nous conclurons, quand il aura lui-même paru arrêter des opinions définitives.

CHAPITRE XXIII.

L'examen des autres compositions de Machiavel nous appelle à de nouvelles méditations.

Après avoir bien recherché à quelle époque il faut rapporter deux ouvrages, l'un intitulé, *Ritratti delle cose della Magna*, l'autre, *Ritratti delle cose di Francia*, ouvrages évidemment enfants des mêmes veilles, et du même âge, je me suis convaincu qu'ils ne pouvaient pas appartenir aux époques où Machiavel revint de ses légations en Allemagne et en France.

Lorsqu'il rentra à Florence, de retour de sa légation auprès de l'empereur, il composa les notices dont nous avons parlé, et qu'il a intitulées : *Rapporto delle cose della Magna* et *Discorso sopra le cose d'Alamagna, e sopra l'imperatore*. Nous avons déjà examiné ces ouvrages. Il paraît que vers la fin de l'année 1515, il composa ses *Ritratti delle cose dell' Alamagna* et ses *Ritratti delle cose di Francia*. Ils ne peuvent pas appartenir à une époque de beaucoup antérieure, parce qu'il est question, dans tous les deux, de la bataille de Ravenne, gagnée par les Français le 11 avril 1512, peu de temps avant la révolution qui renversa Soderini.

1515.

Les *Ritratti* qui concernent l'Allemagne sont presque la répétition de l'ouvrage qui a pour titre *Rapporto delle cose della Magna*. Ce sont les mêmes jugements sur le caractère des Allemands, sur la richesse du trésor de leurs communes, leurs provisions, leur économie, etc. Celui-ci a été évidemment composé sur l'autre, mais beaucoup plus tard.

Pour ne rien perdre de ce qu'a écrit Machiavel, on a publié tous ces morceaux, et l'on a bien fait. J'ai remarqué cependant à la fin de celui-ci une information fort intéressante et toute nouvelle sur l'armée de ce pays. On voit que le goût de Nicolas pour l'érudition militaire le préoccupe sans cesse, et il en raisonne comme un réformateur habile.

« Les hommes d'armes allemands sont bien montés en chevaux, mais pesants; ils sont bien défendus dans la partie qu'ils ont coutume d'armer; pourtant il est à noter, que dans une affaire entre des Français et des Italiens, ils n'auront pas l'avantage, non à cause de la qualité des hommes, mais parce qu'ils ne couvrent le cheval d'aucune armature; leurs selles sont petites, faibles, sans arçons : au moindre choc ils tombent par terre. Une autre chose les rend encore plus faibles, c'est que du corps en bas, c'est-à-dire vers les cuisses et les jambes, ils ne se couvrent pas d'armes : ne pouvant résister au premier choc dans lequel consiste l'importance des hommes et du fait d'armes, ils ne savent pas résister à l'arme courte, pouvant être blessés eux et leurs chevaux dans les parties désarmées. Chaque fantassin, avec sa pique, peut les faire tomber de cheval et les éventrer; ensuite les chevaux, mal conduits, tombent. »

1515. « L'infanterie est très-bonne; ce sont des hommes de belle stature, au contraire des Suisses, qui sont petits et mal soignés, et qui n'ont aucune prestance; mais en général, on ne les arme que de piques ou de la dague pour les rendre plus prompts, plus vifs et plus légers. Ils ont coutume de dire qu'ils font ainsi, parce qu'ils n'ont d'autre ennemi que l'artillerie, contre laquelle une cuirasse, un corselet, un gorgerin, ne peuvent rien : ils ne craignent pas les autres armes, et disent encore qu'ils tiennent un tel ordre qu'il n'est pas possible de pénétrer dans leurs rangs, ni de s'approcher qu'à la longueur de la pique ; ce sont de bonnes troupes en campagne et pour la marche, mais elles ne valent rien pour assiéger, et peu pour défendre. Généralement elles ne servent pas là où elles ne peuvent conserver l'ordre de leur milice : on en a eu la preuve quand elles ont dû se battre contre des Italiens, et surtout quand elles ont eu à assiéger des villes comme Padoue et d'autres lieux. Là, elles ont fait une mauvaise mine, et à l'opposé, quand elles se sont trouvées en campagne, elles ont fait bonne figure. Si dans la journée de Ravenne entre les Français et les Espagnols, les Français n'avaient pas eu les Lansquenets, ils auraient perdu la bataille, parce que, pendant que les troupes des deux nations en étaient venues aux mains, les Espagnols avaient déjà forcé les infanteries française et gasconne, et si les Allemands avec leur ordonnance ne les avaient pas secourues, elles étaient toutes anéanties ou prises. »

Certainement beaucoup des observations de Machiavel sur les Allemands, en ce qui concerne particulièrement leur peu de patience dans les siéges, et une défense mal assurée des postes importants confiés à leur garde, ne se trouvent plus justes aujourd'hui. Le courage des Allemands est de toutes les circonstances; mais il est bon de savoir comment un homme de ce temps, et Nicolas surtout qui avait déjà étudié avec persévérance la science de l'art militaire, parlait de l'infanterie allemande. Nous allons voir dans le jugement que Machiavel porte de notre infanterie, qu'il penserait aussi aujourd'hui bien différemment, surtout sur un point : d'ailleurs il ne pouvait parler que de ce qu'il voyait.

Ses *Ritratti delle cose di Francia* embrassent l'examen de toutes nos institutions politiques, militaires, 1515.

financières, économiques et législatives. C'est un petit précis singulièrement exact, pour l'époque, de ce que nous étions. Il y a bien loin de là à ce que nous sommes devenus; mais nous étions à peu près tels, long-temps encore après Machiavel. Ce n'est que relativement à notre infanterie que je le contredirai, non pas sur tout le fait dont j'abandonne une partie, mais sur les conséquences forcées qu'il en tire; et je le contredirai avec son propre témoignage, que je lui opposerai à lui-même.

Je ne donnerai qu'un extrait de ce morceau précieux, qui mérite qu'on aille le chercher et qu'on le lise tout entier dans l'original.

« La couronne et le roi de France sont aujourd'hui plus entreprenants, plus riches et plus puissants qu'ils ne l'ont jamais été. »

Il énumère les nombreuses raisons qui appuient cette opinion.

« Les états des seigneurs de France ne se partagent pas entre tous les héritiers, comme il se fait en Allemagne et dans plusieurs contrées de l'Italie; ils sont dévolus aux premiers nés, qui sont les vrais héritiers : les autres frères sont patients; avec l'aide de leur aîné, ils se dévouent tous au service des armes à cheval, et tâchent, dans ce métier, de parvenir à des grades et à une condition qui leur permettent d'acheter des biens, et ils se repaissent de cette espérance. Il en arrive que les hommes d'armes français sont aujourd'hui les meilleurs qui existent, parce qu'ils sont tous nobles et fils de Seigneurs, et qu'ils sont tous dans le cas de devenir tels. »

« Les infanteries qu'on lève en France ne peuvent être très-bonnes, parce qu'il y a long-temps que ce peuple n'a été en guerre; à cause de cela, elles n'ont aucune expérience : elles se composent d'hommes non nobles et artisans

CHAPITRE XXIII. 373

dispersés dans le pays, si soumis aux nobles et tellement déprimés dans toutes leurs actions, qu'ils en sont vils. L'on voit que le roi, dans la guerre, ne s'en sert pas, parce qu'ils font mauvaise mine, quoique parmi eux il y ait les Gascons, qui sont un peu meilleurs que les autres; cela vient de ce qu'ils sont voisins de l'Espagne, et qu'ils tiennent un peu de l'espagnol : mais ils ont fait, à ce qu'on a vu depuis plusieurs années, plus le rôle de voleurs que de braves. Cependant, pour défendre et attaquer les pays, ils font très bonne figure, et en campagne ils la font mauvaise. Ils sont le contraire des Allemands et des Suisses, qui en campagne n'ont pas leurs pareils, et ne valent rien pour défendre et attaquer. Je crois que cela vient de ce que, dans ces deux circonstances, ils ne savent pas conserver l'ordre qu'ils gardent dans les camps; aussi le roi de France emploie toujours les Suisses et les Lansquenets, parce que ses hommes d'armes, en face de l'ennemi, ne se fient pas aux Gascons. Si l'infanterie française était aussi bonne que les hommes d'armes français, il n'y a pas de doute qu'ils auraient le courage de se défendre contre tous les princes. »

« Les Français sont par nature plus audacieux que robustes et adroits. Quand dans une première attaque vous pouvez résister à leur furie, ils deviennent alors si humbles et perdent tellement le courage, qu'ils sont vils comme des femmes : ils ne peuvent pas supporter les échecs et la gêne, et avec le temps, ils négligent les choses de telle manière, qu'il est facile de les trouver en désordre et de les vaincre. » 1515.

« On en a vu des exemples dans le royaume de Naples, et César dit que les Français sont dans le commencement (du combat) plus que des hommes, et qu'à la fin ils sont moins que des femmes. »

Machiavel ici s'est trompé : cela ne lui arrive pas souvent ; mais cette fois il prend un auteur pour un autre, et le malentendu a quelque importance. Je commence par avouer qu'un ancien s'est exprimé ainsi bien effectivement sur le compte des Gaulois, mais cet ancien est Tite-Live et non pas César; c'est un historien romain qui a écrit son ouvrage auprès de ses foyers domestiques et de son *laraire*, et non pas le conquérant des Gaules, et l'auteur des Commentaires. Tite-Live dit positivement « *primaque eorum (Gallorum) prælia, plus quam virorum, postrema, minus quam fœminarum, esse* [1] ». Avant Tite-Live, César témoin intéressé, avait dit : « *nam ut ad bella suscipienda Gallorum alacer ac promptus est animus, sic mollis ac minime resistens ad calamitates perferendas mens eorum est* [2]. » Ceci est bien assez, mais ce n'est pas ce qu'a dit Tite-Live. César qui avait combattu contre les Gaulois (ou Français, puisque Machiavel le veut toujours ainsi), ne pouvait pas déprimer son propre triomphe par des paroles aussi insultantes. César dit aussi de nous, et cela est encore vrai aujourd'hui, *ut sunt Gallorum subita et repentina consilia* [3]. Il dit aussi avec beaucoup de raison « *omnes fere Gallos novis rebus studere, et ad bellum mobiliter celeriterque excitari* [4] ». Ajoutons à présent qu'il dit trois fois à peu près la même chose. *Diu atque acriter pugnatum est* [5]. *Pugnatum est diu atque acriter* [6]. *Pugnatum est ab utrisque acriter* [7]. Plus bas, *nec dabat suspicionem fugæ quisquam (Gallorum). Ne eo quidem tempore quisquam loco cessit* [8]. Voilà comme César parle des Gaulois et de nous, si nous ne sommes bien

---

[1] Lib. X, cap. XXVIII.
[2] Cæsar, Comment. de Bell. Gall., lib. III, XIX.
[3] Loc. cit., lib. III, VIII.
[4] Lib. III, X.
[5] Lib. I, XXVI.
[6] Lib. III, XXI.
[7] Lib. IV, XXVI.
[8] Lib. VII, LXII.

CHAPITRE XXIII. 375

véritablement rien autre que les anciens Gaulois. Tite-Live, ici un peu rhéteur, a cherché une opposition pour *brillanter* son style. Il n'y en a pas de plus marquée que celle qui existe entre les hommes et les femmes : de là sa belle phrase. Avec César, il paraît que ses ennemis commençaient et finissaient la bataille *en hommes*. Ce qui a vaincu, c'est le talent militaire du général, et la discipline de la légion romaine. J'insiste sur ce point, parce que Machiavel est une imposante autorité pour les Italiens. Ils lisent son livre avec enthousiasme. Presque toutes les éditions n'ont pas de notes; la dernière, de 1831, n'en offre pas une seule qui ne soit copiée dans l'édition de M. Ciardetti, 1826, où il y en a fort peu. Après avoir lu Machiavel dans un but ou dans un autre, on ne va pas relire César, et la sentence de Tite-Live qui n'est que du *bel esprit* est devenue un proverbe italien.

Comines n'a-t-il pas voulu énoncer aussi ses sentiments sur cette question? quoiqu'il évite avec circonspection dans sa conclusion de se montrer entaché de quelque peu de vieux levain de Bourguignon (ce vieux levain eût été une rancune déraisonnable, puisque les Bourguignons sont condamnés dans l'anathème lancé contre les Gaulois), son autorité comme auteur a été citée depuis par les Italiens, et nous a fait du mal dans ce pays. Voici ce que dit Comines.

« Aussi dit l'on que c'est la nature d'entre nous François, et l'ont escrit les Italiens en leurs histoires, disant qu'au venir des François ils sont plus qu'hommes, mais qu'à leur retraite, sont moins que femmes; et je le croy du premier point : car véritablement ce sont les plus rudes gens à rencontrer qui soient en tout le monde [j'entends les gens de cheval]; mais à la retraite d'une entreprise, toutes gens du monde ont moins de cueur qu'au partir de leurs maisons[1]. »

Comme ici Comines parle du courage de nos hommes d'armes dans une attaque, et de la démoralisation d'une armée française dans une retraite, la question est différente. César, suivant les *Ritratti delle cose della Francia* de Machiavel, c'est-à-dire Tite-Live, suivant la vérité positive, parle plus absolument de notre tenue au commencement et à la fin de chaque combat, et l'observation n'est pas exacte. Pour ce qui est d'une retraite, je dirai peut-être comme a dit Comines : c'est à nos généraux à savoir cela, et à ne nous lancer qu'avec *prudence*.

Il est probable que Machiavel n'a pas entendu, en France, louer la conduite des fantassins français sous Charles VII, sous Louis XI et sous Louis XII. La politique portait les conseillers du roi à faire solliciter des levées en Suisse, et dans les parties de l'Allemagne qui nous avoisinaient : ces pays s'étant tout-à-fait dévoués à la carrière militaire, et se déclarant prêts à se battre pour quiconque les paierait, il était peut-être à propos de les retenir, de les solder, pour qu'ils ne portassent pas ce secours à un ennemi qui n'aurait pas manqué d'en profiter. D'ailleurs Machiavel accorde à ce que nous avions alors de bon en fantassins, c'est-à-dire aux Gascons, la patience dans le camp, et le bon ordre dans les retranchements; et puis il permet encore que ces mêmes hommes, qui ont déjà en cela peut-être la meilleure moitié des qualités du soldat, soient animés d'une terrible audace pour attaquer en plaine. Il faut suivre ce raisonnement. Cer-

---

[1] Comines, tom. I, pag. 535.

CHAPITRE XXIII.

tainement, quand on se précipite audacieusement sur l'ennemi, on doit perdre nécessairement quelque chose de cet ordre, de cette intégralité *phalangienne*, qui sont propres à toutes les masses compactes et en quelque sorte immobiles ; et il est difficile de revenir *à la recousse* comme on disait dans ce temps-là, si dans une charge d'infanterie on a été repoussé. Machiavel conseille de résister à ce premier choc : mais n'a-t-il pas été déjà bien difficile à l'ennemi de le soutenir ? combien de fois, pour deux ou trois défaites, l'infanterie française de ce temps-là n'a-t-elle pas, dans ce premier choc, étourdi, investi et mis en déroute des adversaires plus nombreux ?

On peut à peu près résumer ainsi ce que l'on a droit d'exiger d'un soldat. Il faut lui demander l'esprit de constance et de discipline dans les villes assiégées, comme nous l'avons montré, depuis, à Metz, sous François duc de Guise en 1552 [1], à Lille en 1708, sous M. de Boufflers, à Mayence en 1793, à Ancône en 1800, et à Dantzick en 1814.

On doit demander au soldat l'esprit de patience dans les camps retranchés, où l'on s'est enfermé volontairement. Les exemples d'intrépidité que nous avons donnés dans ce genre, sont innombrables.

On doit lui demander l'impétuosité dans les attaques, quand elles sont ordonnées impétueuses. Machiavel nous accorde à satiété cette vertu qui est éminemment nationale.

Enfin on doit lui demander la présence d'esprit pour se rallier, quand l'attaque n'a pas réussi. Le tacticien Florentin nous accorde d'emblée trois de ces quali-

---

[1] Ce prince *força l'aigle à faire la poule devant le coq*, Tenhove, Mém. généalog. de la maison de Médicis, liv. XX, pag. 20.

tés sur quatre. Contentons-nous alors de remarquer que, lorsque la troisième qualité, l'impétuosité de l'attaque, *le don de se montrer plus que des hommes* (*plus quam virorum*) a réussi, la quatrième n'est plus d'aucune utilité; mais si on en est réduit à implorer l'efficacité de ce dernier avantage, hélas! quelquefois la fortune nous a trahis, comme il est arrivé il y a peu d'années à Moscou! Ensuite je crois avec César que malheureusement aussi le dégoût de la situation, plus que le découragement, pénètre trop avant dans l'esprit de notre soldat. Il est plus instruit, plus vif, plus parleur, plus intelligent dans nos affaires publiques, plus gai, plus facile à entraîner, plus raisonneur que le soldat de beaucoup d'autres pays. Dans les adversités militaires, il se mêle souvent de ce qui le regarde peu, il commente, il discute, juge, critique, ridiculise, mais très-rarement il désobéit; plus rarement il se révolte, et si pour comble de douleurs il tombe dans cet état de démoralisation que nous avons déploré et qui semble affaiblir ses facultés, on le rappelle habilement au feu par une saillie, par un reproche, par une injure même, et jamais par des coups. Il retourne à l'attaque avec une nouvelle audace qui était restée cachée dans cet esprit abattu et mécontent.

Voici un trait d'une de nos guerres d'Italie. Une colonne, placée de manière que d'elle seule dépendait presque le salut de l'armée, fuyait tout entière : elle était composée de beaucoup de jeunes soldats et de quelques vieux militaires. Un colonel, l'épée à la main, se place devant les fuyards sur un pont, et leur crie : Mes enfants, vous ne connaissez pas encore ce que vous valez. Allez, allez, conscrits, *le courage s'apprend;* et vous, vieux soldats, est-ce que vous l'auriez *oublié?* »

CHAPITRE XXIII.

Je m'aperçois qu'en examinant l'opinion de Machiavel sur l'infanterie de Louis XII, j'ai rapporté, trop ardemment peut-être, des faits d'armes postérieurs ou trop récents, plutôt que je n'ai cité précisément des traits de véritable mérite militaire, appartenant au temps où Machiavel écrivait. Je vais me montrer un ami fidèle de la vérité; en bonne discussion, Machiavel a raison.

Voici ce que nous lisons dans Brantôme :

« Paul Jove descrivant l'armée du petit roy Charles VIII dans Rome, représentée en son histoire la plus superbe et la plus furieuse en ses armes, visages, démarches, contenances et habits que c'estoit une chose très espouvantable à voir tant François, Allemands et Suisses, ny là ny ailleurs nous ne lisons qui des François eut la principale charge de l'infanterie françoise ou qui en fut général : il faut croire qu'il n'y avoit donc que bons capitaines commandans chacun à leurs enseignes et bandes, soubs lesquels se rangeoient des bons hommes, mais la pluspart de sac et de corde, meschans garnimens eschappés de la justice et surtout force marqués de la fleur de lys sur l'espaule, ésorillés, et qui cachoient les oreilles à dire vray pour longs cheveux hérissés, barbes horribles tant pour cette raison que pour se montrer plus effroyables à leurs ennemis, comme faisoient jadis les Anglois, ainsi que dit César, « qui se frottoient le visage de pastel pour plus grand effroi diabolique, et que font aujourd'hui nos reystres. » ..... Or le roy Louys (XII) estant venu à la couronne, et ayant retiré Milan qui lui appartenoit, et le royaume de Naples de mesme pour les acquérir et garder, il fit de belles guerres et continuelles, tant contre les Italiens qu'Espagnols ; pour ce notre infanterie françoise commença à se façonner un peu mieux [1]. »

Ainsi Machiavel n'écrit absolument, relativement à

---

[1] Brantôme, tom. X, pag. 16.

notre infanterie, que ce que disent nos historiens. Il y a plus, et Brantôme a dit encore sur le même sujet :

« Je m'en rapporte à nos chercheurs de mots et estats antiques de notre France, encor qu'ils n'y trouuent grand cas, ny de beau, de l'infanterie de France d'alors; car la pluspart n'estoit composée que de marauts, belistres mal armés, mal complexionnés, fainéans, pilleurs et mangeurs de peuple [1]. »

Nicolas se montre très-instruit des détails relatifs à nos richesses en grains et en bestiaux. Il explique très-exactement l'organisation de notre clergé. Il ne décrit peut-être pas avec assez d'ordre toutes les conditions; elles sont jetées un peu pêle-mêle dans sa nomenclature. Quelquefois aussi il avance, au milieu de tant de détails, quelques généralités offensantes pour la nation, et qui ne sont pas vraies.

« Le naturel des Français est désireux de ce qui est aux autres, ensuite il est prodigue et du sien et de ce qu'il a pris. »

« Le Français volera avec le souffle, pour le manger, pour le mal dépenser, pour en jouir avec celui-là même à qui il l'a volé, naturel contraire au naturel espagnol : avec celui-ci, de ce qu'il a volé on n'en voit plus rien [2].

« La France craint beaucoup des Suisses qui sont voisins, à cause des fréquentes attaques qu'ils peuvent faire. »

Voilà certainement pourquoi la France aimait mieux les avoir à sa solde. Il en résultait aussi, ce qui est échappé à Machiavel, que chez elle il restait plus de bras pour l'agriculture.

---

[1] Brantôme, tom. X, pag. 9.

[2] On lit dans Brantôme : « Les Espagnols, quand ils sont à la table et aux dépens d'autrui, ils mangent aussi bien que les François : aussi se mocquent-ils d'eux qu'ils mettent tout à la mangeaille et vont tout nuds, et eux « *van vestidos y ataviados come reges* » vont habillés et ornez comme des roys. Tom. XII, pag. 206.

« Voici la manière de faire des états [1]. Chaque année, en août, quelquefois en octobre, quelquefois en janvier, comme veut le roi, les généraux des finances portent le compte de la dépense et des revenus ordinaires, et l'on aligne la dépense sur les revenus. On accroît ou l'on diminue les pensions et les pensionnés, comme commande le roi. »

« Le devoir de la chambre des comptes est de revoir les comptes de ceux qui administrent les deniers de la couronne, tels que généraux des finances, trésoriers et receveurs. »

« L'université de Paris est payée sur les fondations des colléges, mais maigrement. Il y a cinq parlements, Paris, Rouen, Toulouse, Bordeaux et Dauphiné (Grenoble) : on n'appelle pas de leurs décisions. »

Toutes les charges de la cour, les droits de Louis XII sur la Lombardie par Valentine de Milan, les francs-archers, les prétentions de l'Angleterre sur le trône de France, et quelques détails sur la Grande-Bretagne qui n'ont rien à faire dans cette nomenclature, terminent ce petit ouvrage.

Il est probable enfin que c'est dans le même moment que Machiavel composa une autre notice intitulée : *Du naturel des Français*. Cette composition nous regarde de trop près, pour que je ne la présente pas ici tout entière, et sans m'interrompre, ce qui, je l'avoue, a dû me coûter.

« Les Français considèrent l'avantage et le dommage présents, tellement qu'il reste en eux peu de souvenirs des injures et des bienfaits passés, et peu de soin du bien ou du mal futur. »

« Ils sont plutôt taquins que prudents. Ils ne s'embarrassent pas beaucoup de ce qu'on écrit et de ce que l'on dit

[1] Il veut parler sans doute des états des provinces.

d'eux ; ils sont plus avides d'argent que de sang ; ils ne sont libéraux que dans les audiences. »

1515. « Quand un seigneur ou un gentilhomme désobéit au roi dans une chose qui appartient à un tiers, il n'a d'autre punition que d'être forcé d'obéir à tout prix : quand il faut désormais obéir, et quand cela n'a pas eu lieu, il est tenu alors de se tenir éloigné de la cour *pendant quatre mois;* c'est ce qui vous a enlevé Pise deux fois : une fois, quand d'Entragues occupait la citadelle, et l'autre fois, quand y vint le camp français. »

« A qui veut conduire une chose en cour, il faut beaucoup d'argent, une grande promptitude, et une fortune favorable. »

« Requis d'un bienfait, ils pensent à l'avantage qu'ils en retireront avant de penser auparavant s'ils peuvent vous servir. »

« Les premiers accords sont avec eux toujours les meilleurs. »

« Quand ils ne peuvent faire du bien, ils te le promettent ; quand ils le peuvent, ils le font avec difficulté, ou jamais. »

« Ils sont très-humbles dans la mauvaise fortune, insolents dans la bonne. »

« Avec la force, ils tissent bien ce qu'ils avaient mal ourdi. »

« Celui qui réussit est à temps bien des fois avec le roi ; celui qui perd, très-rarement. Quiconque a une entreprise à faire, doit bien considérer s'il réussira ou non, s'il déplaira au roi ou non : cela connu de Valentin, le fit venir à Florence avec l'armée. »

« Ils estiment leurs hommes en beaucoup d'occasions d'une manière peu délicate, ce qui n'est pas conforme à la conduite des seigneurs italiens, et à cause de cela, ils tinrent peu de compte d'avoir envoyé réclamer, de Sienne, Montepulciano, et de n'avoir pas été obéis. »

« Ils sont variables et légers, ils ont la foi du vainqueur (Ah! *grand larron de la gloire de nos Français!*). Ils sont ennemis de la langue des Romains, et de leur renommée. »

« Aucun Italien n'a de bon temps à la cour que s'il n'a plus qu'à perdre, et s'il navigue comme perdu. »

Il y a bien de la passion dans ces jugements. Otons d'abord ce qui peut s'appliquer à ce qu'il y a de mauvais dans toutes les nations en général, il reste peu de reproches directs contre les Français. Ce qui concerne la légèreté de la punition d'une désobéissance, accuse plutôt la forme du gouvernement d'alors que le caractère national. La rancune pour Pise est portée bien loin. Notre indifférence pour Montepulciano est un peu risible. Trivulze réfugié et bien traité à la cour de France n'était pas un homme qui naviguait comme perdu. Toute colère que l'on manifesterait contre ces emportements, serait niaise : ces accusations ne sont au surplus consignées que dans des fragments indifférents qu'un écrivain met en note pour s'en servir au besoin, auxquels probablement il n'attache pas une grande importance, et qu'on n'a publiés que parce qu'on les a trouvés écrits de la main de Machiavel.

Il fallait que les diverses sortes de malheurs éprouvés par la république à cause de l'alliance des Français eussent irrité vivement l'ancien secrétaire Florentin ; aussi avait-il coutume de dire : « Les succès des Français nous ont fait perdre la moitié de notre état (Pise, Livourne, etc., à l'époque de l'entrée de Charles VIII); les défaites des Français nous feront perdre l'autre moitié (quand les Français furent chassés de Milan après la journée de Ravenne, leurs alliés, les Florentins, furent livrés à la vengeance cruelle des Espagnols et du pape Jules). Ce sont là effectivement des blessures si vives qu'il n'est pas étonnant qu'on exhale sa douleur en plaintes désordonnées!

1515.

D'ailleurs le secrétaire était toujours plongé dans les mêmes malheurs, livré à la même détresse : ses

384 MACHIAVEL.

enfants grandissaient : il fallait avant de penser à leur éducation, chercher les moyens de leur donner du pain. Nous n'avons pas lieu de croire que Mariette ait été une compagne d'un mauvais caractère; mais sa patience et son courage ont pu quelquefois l'abandonner; et tout ce qu'un homme sensible et irritable écrit, dans de telles circonstances, peut être souvent empreint d'aigreur et d'injustice.

CHAPITRE XXIV.

Ce ne sera pas volontairement que nous abandonnerons le politique, le publiciste, quoiqu'il n'ait pas pris un grand soin de se recommander à nous dans le dernier ouvrage que nous avons examiné: lui-même veut que nous le jugions sous d'autres rapports, et l'ordre que nous nous sommes promis de suivre, nous contraint à nous occuper ici, un moment, de Machiavel, auteur comique. Mais qu'on ne s'y trompe point, son caractère énergique ne disparaîtra pas, et avant de laisser lever le rideau, il montrera quelque chose de sa force d'esprit, de sa mauvaise humeur, et il provoquera, à une sorte de combat, quiconque oserait le blâmer de chercher, dans de pareilles études, une distraction à ses douleurs.

Il est certain que la comédie de la Mandragore fut composée en partie vers 1514, et achevée en 1515. Plusieurs auteurs assurent que Léon X voulut qu'on la représentât devant lui à Rome, à l'époque de son retour de Bologne, où il avait eu une entrevue avec François Ier, le 10 décembre 1515. Il est donc absolument nécessaire que nous reportions à cette même époque la composition de cette pièce si singulière.

1515.

Elle est précédée d'une *canzone* chantée par des nymphes et des bergers.

« Parce que l'existence est courte, et qu'elles sont nombreuses les peines que chacun éprouve dans la fatigue de la vie, nous vivons passant et consumant nos années à n'écouter que nos caprices. »

« Celui qui se prive d'un plaisir est en proie aux angoisses et aux douleurs. Celui qui cherche le monde ne connaît pas ses tromperies; il ne sait pas par quels maux, par quels événements fâcheux les hommes sont opprimés! »

« Pour fuir cet ennui, nous nous sommes consacrés à une vie solitaire entre nous. Aimables jeunes gens et nymphes folâtres, nous vivons toujours en fêtes, et en joie. Nous quittons notre retraite aujourd'hui, seulement pour honorer avec nos chants cette assemblée et cette douce compagnie. Nous y avons été appelés par le nom de celui qui vous régit (Laurent II apparemment), et qui se trouve réunir tous les avantages qui brillent sur le visage des dieux. Grâce à cette faveur surnaturelle et à cette condition fortunée, vous pouvez vous livrer à l'allégresse, jouir, et remercier celui qui vous la donne [1]. »

Voilà quelque chose de cette adulation qui termine le chapitre XXVI du traité *des Principautés*. Poursuivons. Après les nymphes et les bergers, un acteur est chargé de débiter un prologue.

« Que Dieu vous garde, bienveillants auditeurs! votre bienveillance nous est acquise, si nous vous sommes agréables. Continuez de ne pas faire de bruit, vous entendrez un événement nouveau arrivé dans notre propre pays. Vous voyez la décoration qu'on a mise sous vos yeux : voilà votre Florence; une autre fois, ce sera Rome ou Pise [2]. Aujour-

---

[1] Ce ton si flatteur et si déterminé semblerait faire croire que cette *canzone* a été composée quelque temps après la comédie, et non pas au moment où on l'a représentée pour la première fois. Il fallait que les Florentins fussent déjà bien accoutumés à l'autorité des Médicis pour qu'on osât leur parler ainsi de leur chef. Au surplus, quelle que soit la date de la composition de cette *canzone*, on a dû la placer en tête de la comédie à laquelle elle appartient.

[2] Il y a là un trait délicat; c'est d'avoir placé Rome entre les deux princi-

CHAPITRE XXIV.

d'hui c'est une chose dont vous rirez à vous démonter la mâchoire. Cette porte qui est là sur ma main droite, est celle de la maison d'un docteur qui apprit beaucoup de lois dans Boèce. Cette rue qui s'étend dans ce coin, est la rue de l'Amour; quiconque y fait un faux pas, ne se relève jamais. Vous pourrez connaître à son habit de moine, si vous ne vous en allez pas trop tôt, quel est le prieur ou l'abbé qui habite le temple situé à côté. Un jeune Callimaque Guadagni, venu depuis peu de Paris, demeure à cette porte à gauche. Parmi les autres bons compagnons, ses actions et ses bonnes grâces lui ont mérité le prix de la courtoisie: une jeune femme accorte fut aimée de lui, et pour cela trompée, comme vous le verrez, et je voudrais que vous fussiez trompés comme elle. La pièce s'appelle la *Mandragola*; quand on la récitera, vous en saurez la raison, du moins à ce que je m'imagine. Le compositeur n'a pas une grande renommée; cependant, si vous ne riez pas, il consent à payer l'écot. Un amant malheureux, un docteur peu rusé, un moine qui vit mal, un parasite, le mignon de la malice, deviendront votre amusement en ce jour [1]; si ce divertissement vous semble, à cause de sa légèreté, n'être pas digne d'un homme qui veut paraître sage et grave, excusez-le, car il s'ingénie, au milieu de ces frivoles plaisirs, à rendre sa pauvre vie plus agréable; il n'a pas d'autre consolation: on lui a interdit de montrer, par d'autres entreprises, d'autres qualités, et il n'a aucune récompense de ses fatigues. Le prix auquel il aspire ici est que chacun de son côté rie entre les dents, en disant du mal de ce qu'il voit ou de ce qu'il entend; car, sans aucun doute, c'est cela qui fait que le siècle présent dévie toujours de l'antique vertu : le monde

---

pales villes de l'état. Rome est comme aux Florentins, puisqu'elle est gouvernée par un pontife Florentin.

[1]   Un' amante meschino,
    Un dottor poco astuto,
    Un frate mal vissuto,
    Un parasita, di malizia il cucco,
    Fien questo giorno il vostro badalucco.

voyant que chacun blâme, ne se tourmente pas, et ne s'épuise pas à faire, avec toutes sortes de dégoûts, un ouvrage que le vent emporte, ou que le nuage obscurcit. »

« Cependant, si quelqu'un, en en disant du mal, pensait tenir l'auteur par les cheveux, l'effrayer et l'éloigner, je l'avertis celui-là, je dis à ce tel que l'auteur sait aussi, lui, mal dire, et que ce fut son premier métier, et que dans toutes les parties du monde où résonne le *sì* [1], il ne craint rien, bien qu'il paraisse à la suite de gens qui peuvent porter un plus beau manteau que lui [2]. Mais laissons dire mal à qui voudra : retournons à notre événement, afin que l'heure ne s'avance pas trop vite. Il ne faut pas tenir compte de paroles, ni se faire un monstre de choses qui peut-être ne vivent pas. Callimaque va sortir ; Siro, son valet, est avec lui, il vous dira la suite de tout : que chacun soit attentif, et n'attende pas, pour le moment, d'autre argument. »

Il faut avouer que voilà un prologue qui de nos jours serait un peu téméraire; mais il a quelque chose du ton des prologues antiques. Machiavel, connu jusqu'alors comme un homme occupé d'études sérieuses, a cru apparemment devoir ainsi avertir le public de la nouveauté qui s'offrait à ses yeux, de cette circonstance qui allait soumettre à son jugement l'ouvrage d'un homme à graves méditations, et dont on n'aurait jamais attendu une comédie.

Tout le monde connaît la *Mandragola*. L'analyse qu'en a donnée M. Ginguené est excellente; la traduction que nous devons aussi à M. Périès est très-exacte. D'ailleurs cette pièce est très-facile à comprendre dans l'original. Les meilleurs juges des pièces comiques

---

[1] L'Italie. Dante dit : Enfer, chant XXXIII.
Del bel paese là dove 'l sì suona.

[2] Depuis la lettre sur la famille des Pazzi, écrite dans le jeune âge de Nicolas, nous n'avons jamais rencontré un tel mouvement de vanité.

modernes la regardent comme une des compositions de ce genre les plus fortement nouées.

Voltaire dit :

« Il y a de la vérité, du naturel et du bon comique dans les comédies de l'Arioste ; la seule *Mandragola* de Machiavel vaut peut-être mieux que toutes les comédies d'Aristophane. Machiavel d'ailleurs était un excellent historien, avec lequel un bel esprit, tel qu'Aristophane, ne peut entrer en aucune sorte de comparaison [1]. »

Dans son prologue, l'auteur analyse lui-même sa pièce d'une manière vive et tout-à-fait piquante comme on l'a vu, et Lucrèce, dont Callimaque répète les propres paroles dans la scène ive du cinquième acte, donne des excuses qui malheureusement ne peuvent pas être repoussées.

« Puisque ton adresse, la bêtise de mon mari et la simplicité de ma mère m'ont conduite à faire ce que jamais je n'aurais fait de moi-même, je veux croire, etc. »

C'est pourtant cette même pièce qu'aujourd'hui nous citons avec peu de détails, que le pape Léon X a voulu, ainsi que nous l'avons dû rapporter, faire représenter devant lui à Rome. Comment a-t-il pu sourire aux perfides conseils de frère Timothée ? C'est vraiment une des inconséquences de ce temps-là, qu'on ne peut bien poliment expliquer aujourd'hui.

Nous voyons encore dans les lettres écrites en 1515 quelques témoignages d'affection donnés par Nicolas à Jean Vernaccia qu'il aime, assure-t-il, à traiter comme un fils, à qui il paraît qu'il rend des services signalés, et à qui il dit entre autres choses :

« J'espère, si tu parviens à quelque place honorable,

---

[1] Voltaire, *Beuchot,* 1829, in-8°, *Essai sur les mœurs et l'esprit des nations,* tom. III, pag. 182.

que tu rendras un jour à mes enfants les procédés que j'ai envers toi. »

Nous parlerons en leur temps de la *Clizia*, et des autres comédies qu'a faites ou traduites Machiavel.

1516. A peine reposé d'une conception neuve et pénible à laquelle avait succédé une invention agréable et piquante, Nicolas me paraît avoir déploré une distraction indigne de son génie, et s'être laissé noblement subjuguer par cette sentence profonde de Tacite qui dit : « La méditation et le travail grandissent dans la « postérité, le sonore et le facile meurent avec l'écri- « vain lui-même [1] ». C'est ainsi que peut-être on doit expliquer l'obligation qu'il sentit de se livrer à une étude austère, où il passerait en revue ses premières doctrines.

1516. Le secrétaire Florentin avait cherché à se concilier la bienveillance des Médicis, en adressant à l'un d'eux le traité *des Principautés*. Il avait puisé une partie des matériaux de cet important ouvrage dans les Éthiques et la Politique d'Aristote. Il est évident aussi qu'il avait eu alors sous les yeux un livre composé par Gilles Colonna, précepteur du fils de Louis-le-Hutin qui devint depuis Philippe-le-Bel, et où ce frère de l'ordre des hermites de Saint-Augustin adresse à son élève une foule de préceptes qu'il croit propres à le rendre un bon souverain. Ce livre imprimé d'abord à Venise en 1473, puis à Rome en 1482, sous le titre de *de Regimine Principum* [2], avait été traduit en

---

[1] *Meditatio et labor in posterum valescit: canorum et profluens cum ipso scriptore simul extinctum est.* Tacit. Ann. lib. IV.

[2] On lit au commencement de cet ouvrage ces mots écrits en caractères gothiques :

« Incipit liber de regimine principum, editus a fratre Egidio romano ordinis fratrum heremitarum sancti Augustini. »

espagnol 12 ans après pour l'honneur et l'enseignement du très-noble infant don Pèdre, fils et héritier de don Alphonse, roi de Castille [1]. Ainsi Machiavel pouvait l'avoir sous les yeux en 1513. Il y a puisé évidemment la pensée de quelques-uns de ses chapitres.

L'idée de dédier à un Médicis un livre sur de semblables matières, comme Gilles Colonna et le traducteur qui est inconnu en avaient dédié un pareil à des fils de rois puissants, a pu facilement venir à l'esprit d'un politique qui désirait être employé par le gouvernement nouveau. Cet hommage ne pouvait que singulièrement flatter un Médicis. Nous avons vu dans le livre *des Principautés*, que si plusieurs doctrines sont hautement répréhensibles, et presque cyniquement présentées à l'admiration de Laurent II, sans explications suffisamment atténuantes, il y a aussi une

---

On lit à la fin :
Explicit liber de regimine principum, editus a fratre Egidio romano ordinis fratrum heremitarum sancti Augustini : impressum Rome per inclitum virum magistrum Stephanum Planuck de Patavia, anno Domini, millesimo ccccxxxij, die nono mensis maii, etc., in-f°.

[1] Ce livre rare est intitulé à la première page : *Regimento de los Principes*. On lit au commencement ces mots imprimés en caractères gothiques rouges :

A l'onor de Dios, todo poderoso y de la bien auenturada Virgen sin manzilla sancta Maria su madre, comiença el libro intitulado Regimiento de Principes, facto y ordenado por don fray Gil de Roma, de la orden de sant Augustin. E fizolo trasladar de latin en romance don Bernardo obispo de Osma : por honrra y ensegnamiento del muy noble infante don Pedro : fijo primero heredero del muy alto y muy noble don Alfonso : rey de Castilla, de Toledo, de Leon, etc. On lit à la fin du volume :

« Laus Deo. Fenesce el libro intitulado Regimiento de Principes, impresso en la muy noble y muy leal cibdad de Seuilla. A espensas de maestre Conrrado Aleman : y Melchior Gurrizo : mercadores de libros : fue impresso por Meynardo ungut alemano : y Stanislao Polono : compagneros. Acabaron se a veynte dias del mes de octubre, anno del Segnor de mill y quatro cientos y nouenta y quatro. » Grand in-4°.

foule de passages où se développent tout le génie et la beauté du caractère de l'auteur. Nous avons vu que beaucoup de flatteries et même ce rapprochement d'un Médicis, encore simple noble Florentin, avec des enfants de monarques, n'avaient pas obtenu grâce auprès du nouveau chef de la république. Nous avons vu l'infortuné Machiavel chercher une consolation dans la composition d'une comédie, où il s'en faut qu'il ait prêché le respect pour les mœurs.

Rassurons-nous cependant; le secrétaire va rougir de quelques sentiments de servitude et de complaisance, il va quitter ce ton satirique dont il a poursuivi un méchant religieux de son temps, il va élever le monument admirable qui doit établir à jamais sa renommée de politique, et commencer sa gloire d'historien. Il redresse la tête avec courage, puis il médite quelques mois, et avec la rapidité de l'éclair, il écrit ses immortels *Discorsi* sur la première *Décade* de Tite-Live.

1516. Laissons intervenir, un moment, Alfiéri, qui, il est vrai, avec des suppositions qu'on ne peut plus admettre aujourd'hui, peut-être avec beaucoup de ses préoccupations ordinaires, mais aussi avec son énergie accoutumée, et la haute perception d'une ame forte, cherche à nous expliquer cette circonstance de la vie de Machiavel.

« L'Italie n'a pas eu jusqu'à Machiavel, un seul philosophe investigateur de vérités morales et politiques qui vaille quelque chose. Machiavel, très-profond en tout ce qui concerne l'art de gouverner, maître inimitable dans les développements de la sublime et entière connaissance du cœur humain, a été et mérite d'être chef de secte parmi nous : mais Machiavel avait été aussi fils d'une république agonisante, et quoique par quelques-unes de ses dédicaces aux *tyrans Médicis*, il se soit *déshonoré quelque peu lui-même*, n'ayant pas été protégé, pour son grand bonheur, il a, à cause de cela, lumineusement écrit le vrai. Nonobstant, comme plante trop exotique pour l'Italie esclave et avilie, il fut peu considéré, peu lu, et encore moins médité et compris, tant qu'il vécut; après sa mort il fut discrédité lui et son livre. Relativement à cet auteur, j'ai envie d'observer ici, en passant, une étrange bizarrerie de l'esprit humain ; c'est que de son seul livre *del Principe*, on pourrait çà et là tirer quelques maximes immorales et tyranniques, et celles-là, pour qui réfléchit bien, sont mises en lumière pour dévoiler aux peuples les ambitieuses et téméraires cruautés des princes, plutôt que pour enseigner aux princes à les pratiquer, parce que ceux-ci plus ou moins les emploient, les ont employées, et les emploieront selon leurs besoins, leur esprit, et leur adresse. D'un autre côté, Machiavel dans ses *discorsi* sur Tite-Live, et dans ses *istorie*, à chaque parole, à chaque pensée, respire liberté, justice, subtilité, vérité et élévation d'esprit supérieur. Alors, quiconque lit bien et sent beaucoup, et s'incorpore avec l'auteur, ne peut devenir qu'un brûlant enthousiaste de liberté et un adorateur éclairé de toute vertu politique. Hé bien, Machiavel proscrit auprès des princes, par pure honte d'eux-mêmes, peu lu par les peuples, et jamais médité, est regardé vulgairement partout comme un précepteur de tyrannie, de vices, et de vileté. Ceci ne sera pas une des moindres preuves en faveur de ce que j'avance : que les philosophes ne peuvent jamais être une plante d'esclavage, puisque la moderne Italie, maîtresse dans tous les genres de servitude, n'estime pas et ne connaît pas le seul philosophe politique qu'elle ait eu jusqu'ici [1]. »

Voilà comme Alfiéri résume à grands traits la vie, les fautes, les immenses travaux, et ce qu'il croit la réputation actuelle de Machiavel.

---

[1] Alfiéri : *del Principe e delle lettere, dalla tipografia di Kell*, 1795, in-8°, lib. II, cap. IX, pag. 111.

1516. Nous ne sommes pas du sentiment d'Alfiéri sur la partie de cette explication qui concerne le but de Machiavel en composant quelques chapitres de son traité *des Principautés*. Nous croyons, d'après la lettre de la *villa* près san Casciano, qu'il a écrit tout cela de bonne foi, qu'il n'a pas pensé qu'un manuscrit, remis confidentiellement à Laurent II, serait un ouvrage répandu à profusion, et deviendrait une sorte d'évangile politique qui aurait ses admirateurs et ses ennemis. Nous allons voir d'ailleurs qu'il a rétracté souvent, lui-même, ces odieuses maximes, si crues et si âpres, des chapitres les plus incriminés : mais aussi nous applaudirons bien sincèrement à Alfiéri, louant, comme il le fait, les *discorsi* et les *istorie*.

Une partie considérable de la tâche de la critique, dans ce vaste examen d'une si grande vie, est terminée : désormais examinons ces *discorsi* auxquels on a rendu universellement, depuis la mort d'Alfiéri, toute la justice qu'il leur avait rendue lui-même.

Nous aurons sans doute à blâmer, mais rarement, et alors nous rendrons encore aux mœurs du siècle le funeste héritage de la barbarie du bas-empire. Un auteur fort estimable, mais qui je crois s'est trompé, pense qu'il ne faut pas tant excuser Machiavel pour les doctrines du livre appelé *le Prince*, et qu'on est un peu trop généralement convenu de regarder les maximes de ce traité comme celles du siècle où il a paru, puisque notre De Thou, qui écrivait dans le même siècle et qui avait visité et habité l'Italie, en professe de complètement opposées; cet auteur n'a pas remarqué que Machiavel a écrit le livre *des Principautés* en 1515, et que l'ouvrage de De Thou a été publié par lui en 1604, à 89 années d'intervalle, presqu'un siècle. Et que d'événements se passent dans un tiers de siècle

CHAPITRE XXIV. 395

seulement! Que de bouleversements dans les idées, dans les mœurs, dans les projets, dans les institutions! De 1800 à 1833, les actions miraculeuses du plus grand héros des temps anciens et modernes, mises au néant! toutes les capitales de l'Europe, moins quatre, conquises et perdues! une restauration dévorée en trois jours! un état de paix qui est la guerre! en même temps des améliorations morales qui ne peuvent plus reculer! chez nous le code pénal adouci, les partis se contemplant sans fureur; chez les Anglais, la réforme obtenue sans toutes les horribles violences qu'on redoutait! Voilà ce que nous avons vu en 33 ans, et l'on ne veut pas qu'en presque trois fois autant de temps, les rois et les peuples se soient instruits pour leur bonheur commun, que la civilisation ait apprivoisé la férocité, et que les perfidies du seizième siècle, dévoilées par l'imprimerie, aient averti le dix-septième de tâcher d'adopter, le plus qu'il pourrait, des doctrines plus humaines!

La dédicace des *discorsi* est ainsi conçue : « Nicolas Machiavel à Zanobi Buondelmonti et à Cosme Rucellai, salut. »

« Je vous envoie un présent qui, s'il ne correspond pas aux obligations que j'ai avec vous, est sans doute tel que Nicolas Machiavel n'a pas pu vous en envoyer un plus grand. J'y ai exprimé tout ce que je sais, tout ce que j'ai appris par une longue pratique et une continuelle lecture des choses de ce monde; ni vous ni d'autres ne peuvent désirer davantage de moi; vous ne pouvez donc pas vous plaindre si je ne vous ai pas donné davantage. Vous pouvez vous fâcher de la pauvreté de mon esprit quand mes narrations sont pauvres, et de la fausseté des jugements, quand, en discourant en diverses parties, je viens à me tromper [1]. Cela étant, je

1516.

---

[1] Nous voyons l'homme mûri par l'âge et enhardi par le succès, que la gloire

ne sais qui de nous doit en vouloir à l'autre, ou moi, à vous qui m'avez forcé d'écrire ce que de moi-même je n'aurais pas écrit, ou vous à moi, quand en écrivant je ne vous ai pas contenté : prenez donc cela de la manière dont on prend toutes les choses des amis ; on considère plus l'intention de celui qui envoie, que la qualité de la chose qui est envoyée : croyez aussi qu'en cela j'ai une satisfaction, quand je pense que si j'ai pu me tromper dans beaucoup de circonstances, je sais aussi que je n'ai pas fait erreur dans celle qui m'a fait vous choisir, pour vous adresser à vous, entre tant d'autres personnages, ces premiers discours. D'abord, en agissant ainsi, j'ai manifesté quelque gratitude des bienfaits reçus, et ensuite il me semble que je suis sorti de l'usage commun à ceux qui écrivent, et qui ont coutume de dédier leurs ouvrages à quelque prince. Ces auteurs, aveuglés par l'ambition et par l'avarice, le louent pour toutes ses qualités vertueuses, quand ils devraient le blâmer de tous ses défauts honteux. Pour ne pas tomber dans cette erreur, j'ai choisi, non ceux qui sont princes, mais ceux qui, par une infinité de mérites, seraient dignes de l'être, non ceux qui pourraient me couvrir de grades, d'honneurs et de richesses, mais ceux qui, ne le pouvant pas, voudraient le faire. Les hommes qui désirent juger droitement doivent estimer ceux qui sont et non pas ceux qui peuvent être libéraux, et de même ceux qui savent et non pas ceux qui, sans savoir, peuvent gouverner un état. »

« Les anciens auteurs louent plus Hiéron le Syracusain quand il était particulier, que Persée de Macédoine quand il était roi, parce que à Hiéron pour être roi il ne lui manquait que le principat, et que l'autre n'avait aucune autre qualité de roi que le royaume. »

« Prenez donc le bien ou le mal que vous avez voulu vous-même, et si vous êtes dans cette erreur que mes opinions vous seront agréables, je ne manquerai pas de suivre

---

a rendu modeste, et qui suppose lui-même qu'il a pu se tromper. Certes le Machiavel de 1516 déjà commence à ne plus mériter que son nom soit une injure.

le reste de l'histoire, comme j'ai promis au commencement. Je vous salue. »

L'écrivain est rendu à la dignité de sentiment qui dicte les nobles pensées. Nous avons voulu rapporter cette dédicace tout entière, pour l'opposer à celle qui fut adressée si inutilement à Laurent II. Ce qui ressort dans cette lettre à ses deux amis, c'est un ton de modestie doux et affectueux, une protestation qui n'est pas trop tardive contre ceux qui font la cour aux princes, dans des motifs d'ambition et d'avarice, une amende honorable franche, par laquelle il cherche à excuser une première imprudence. 1516.

La lecture assidue de la haute littérature a porté ses premiers fruits; la consolation, la résignation, et avec elles l'esprit d'indépendance ont pénétré de toutes parts dans l'esprit et dans le cœur de l'infortuné. Il n'a plus en face de lui que sa vaste intelligence que je n'ai pas eu tort de tant admirer, sa liberté tout entière, son génie inventeur, et il parcourt, à grandes rênes, l'immense carrière qu'il a ouverte devant lui, et où il s'est élancé avec tant d'audace.

Il commence ainsi :

« Quoiqu'à cause du naturel curieux des hommes il ait toujours été dangereux de trouver des institutions et des règles nouvelles, autant que de chercher des eaux et des terres inconnues, parce que les hommes sont plus prompts à blâmer qu'à louer les actions des autres, néanmoins, excité par ce désir naturel qui fut toujours en moi de faire sans aucun respect humain les choses que je crois propres à assurer un avantage commun à tous [1], je me suis décidé à entrer dans une voie qui n'a encore été battue par personne.

---

[1] Machiavel aime sa patrie, mais aussi il aime les progrès de la civilisation, et tout ce qui peut être utile et avantageux au genre humain.

Si cette entreprise me cause de l'ennui ou de la fatigue, elle pourra encore obtenir une récompense de la part de ceux qui gracieusement attacheront quelque prix à mes travaux. Si mon esprit borné, mon peu d'expérience des choses présentes, une faible connaissance des choses anciennes, rendent cet effort défectueux et peu utile, ils ouvriront au moins le chemin à quelque autre qui, avec plus de courage, plus d'éloquence et de jugement, pourra remplir mon but : alors, si je n'obtiens pas d'éloge, au moins je n'aurai pas mérité de blâme. »

« Lorsque je considère combien d'honneur on attribue à l'antiquité, et combien de fois, pour ne pas parler d'autres exemples, un fragment de statue antique [1] a été acheté un grand prix, parce qu'on veut l'avoir chez soi, en embellir sa maison et pouvoir le faire copier par ceux qui s'occupent de cet art, et comment ensuite ceux-ci, avec toute leur habileté, s'efforcent de le rappeler dans tous leurs ouvrages ; voyant après, d'un autre côté, que toutes les opérations les plus vertueuses qui nous sont révélées par les histoires, et qui ont été faites par des royaumes, par des républiques, par des rois, par des capitaines, par des citoyens, des fondateurs de lois, et d'autres qui ont travaillé avec ardeur pour leur patrie, sont plutôt admirées qu'imitées ; que même elles sont négligées de toute manière par quelques-uns, et qu'enfin de cette antique vertu il n'en est resté aucun vestige, je ne puis point ne pas m'étonner et me plaindre, et d'autant plus que je vois, dans les différends qui naissent sous le rapport civil parmi les citoyens, ou dans les maladies auxquelles les hommes sont exposés, qu'on a toujours recours à ces jugements ou à ces remèdes que les anciens ont promulgués ou prescrits : car enfin, les lois civiles ne sont rien autre que les sentences des anciens jurisconsultes, qui mises en ordre enseignent l'art de juger à nos présents jurisconsultes ; la médecine n'est rien autre que l'expérience faite par les anciens médecins, et sur laquelle les médecins actuels

---

[1] Voici une velléité d'enthousiasme pour la sculpture.

CHAPITRE XXIV.

fondent leur opinion présente. Néanmoins, dans l'ordonnance des républiques, dans le maintien des états, dans le gouvernement des royaumes, dans les dispositions pour la milice, dans l'administration de la guerre, dans la manière de juger les sujets, dans le système d'accroissement d'autorité, il n'y a ni prince, ni république, ni capitaine, ni citoyen qui recoure aux exemples des anciens. »

« Je me persuade que cela vient, non tant de la faiblesse à laquelle la présente éducation a réduit le monde, ou de ce mal qu'une oisiveté ambitieuse fait à beaucoup de provinces et de villes chrétiennes, que du défaut d'une vraie connaissance des histoires, d'où on ne tire pas, en les lisant, ce sens qu'elles renferment, en même temps qu'on ne goûte pas cette saveur qu'elles ont en elles. »

« Il en résulte qu'une infinité d'hommes qui lisent, prennent plaisir à raconter ces variétés d'événements qu'elles contiennent, sans penser autrement à les imiter, jugeant l'imitation non seulement difficile, mais impossible, comme si le ciel, le soleil, les éléments, les hommes eussent changé leurs mouvements, leur ordre et leur puissance, et qu'ils ne fussent pas encore ce qu'ils étaient anciennement. »

« Voulant tirer les hommes de cette erreur, j'ai jugé nécessaire d'écrire sur tous ces livres de Tite-Live que la malignité des temps n'a pas *interrompus*, ce que je croirai, relativement aux choses anciennes et modernes, le plus nécessaire pour faire comprendre mieux ces ouvrages, afin que ceux-ci qui liront mes discours, y trouvent cette utilité qu'il faut chercher dans la connaissance de l'histoire. Quoique cette entreprise soit difficile, néanmoins, aidé par ceux qui m'ont encouragé à soulever ce poids, je crois que je le porterai de manière que pour un autre il y aura peu de chemin à faire, s'il veut le déposer au but. »

L'auteur examine de combien de sortes furent les républiques, et ce que fut la république romaine : à ce sujet, il rapporte, comme il l'a vu dans le livre *de Regimine Principum* de Gilles Colonna, que suivant plusieurs auteurs il y a six espèces de gouvernements, trois mauvais et trois bons. Mais ces derniers, ajoute-t-il, sont de nature à se corrompre, et peuvent aussi devenir pernicieux. Les trois bons gouvernements sont le *principat,* le pouvoir des grands, et le pouvoir du peuple. Les trois mauvais sont trois autres dépendants de ces trois premiers; chacun d'eux est tellement semblable à celui qui en est le plus voisin, que facilement ils *sautent* de l'un à l'autre. Le *principat* devient facilement tyrannique : le pouvoir des grands devient facilement le pouvoir d'un petit nombre, le populaire se change sans difficulté, en gouvernement licencieux. Si un fondateur de chose publique établit dans un état un de ces trois bons gouvernements, il ne l'établit que pour peu de temps. Il ne peut apporter aucun remède, pour qu'il ne tombe pas dans son contraire, à cause de la ressemblance qu'ont dans ce cas-là, et la vertu et le vice.

On voit que si le fond de la pensée de Machiavel, dans son traité *des Principautés,* était de traiter à peu près en général une question qui embrassait tous les gouvernements, ici (et peut-être l'a-t-il fait dans ce *Prince* qui ne nous a pas été transmis par ses soins, avec ses corrections, et qui avant de nous parvenir, *a passé par la vanité des Médicis*), plus libre, l'auteur exprime franchement et plus explicitement sa pensée.

1516. L'écrivain offre ensuite un tableau vif et imposant du commencement des sociétés et définit cet instinct par lequel les hommes commencèrent à aimer et à rechercher ce qui était juste. Il y eut d'abord des princes. (Tout ce qui va être dit, se rapporte en grande partie à l'histoire romaine.) Le premier prince fut choisi parmi les hommes les plus justes et les plus prudents; les fils de ces hommes prudents furent des

CHAPITRE XXIV.

tyrans. Quelques autres hommes généreux, grands de cœur, de richesses et de noblesse, conspirèrent contre ces tyrans et les renversèrent. Le peuple crut l'autorité bien placée entre les mains de ses libérateurs. A leur tour, les fils des libérateurs n'ayant jamais connu la variation de la fortune, n'ayant jamais éprouvé le mal, et ne se contentant plus de l'égalité civile, s'adonnèrent à l'avarice, à l'ambition, à *l'usurpation des femmes*, et réduisirent le gouvernement à ne plus être que celui du petit nombre. Il leur arriva bientôt ce qui arriva aux tyrans : la multitude, fatiguée des excès présents, se fit auxiliaire de ceux qui étaient ennemis de ces nouveaux oppresseurs, et les anéantit. La mémoire de l'injure faite par le prince était récente; on avait détruit le pouvoir du petit nombre : on ne voulut pas reconstruire celui du prince. On se jeta dans le pouvoir populaire et l'on disposa les choses, de manière qu'on ne fut gouverné ni par un prince, ni par une oligarchie. Comme tous les états qui commencent inspirent quelque respect, le pouvoir populaire se conserva ainsi quelque temps; on arriva bientôt à la licence. On ne redoutait plus ni les hommes publics, ni les hommes privés; chacun vivant à sa manière, on se faisait chaque jour de nouvelles injures; puis contraint par la nécessité, ou par le conseil d'un autre homme vertueux, pour ne pas succomber sous une telle licence, on adopta de nouveau l'autorité du prince; enfin on revint encore à la licence, de degré en degré : voilà le cercle dans lequel toutes les républiques ont tourné. Cependant on revient rarement à la même nuance de gouvernement; quelquefois, dans cet intervalle, on est conquis par un état voisin, mieux ordonné.

Machiavel soutient que tous ces moyens sont mau- 1516.

vais, à cause de la brièveté de la vie des trois bons gouvernements, et de la malignité des trois mauvais. Il déclare que les législateurs connaissant ces défauts ont choisi une forme de gouvernement qui participait de tous, le jugeant plus propre et plus stable, puisque l'un garde l'autre, s'il y a dans la même ville, le *principat*, les grands et le gouvernement populaire. Il explique la différence des lois de Lycurgue et de celles de Solon, et il commence à développer tout le mécanisme du gouvernement de Rome, l'élection des tribuns du peuple qui ajoutèrent plus de force et d'ensemble à la marche de l'autorité générale, la désunion du peuple et du sénat qui donna à la république plus de sûreté et de puissance, à cause des ménagements que se devaient les deux pouvoirs qui se retrouvaient unis pour un danger commun. Passant de là à quelques détails, il prouve que la fortune et la milice furent la cause de la prospérité de Rome : là où il y a bonne milice, il y a bon ordre, et il est rare que devant ces deux avantages il ne survienne pas bonne fortune.

1516. Il continue d'employer ce genre d'argumentations qu'il affectionne. Là, les bons exemples naquirent de la bonne éducation, la bonne éducation, des bonnes lois, et les bonnes lois, il faut le dire, de ces tumultes que beaucoup de personnes condamnent inconsidérément. Si on examine bien la fin, on verra que ces tumultes n'ont produit ni exil, ni violence contre le bien commun, mais des lois et des ordonnances en faveur de la liberté publique. On ne peut pas voir de plus haut, ni caractériser avec plus de calme, ces longs tumultes de Rome auxquels il y avait, ajoute-t-il, le remède des harangues. S'il se levait un homme de bien qui s'adressât au peuple, et qui lui prouvât que ses prétentions étaient fausses, le peuple quoique ignorant entendait la vérité, et cédait facilement si elle lui était présentée par un honnête homme.

Maintenant les commencements de l'existence de la république de Venise sont comparés au commencement de l'existence de Rome. Les uns n'appelaient pas le peuple à la guerre, ceux-là voulaient qu'il combattît. Chez l'un et l'autre, il fallait parler au peuple un autre langage.

Chapitre VII. Machiavel pense que les accusations sont nécessaires dans une république : les citoyens arrêtés par la peur d'être accusés, ne tentent rien contre l'état, et s'ils tentent quelque révolte, ils sont vivement repoussés. Un système d'accusation réglé par les lois amortit les dispositions du peuple à chercher des moyens de violence extraordinaire. Ici Nicolas, toujours occupé des désastres qui viennent d'accabler Florence, prend ses exemples dans la situation où sa ville s'est trouvée sous Soderini. Il n'y avait que huit juges auprès desquels on pût accuser les citoyens puissants; il faut que ces juges soient en plus grand nombre. Quand ils sont en petit nombre, ils font toujours ce que veut le petit nombre. Il fallait, dit-il, que ces moyens d'accusation existassent alors, il fallait qu'il fût possible de demander raison au chef, s'il avait mal agi; ses ennemis n'auraient pas appelé l'armée espagnole, et par une accusation auraient satisfait leur dépit. S'il avait bien agi, ils auraient craint de devenir accusés eux-mêmes, et ainsi, de tout côté, aurait cessé cette ardeur qui causa tant de scandale. Remarquons que c'est dire à peu près que les Médicis ne seraient pas revenus. De cela on peut conclure, que toutes les fois qu'on voit que des forces étrangères sont appelées par une partie des hommes qui vivent dans une ville, on peut croire que cela ne provient que de la mauvaise organisation de cette ville, qui n'a pas dans son cercle un moyen de dissiper les humeurs malignes que l'ambition allume parmi les hommes. On y pourvoit, au contraire, en attribuant à beaucoup de juges le soin de recevoir les accusations et en leur donnant de l'appui.

Cela fut si bien établi à Rome, que dans toutes les dissensions du sénat et du peuple, jamais le sénat ou le peuple ne pensa à appeler les troupes étrangères. Ayant le remède à la maison, on n'allait pas le chercher dehors. Mais si les accusations sont utiles, les calomnies sont pernicieuses. Manlius Capitolinus fut un calomniateur avec son invention d'un trésor caché par le sénat, et non un accusateur. Les Romains montrèrent en cette circonstance comment on punit les calomniateurs.

Le grave et austère annaliste politique continue son examen avec la même expression d'énergie et d'impassibilité. Les fondateurs de royaume ou de république sont louables. Les fondateurs de tyrannie sont des hommes odieux.

1516. Je citerai un de ces tableaux touchants et terribles, un de ces tableaux en quelque sorte synoptiques, qui furent ensuite imités par Bossuet.

« De vingt-six empereurs qui se succédèrent, de César jusqu'à Maximin, seize furent assassinés, dix moururent suivant l'ordre de la nature; et si parmi ceux qui périrent il y en eut de bons, comme Galba et Pertinax, ils moururent des suites de l'esprit de corruption que les prédécesseurs de chacun d'eux avaient laissé parmi les soldats. »

« Si parmi ceux qui payèrent seulement le tribut à la nature, il y en eut un scélérat, comme Sévère, cela provient de sa très-grande fortune et de son courage, avantages qui accompagnent rarement le même homme. On verra par la lecture de cette histoire comment on peut organiser un bon gouvernement. Tous les empereurs qui obtinrent l'empire par l'hérédité, excepté Titus, furent mauvais; ceux qui y parvinrent par adoption, furent tous bons, comme furent les cinq empereurs, de Nerva jusqu'à Marc (Nerva, Trajan, Adrien, Antonin, Marc-Aurèle); et quand l'empire fut dévolu encore une fois à l'hérédité, il retourna à sa ruine. Qu'un prince place donc devant ses yeux[1] les temps de Nerva jusqu'à Marc, et qu'il les compare avec les temps qui ont précédé et qui ont suivi; qu'ensuite il choisisse les temps où il voudrait être né, ou dans lesquels il aurait voulu commander: dans les temps gouvernés par les bons, il verra un prince sûr au milieu de ses citoyens aussi sûrs que lui, le monde rempli de paix et de justice; il verra le sénat avec son autorité, les magistrats avec leurs honneurs, les citoyens riches jouissant de leur opulence; il verra tout repos, tout bien, et de l'autre part, tout dépit, toute licence, corruption et élévation détruite; *il verra ces temps d'or où chacun peut garder et défendre les opinions qu'il préfère.* »

« Il verra enfin le monde triomphant, le souverain entouré de respect et de gloire, les peuples, de sûreté et d'amour. S'il considère attentivement les temps des autres empereurs, il les verra atroces par les batailles, déchirés par les séditions, cruels dans la paix et dans la guerre, tant de princes morts par le fer; il verra des guerres civiles, des guerres étrangères, l'Italie affligée et en proie à de nouvelles infortunes, ses villes saccagées et ruinées. Il verra Rome brûlée, le Capitole détruit par ses citoyens, les anciens temples désolés, les cérémonies corrompues, les villes pleines d'adultères; il verra la mer couverte d'exils, les écueils rouges de sang; il verra, à Rome, des cruautés inouïes, la noblesse, les richesses, les honneurs, et surtout la vertu devenir un crime

---

[1] Certainement Machiavel penche ici un peu plus vers les idées républicaines que vers les idées monarchiques, et c'est un prince qu'il met en scène, c'est un prince qu'il adjure de l'écouter!

capital; il verra les accusateurs récompensés, les esclaves devenus par corruption les dénonciateurs de leur seigneur, les affranchis, de leurs maîtres, et ceux à qui les ennemis pouvaient manquer, opprimés par les amis : il connaîtra alors toutes les obligations de Rome, de l'Italie et du monde envers César. Sans doute, s'il est fils d'un homme, il s'éloignera de toute imitation des temps mauvais, et s'enflammera d'un immense désir de suivre les bons. Vraiment un prince cherchant la gloire du monde devrait désirer de posséder une ville corrompue, non pour la gâter encore davantage, comme César, mais pour la réordonner, comme Romulus. Véritablement les cieux ne peuvent donner aux hommes et ils ne peuvent désirer une plus grande occasion de gloire. Si pour bien constituer une ville on avait à déposer le *principat*, celui qui ne la constituerait pas pour ne point tomber de cette dignité, mériterait quelque excuse, mais on n'en mérite aucune quand on peut garder le *principat*, et reconstituer sa ville. Enfin, que ceux à qui est offerte une telle occasion considèrent bien que là il leur est proposé de suivre deux chemins, l'un qui les fait vivre en sécurité, et leur assure la gloire après la mort, l'autre qui les fait vivre dans de continuelles angoisses en laissant après leur mort une éternelle infamie. »

J'ai voulu rapporter ce morceau d'éloquence pittoresque, cette description si rapide des événements de plusieurs siècles de l'empire de Rome. Il faut observer, pour bien comprendre Machiavel, que lorsqu'il déclare ici que les princes héritiers ont été plus mauvais que les princes adoptés, il n'examine pas la question générale de la monarchie par hérédité, c'est-à-dire le mode de gouvernement d'un prince qui succède nécessairement à son père, et qui se marie de bonne heure, pour obtenir des enfants héritiers à leur tour de la couronne; non Machiavel n'annonce pas qu'il préfère à ce mode, le mode de monarchie par adoption; il veut dire, si je pénètre bien dans son sentiment, qui dans toute cette nomenclature de faits n'est pas exclusivement républicain, il veut dire simplement que César croyant fonder la prospérité de Rome sur la monarchie héréditaire, en ce qui concernerait ses successeurs, ne fit rien pour le bonheur de sa patrie, puisque la monarchie ne s'établit pas ainsi régulièrement, et qu'elle produisit, quand elle eut son cours, beaucoup de princes mauvais, tandis que la monarchie par adoption de la part d'empereurs subitement appelés au trône sans avoir d'enfants, produisit beaucoup de bons princes. Le sentiment de Machiavel, ici, est si peu exclusivement républicain, qu'il s'abandonne à toutes les émotions de sa vive et noble imagination, pour peindre les *temps d'or* du gouvernement des bons souverains. Même cette imagination s'est tellement emparée de la plume de l'écrivain, et elle a fait taire avec une telle exigence de volonté sa dialectique si fréquemment pressante, que je ne sais comment il lui a échappé de dire qu'un prince ambitionnant la gloire du monde doit souhaiter de posséder une ville corrompue, non pour la gâter en tout, comme César, mais pour la réordonner, comme Romulus.

Convient-il d'envisager ainsi l'entreprise de Romulus qui commence une organisation sur un sol vierge, qui, un fer en main, frappe, à son caprice, quiconque s'oppose à sa volonté, et son frère, au besoin; qui permet qu'on assassine Titus Tatius le Sabin, son collègue dérisoire au trône; qui organise son sénat, ses tribus, ses curies, aussi facilement qu'il trace les limites de sa ville naissante; qui choisit ses grands, désigne ceux qui resteront petits, distribue les dignités à son gré, ne trouve aucun intérêt d'argent, de 1516.

vanité, de religion, établi dans le cœur et dans l'esprit de ses sujets, va, vient, élève, détruit, se repent, refait, détruit encore, et pétrit, comme s'il avait en main une cire amollie, toute cette génération d'hommes qui ne connaissaient ni lois, ni règles, et qui ne pouvaient avoir alors que les passions, les goûts, le courage et la lâcheté des pâtres et des voleurs?

Comment peut-on comparer l'entreprise d'un homme aussi maître de sa matière avec tout ce que César eût pu imaginer, pour réordonner Rome, après les guerres de Marius et de Sylla? Les points de départ et les terrains d'opérations sont si différents! Tout est possible à qui prend en main le premier la pâte flexible; mais celui qui avec des débris d'orgie veut reconstruire un banquet élégant et recherché, n'offre aux convives qu'un amas de restes impurs qui ne peuvent inspirer que le dégoût.

Machiavel a dit souvent, peut-être dans d'autres termes, mais assez expressément, que la fortune est variable, qu'elle n'apparaît plus dans le même chemin où on l'a rencontrée sans la chercher, qu'il y a dans le monde politique, comme dans le monde animal, des nécessités de ruines, de décomposition, de désolation et de recomposition, que les peuples meurent aussi, que d'autres nations succèdent et que toujours l'immense scène du monde est remplie d'acteurs nouveaux chargés de rôles si divers, dans le grand drame de la vie humaine. César, il est vrai, impérieux, ambitieux, avide de la première place, était en même temps clément, facile et familier. Il a dû laisser l'état Romain tel qu'il avait été fait sous lui et avant lui, comme l'a si bien dit aussi Machiavel, ce qui m'enhardit à contredire sur le reste, un si grand génie. Le principat, l'oligarchie et l'autorité populaire sont le cercle où ont tourné toutes les républiques. Le despotisme militaire qui ne régnait que par les soldats, était indirectement une sorte d'autorité populaire, participant de la tyrannie d'un seul, et régie par le peuple ceint d'une épée. Le tour du principat à Rome était revenu. Il ne pouvait reprendre le nom de roi, nom contre lequel on avait eu soin d'entretenir tant de haine, depuis si long-temps. Le principat éluda la difficulté, il garda avec l'autorité royale qui ne fut pas et ne pouvait être nominativement rétablie, le titre du chef militaire qui avait dû sa popularité à ses glorieux combats, à l'affection des légions compagnes de sa gloire, et quelquefois à l'espérance de nombreuses *libéralités*.

Romulus a fait tout ce qu'a voulu son génie. César ne pouvait marcher dans la même voie. La mort l'a surpris incertain, indécis sur la forme de gouvernement qu'il laisserait après lui; il n'avait bien réglé avec lui-même qu'une seule chose: il voulait être le maître. Son caractère brillant et chaleureux, l'habitude du commandement, la volonté dévouée d'une immense partie des Romains, la corruption des mœurs, l'immensité des provinces à surveiller, tout, jusqu'à l'état de la civilisation, qui répugne avec ses raisons bonnes ou mauvaises à un retour vers ces vertus au moins farouches, nécessaires pourtant pour rendre à une nation la simplicité et la candeur qui font les hommes honnêtes et généreux, tout, depuis la mort de Pompée, l'ivresse de la victoire, les prétentions des partisans, les bassesses des vaincus, tout, jusqu'aux sciences, jusqu'aux lettres elles-mêmes qui repoussent assez séditieusement les innovations tranchées, défendait à César de reconstruire la république primitive; et ce grand, cet incommensurable corps de l'aggrégation des Romains, qui avait eu son enfance craintive, son adolescence délicate, sa jeunesse téméraire, sa virilité audacieuse et terrible, devait subir les premières atteintes de la maladie de l'âge mûr, l'affaiblissement de la sénilité, et les ignobles abjections de la décrépitude.

A propos des bienfaits que Rome dut au maintien de sa religion, Machiavel pense que s'il avait à disputer auquel des deux princes, de Romulus ou de Numa, Rome a le plus d'obligations, il donnerait la préférence à Numa.

Nous n'irons pas loin sans reconnaître que Machiavel n'a pas entendu si vivement inculper César de n'avoir pas suivi l'exemple de Romulus.

« Sans doute, celui qui dans les temps présents voudrait constituer une république, trouverait plus de facilité dans des hommes habitants des montagnes où il n'y a aucune civilisation, que chez les hommes accoutumés à vivre dans une ville où la civilisation est corrompue. Un sculpteur tirera plus facilement une belle statue d'un marbre brut que d'un marbre mal entamé par un autre. Après avoir tout considéré, je conclus que la religion introduite par Numa fut une des premières causes de la félicité de cette ville; elle causa de bonnes dispositions, les bonnes dispositions font la bonne fortune, et la bonne fortune produit les heureux succès des entreprises [1]. De même que l'observance du culte divin est la cause de la grandeur des républiques, de même le mépris du culte est la cause de leur ruine. Là où manque la crainte de Dieu, il faut que le royaume périsse ou qu'il soit soutenu par la crainte qu'inspire un prince qui en cela supplée au manque de religion. Comme les princes n'ont

---

[1] Machiavel dit ici quelque chose qui pour l'expression se rapporte au raisonnement qu'il a fait, page 402, sur la bonne milice qui engendre la bonne fortune.

qu'une vie courte, le royaume est ruiné bientôt dès que manque l'influence du prince. Les royaumes qui ne dépendent que de la puissance d'un homme, sont peu durables : cette puissance manque avec la vie de celui-ci, et rarement il arrive qu'elle soit rafraîchie par la succession, comme dit prudemment le Dante [1]. »

L'auteur continue d'établir l'importance de la religion, et au manque de religion il attribue la ruine de l'Italie. A ce sujet il accuse la cour romaine de son temps. Il est difficile de prédire plus directement les malheurs qui affligèrent l'Église, même avant la mort de Machiavel, l'apparition de Luther et le sac de Rome en 1527. L'auteur appuie sur cette prédiction, il voit déjà cette ruine imminente, et il annonce que l'Église va gémir d'un nouveau fléau. Il ne faut pas oublier ici que toute la discussion relativement à Rome est purement politique. Il se serait tu devant des prélats vertueux, il attaque avec audace des prélats pervers. Il avance donc que la présence de la cour romaine, telle qu'elle est en Italie au moment où il parle, avec ses mauvais exemples et sa politique changeante qui tantôt appelle un secours et tantôt un autre, détruit tout respect pour la religion, et en même temps empêche cette contrée de devenir une république ou d'être soumise à un seul prince. Il ne mêle à cette discussion aucune remarque irrévérente pour le dogme. Il ne parle que de la présence en Italie de l'autorité pontificale telle qu'elle s'y conduit au moment où il écrit. Il raisonne sur des faits matériels, et il est difficile de répondre avec quelque succès à

---

[1] Rade volte discende per li rami
L'umana probitade, e questo vuole
Quel che la dà, perchè da lui si chiami. »
Purgat., chant VII.

l'écrivain moraliste, à l'écrivain chrétien d'ailleurs, qui flétrit la conduite si antichrétienne de la plupart des Romains d'alors. L'homme qui avait connu de si près les conjurations de Sixte IV, les déportements d'Alexandre VI, les furies de Jules II, ne croyait pas pouvoir en parler autrement. Et Léon X lui-même demandant à voir représenter la Mandragore, ramenait-il le sévère Machiavel, tout auteur qu'il était de cette plaisanterie satirique, à des idées plus conciliantes? Il n'est que trop vrai que jamais les mœurs de Rome n'avaient été plus dépravées, et que le seul esprit bien distinct qui y dominait était celui d'une politique avide et turbulente. Ces temps sont passés et peuvent difficilement revenir. Les mœurs, les institutions de Rome actuelle ne mériteraient pas de telles invectives. Celles-ci d'ailleurs ne s'adressent absolument qu'à des questions de conduite et de discipline ecclésiastiques.

1516. Machiavel enfin, que j'ai appelé *un précepteur du pouvoir*, était si peu un *précepteur de tyrannie*, un conseiller de principes *ultra*-populaires, qu'on voit ici, dans ces accusations contre la politique de Rome, qu'il lui reproche surtout d'empêcher que l'Italie ne soit soumise, ou à un seul prince qui la rendrait heureuse et paisible, ou à une seule république qui assurerait les mêmes avantages. Il ne manifeste pas de préférence, il ne prononce pas d'exclusion, il regrette indifféremment un de ces deux modes; il veut, il demande une patrie, rien qu'une patrie gouvernée par des lois sages et homogènes, et comme il n'a été en général constamment et uniquement, du moins selon mon opinion bien arrêtée, rien autre qu'un professeur absolu en l'art de gouverner les hommes de la manière la plus propre à les rendre heureux et puissants, il n'a pas besoin de déguiser sa pensée; il proclame hautement l'opinion du Dante et de Pétrarque, le vœu de l'indépendance de l'Italie.

Était-elle possible alors? Je ne le crois pas. Est-elle possible aujourd'hui? Verrait-on les papes exclus de la souveraineté des provinces qui sont leur partage depuis tant de siècles? La famille de Savoie rejetée à Chambéry, la branche d'Espagne qui dicte des lois à l'extrémité de la péninsule, repoussée une autre fois en Sicile, la maison d'Autriche déclarée contrainte d'arrêter vers le Tagliamento ses légions si savantes dans l'art de descendre cette partie des Alpes, la branche impériale qui est née dans la même ville que Machiavel, forcée de renoncer à un héritage devenu encore plus glorieux par la publication de lois si douces et si sages? Cette colossale dislocation de princes, dont quelques-uns sont aimés par beaucoup de leurs sujets, ou vivement soutenus par des orgueils de parentés, est-elle au pouvoir même de tous les Italiens réunis? Je conçois une indemnité fixée ailleurs pour l'antique maison de Savoie; je conçois l'ingratitude partielle de quelques Toscans ne pleurant pas assez les bien-aimés enfants de Léopold, le Solon de cette moderne Athènes; je conçois la dynastie d'Espagne ouvrant ses ports aux vaisseaux fugitifs du neveu de son roi, et donnant encore un exemple de cette longanimité inexplicable avec laquelle, depuis plus de deux siècles, elle voit sans pâlir démembrer ses états. J'admets aussi ce que d'abord j'ai dû révoquer en doute, le concours de tous les Italiens pour cette immense œuvre patriotique que tous leurs hommes de génie, poètes, et prosateurs, qui dans cette contrée reçoivent de si fécondes facultés d'intelligence, ont appelée de leurs vœux et de leurs conseils.

Je consens à ne pas demander comment après une si longue séparation, esclaves d'usages qui sont, s'il est possible, plus qu'une seconde nature, le Vénitien politique, le Génois commerçant, le Florentin studieux, le Romain spirituel et moqueur, le Napolitain si vacillant dans ses entreprises, le Piémontais sobre, le Milanais passionné pour les spectacles, ne feraient aucune difficulté de s'accorder pour former une seule masse qui ne respirerait que confiance, égards, convenances, oubli des préjugés et des proverbes provinciaux, et volonté de tout sacrifier pour ne cesser de s'entendre, de s'aimer, de se comprendre et de se secourir. La résignation, un nouveau genre d'espérances plus étendues, le phlegme qui ne s'étonne de rien, l'espérance d'un dédommagement convenable, tout cela réuni peut aider ce sentiment de nationalité italienne que j'ai si généreusement et peut-être si imprudemment supposé; mais dans ce cas où envoyer[1], comment indemniser le pape? Peut-on, doit-on ne pas l'indemniser? La question devient complexe, elle est toute de politique et de religion. Elle pénètre dans les intérêts de tous les souverains de l'Europe, de l'Asie et des républiques de l'Amérique. Elle affecte l'Angleterre pour son Irlande, la Prusse pour ses provinces Rhénanes et Posen, la Russie pour sa Lithuanie et Varsovie, la Suisse pour ses cantons non protestants, et puis à la suite de ces intérêts, presque toute la France, sans contredit toute l'Espagne, plus des neuf dixièmes de l'Autriche, et toute l'Amérique méridionale. Chacun de ces pays n'a plus alors à pen-

---

[1] Ceci me rappelle un mot du prince Camille Borghèse à M. Cacault, ministre de France à Rome en 1802, qui traitait l'affaire du concordat. « Ah, je vois bien, monsieur, qu'il faut que pour les menus plaisirs de l'Europe nous restions sujets du pape! »

ser seulement au maintien de ses lois civiles, au respect dû à son autorité militaire, à la surveillance de sa dette, de ses impôts ou de ses rentes, ou à des soins d'une liberté orageuse. Chaque peuple, chaque roi, chaque ministre dirigeant doit reconnaître qu'il entre dans une nouvelle situation de faits et de circonstances. Tout ce qu'il a appris peut ne lui plus servir de rien, puisqu'une foule d'intérêts non débattus vont surgir, et créer des dissidences inconnues, et que la sagesse de l'observateur n'a pas encore étudiées. Le pape régnera-t-il? Où ira-t-il régner? Où l'établira-t-on, dans une sphère d'indépendance positive, pour qu'il ne soit pas asservi, pour que l'on corresponde sûrement et promptement avec lui? Où Rome portera-t-elle les ossements des vieux pontifes, ses archives, ses monuments qu'elle a si courageusement élevés, embellis, perfectionnés? je ne parle pas de ceux qu'elle a conservés aux sciences et aux arts, des colonnes, des arcs au milieu desquels elle a si dignement encadré sa puissance. Où le Saint-Siége se réfugiera-t-il avec son droit universellement reconnu d'instituer tous les évêques de la chrétienté? Sera-ce dans un pays froid où viendront s'éteindre tous ces vieillards accoutumés à des climats plus doux? sous des latitudes glacées où la vie est si pénible, où l'âge atteint plus difficilement la saison de la sagesse, de la patience nécessaire pour traiter les affaires religieuses, affaires dont le temps seul guérit presque toutes les blessures (*Deus et dies* disent à Rome les politiques religieux)? Où est le pays méditerrané qui permet les communications faciles? Il faut qu'un pape soit à tout le monde et ne soit à personne. De quel œil cent cinquante millions de catholiques, soigneusement comptés, aujourd'hui sujets paisibles et dévoués de souverains divers, vivant dans mille contrées où se parlent des langues différentes, mais pouvant se plaindre dans une langue commune, la langue latine, et tout à coup appelés à s'enquérir du sort de leur chef spirituel, fatiguant leurs princes de plaintes inquiètes, n'étant plus contenus par l'ascendant irrésistible du grand Napoléon, qui cependant ne remporta jamais une victoire entière sur l'autorité pontificale, se trouvant comme affranchis des vieilles haines nationales, n'aimant plus en quelque sorte qu'un seul maître, de quel œil verront-ils désormais qu'il est détrôné? Que répondra-t-on à des sollicitudes raisonnables, même à des récriminations absurdes, à des révoltes de toute nature? Que deviendra la tranquillité de l'Europe? Dans ses modes de gouvernement si variés, seront-ce les peuples dits constitutionnels avec lesquels, comme ailleurs, on se garde bien de heurter la religion, seront-ce ces peuples qui se montreront les plus obéissants, les plus résignés, les plus silencieux? Les nations soumises à une volonté moins contestée, ne continueront-elles pas d'adorer leur pontife avec la même ferveur? Je ne sais, je ne peux, je n'ose pas répondre à tant de questions; et tous ces embarras, tous ces troubles, c'est le simple déplacement d'un pape qui les occasionne? Et pendant ces explications des peuples, qui n'ont pas de solution, pendant ces tumultes dans toutes les langues, pouvant, nous l'avons dit, se résumer dans une seule langue, que devient Rome? Est-elle la première ou la seconde ville de l'état nouveau? Naples, Florence plus centrale, Venise qui a possédé des hommes d'état si habiles, Gênes qui a conquis une partie du Levant, Milan qui nage dans l'or et qui possède d'énormes capitaux, Turin qui aurait à ses ordres cinquante mille soldats, les meilleurs de l'Italie, toutes ces capitales illustres parviennent-elles à s'accorder, pour céder à une autre la prééminence? Où choisit-on le prince nouveau? Appartiendra-t-il à la maison de Savoie, à la maison de Lorraine, à la maison de Bourbon? Si les trois familles sont exclues, sera-t-il, ce chef (et un autre différend national va commencer), sera-t-il Piémontais, Lombard, Génois, Vénitien, Florentin, Romain ou Napolitain?

S'il s'élevait un système d'opposition religieuse redoutable contre l'autorité de l'Église catholique, je pourrais penser que le pontificat périrait avec ses temples, et qu'on attacherait peu d'importance au lieu où il porterait sa douleur et les débris de sa puissance; mais le protestantisme ne fait plus de prosélytes; il est comme stationnaire, plus raisonnable; il ne *missionne* pas avec fureur. La puissance de la cour de Rome habilement ménagée, sagement exercée, serait encore défendue par des indifférents, si la religion était persécutée : peut-être ceux qui ne vont pas à la messe dans les églises, iraient à la messe dans les caves. J'examine cette question en homme politique; je ne craindrais pas de la traiter en homme religieux. Mais il me suffit de la voir sous ce premier rapport. Elle est assez grande, comme question politique, et j'aime mieux m'adresser sur-le-champ à tous les hommes sans distinction qui s'occupent d'affaires d'état, que de me livrer à un langage de passion contraire à l'esprit de cet ouvrage destiné à combattre des passions. J'avoue donc qu'il me paraît que pour établir l'indépendance de l'Italie avec l'expulsion du pape, il faut des circonstances données qui n'existent pas, des faits encore à naître, et un bouleversement bien autre que celui qui a étonné l'Europe, lorsqu'elle s'est vue successivement divisée en gouvernements choisis par des corps délibérants, avant la fin d'une dynastie, comme il est arrivé en Angleterre, en Suède, en Portugal, dans d'autres pays, et ensuite en gouvernements attribués à des familles qu'une longue possession a maintenues au pouvoir.

1516. Cette question mériterait d'occuper Machiavel lui-même; et sans doute il écrirait d'autres pages aujourd'hui, si on lui présentait le Saint-Siége actuel amendé, rendu à la pratique des anciennes vertus de l'église, régnant sans contestation sur l'innombrable portion du christianisme qui ne s'est pas séparée, et si néanmoins on proposait de le renvoyer en Suisse, comme il le dit dans ses lettres, à Avignon, comme le rapporte l'histoire, ou dans un autre pays quelconque de l'Europe, ou même de l'Amérique, ainsi que le voulait un homme d'état dont heureusement on n'a pas écouté les conseils. Il y aurait à dire à Machiavel que depuis qu'il a écrit, une incommensurable partie du monde a été découverte, et que la moitié de cette partie, celle qui est située sous le soleil le plus ardent, a repoussé, il est vrai, ses maîtres politiques, mais a déclaré qu'elle ne voulait permettre aucune scission avec le chef de la religion. C'est ce qui est clairement prouvé par les déclarations spontanées des gouvernements de l'Amérique méridionale. Une si éclatante profession de catholicisme répare et au-delà les pertes que le Saint-Siége a faites, depuis que tant de consciences opposées ont renoncé à reconnaître la suprématie de Rome.

1516. Je n'ai pas refusé de m'expliquer sur cette matière délicate, je l'ai fait librement, et comme formé aux exemples de franchise et de dignité du grand politique dont j'examine les ouvrages : mais je n'en fais pas moins des vœux sincères, des vœux ardents, pour que tous les peuples Italiens soient heureux,

CHAPITRE XXIV. 419

pour que leur esprit se livre aux développements féconds qu'il est appelé à réaliser, et pour que dans toutes leurs provinces, une administration sage, paternelle, et appropriée aux exigences raisonnables d'aujourd'hui, détruise les abus d'une organisation qui a quelque chose de suranné ou de décrépit, sans aucune utilité pour les gouvernés, et pour les gouvernants eux-mêmes.

Nous reviendrons maintenant à Machiavel, et changeant rapidement de sujet, à son exemple, nous le suivrons dans une autre discussion. Actuellement il nous déclare hautement qu'un peuple qui a été soumis à l'autorité d'un prince, maintient avec difficulté sa liberté, surtout s'il est corrompu. Nicolas ici reproduit entièrement l'avis que nous avons soutenu contre lui : qu'il y a impossibilité d'établir une république dans un pays gâté, et qu'il faut faire tendre les dispositions qu'on organise dans ce pays vers une propension monarchique. César est donc complètement excusé. Nous rencontrons plus loin une grande vérité de gouvernement, prouvée par la statistique de l'histoire. Après un excellent prince, on peut avoir un prince faible, et impunément; mais un second prince faible met tout en danger : une succession de deux princes vertueux a les suites les plus heureuses. Enfin quant aux moyens de se faire respecter, il faut blâmer tout prince ou toute république qui n'arme pas ses sujets : Nicolas en cet endroit nous fait grace de l'exemple de César Borgia.

A propos de l'avantage qu'on peut trouver à garder les étroits passages qui empêchent les armées de pénétrer dans un pays, il cite la feinte habile de notre roi François Ier, qui pour entrer en Italie, en 1515, trompa tous les calculs des Suisses, et y arriva par des chemins inconnus. De nos jours Napoléon a trompé aussi habilement les Autrichiens.

Dans le chapitre XXVI, les conseils donnés aux princes, ou à la république (car ce n'est pas toujours tour à tour qu'il prétend les instruire; il les appelle souvent à la fois devant lui, pour leur dicter les mêmes préceptes), ces conseils, dis-je, sont si violents, qu'il est obligé d'ajouter, après avoir annoncé qu'il faut ressembler à David, *qui esurientes implevit bonis et divites dimisit inanes*, qu'il faut construire de nouvelles villes, détruire les vieilles, transporter les habitants d'un lieu à un autre, etc., qu'il est obligé d'ajouter :

« Ces moyens sont très-cruels et ennemis de toute habitude non-seulement chrétienne, mais humaine : tout homme doit les fuir et plutôt vivre particulier, que roi avec cette ruine de tant d'hommes. Néanmoins, celui qui ne veut pas prendre cette première voie du bien, doit, s'il veut se maintenir, entrer dans celle du mal. Mais les hommes prennent certaines voies du milieu qui sont très-dangereuses ; ils ne savent être ni tout bons ni tout méchants. »

Personne n'a encore reproché à Machiavel une erreur qu'il a commise dans cette citation du roi David. Ce roi n'a rien de commun avec ces paroles, *esurientes implevit bonis et divites dimisit inanes*. Elles sont extraites du *magnificat* et rapportées pour la première fois par saint Luc, bien long-temps après David. Et puis ces paroles ne sont pas un fait historique, mais un symbole de morale, et une définition du peu de fondement que les riches doivent faire sur leur opulence, et de l'espérance que peuvent concevoir les pauvres pour un autre avenir.

1516. A propos de l'axiome « Les hommes ne savent être ni tout bons, ni tout méchants », Machiavel apporte

CHAPITRE XXIV.

un exemple terrible, qu'il raconte dans le chapitre suivant d'une manière tout à fait calme.

Il demande pourquoi Jean-Paul Baglioni, tyran de Pérugia, ne s'est pas emparé de la personne de Jules II, qui avec une témérité bien légère était entré dans cette ville, suivi d'une faible garde, et s'était ainsi mis à la merci de son ennemi qui y commandait une troupe d'hommes armés fort considérable.

« Les hommes prudents remarquèrent qu'avec Jules étaient la témérité d'un pape et la vileté de Jean Paolo, et ils ne pouvaient s'expliquer comment celui-ci ne s'était pas, pour sa perpétuelle renommée, emparé de son ennemi, et ne s'était pas enrichi de cette proie, le pape étant accompagné de cardinaux qui avaient avec eux toutes leurs délices. On ne pouvait pas croire qu'il se fût abstenu par bonté ou par conscience, parce que dans l'esprit d'un homme couvert de crimes, qui abusait de sa sœur, qui avait assassiné ses cousins et ses neveux pour régner, il ne pouvait descendre aucun sentiment de pitié. On en conclut que les hommes ne peuvent pas être honorablement méchants ou parfaitement bons, et qu'ils ne savent pas entrer dans une méchanceté qui a en soi de la grandeur, et qui en quelque partie est généreuse. Ainsi Jean Paolo qui se souciait peu d'être incestueux et parricide public, ne fut pas, ou à dire mieux n'osa pas, en ayant une bonne occasion, tenter ici une entreprise dans laquelle on aurait admiré son audace, et qui aurait laissé de lui une mémoire éternelle, puisqu'il aurait été le premier à démontrer aux prélats le cas qu'il faut faire de quiconque vit et règne comme eux, et qu'il aurait opéré une chose dont la grandeur devait surpasser toute infamie et tout danger qui aurait pu en résulter. »

L'auteur du chapitre XVIII du traité *des Principautés* se retrouve trop aussi dans ce passage. Je sais bien que Jules II pouvait n'être pour Baglioni, s'il avait dû s'excuser, qu'un guerrier qui en voulait à sa puissance, et non un pontife qui exigeait toute vénération; je sais qu'il aurait pu dire : « Ce guerrier inexpérimenté s'est livré à moi, et dans la mêlée il a péri. » Mais le crime en lui-même, outre qu'il aurait été commis malgré la foi donnée, puisque ce tyran avait déjà reconnu qu'il consentait à remettre la ville, et à être *un buon figliuolo della Chiesa*, aurait-il eu des suites si heureuses? Machiavel a oublié que dans les gouvernements électifs, il s'élève rapidement un successeur qui en pareille circonstance doit nécessairement poursuivre le criminel. Si l'Italie ne respectait plus les papes, les étrangers, surtout ceux qui avaient besoin de leur secours, ou d'une intrigue en Italie, adressaient aux pontifes d'assez éclatants hommages : nous avons vu que la France marchait de concert avec Jules II, qui montrait si complaisamment à Machiavel les lettres et la signature de Louis XII. Il y a quelque inconvénient à croire appuyer fortement ses opinions sur des exemples pris à la légère. Quelquefois ils peuvent être absolument rétorqués contre l'écrivain. Le fait est vrai, sans qu'il soit besoin de le fortifier de l'exemple de Baglioni, qui déjà assez scélérat, n'a pas voulu l'être davantage, et qui a d'ailleurs, en cela, agi avec prudence. L'homme qui a été le plus méchant, qui a parcouru la plus sanglante carrière de crimes et de scélératesse, s'arrête quelquefois devant un léger péril. La raison en peut être, qu'une main souillée de forfaits se laisse plus facilement glacer par la peur.

1516. Il était difficile de décider qui était le plus ingrat pour de hauts services rendus, ou du prince ou de la république. L'auteur traite ainsi cette question curieuse.

« Le vice de l'ingratitude naît de l'avarice ou du soupçon.

CHAPITRE XXIV.

Quand un peuple ou un prince a envoyé un de ses capitaines dans une expédition importante, où ce capitaine a par ses victoires acquis beaucoup de gloire, alors ce prince ou ce peuple est tenu de le récompenser, et si au lieu d'accorder cette récompense, il le déshonore ou l'offense, si, mû par un sentiment d'avarice et en proie à ce vil sentiment, il ne veut pas récompenser, il commet une erreur qui n'a pas d'excuse, et il mérite une infamie éternelle. Il se trouve beaucoup de princes qui commettent cette erreur, et Tacite en dit ainsi la raison dans cette sentence : « On est plus porté « à rendre la pareille pour une injure que pour un bienfait, « parce que la reconnaissance est regardée comme une « charge, et la vengeance comme un gain [1]. »

L'auteur assure ensuite que lorsque le prince ou le peuple, mû non par l'avarice mais par le soupçon, n'accorde pas la récompense, il mérite quelque excuse. Il en trouve la raison dans la glorieuse renommée qu'a acquise le vainqueur : ce vainqueur se livre parfois à un sentiment d'orgueil, en méditant de se rendre indépendant; si c'est vis-à-vis d'un prince, celui-ci doit se mettre sur ses gardes. Ce soupçon est si naturel chez un prince qu'il ne peut s'en défendre, et s'il ne s'en défend pas, lui qui a des obligations si immédiates, il ne faut pas s'en étonner. Antonius Primus fut maltraité par Vespasien pour qui cependant ce général avait occupé Rome, après avoir défait deux armées de Vitellius. Ce n'est pas ensuite une chose qui doive exciter plus de surprise, si un peuple, en cela, imite le prince. L'ingratitude que l'on témoigna à Scipion naquit d'un soupçon. Il avait acquis de la gloire dans une longue et périlleuse guerre; ses victoires avaient

---

[1] Voici le propre passage de Tacite que Machiavel rapporte en latin : *Proclivius est injuriæ, quam beneficio vicem exsolvere, quia gratia oneri, ultio in quæstu, habetur.*   Hist. lib. IV, III.

été soutenues; il était jeune, prudent, recommandable par beaucoup de vertus; les magistrats de Rome craignaient son autorité; Caton l'ancien fut le premier à dire qu'on ne pouvait pas appeler libre une ville où il y avait un citoyen craint des magistrats : il fut sacrifié. Cependant en attribuant le vice de l'ingratitude à ces deux causes, l'avarice ou le soupçon, les peuples sont moins ingrats par avarice, que les princes, et conçoivent moins le soupçon. Pour ne pas risquer d'être ingrat, un prince doit commander ses expéditions. Une république qui ne peut agir ainsi doit suivre l'exemple donné généralement à Rome, excepté pour Scipion: car Rome fut avec cela la moins ingrate des républiques, et celle qui pardonna le plus de fautes à ses généraux.

Un prince et une république doivent assister les citoyens dans leurs besoins de fortune. Ce chapitre est discuté avec une gravité et un sang-froid qui ne permettent pas de croire que l'auteur ait voulu traiter ici un intérêt personnel, comme dans le chapitre XXII du livre *des Principautés*[1].

Il faut suivre l'auteur dans les développements ingénieux qu'il donne sur l'autorité du dictateur à Rome, sur celle qui fut attribuée aux décemvirs, sur les scandales de la loi agraire, l'indécision des petits états, la subite transition de l'humilité à l'orgueil, de la compassion à la cruauté, sur la facilité qu'on trouve à corrompre les hommes, sur cette sentence de Salluste mise dans la bouche de César : « Tous les mauvais exemples sont nés de bons commencements[2]. »

Examinons le chapitre LIII qui porte ce titre : « Le peuple souvent trompé par une fausse appa-

---

[1] Voyez plus haut, chap. XXII de ce volume, pag. 355.
[2] *Omnia mala exempla ex bonis initiis orta sunt.* SALLUSTE, Bell. Catil., cap. XXXV.

CHAPITRE XXIV.

« rence de bien, désire sa ruine : les grandes espé-
« rances, et les promesses hardies l'émeuvent facile-
« ment. »

Machiavel juge ainsi le peuple d'une république.

« Il arrive dans les républiques, que parfois on ne s'arrête pas aux projets qui seraient utiles. En considérant ce qu'il est facile, ce qu'il est difficile de persuader au peuple, on peut faire cette distinction :

« Ce que tu as à persuader au peuple, présente, au premier abord, ou des avantages ou des préjudices : la proposition est courageuse ou vile : quand le peuple voit dans ce qu'on lui propose, un gain, quoique dessous il y ait une perte, et quand il y reconnaît une action de force, quoique dessous il y ait la ruine, il se laisse aisément persuader. De même il sera toujours difficile de faire adopter à la multitude les partis qui supposeraient vileté et préjudice, quoique dessous ces partis, il y ait conservation et avantages. »

Voilà le raisonnement de Machiavel, pour confirmer, prétend-il, l'opinion du Dante qui dit, dans son traité *de Monarchiâ* « Le peuple crie quelquefois : *Vive ma mort! meure ma vie!* »

Le chapitre LVI traite une question un peu singulière.

« Avant que les grands événements arrivent dans une ville ou dans une province, il y a des signes qui les pronostiquent ou des hommes qui les prédisent. »

« D'où cela naît, je ne le sais ; mais on voit par les exemples anciens et modernes, qu'il n'arrive jamais un grand accident dans une ville ou dans une province qu'il n'ait été prédit par les devins, par des révélations, par des prodiges ou par des signes célestes. »

La crédulité habituelle de Tite-Live et même de Tacite est ici un peu trop partagée par Machiavel. Il rapporte qu'avant l'arrivée de Charles VIII, Savonarola prédit cet événement, et que dans toute la Toscane on dit avoir entendu et vu dans l'air des hommes de guerre combattant au-dessus d'Arezzo. Avant la mort de Laurent de Médicis l'Ancien, le dôme de Florence fut frappé de la foudre dans sa partie la plus élevée. Avant la chute de Soderini, le palais vieux fut aussi frappé par la foudre. Tite-Live rapporte qu'avant l'arrivée à Rome des Gaulois que Machiavel appelle toujours les Français (*i Francesi*), Marcus Cœditius, plébéien, annonça au sénat qu'il avait entendu, dans la rue, une voix surhumaine qui annonçait cette arrivée des *Français* [1].

« La cause de cela doit être discourue et interprétée par un homme qui ait connaissance des choses naturelles ou surnaturelles, connaissance que nous n'avons pas. Cependant il peut arriver que, comme l'air, ainsi que disent certains philosophes, est rempli d'intelligences qui par une vertu naturelle prévoient les choses futures, ces mêmes intelligences prennent pitié des hommes, les avertissent par de semblables signes, afin qu'ils se préparent à la défense. Quoi qu'il en soit, on voit que ceci est la vérité, et que toujours après de tels accidents, surviennent des choses extraordinaires et nouvelles dans les états. »

1516. Oui, mais à Florence même, des insensés ont souvent prédit des malheurs qui ne se sont pas vérifiés. Le palais vieux a pu être frappé de la foudre, sans qu'il soit mort un grand citoyen Florentin, et sans que le peuple se soit révolté contre ses chefs. Les diverses catastrophes politiques qui se succèdent sur la terre, et les événements ordinaires de la vie, s'accomplissent au milieu de mille météores, ignés, aqueux, lumineux;

---

[1] *Marcus Cœditius de plebe nuntiavit tribunis, se in nova via, ubi nunc sacellum est, supra œdes Vestæ, vocem, noctis silentio, audisse clariorem humana, quæ magistratibus dici juberet, Gallos adventare.* Tite-Live, lib. V, cap. XXXII.

ces phénomènes nécessaires dans la nature, suivent leur cours toujours non interrompu, comme ils le suivaient du temps de Machiavel, et la lecture assidue d'Aristote, de Tite-Live et de Tacite, ne pouvait pas l'éclairer d'une manière bien efficace sur un genre de connaissances qu'il avouait lui-même n'avoir pas étudiées. Galilée, le créateur de la physique expérimentale, ne devait venir que 37 ans après la mort de Machiavel. Cette erreur d'un Florentin célèbre, devait être réfutée par un autre illustre fils de la Toscane.

Au moment où Machiavel croyait à de pareilles superstitions, nous n'étions guère plus instruits à Paris. On lit dans les chroniques de France ce que je vais rapporter.

L'auteur n'assure pas positivement la vérité de ce qu'il va dire, mais il raconte ce fait avec une sorte de complaisance qui fait penser qu'il n'est pas bien éloigné de le croire. Voici le passage :

« Un peu devant ceste bastaille (la bataille de Ravenne) et conflict derrenier récité, avoit esté veu ung monstre nouueau, né en la dicte ville de Rauane, le quel monstre, pour le commencement, estoit cornu au chef, ayant aelles au lieu de bras, ung pied comme ung oyseau rauissant, et l'autre pied comme ung homme humain. Il auoit un oeil au genouil, et si auoit aussi l'ung et l'autre sexe tant masculin que féminin, c'est à dire d'homme et de femme, ainsi comme ung hermofrodite ; il auoit en la poitrine ainsi comme un y, le quel foit psilon et une semblance de croix, le tout signifiant ce qui s'ensuyt. »

Machiavel renvoie l'explication de tous les phénomènes à ceux qui ont connaissance des choses naturelles ou surnaturelles. L'auteur des chroniques est apparemment un de ceux qui ont cette connaissance, et il explique positivement ce que peut annoncer ce monstre né à Ravenne.

« Par le chef cornu de ce monstre pouuoit estre entendu orgueil; les aelles pouuoient signifier vaine legereté et inconstance de pensée; faulte de bras, deffault de bonnes oeuures; le pied d'ung oyseau rauissant peult aussi désigner rapine, usure; l'oeil au genouil pouuoit semblablement signifier déflection et contendement de pensées aux choses basses et terriennes, et par l'ung et l'autre sexe d'homme et de femme pouuoit aussi estre entendu inhonneste et vile luxure. Et ainsi pour ces vices capitaulx déclarés, pouuoit estre adoncques toute Italie menacée et affligée de guerres et impétueuses batailles, ce que par aduanture estoit fait par diuine permission, et non par la force des hommes qui souuent sont fais fléaux de Dieu pour la vengeance des pechez. La lettre de y dicte Psilon et la semblance ou forme de croix pouuoient estre signe et démonstration de salut, car le y et aussi la croix sont figures et signes de vertus etc. [1] »

Nous devons être disposés à excuser ici Machiavel et l'auteur des chroniques, d'autant plus que des idées de superstition à peu près semblables n'étaient pas éteintes chez des Français, il y a à peine dix ans. Les explications satisfaisantes que donnent les savants n'avaient pas suffisamment persuadé tous les esprits. Voici ce que dit M. Arago à propos de la comète de 1456, qui doit revenir en 1835 :

« Le Pape Calixte fut si effrayé de la comète de 1456,

---

[1] Le tiers volume des chroniques de France, nouuellement imprimez; à Paris, l'an mil cinq cens et quatorze, le premier jour de octobre, feuillet cclxxiii. Verso, in-f°.

CHAPITRE XXIV.

qu'il ordonna, pour un certain temps, des prières publiques, dans lesquelles on excommuniait à la fois la comète et les Turcs; et afin que personne ne manquât au devoir, il établit l'usage, qui s'est depuis conservé, de sonner à midi les cloches des églises. Nous n'en sommes plus là, je le reconnais, et sauf quelques exceptions, au nombre desquelles je pourrais placer un personnage dont le nom exciterait ici une bien légitime surprise, car il n'a pas moins étonné le monde par son indomptable caractère, que par son génie (Napoléon), personne dans ce siècle n'a osé avouer *publiquement* qu'il regardât les comètes comme les signes, comme les précurseurs de révolutions *morales* [1]. »

Qu'on se livre donc à de longues études pour répandre les lumières de la science et de la physique parmi les hommes! Une vaste intelligence comme celle de Machiavel croyait que le tonnerre *se mêlait de nos affaires;* qu'on voyait et qu'on entendait en l'air des escadrons de cavalerie [2].

Dans un monstre tel à peu près que *Rita* et *Cristina* [3], les moines français du seizième siècle, les auteurs des chroniques, qui étaient les savants les plus habiles du pays, voyaient des guerres impétueuses en

---

[1] Annuaire de 1832, pag. 244.

[2] *Ludibria oculorum auriumque sæpe credita pro veris.* Tite-Live, lib. XXIV, cap. LIV.

[3] Nous avons vu à Paris ces malheureuses jeunes filles, liées si étroitement l'une à l'autre. Il n'y avait pas de spectacle plus affligeant. Autrefois, on aurait cru en Sardaigne, où elles sont nées, qu'il allait arriver de mémorables événements. Pourquoi n'a-t-on pas dit que leur naissance annonçait la chute d'Alger, qui a si souvent ruiné le commerce de Cagliari? On peut consulter relativement à *Rita* et *Cristina* ce que M. R. A. Serres en a dit dans les Mémoires de l'Académie des sciences de l'Institut, 1832, tome XI, page 583. Il a prouvé que leur dualité était ramenée à l'unité, quant à l'exercice des trois fonctions fondamentales de la vie, la nutrition, la respiration et la circulation.

Ce Mémoire de M. Serres est un des meilleurs ouvrages qu'on ait composés sur les monstres par excès, les monstres par défaut, et les monstres doubles.

Italie, et, de nos jours, Napoléon lui-même ne pouvait pas se défendre (parlons ainsi pour ne rien exagérer) de quelque préoccupation, quand on annonçait le passage d'une comète [1].

---

[1] Ce grand homme serait-il mort dans ces idées de superstition? Quoiqu'il n'ait pas paru de comète en 1814, il est certain qu'il en a paru deux en 1815, et une en 1821, l'année de sa mort. Ajoutons, pour achever de faire voir combien ces craintes sont puériles, que de 1803 à 1831, il a paru 43 comètes. (*Annuaire des longitudes pour l'an* 1832, pag. 195.)

CHAPITRE XXV.

FIDÈLE à ses principes d'amitié et de gratitude, 1516. Machiavel dédie aux mêmes Buondelmonti et Rucellai son second livre des *Discorsi*.

L'auteur recherche la raison pour laquelle les anciens peuples lui semblent avoir aimé la liberté, plus que ne l'ont aimée les peuples nouveaux. Il attribue la différence des dispositions des deux époques à la diversité de la religion et de l'éducation.

Chap. II. « Notre religion montre la vérité et la vraie voie (*veritas et via*), et nous fait moins estimer l'honneur du monde: les gentils l'estimaient davantage; ils y avaient placé leur souverain bien ; alors ils étaient plus féroces dans leurs actions, ce que l'on peut induire de beaucoup de leurs constitutions, en commençant par la magnificence de leurs sacrifices comparée à l'humilité des nôtres qui ont en cela une pompe plus délicate que magnifique, et dans lesquelles on ne remarque aucune action vive ou féroce. Chez les gentils la pompe et la magnificence ne manquèrent pas, et ils y ajoutèrent l'action du sacrifice dégoûtant de sang et de férocité, puisqu'ils y égorgeaient une multitude d'animaux : les hommes prenaient donc le caractère propre à une action si terrible. La religion antique, outre cela, ne béatifiait que les hommes couverts de la gloire mondaine, comme les capitaines d'armées, et les chefs des républiques. Notre religion a plus glorifié les hommes humbles et contemplatifs, que les hommes livrés à la vie active : elle a placé le souverain bien dans l'humilité, jusque dans l'abjection et dans le mépris des choses humaines. L'autre le plaçait dans la grandeur de l'âme, dans la force du corps, et dans toutes les choses propres à rendre les hommes très-courageux. Il paraît ainsi que ce mode de vivre a rendu le monde faible, et l'a livré aux scélérats qui peuvent le maîtriser sûrement, voyant que l'universalité des hommes, pour obtenir le paradis, pense plus à supporter la violence des méchants qu'à les punir. Cependant, quoiqu'il paraisse que le monde soit efféminé, et que le ciel soit désarmé, cela naît sans doute plus de la vileté des hommes qui ont interprété notre religion selon l'oisiveté, et non selon les vertus. S'ils considéraient combien elle permet l'exaltation et la défense de la patrie, ils verraient combien elle veut encore que nous aimions la patrie, que nous la défendions, et que nous nous préparions à nous mettre en état de la défendre. »

Après cette comparaison si neuve des effets de la religion ancienne et de ceux de la nôtre, l'auteur proclame comme un des plus nobles sentiments l'amour de la patrie qu'il croit que l'on sent plus vivement dans une république. Il décrit les progrès de la civilisation dans un pays libre, d'où doivent résulter le partage plus égal des propriétés, la sécurité des riches plus répandus dans toutes les classes, la fréquence des mariages, la naissance d'une grande quantité d'enfants, plus faciles à nourrir et à élever, et qui peuvent aspirer à devenir chefs de famille. Puis après avoir annoncé tant de prospérités et de constantes victoires à cet état de choses qu'ici il affectionne directement, il termine, dans son système de philosophie universelle et de philantropie toujours conséquente avec elle-même, par déplorer le sort de ceux qui sont esclaves, surtout, dit-il, d'une république.

Ainsi dans la même page, il a conseillé à la république de maintenir saines ses institutions natives, pour qu'elle devienne puissante, et à tout autre état, il a conseillé de bien prendre garde au caractère entreprenant de ceux à qui il a adressé de pareils avis : il recommande d'éviter surtout de tomber sous la domination d'une république, parce que comme elle attire à elle toute la substance, il n'est pire situation que d'être son sujet. De nos jours l'ancienne position de la terre ferme de Venise et quelques pays soumis à Berne, ont confirmé la vérité de la proposition de Machiavel.

Il accuse plus loin la religion chrétienne d'avoir cherché à détruire les monuments, les cérémonies, les écrits, les noms et toute mémoire de la religion des gentils. Elle n'a pas, dit-il, détruit davantage ses institutions, parce qu'elle n'a pas détruit la langue latine, et elle ne l'a gardée que forcément, devant écrire sa loi dans cette langue. Mais Machiavel oublie qu'il aurait fallu aussi détruire les ouvrages des Pères de l'église grecque. Je ne crois pas qu'on ait jamais pensé sérieusement, au commencement de l'établissement du christianisme, à s'élever ainsi contre le culte des gentils. Le christianisme a marché long-temps comme de front avec le paganisme. Le christianisme avait sans pitié renoncé à l'adoration des faux dieux, mais il n'avait pas cherché à détruire une grande partie des principes de la morale de Socrate et de Platon. Il avait, il est vrai, appelé courageusement à l'indépendance les esclaves et les femmes. Machiavel veut peut-être parler des iconoclastes : ceux-ci vraiment ont brûlé toutes les images, mais en même temps toutes celles de J.-C. et celles de Jupiter, et ces barbares n'étaient qu'une portion de chrétiens ignorants, égarée et réprouvée par les autorités légitimes. Saint Augustin lui-même n'a pas dédaigné de rappeler dans ses écrits ce qu'il avait emprunté à ceux des anciens. Il nous a même, et seul pendant long-temps, jusqu'au moment où l'infatigable monsignor Maï, qui serait si digne de la pourpre, a complété ses importantes recherches sur les manuscrits palimpsestes, il nous a fait connaître de nombreux passages de la république de Cicéron. Saint Grégoire, plus hardi, a placé Trajan dans le paradis. La cour de Rome, à l'époque de la renaissance, a rempli elle-même des palais entiers d'images sculptées par l'art antique, des statues de Junon, de Bacchus, d'Apollon, d'Hercule et de plusieurs empereurs divinisés. Machiavel n'a donc pas vu les rues de Rome, et ses places publiques. Il y aura apparemment mené une vie d'affaires, et il n'a remarqué que la mauvaise conduite des Romains d'alors. Rome a précisément conservé et donné l'exemple de recueillir les médailles autonomes et romaines, où se trouvaient gravés les modes les plus détaillés des cérémonies religieuses des anciens. Des édifices à Rome gardent encore jusqu'au nom de *Minerve*, et ce sont des dominicains qui l'habitent. Une des principales paroisses s'appelle *San Lorenzo in Lucina*. Le Capitole a toujours ce nom glorieux. La fontaine de la nymphe Égérie, et qui peut-être n'est pas cette fontaine, rappelle les souvenirs de Numa. Les colonnes de Trajan et de Marc-Aurèle sont debout. Les sept collines portent le même nom qu'auparavant. Le Panthéon est une des églises les plus fréquentées, et six jours de la semaine actuelle des chrétiens portent encore le nom de la Lune, de Mars, de Mercure, de Jupiter, de Vénus et de Saturne.

Machiavel cite plus loin, à propos des peuples que la défaite force à des émigrations, un passage de Procope où cet auteur dit qu'il a lu en Afrique sur des colonnes les mots suivants :

« *Nos (Maurizii) qui fugimus a facie Jesu latronis filii Navæ.*

Je rapporterai plus exactement ce passage :

Ἡμεῖς ἐσμὲν οἱ φυγόντες ἀπὸ προσώπου Ἰησοῦ τοῦ λῃστοῦ υἱοῦ Ναυῆ.

« *Nos sumus ii qui fugimus a facie Josue latronis filii Navæ* [1]. »

Il est clair que le mot Ἰησοῦ doit être traduit par le mot *Josué* et non pas *Jésus*. M. Guiraudet et M. Périès ont traduit par le mot Jésus sans rien expliquer dans une note, ce qui peut faire mal comprendre ce passage.

Machiavel, de son temps, ne voulait pas accréditer une opinion émise par Quinte-Curce, et depuis si hautement approuvée par ce maréchal qui disait que pour faire la guerre il fallait trois choses : 1° de l'argent, 2° de l'argent, 3° de l'argent. L'écrivain militaire et l'observateur politique ont réuni leur talent pour compléter ce chapitre. On se trompe, dit-il, ou disent-ils, quand on fonde des avantages sur l'argent, sur la force des sites du pays, et la bienveillance des peuples. Tout cela n'est rien sans des armes fidèles; tout mont, tout lac, tout lieu inaccessible devient plaine, là où manquent les défenseurs courageux. Rien n'est plus faux que cette opinion qui laisse établir que l'argent est le nerf de la guerre. Le nerf de la guerre, c'est une armée de bons soldats. L'or ne suffit pas pour trouver les bons soldats, les bons soldats sont suffisants pour trouver l'or.

1516.

« Si les Romains avaient voulu faire la guerre plutôt avec

---

[1] Procope, Édit. de 1750, in-fol., pag. 268.

l'or qu'avec le fer, tous les trésors du monde n'auraient pas suffi, quand on considère les grandeurs et la difficulté de leur entreprise. Faisant la guerre avec le fer, ils ne souffrirent jamais de la disette de l'or, parce que ceux qui les craignaient, l'apportaient, cet or, jusque dans leurs camps. »

Quelques circonstances donc, suivant Machiavel, forcent un général à attaquer l'ennemi; quelquefois c'est le manque d'argent; mais il n'en résulte pas que l'argent soit le nerf de la guerre. L'argent n'est nécessaire qu'en seconde ligne. Avant l'argent, il faut les bons soldats.

Le chapitre XII présente cette question : Vaut-il mieux, craignant d'être attaqué, différer ou attendre la guerre?

« Les raisons qu'on donne pour l'attaque, sont celles-ci : celui qui attaque arrive avec plus de détermination que celui qui attend, ce qui donne plus de confiance à l'armée; outre cela, il enlève à l'ennemi la facilité de se servir de ses propres choses, puisqu'alors cet ennemi ne peut rien demander à ses sujets qui sont pillés. Ayant l'ennemi chez lui, le prince a plus de peine à tirer d'eux de l'argent, et il voit se dessécher cette source qui peut l'aider à soutenir la guerre. Les soldats, en pays ennemi, éprouvent plus la nécessité de combattre. Cette nécessité produit le courage. D'un autre côté, on dit que lorsqu'on attend l'ennemi, on a plus d'avantages; on lui cause mille embarras pour les vivres et tout ce dont une armée a besoin. Tu peux mieux contrarier ses desseins puisque tu connais le pays mieux que lui, tu peux l'assaillir avec plus de forces unies, parce que tu peux les rassembler toutes, sans cependant les trop éloigner de leurs villes. Battu, tu peux les rallier plus facilement; il se sauvera beaucoup de monde de ton armée, parce que les refuges seront plus voisins, et ce qui reste ne peut être coupé. Tu risques bien toutes tes forces, mais non toute ta fortune, et en t'éloignant tu risques toute ta fortune, mais non toutes tes forces; aussi il y en a qui, pour affaiblir plus l'ennemi, lui laissent gagner plusieurs journées dans le pays, le laissent occuper beaucoup de terrain : les garnisons affaiblissent l'armée, et alors on peut la combattre plus facilement. »

Après avoir rapporté ces sentiments des autres, le professeur en stratégie prend la parole et donne son avis; il conclut ainsi, après avoir présenté plusieurs exemples anciens et modernes :

« Le prince qui a ses peuples armés et disposés à la guerre doit attendre chez lui une guerre qui peut être forte et dangereuse, et il ne doit pas aller au devant. Celui qui a le pays désarmé et le peuple *inhabitué* à la guerre, la doit éloigner le plus qu'il peut de ses états, et ainsi chacun, suivant sa position, se défendra mieux. »

Les chapitres suivants établissent plutôt des faits prouvés par l'histoire, qu'ils n'offrent des préceptes semblables à ceux qu'enseigne Machiavel.

D'une basse fortune, on parvient généralement à une haute fortune, plutôt par la fraude que par la force. Les hommes se trompent en croyant vaincre l'orgueil par l'humilité. Les délibérations lentes sont les plus nuisibles. Puis l'auteur devient tout-à-fait écrivain militaire. Il commence à développer ses doctrines d'ordre de bataille, et d'attaques de retranchements; mais tout ce qu'il dit, dans ces passages, sur l'artillerie, comme on n'avait alors en général que peu de pièces d'un calibre très-fort, ne contient que des aperçus nécessairement imparfaits. Il veut que l'artillerie soit utile seulement dans une armée où l'on trouvera un courage semblable à celui des anciens, et qu'elle soit inutile contre une armée brave. Cependant une artillerie bien retranchée résistera toujours aux efforts les plus intrépides de l'armée la plus opiniâtre. Il professe ensuite l'idée si raisonnable et si victorieuse, que toute la force d'une armée est plus souvent dans son infanterie que dans sa cavalerie. Ici la question sur les milices mercenaires et auxiliaires qui sont au service d'un prince ou d'une république, est traitée bien plus vigoureusement que dans le chapitre du livre *des Principautés* où il aborde la même matière. Ce deuxième livre finit par un trait de satire assez mordant. L'auteur admire les Romains qui laissaient leur général maître de toutes les opérations militaires.

« Ils voulaient que le consul fît tout par lui-même et que la gloire fût toute à lui ; ils jugeaient que l'amour de cette gloire était un frein et une règle qui devaient le faire bien agir. J'ai remarqué particulièrement ceci, parce que je vois que les républiques des temps présents, comme sont celles de Venise et de Florence, entendent la chose autrement. Si leurs capitaines, providéteurs ou commissaires, ont à élever une batterie, elles veulent savoir comment, et donner leur avis : cette manière d'agir mérite le même éloge que les autres manières d'agir, qui toutes ensemble ont amené ces républiques aux termes où nous les voyons maintenant. »

On ne s'étonnera pas plus tard que le même homme qui ne fait aujourd'hui que hasarder des idées détachées sur l'art de la guerre, se croie et soit devenu propre à écrire un excellent traité sur cette question si importante pour les princes et les républiques.

1516. Le troisième et dernier livre des discours est dédié aux mêmes amis.

Précisément, dans le premier chapitre, où il traite de la nécessité de rappeler souvent à leur principe une religion ou une chose publique, pour qu'elles ne se corrompent pas, on trouve une approbation de la doctrine de saint François, qui ramena la religion chré-

CHAPITRE XXV. 439

tienne au principe de la pauvreté et à l'exemple de la vie de Jésus-Christ. Il cite même saint Dominique, sous le rapport des prédications de son ordre.

« Ils se rappelèrent, dit-il, ces anciens temps qui étaient éteints dans l'esprit des hommes. Aujourd'hui ceux qui suivent les règles de ces deux ordres religieux, empêchent la religion de périr, parce qu'ils détournent les peuples de mal parler des prélats qui ruinent la religion ; ils engagent les peuples à vivre sous l'obéissance de ces mêmes prélats, et à laisser Dieu punir leurs erreurs : cette rénovation a maintenu et maintient la religion. »

« Les royaumes ont aussi besoin de se renouveler et de ramener leurs lois vers leur principe. On voit quel bon effet produit ce système dans le royaume de France qui vit sous des lois et sous des institutions plus qu'aucun autre pays : les *mainteneurs* de ces lois et de ces institutions sont les parlements, et principalement le parlement de Paris. Il renouvelle le souvenir des lois chaque fois qu'il en fait exécuter contre un prince de ce royaume, et qu'il condamne dans ses sentences le roi lui-même. »

Les personnes qui ont pu croire, avant que la lettre à Vettori qui annonce le traité *des Principautés* fût connue, que Machiavel donnait des conseils qui pouvaient perdre un prince plutôt qu'assurer son pouvoir, ont pu trouver des arguments favorables à leur système dans le passage suivant, relatif à Junius Brutus qui feignit d'être fou, sous le règne de Tarquin.

« Il convient de faire le fou, comme Brutus, et l'on fait beaucoup l'insensé, en louant, en répétant, en voyant, en faisant des choses contre son gré, pour complaire au prince. »

Il poursuit son éloge de Brutus. Il approuve l'arrêt de mort lancé contre ses fils. Il établit qu'un prince ne vit jamais en sûreté dans des états, tant que survivent ceux qui en ont été dépouillés. Il signale ensuite cet appétit de régner si grand, que non seulement il entre dans l'esprit de ceux qui ont droit au trône, mais encore dans l'esprit de ceux qui n'y ont pas droit.

1516. Le chapitre des conjurations doit être médité avec une grande attention. Machiavel conseille la vertu, comme le remède le plus efficace contre les conjurations. Les injures qui excitent le plus de haine sont celles que les princes font aux hommes, dans leur sang, dans leurs biens, dans leur honneur.

« Pour celles du sang, les menaces que fait le prince sont plus dangereuses que l'exécution, et même les menaces sont très-dangereuses, et il n'y a aucun danger dans l'exécution, parce que celui qui est mort ne peut penser à la vengeance, et que ceux qui sont vivants en laissent le soin au mort. Celui qui est menacé et se voit contraint par une nécessité d'agir ou de souffrir, devient un homme très-dangereux pour le prince. Hors donc de cette nécessité, l'offense dans les biens, l'offense dans l'honneur, sont les deux douleurs qui blessent les hommes plus qu'aucune autre offense, et le prince doit bien s'en garder, car il ne peut jamais dépouiller un homme à tel point qu'il ne lui reste pas un couteau pour se venger, et il ne peut jamais déshonorer un homme à tel point qu'il ne lui reste pas un cœur obstiné à la vengeance. »

« Quant aux injures dans l'honneur qu'on fait à un homme, la plus importante est l'insulte aux femmes, et après celle-là, l'insulte qu'on lui fait en le vilipendant lui-même. »

L'auteur accumule ici les exemples tirés de l'antiquité. Il continue les développements de ces terribles mystères.

« Les dangers que courent des auteurs de conjurations sont grands, dans tous les temps, parce qu'on court des dangers en les ourdissant, en les exécutant, et après qu'on

CHAPITRE XXV. 441

les a exécutées. Ceux qui conspirent sont *un* ou sont en plus grand nombre; quand il n'y a qu'un homme, on ne peut pas cependant appeler cela conjuration............... Celui qui est seul, des trois dangers d'une conjuration, n'a rien à craindre du premier danger avant l'exécution; il n'est exposé à aucun péril, personne n'ayant son secret, et il ne court pas risque que qui que ce soit instruise le prince de son dessein. Une telle résolution peut tomber dans l'esprit d'un homme de toute sorte, petit, grand, noble, plébéien, domestique ou non du prince; parce que comme il est possible à chacun de parler quelquefois au prince, il est possible de soulager son cœur avec celui à qui il est possible de parler. De ces esprits ainsi constitués il y en a beaucoup qui le voudraient faire, parce qu'il n'y a ni peine ni danger à le vouloir, mais il y en a peu qui le fassent, et parmi ceux qui le font, il en est très-peu, ou aucun qui ne soient tués sur-le-champ : aussi il ne s'en trouve pas qui veuille courir à une mort certaine. Mais laissons aller ces volontés uniques, et parlons des conjurations composées de plusieurs personnes. »

« Je dis qu'on trouve dans les histoires, que toutes les conjurations ont été faites par des hommes grands ou très-familiers du prince. Car les autres, s'ils ne sont pas fous tout-à-fait, ne peuvent pas conjurer; les hommes faibles et non familiers du prince manquent de toutes ces espérances et de toutes ces opportunités que demande l'exécution d'une conjuration. D'abord, ils ne peuvent rencontrer des gens qui leur maintiennent la foi. Personne ne peut consentir à leur volonté, sous l'attrait de ces espérances qui font entrer l'homme dans les grands périls, de manière que ces hommes faibles *s'élargissent* en deux ou trois personnes, y trouvent l'accusateur, et périssent. Et même fussent-ils assez heureux pour ne pas trouver cet accusateur, ils sont pour l'exécution embarrassés dans tant de difficultés, puisqu'ils n'ont pas l'entrée facile chez le prince, qu'il est impossible que dans l'exécution ils ne se perdent pas; car les hommes grands, qui ont l'accès facile, étant gênés par des embarras que nous dirons plus bas, il faut que les embarras s'accroissent sans fin pour les hommes faibles. Ainsi les hommes qui partout où il ne s'agit ni de la vie, ni des biens, ne sont pas tout-à-fait insensés, se gardent des conjurations, quand ils se sentent faibles, et lorsqu'un prince les ennuie, ils pensent seulement à le maudire, et ils attendent que ceux qui ont plus de *qualité* qu'eux, vengent leur injure..... »

« On voit donc que tous ceux qui ont conjuré ont été des hommes grands, et familiers du prince. Beaucoup d'autres ont conjuré, animés ou par trop de bienfaits ou par trop d'injures, comme Séjan contre Tibère, Pérennius contre Commode, Plautius contre Sévère. Ceux-ci avaient été comblés par leurs empereurs de tant de richesses, d'honneurs, de dignités, qu'il semble qu'il ne manquait à la perfection de leur puissance, rien autre que l'empire, et ne voulant pas se priver de ce dernier honneur, ils se mirent à conjurer contre le prince, et leur conjuration eut la fin que méritait leur ingratitude...... »

« Si quelque conjuration contre les princes faite par des hommes grands devait réussir, ce devaient être ces sortes de conjurations, car elles sont faites pour ainsi dire par un autre roi, qui réunit tant d'opportunités pour accomplir ses désirs. Mais cette cupidité de commander qui les aveugle, les aveugle encore quand ils ourdissent leur conjuration. S'ils savaient exécuter cette perfidie avec prudence, il serait impossible qu'ils ne réussissent pas. »

« Un prince donc qui veut se sauver des conjurations, doit plus se garder de ceux à qui il a fait trop de bien (*troppi piaceri*), que de ceux à qui il a fait trop d'injures. Ceux-ci n'ont pas toutes les occasions commodes qui abondent pour ceux-là. La volonté seule est semblable. Car le désir de la domination est aussi grand (peut-être plus grand) que celui de la vengeance. Ces souverains ne doivent donner à leurs amis qu'une autorité telle, que de cette autorité au trône il y ait un intervalle, et qu'au milieu il reste encore quelque chose à désirer; autrement il sera rare qu'il n'arrive pas ce qui est arrivé à ces empereurs. »

« Je dis ensuite que ceux qui conjurent devant être des

CHAPITRE XXV.

hommes grands, et qui ont un accès facile auprès du prince, il faut à présent considérer ce qui est résulté de leurs entreprises, et voir les motifs pour lesquels elles ont été heureuses, ou malheureuses. J'ai avancé déjà qu'ils sont sujets à trois dangers, auparavant, sur le fait, et après. Il y en a peu qui réussissent, parce qu'il est impossible d'éviter ces trois dangers. »

« En commençant à parler des périls d'auparavant qui sont les plus importants, je dis qu'il faut être très-prudent, et avoir un grand bonheur, pour qu'en conduisant la conjuration, on ne soit pas découvert, ou par un rapport, ou par des conjectures. Ce rapport a lieu, si on a trouvé peu de foi et peu de prudence dans les hommes avec qui on a communiqué. Le peu de foi se rencontre facilement, parce que tu ne peux confier tes projets qu'à tes amis fidèles, qui par amour pour toi s'exposent à la mort, ou à des hommes mécontents du prince. Des fidèles, tu pourras en trouver un ou deux, mais si tu t'es étendu à beaucoup, il est impossible que tu les trouves dévoués. Il faut aussi que la bienveillance qu'ils te portent soit grande, pour que le danger ne leur paraisse pas imminent, et qu'ils n'éprouvent pas la peur des châtiments : les hommes se trompent bien souvent sur la question de l'attachement qu'ils croient qu'on leur porte, et ils ne peuvent bien s'en assurer, que quand ils en font l'épreuve, et en faire l'épreuve en cela, est très-dangereux. Si tu en as fait l'épreuve dans quelque autre circonstance périlleuse où ils t'ont été fidèles, tu ne peux, avec cette ancienne fidélité, mesurer celle qui devient nécessaire, parce que cette dernière emporte avec elle une bien plus grande chance de péril. Si tu mesures la fidélité à ce peu de mécontentement qu'un homme a conçu des procédés du prince, tu peux facilement te tromper, parce qu'aussitôt que tu as manifesté à ce mécontent tes desseins, tu lui donnes matière à se satisfaire, et il faut que sa haine soit bien grande, ou que ton autorité sur lui soit bien puissante, pour qu'il reste fidèle. De là naît que beaucoup de conjurations sont révélées ou anéanties dans leur principe, et que lorsqu'une conjuration a été long-temps tenue secrète entre beaucoup d'hommes, c'est une chose miraculeuse, comme fut la conjuration de Pison contre Néron, et de notre temps, celle des Pazzi contre Laurent et Julien de Médicis, conjuration qui était connue de cinquante personnes, et ne fut découverte qu'à son exécution. »

« Quant à la découverte par défaut de prudence, cela arrive quand un conjuré en parle avec peu d'adresse, de manière qu'un serviteur ou un tiers puisse entendre, comme il arriva aux fils de Brutus, qui disposant les choses avec les envoyés de Tarquin, furent entendus par un esclave qui les accusa, ou quand par légèreté, tu la communiques à une femme ou à un enfant que tu aimes, ou à quelque autre personne aussi frivole, comme fit Dinnus, un des conjurés avec Philotas contre Alexandre-le-Grand : il communiqua la conspiration à Nicomaque enfant, celui-ci la communiqua sur-le-champ à Ciballin son frère, et Ciballin au roi. »

« Il faut examiner la découverte par conjectures. On en a un exemple dans la conspiration de Pison contre Néron. Scévinus, un des conjurés, le jour qui précéda celui où il devait tuer Néron, fit son testament ; il ordonna à Mélichius, son affranchi, de faire repasser un poignard vieux et rouillé ; il donna la liberté à tous ses esclaves, leur distribua de l'argent, fit préparer des bandages pour soigner des plaies ; alors Mélichius, par ses conjectures, sûr du projet, accusa son maître devant Néron. On arrêta Scévinus, et Natalis, un autre conjuré qu'on avait vu lui parler la veille, long-temps et en secret ; et comme ils ne s'accordèrent pas dans le rapport qu'ils firent de cet entretien, ils furent forcés de confesser la vérité : la conjuration fut découverte, et perdit tous les conjurés. »

« Ces raisons font qu'on découvre les conjurations, et il est impossible qu'on ne les découvre pas par l'effet de la malice, de l'imprudence, ou d'une légèreté, toutes les fois que ceux qui sont dans le secret passent le nombre de trois ou de quatre. Quand on arrête deux conjurés, il est impossible qu'on ne découvre pas la conspiration, car deux personnes ne peuvent pas être convenues ensemble de toutes leurs réponses. Si on n'arrête qu'un seul homme qui soit fort, il peut, avec la force de son cœur, taire les noms des conjurés : mais il faut alors que les conjurés n'aient pas moins de force que lui, pour se maintenir fermes et ne pas se découvrir par la fuite ; car lorsqu'une fois le courage manque ou à celui qui est arrêté, ou à celui qui est encore libre, la conjuration est découverte. »

« Il est rare l'exemple raconté par Tite-Live dans la conjuration faite contre Hiéronyme, roi de Syracuse. Théodore, un des conjurés, fut pris, mais il cacha avec un grand courage les noms des conjurés et il accusa les amis du roi. D'un autre côté, les conjurés se fièrent tant dans le courage de Théodore, qu'aucun ne partit de Syracuse, et ne donna le moindre signe de crainte [1]. »

« On passe donc par tous ces dangers, en ourdissant une conspiration, avant qu'on en vienne à l'exécution. Si on veut fuir ces dangers, voici les remèdes : le premier est le plus sûr, et à dire mieux l'unique ; c'est de ne pas donner aux accusés le temps de t'accuser, en conséquence de ne leur communiquer la chose que lorsque tu veux la faire, et non auparavant. Ceux qui ont fait ainsi, ont évité les périls qu'on court à faire les conjurations, et le plus souvent ils évitent les autres périls. »

Suivent une foule d'exemples tirés de l'histoire des anciens, et de l'histoire des modernes, relativement aux incidents qui se présentent après l'exécution. Il paraît que l'écrivain, en insistant souvent sur tous les dangers d'une conspiration, tend souvent plus à en détourner qu'à les encourager. Il finit ainsi, en s'adressant à la république ou au prince contre lequel on aura découvert une conspiration.

---

[1] *Consciorum nemo, quum diu socius consilii torqueretur, aut latuit aut fugit : tantum illis in virtute ac fide Theodori fiduciæ fuit, tantumque ipsi Theodoro virium ad arcana occultanda!* Tite-Live, lib. XXIV, cap. V.

1516. « Quand une conjuration est découverte, le prince et la république, avant de la punir, doivent chercher tous les moyens de bien apprécier sa force et de mesurer leur puissance et celle des conjurés : s'ils la trouvent étendue et vigoureuse, ils ne doivent pas publier le fait, jusqu'à ce qu'ils soient préparés avec des forces suffisantes pour réprimer la machination; autrement, ils dévoileraient leur faiblesse. Le prince et la république doivent donc, avec toute adresse, dissimuler, parce que les conjurés une fois découverts, contraints par la nécessité, agissent sans aucun égard. »

Machiavel est ici tout pour l'autorité, et ce chapitre des conjurations est tellement présenté que, comme nous l'avons dit, il éloigne plutôt de tout désir d'employer des moyens violents, qu'il ne peut exciter à renverser par une conjuration l'ordre établi.

A l'exactitude de quelques détails qu'il donne sur les conspirations de cour, on croirait qu'il a connu celles qui ont éclaté contre Pierre II et Paul Ier, empereurs de Russie, et contre Gustave III, roi de Suède. Mais l'homme qui comme lui pénètre profondément le cœur humain, sait d'avance ce que dans une telle situation, telles passions doivent produire d'habileté, d'audace et de méchanceté.

1516. Le chapitre IX reproduit une partie des arguments offerts dans le livre *des Principautés* sur la question de savoir bien changer sa marche, quand la fortune devient contraire. On doit naturellement s'attendre à voir Machiavel (chap. XII) définir avec son énergie habituelle cette sentence de Tite-Live « la guerre est « juste pour ceux à qui elle est nécessaire, les armes « sont saintes pour ceux qui n'ont d'espérance que « dans les armes [1] », et il n'oublie pas de rappeler ces

---

[1] *Justum est bellum, quibus necessarium; et pia arma quibus nulla, nisi in armis, relinquitur spes.*   Tite-Live, lib. IX, cap. I.

paroles de Vectius Messius [1] disant aux Volsques bloqués de toutes parts : « Suivez-moi : ce n'est pas un « mur, un retranchement qui s'opposent au passage; « il n'y a que des hommes armés contre des hommes « armés. Vous êtes égaux en courage, mais vous êtes « supérieurs par la nécessité qui est le dernier et le « meilleur des traits. » Machiavel loue avec enthousiasme Tite-Live d'avoir appelé la nécessité, le dernier et le meilleur des traits.

A propos des circonstances dans lesquelles une armée courageuse peut être commandée par un chef faible, et de celles dans lesquelles une armée faible peut être commandée par un bon général, il s'enflamme avec raison d'une vive admiration pour César qui avait dit, en marchant contre Afranius et Pétréius, généraux inhabiles, commandant en Espagne une bonne armée, « Je marche contre une armée sans chefs » et qui ensuite s'avançant en Thessalie contre Pompée, s'était écrié : « Je marche contre un général sans armée. »

Il continue d'examiner mille incidents racontés par Tite-Live, et toujours il étonne le lecteur par la hardiesse de ses vues et surtout par la soudaineté de ses jugements. Il a déjà parlé souvent du mal que peut entraîner, pour quiconque gouverne, une insulte faite aux femmes. Il s'appuie d'Aristote, pour revenir sur cette question, et ne balance pas à déclarer que ces insultes ont ruiné beaucoup d'états [2].

Marchant toujours dans des voies qui ne sont qu'à lui, il s'interrompt tout-à-coup, pour nous déclarer

---

[1] *Ite mecum : non murus, nec vallum, sed armati armatis obstant; virtute pares, necessitate quæ ultimum ac maximum telum est, superiores estis.*
Tite-Live, lib. IV, cap. XXXVIII.
[2] Aristote, Politique, liv. V, chap. IX.

avec sa parole retentissante, qu'il est absurde de croire que pour gouverner, il faut diviser : non, pour bien gouverner, il faut réunir.

« Ces modes, ces opinions contraires à la vérité, naissent de la faiblesse de ceux qui gouvernent : ne voyant pas les moyens de tenir les états avec force et avec courage, ils s'abandonnent à de telles *industries*, qui servent à quelque chose dans les temps calmes ; mais quand arrivent les adversités et les temps forts, ces *industries* laissent voir combien elles sont fallacieuses. »

Nous reparaissons encore nous autres Français au chapitre XXXVI.

« La fierté de ce *Français*[1] qui provoquait tout Romain quelconque près le fleuve de l'Anio à lutter contre lui, ensuite le combat livré entre lui et Titus-Manlius, me rappellent que Tite-Live dit plusieurs fois (Machiavel ici se rétracte, il dit César dans ses *Ritratti delle cose di Francia*)[2] que les *Français* sont au commencement de la mêlée plus que des hommes, et que dans la suite de la bataille ils sont moins que des femmes. »

Nous avons répondu à cette invective de Machiavel, et suffisamment combattu l'autorité de Tite-Live dans cette circonstance : mais gardons-nous d'interrompre Nicolas ; il va dire la vraie raison pour laquelle alors nous avons été souvent vaincus.

En cherchant à connaître d'où cela provient, beaucoup croient que c'est parce que telle est leur nature, ce que je crois aussi véritable : mais, avec cela, il ne devrait pas arriver que leur nature qui les fait si fiers dans le commencement, ne pût pas avec l'art, s'ordonner de manière qu'elle les maintînt fiers jusqu'à la fin du combat. Pour prouver cela,

---

[1] C'est à ce sujet que Tite-Live fait dire à Titus-Manlius : *Volo ego illi belluæ ostendere, quando adeo ferox præsultat hostium signis, me ex ea familia ortum, quæ Gallorum agmen ex rupe Tarpeja dejecit.* Tite-Live, lib. VII, cap. X.

[2] Chap. XXIII, pag. 173.

CHAPITRE XXV. 449

je dis qu'il y a des armées de trois sortes : l'une où il y a fureur et ordre, parce que de l'ordre naissent la fureur et le courage. Telle était l'armée des Romains. On voit par leurs histoires, que dans leur armée il y avait toujours un ordre bien gardé qu'une discipline militaire y avait établi pendant long-temps ; car dans une armée bien conduite, personne ne doit opérer que par un bon ordre, et l'on remarquera à ce sujet, que dans toute l'armée romaine, armée sur laquelle toutes doivent se modeler, puisqu'elle a vaincu le monde, on ne mangeait pas, on ne dormait pas, on ne vendait pas, on ne faisait aucune action militaire ou civile, sans l'ordre du consul. Les armées qui agissent autrement ne sont pas de vraies armées, et si elles en font la mine, c'est avec fureur et par impétuosité et non par courage. Là où est le courage réglé, il emploie la fureur dans ses temps et dans ses modes ; aucune difficulté ne l'abat, ni ne lui fait perdre le cœur. Les ordres bien réglés rafraîchissent le courage et la fureur nourris par l'espérance de vaincre, qui ne manque jamais, tant que les dispositions sont bonnes : le contraire arrive dans ces armées[1] où il y a fureur et non pas ordre, comme étaient les Français qui toujours faiblissaient. Ne réussissant pas à vaincre dans la première impétuosité, leur fureur n'étant pas soutenue par un courage réglé dans lequel ils pussent espérer, et ne trouvant au-delà de cette fureur rien en quoi ils eussent confiance, quand cette fureur était refroidie, ils manquaient. Au contraire, les Romains craignaient moins les périls, parce que leurs dispositions étaient bonnes : ne se défiant pas de la victoire, fermes et obstinés, ils combattaient avec la même force et le même courage, à la fin comme au commencement ; plus ils étaient agités par les armes, plus ils s'enflammaient. »

[1] Ici commence la définition de la seconde sorte d'armées. Machiavel a établi ses distinctions peut-être un peu confusément ; mais voici ce qu'il veut dire : La première sorte d'armées est celle où il y a fureur et ordre, comme chez les Romains ; la seconde sorte d'armées est celle où il y a fureur, mais sans ordre, comme chez les Français ; la troisième sorte est celle où il n'y a ni ordre, ni fureur, comme chez les Italiens.

« La troisième sorte d'armées est celle où il n'y a ni fureur naturelle, ni ordre accidentel, comme sont nos armées italiennes, de nos temps, et qui sont tout-à-fait inutiles, et si elles ne rencontrent pas une armée qui par accident prenne la fuite, jamais elles ne vaincront. Sans citer aucun exemple, on voit chaque jour comment nos armées prouvent qu'elles n'ont aucun courage; et afin qu'avec le témoignage de Tite-Live, chacun entende comment doit être la bonne milice, et comment est faite la mauvaise, je veux rapporter les paroles de Papirius Cursor. Quand il voulut punir Fabius, général de la cavalerie, il dit : « Que personne n'ait la crainte
« des hommes! que personne n'ait la crainte des dieux!
« qu'on n'observe pas les édits des généraux, qu'on ne res-
« pecte pas les auspices! que les soldats à leur volonté s'é-
« garent sans escorte, dans le pays ami, comme dans le pays
« ennemi! qu'oubliant les serments, livrés à la licence seule,
« ils se dirigent où ils voudront! qu'on abandonne les signes
« militaires mal gardés! qu'on ne se présente pas à l'appel,
« qu'on ne discerne pas s'ils combattent la nuit, le jour,
« par ordre ou sans ordre du général, et qu'ils ne suivent
« ni leurs rangs, ni leurs aigles! qu'à la manière des voleurs,
« la milice soit aveugle et fortuite, au lieu d'être solennelle
« et sacrée [1]! » On peut voir par ce texte si la milice de nos temps est *aveugle et fortuite*, ou *sacrée* et *solennelle*, et combien il lui manque pour qu'elle devienne semblable à ce qu'on peut appeler milice, et combien elle est loin d'être furieuse et ordonnée comme la milice romaine, ou furieuse seulement comme la milice française. »

1516. Nous aurions bien mauvaise grace à relever avec aigreur ces autres paroles de Machiavel, qui certes traite ici les Italiens avec une grande sévérité. Comme je l'ai dit, quand il a déjà discuté cette question, il avait raison pour notre infanterie, et Brantôme notre historien en fournit mille exemples. Notre infanterie,

---

[1] Tite-Live, lib. VIII, cap. XXXIV.

CHAPITRE XXV.

je ne l'ai pas laissé ignorer, était alors mauvaise; mais enfin avec sa fureur, elle avait une partie des qualités que Machiavel désire dans une armée : le reste n'a pas manqué d'arriver avec le temps. Machiavel écrivait ceci en 1516. Il n'a pu ni connaître, ni parfaitement deviner tant de beaux faits d'armes de notre infanterie, et le sang-froid au moins romain de nos carrés de régiments, immobiles, la baïonnette en avant, sous les attaques réitérées des escadrons de Mamelouks en Égypte.

Il faut lire, et ne pas se contenter d'analyser, tous les chapitres où l'auteur continue ses graves leçons. Un général doit connaître les sites avec exactitude : il peut employer la ruse avec profit, et même avec gloire. Le chapitre XL où cette dernière question est traitée finit ainsi :

« Ce fut une ruse qu'employa Pontius, général des Samnites, pour enfermer les Romains dans les Fourches Caudines. Il commença par cacher son armée derrière des montagnes ; il envoya ensuite dans la plaine, avec des troupeaux, des soldats déguisés en bergers ; ceux-ci ayant été pris par les Romains, on leur demanda où étaient les Samnites, et ils répondirent tous, d'après l'ordre qu'ils en avaient reçu de Pontius, que l'armée était au siége de Nocéra. Les consuls ajoutèrent foi à ce rapport, et s'engagèrent dans les gorges Caudines, où à peine entrés, ils furent assiégés par les Samnites. Cette victoire obtenue par la ruse eût été très-glorieuse pour Pontius, s'il avait suivi les conseils de son père, qui voulait, ou qu'on laissât aller librement les Romains, ou qu'on les tuât tous, et qui demandait que l'on ne prît pas *la voie du milieu qui ne procure pas d'amis, et n'ôte pas d'ennemis* [1]. Cette voie a toujours été pernicieuse dans les affaires d'état, comme nous l'avons dit dans un autre endroit. »

---

[1] *Media via neque amicos parat, neque inimicos tollit.* Tite-Live, lib. IX, cap. III.

Dans le chapitre XLI, nous trouvons cette sorte d'amende honorable pour les Français. Il faut le rapporter en entier, car sans cela il serait possible que la fin ne parût pas écrite d'une manière sérieuse, et qu'on ne la prît pas en bonne part.

« Comme on vient de le dire, le consul et les Romains étaient assiégés par les Samnites; ceux-ci offrirent aux Romains des conditions ignominieuses; c'était de les faire passer sous le joug, ou de les renvoyer désarmés à Rome. Les consuls en étaient demeurés stupéfaits, et toute l'armée était plongée dans un état de désespoir. Lucius Lentulus dit qu'il ne lui paraissait pas qu'on dût balancer à prendre un parti quel qu'il fût, pour sauver la patrie; que la vie de Rome consistant dans la vie de cette armée, il lui semblait qu'on devait sauver l'armée à tout prix, et que *la patrie est bien défendue de quelque manière qu'on la défende, ou avec ignominie ou avec gloire :* que d'ailleurs en sauvant l'armée, Rome serait à temps pour se laver de l'ignominie, mais que si on ne sauvait pas l'armée, même quand elle périrait glorieusement, et les armes à la main, Rome était perdue avec sa liberté. Ce fut là le conseil qu'on suivit. »

« Cet exemple mérite d'être noté et observé par tout citoyen qui est dans le cas de donner un conseil à sa patrie, parce que là où on délibère *absolument* sur le salut de la patrie, on ne doit regarder aucune considération du juste et de l'injuste, du compatissant ou du cruel, du louable ou de l'ignominieux, et sacrifiant tout égard on doit embrasser le parti qui sauve la vie de la patrie, et maintient sa liberté [1]. »

« Cet exemple a été imité et en dits et en faits par les Français quand ils ont voulu défendre la majesté de leur roi, et la puissance de leur royaume. Il n'y a pas de voix qu'ils entendent plus impatiemment que celle qui s'écrierait : « Ce

---

[1] *Sed ea caritas patriæ est, ut tam ignominia eam, quam morte nostra, si opus sit, servemus. Subeatur ergo ista quantacumque est indignitas, et pareatur necessitati, quam ne dii quidem superant.* Tite-Live, lib. IX, cap. IV.

parti est ignominieux pour le roi ! ils disent que leur roi ne peut souffrir aucune honte dans quelque délibération que ce soit, avec la bonne ou avec la mauvaise fortune; enfin s'il perd ou s'il gagne, les Français disent toujours que c'est une action de roi. »

N'y a-t-il pas là une sorte de prévision de l'effet que le désastreux événement de Pavie et la captivité du roi produisirent en France, neuf ans après l'époque où écrivait Machiavel ?

Le chapitre XLIX et dernier des *Discorsi* traite en partie du besoin qu'a souvent une république de nouveaux réglements qui empêchent de graves malheurs.

« Il est de nécessité, ainsi qu'on l'a déjà annoncé, que chaque jour, dans une grande ville, il naisse des événements qui ont besoin du médecin, et suivant qu'ils importent davantage, il faut trouver le médecin le plus sage. Si de semblables événements naquirent dans une autre ville, à Rome ils se présentèrent quelquefois épouvantables et imprévus, comme il arriva quand on découvrit que toutes les femmes romaines avaient conspiré pour tuer leurs maris [1]. Un grand nombre les avait déjà empoisonnés : d'autres avaient préparé le poison pour les faire périr. Telle fut encore cette conjuration des Bacchanales, qui fut découverte à l'époque de la guerre de Macédoine, et dans laquelle était impliquée une multitude d'hommes et de femmes [2]. Si la conspiration n'avait pas été découverte, elle devenait dangereuse pour la ville, et surtout encore si les Romains n'avaient pas été accoutumés à punir les multitudes d'hommes criminels. »

« Si on ne remarquait pas à des signes infinis la grandeur de cette république, la puissance de ses mesures, elles apparaîtraient par la qualité des châtiments qu'elle infligeait aux

---

[1] On condamna cent soixante-dix matrones romaines complices de ces crimes. Tite-Live, lib. VIII, cap. XVIII.

[2] Tite-Live, lib. XXXIX, cap. VIII—XVIII.

coupables. On n'hésita pas une fois à supplicier une légion tout entière et toute une ville. On confina huit ou dix mille hommes, avec des exigences extraordinaires à n'être pas observées par un seul, et encore moins par tant d'hommes, comme il arriva à ces soldats qui ayant combattu malheureusement à Cannes [1], furent exilés en Sicile, avec défense de loger dans des endroits habités, et avec l'ordre de ne manger que debout. De toutes les exécutions la plus terrible fut celle de décimer les armées. Là, le sort indiquait sur dix un homme qui devait mourir [2]. On ne pouvait pas pour châtier une multitude, trouver une punition plus épouvantable. Quand une foule est criminelle, là où l'auteur n'est pas connu, on ne peut châtier tous, parce que le nombre est trop grand. Punir une partie et laisser l'autre sans punition, c'est faire un tort à ceux qu'on punit, et laisser croire aux impunis qu'ils peuvent être criminels une autre fois : mais si l'on tue la dixième partie, comme le veut le sort quand tous méritent la mort, celui qui est puni se plaint du sort, celui qui n'est pas puni a peur de tomber au sort une autre fois et se garde de conspirer. On punit donc les empoisonneuses et les Bacchanales, comme le méritaient leurs crimes, et quoique ces maladies dans une république produisent de mauvais effets, ce ne sont pas des effets à mort, parce qu'on a toujours le temps de les guérir. Mais à l'égard des maladies qui concernent l'état, si un conseil prudent ne les guérit, la ville est ruinée. »

1516. C'est par ces mémorables souvenirs puisés dans les historiens anciens les plus authentiques, et par quelques autres citations, que Machiavel termine ses *Discorsi*. Il ne s'adresse en rien ici à un état gouverné par un prince; il ne s'agit que des graves accidents qui peuvent survenir dans une république. Veut-il dire que des républiques seules peuvent apporter un

---

[1] Tite-Live, lib. XXIII, cap. XXV.
[2] Tite-Live, lib. II, cap. LIX.

CHAPITRE XXV. 455

tel remède à de tels événements? Il est certain qu'ils peuvent aussi se présenter dans un autre état. Il ne dit pas autrement son secret; n'interrogeons pas plus qu'il ne veut parler, un homme qui d'ailleurs déguise rarement sa pensée : nous n'avons droit que sur ce qu'il a dit, et dans une si immense composition, admirons à la fois ces méditations énergiques ou profondes qu'il offre à notre esprit, et ce style clair, logique, brillant et quelquefois passionné, qui ajoute un dernier degré de perfection à ces raisonnements de la plus haute intelligence humaine qui ait existé depuis Aristote et Platon chez les Grecs, depuis Tite-Live et Tacite chez les Romains.

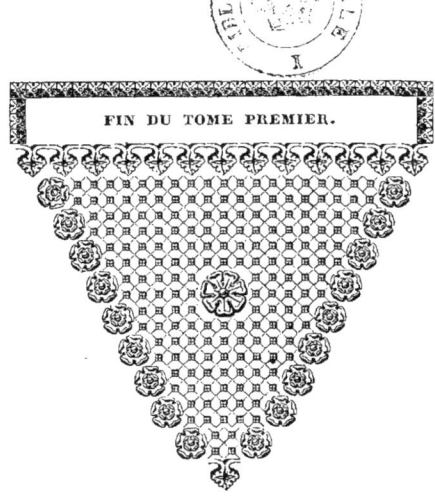

FIN DU TOME PREMIER.

ERRATA DU PREMIER VOLUME.

Pag. 1 lig. 10. D'Aristote, de Platon; *lisez :* de Platon, d'Aristote.
Pag. 7 lig. 16. Après, en 1492; *lisez :* laissant trois enfants, Pierre, Jean et Julien.
Pag. 26 lig. 6. Était livrée; *lisez :* était abandonnée.
Pag. 28 lig. 15. *Marcello*; lisez : Marcel Adriani.
Pag. 59 lig. 14. Où ils sont; *lisez :* où ils seront.
Pag. 62 lig. 27. Ils jugent; *lisez :* ces gens-ci jugent.
Pag. 106 lig. 8. On lui demande; *lisez :* elles lui demandent.
Pag. 107 lig. 19. Qu'on doit faire; *lisez :* qu'on veut faire.
Pag. 198 lig. 10. *Tristarello*; lisez : *tristaccio*.
Pag. 201 lig. 3. De ses domaines pour en jeter; *lisez :* de ses domaines. Pour en jeter.
Pag. 265 lig. 24. Les hermines; *lisez :* l'hermine.
Pag. 266 lig. 7. Est le plus nombreusement courtisée; *lisez :* a le plus grand nombre de courtisans.
Pag. 293 lig. 30. 1513; *lisez :* 1515.
Pag. 298 lig. 12. L'auteur suit seulement; *lisez :* l'auteur suit donc.
Pag. 298 lig. 14. Mais; *lisez :* d'ailleurs.
Pag. 299 lig. 3. État de chose; *lisez :* état de choses.
Pag. 310 lig. 6. De la plus grave accusation; *lisez :* d'une des plus graves accusations qu'on ait avancées.
Pag. 326 lig. 9. Qui a excité; *lisez :* qui ont excité.
Pag. 333 (*note*) lig. 4 Charles-Quin; *lisez* Charles-Quint.
Pag. 341 lig. 20. Prescrit; *lisez :* proscrit.
Pag. 349 lig. 17. Il; *lisez :* ils.
Pag. 405 lig. 18. Toute licence; *lisez :* tout licence.
Pag. 414 lig. 13. D'espérances plus étendues; *lisez :* de projets plus étendus.

www.ingramcontent.com/pod-product-compliance
Lightning Source LLC
Chambersburg PA
CBHW060225230426
43664CB00011B/1552